丧钟为谁而鸣

[美] 海明威 著 程中瑞 译

译文名著精选

YIWEN CLASSICS

E. Hemingway

For Whom the Bell Tolls

上海译文出版社

图书在版编目(CIP)数据

丧钟为谁而鸣/(美)海明威(Hemingway，E.)著；
程中瑞译．—上海：上海译文出版社，2011.5(2025.11重印)
(译文名著精选)
书名原文：For Whom the Bell Tolls
ISBN 978-7-5327-5366-6

Ⅰ.①丧…　Ⅱ.①海…②程…　Ⅲ.①长篇小说—美
国—现代　Ⅳ.①I712.45

中国版本图书馆CIP数据核字(2011)第027138号

Ernest Hemingway
FOR WHOM THE BELL TOLLS

丧钟为谁而鸣
(美)海明威　著　程中瑞　译

上海译文出版社有限公司出版、发行
网址：www.yiwen.com.cn
201101　上海市闵行区号景路159弄B座
上海华顿书刊印刷有限公司印刷

开本890×1240　1/32　印张16.5　插页2　字数325,000
2011年5月第1版　2025年11月第17次印刷
印数：49,701—53,700册

ISBN 978-7-5327-5366-6
定价：48.00元

译本序

一九三六年初秋到一九三九年春的西班牙内战早已成为历史陈迹，今天已不大为人们所提及。然而它实际上是第二次世界大战欧洲战线的序幕，是全世界进步力量和德意法西斯政权之间的第一次较量。由于种种复杂的历史原因，进步力量在这场斗争中失败了。以文学形式来反映这一页历史的作品为数不多，而今天尚被人推崇、广泛阅读的恐怕就只有这一部《丧钟为谁而鸣》了。

让我们来回顾一下当时的历史：

一九二九年席卷西方资本主义国家的经济大恐慌，对经济落后的西班牙打击极为沉重。在强大的群众运动的推动下，共和党、社会党和一些资产阶级政党于一九三一年四月组成联合政府，建立了共和体制。当时工人阶级处于分裂状态，其中以推行温和的改良主义的社会党势力为最大，而无政府—工团主义也吸引了不少群众。年轻的共产党不得不在对这两股势力作不断斗争的情况下逐渐成长起来。

共和国初期，执政的社会党人和共和党人不能坚决贯彻最起码的资产阶级民主革命纲领，反而逐渐被右派政党组织占了上风。一九三三年秋，右派政党在大选中获胜，新政府倒行逆施，工人以大规模的罢工和示威游行来回答，农民也展开了夺地运动。西班牙共产党纯洁了队伍，建立了以伊芭露丽等为首的战斗的领导班子，迅速壮大起来，在第二年十月各地工人总罢工及武装起义中起了骨干作用，但结果被政府的优势兵力所镇压，共产党被迫转入地下。一九三五年，人民阵线在法国大选中获胜，在这种形势的鼓舞之下，西班牙进步势力各派克服了分歧，团结起来组成人民阵线。共产党又转为公开活动，积极参加人民阵线的工作。一九三六年二月国会选举中，人民阵线获胜，在四百七十三席中得到了二百六十席，着手组成联合政府。共产党只得了十四席，因此总理和各部部长基本上由左派共和党人及社会党人担任，成分复杂，矛盾不少，这是导致最后失败的原因之一。

这时国内的反动势力不甘心于失败，阴谋叛乱。西班牙的军队一向掌握在贵族地主资本家的子弟之手，共和国成立后，仅仅要求他们宣誓对之效忠，没有改组。因此，佛朗哥将军于那年八月十四日在西属摩洛哥发动叛乱，立刻得到各地驻军及法西斯组织长枪党等右派集团的响应，很快就占领了西北部及西南部，使位于全国中央的首都马德里处于三面受敌的境地中。一开始形势就对共和政府不利。

西班牙的法西斯分子早就和纳粹德国和墨索里尼独裁政权勾勾搭搭，这时德意两国公然以飞机、大炮、坦克等军用物资源源不绝地支援佛朗哥，并派教官及军队参战，残酷地屠杀西班牙人民，激起了进步人类的公愤。但英法等国却对希特勒采取所谓的“绥靖”政策，害怕西班牙人民阵线的胜利会影响自己国内的政局，在“不干涉”政策的幌子下对西班牙实行可耻的封锁。以各国共产党人为中坚的工人阶级以及知识分子中的先进分子，纷纷以实际行动来声援西班牙人民，把共和政府的事业看作全体进步人类的事业。他们放弃了自己的工作，有的志愿参加医疗队，抢救伤员，有的直接参加作战，如著名的国际纵队，在第一年冬季马德里保卫战中，和英雄的首都军民并肩作战，作出了卓越的贡献。有不少人甚至献出了宝贵的生命，例如英国年轻的马克思主义理论家拉尔夫·福克斯及克里斯托弗·考得威尔。其他在内战期间亲赴西班牙的知名人士有白求恩大夫、荷兰电影大师伊文斯、智利诗人聂鲁达、苏联作家爱伦堡等，而本书作者海明威也是非常活跃的一个。

第一次世界大战末期在意大利北部前线经受战火洗礼并受了重伤

的海明威，对西方文明的传统价值观念感到幻灭。战后，于二十年代初在巴黎从通讯记者成为专业作家，在第一部重要的长篇小说《太阳照常升起》(1926)中，形象地刻画了一些在精神和肉体上受到战争创伤的英美青年男女，浪迹巴黎、西班牙等地，在酒吧间、斗牛场等等场合寻找刺激及解脱。海明威就此被公认为这“迷惘的一代”的代言人。一九二九年出版的著名作品《永别了，武器》写主人公不堪忍受战争的残酷，毅然向武器告别，做了逃兵，和爱人逃到风光旖旎的瑞士，过着田园诗式的生活，但好景不长，爱人在难产中死亡，使主人公不得不向爱人的怀抱告别。作者表达了强烈的反战立场及对人生命运的绝望态度。

但是时代在前进。经济大恐慌激化了阶级矛盾。三十年代美国出现了无产阶级文学的高潮。不少有良心的作家通过思考，开始向左转。这时海明威早已回国，因不喜欢跟纽约等大都市的文艺界人士来往，定居在美国东南端佛罗里达州南端的基韦斯特岛，和古巴首都哈瓦那仅一水之隔。他出入于那一带海滨小酒店、码头等场所，经常和渔民打交道，观察社会众生相。他笔下的人物开始起变化，觉悟到“一个人单枪匹马是……什么也干不成的”(以基韦斯特岛和哈瓦那为背景的小说《有钱人和没钱人》中主人公亨利·摩根语)，这反映了他本人当时的思想。

这时西班牙正面临着一场生死搏斗。海明威二十年代初任驻欧通讯记者时，就和西班牙结下了不解之缘。他爱上了这片浪漫的土地和热情的人民，尤其爱上了斗牛赛。他在作品中歌颂这种在死亡面前无所畏惧的斗牛士，充分体现了他提倡的“硬汉子”精神：人终有一死，但不能死得窝囊，在紧急关头要保持尊严和体面。他精通西班牙语，作了大量的调查研究，于一九三二年发表了关于斗牛和斗牛士的长篇专著《死在午后》。当法西斯魔爪企图扼杀西班牙人民的革命成果时，海明威挺身而出，写文章，作讲演，挞伐法西斯主义。他以记者身份于一九三七年初来到被围困中的马德里，借了钱买救护车支援共和国政府。他出入百花旅馆和盖洛德饭店，广泛接触政府军人士、国际纵队的军官、各国记者和普通的西班牙士兵。第二年，为影片《西班牙大地》撰写脚本并发表了他唯一的剧本，以马德里为背景的《第五纵队》。由于缺乏武器和粮食，加上内部敌对分子的破坏，政府军的防线于那年年底被叛军突破，一九三九年一月下旬不得不放弃东北部滨地中海的大城市巴塞罗那，二月底，英法即迫不及待地承认了佛朗哥政权，英雄城市马德里终于在三月底陷于敌手，人民阵线的政府就此被葬送了。

海明威这时在哈瓦那郊区“观景庄”别墅里开始埋头写作《丧钟为谁而鸣》。该书于第二年问世，得到批评界和读书界的一致好评。

这是海明威篇幅最大的一部小说，但全书情节局限于三天之内（一九三七年五月底一个星期六的下午到星期二上午），写得紧凑非凡。那时候，由于三月中政府军在首都东北瓜达拉哈拉城附近大败意大利侵略军，首都已转危为安。戈尔兹将军这时正准备在首都西北向瓜达拉马山区叛军山上防线发动进攻，为了切断敌人的增援路线，派美国志愿人员罗伯特·乔丹到敌后深山中和游击队接上关系，等战斗一打响，炸毁一座铁桥。本书即从老向导安塞尔莫带乔丹到桥头哨所侦察写起，接着两人就向游击队的营地进发。老人唤来了小组头头巴勃罗，乔丹和他立刻进行了交锋，矛盾就一步步展开了。巴勃罗当年原是马贩子，给部队和斗牛场供应马匹，后来在斗牛场做帮手时结识了和斗牛士菲尼托同居的比拉尔，菲尼托被牛挑伤死去后，她跟巴勃罗待在一起。革命爆发时，巴勃罗率众在家乡小镇包围了民防军的兵营，逮捕了所有的法西斯分子，把他们都处死了。三天后，遭到反动军队的反攻倒算，撤至深山中打游击，一年来，袭击了几次敌人的据点，炸了一次火车，弄到了几匹马，开始酗酒，意气消沉，只求能在这山区混下去。他得悉了乔丹的来意，当场提出他所谓的狐狸的原则：要在一个地区待得下去，就只能到别的地区去活动，不然会被敌人赶走。比拉尔是个直爽热情的妇人，和几个苦出身的斗牛士生活过来，多少尝到了些人间的欢乐，因巴勃罗当初富有男人气概而倾心于他，但如今年近半百，看他堕落成个鼠目寸光的酒鬼和胆小鬼，心里非常懊恼，和那些苦大仇深的游击战士一样，正苦于无法为他们所热爱的共和国作出贡献。在这节骨眼上，共和国派来了爆破手。当晚大家聚集在山洞里，比拉尔带头反对巴勃罗，赞成炸桥，大家一致表态支持她，她豁出去说："这儿我作主。"在这剑拔弩张的关头，乔丹不由得伸手按在手枪上。巴勃罗屈服了，但后来出尔反尔，处处只从他个人的安危出发，乔丹不得不在比拉尔和大家的帮助下，克服了他的破坏活动以及敌机敌骑兵的干扰所带来的困难，于星期二早晨及时完成了炸桥任务，但不幸以身殉职。

海明威发挥他独特的叙事艺术，以细致入微的动作描写及丰富多彩的对白，紧紧环绕着罗伯特·乔丹的行动，一气呵成地把这故事讲到底，同时，插入了大段大段的内心独白及回忆，使这个主人公的形象非常丰满。这位美国蒙大拿大学西班牙语系的青年讲师，十二年来，常常到西班牙度假，寻访名胜古迹，走遍了全国，对西班牙人民有着深厚的感情。他痛恨法西斯主义，一九三六年夏，向校方请了一年假，志愿赴西班牙，怀着"为全世界被压迫的人们鞠躬尽瘁的感情"，"反对所有的暴政，为你所信仰的一切，为你理想的新世界而斗争"。他投入了马德里保卫战，后来转到西部敌后搞爆破，炸火车和铁桥。他从小受他祖父，南北战争中的北军骑兵军官的熏陶，爱好军事，自以为在西班牙干得不错，事实上也确实如此。星期一清晨突然出现敌骑兵巡逻队时，他能沉着应付，领导大家布置阵地，排除险情。雷管和引爆器被巴勃罗偷走后，他想出用手榴弹引爆来解决问题。但他毕竟入世未深，不脱书生本色，因此对革命队伍里的一些落后现象的态度有时不免有些偏激。当深夜得悉引爆装置被盗后，回到睡袋里，跟自己大发脾气，怨天尤人，把巴勃罗和所有的西班牙人都骂到了，活像个任性的孩子。作者还特意在书中加上一段爱情插曲。乔丹头天下午到达营地，小姑娘玛丽亚端来饭食时，两人彼此就产生了好感。这苦命姑娘亲眼看到父母亲被民防军枪杀，自己随后被长枪党匪徒们铰掉了头发，然后被糟蹋了。后来被解往南方，半道上火车被炸，比拉尔吩咐把她带回营地，做了她的保护人。老于世故的比拉尔知道只有真挚的爱情才能治疗玛丽亚心灵和肉体上的创伤。她成全了他们俩。乔丹那年轻的心灵渴望着爱情，想不到在这奇突的环境中找到了。他明知道这次任务艰险，而且认为“只要炸掉桥，送命不送命关系不大”，然而这一来使问题复杂化了。他憧憬着和玛丽亚一起到马德里度假，甚至战后带她回蒙大拿，做他的妻子。作者通过乔丹的内心独白，淋漓尽致地探讨了生与死的问题、爱情与职责的问题、个人幸福与人类命运的问题。凭着坚强的政治信念，乔丹胜利地解决了这些问题。当炸桥后撤离现场时，他不幸受伤，大腿骨折断了。他不愿带累同志们，决意独自留下，想起和玛丽亚两情缱绻时，感到心灵沟通，合二为一，这时就坚决劝姑娘跟大家一起撤走，因为这是她的责任，她走就等于他们俩一起走。乔丹一心以集体利益为重，要求最后走的游击队员把那支子弹剩下不多的机枪留下，因为其他那两支能弄得到子弹。他独自等待敌人前来。当屠杀另一个游击小组的刽子手，骑兵军官贝仑多中尉终于露面时，他激动地感到心脏抵在松针地上怦怦地跳。乔丹以他最后的一些行动深刻地体现了本书的题旨：人们的命运息息相关，因为每个人都与人类难解难分。

作者在本书中还塑造了一系列活生生的西班牙人的形象，其中着墨最多的为比拉尔和巴勃罗。比拉尔热爱生活，热爱共和国。她爽朗泼辣，嫉恶如仇，眼看巴勃罗一天天沉沦下去，恨铁不成钢，冲着他就骂“醉鬼!”乔丹长得壮实，生气勃勃，她一见就打心眼里喜欢。她看出玛丽亚对乔丹的爱意，就要求他爱护这姑娘，炸桥后把她带到共和国去。她全力成全他们，但看到他们相亲相爱，不禁有些妒忌。她缅怀自己过去的好时光。她自称曾和西班牙三个收入最少的斗牛士生活过九年。当年轻的游击队员轻蔑地说菲尼托没什么了不起，患着肺病，长得矮小，本来就不该做斗牛士时，她沉不住气了，满怀激情地讲述菲尼托这苦孩子如何为了出人头地，发愤苦学，好歹当上斗牛士的经过。她当他孩子似的疼他，一直侍候到他悲惨地死去。她巴不得到共和国去，为此和乔丹争吵。多亏她的帮助，乔丹完成了任务。

巴勃罗当初拿下了民防军的兵营，亲手枪杀四个俘虏，后来组织群众，在广场和镇公所内把逮住的二十多个法西斯分子都活活打死，做得未免太过分。但内战期间法西斯分子干下的暴行罄竹难书，令人发指。例如一九三七年四月二十六日，纳粹飞机疯狂地屠杀了西班牙北部滨海小城格尔尼卡的几千手无寸铁的平民，毕加索为此创作了巨幅油画，向全世界控诉敌人对他祖国的暴行。出于对剥削阶级的深仇大恨，巴勃罗当年的作为似乎还情有可原，但当他在山中待了一年，滋生了苟安保命的思想，他竟拿了乔丹的爆破装置出走，但又舍不得自己的人马，才到别的小组去招了五个弟兄和五匹马，及时赶回来。乔丹炸桥后，巴勃罗带那五人拿下了公路下段的哨所，但在向断桥靠拢的半途，他返身一梭子杀了那五人，为了把那五匹马给自己人骑着撤走。小私有者的思想使他干出了伤天害理、背叛革命的行为。

另一游击小组的领导人，聋子圣地亚哥，和巴勃罗构成鲜明的对比。他对革命忠心耿耿，乔丹找他谈时，他语简心长，实事求是地摆了情况。当他知道事后撤走时马匹不够，就二话不说，主动连夜去搞马，哪知偏偏雪停了，敌骑兵巡逻队追踪他的脚迹，把他和四个部下逼到一个山头上。他们据险固守，聋子机智地诱敌暴露自己，杀了一个军官，但最后被敌机炸死在山头上，被敌人割下脑袋回去报功。老向导安塞尔莫心地善良，杀了敌人也感到内疚，想不出战后该怎样来赎这份罪，因为对天主的信仰已经被否定了。作者在小说中不止一次地写到天主教对西班牙人根深蒂固的影响，但对安塞尔莫来说，与其说这是宗教思想的烙印无法磨灭，还不如说是这无邪的心灵在被最基本的道德问题所折磨。最后炸桥时，他伏在白色的石路标后面，被碎铁片击中，默默地死了，手腕上仍然挽着那圈引爆的电线。乔丹痛心地想，如果用引爆器的话，这个好人是不致牺牲生命的。除了比拉尔，全书中只写了一个女人：玛丽亚。她生性温柔，天真无邪，和比拉尔适得其反。身心受到了粗暴的摧残，她遇到了乔丹这样的好人，毫无保留地以身相许。听到了聋子手下的青年哨兵华金的悲惨家史，她搂着他说，"我把你当哥哥，……你有家啦。我们都是一家人。"乔丹感动地也搂着他说，"我们都是兄弟。"她告诉乔丹，她父亲喊着"共和国万岁"被枪杀，她母亲接着高呼"我丈夫，本村村长万岁"而从容就义。想到此事，乔丹吻着熟睡中的玛丽亚，小声说，"我为你的家庭感到非常自豪。"在斗争中，乔丹和这些普通的西班牙人民打成了一片，心甘情愿地为他们献出自己年轻的生命。海明威用这一系列感人肺腑的小故事构成了一幅波澜壮阔的同仇敌忾地抗击法西斯匪帮的历史画面，奏出了一支人类兄弟情谊的赞歌。

海明威在第二次世界大战中先后到我国和欧洲当战地记者，在欧洲时屡次亲身参加战斗。一九四六年初回到"观景庄"，声称正在写一部关于"陆地、海洋和天空"的长篇小说，但直到一九六一年七月自杀身亡，没来得及定稿。在他晚年发表的两部小说及由他妻子发表的两部遗作中，只有中篇小说《老人与海》(1952)博得了一致的好评，并使他获得了诺贝尔文学奖奖金(1954)。从海明威所有作品的主人公身上，或多或少地可以看到作者本人的影子。罗伯特·乔丹说自己不是个真正的马克思主义者，而是反法西斯主义者，这实际上正表达了作者本人的立场。但是，从《永别了，武器》中在不正义战争中幻灭的美国青年军官弗瑞德里克·亨利，到《丧钟为谁而鸣》中为人民的事业献出自己的青春的美国志愿人员罗伯特·乔丹，再到《老人与海》中在墨西哥湾一叶扁舟上单身和大自然搏斗的古巴老渔民圣地亚哥，“海明威的主人公”似乎经历了一个从小我到大我再回到小我的心灵探索过程，而《丧钟为谁而鸣》作为作者本人投身有关人类前途的大搏斗的见证，可被看作他的代表作而无愧。

吴　劳

一九八二年六月二十八日

本书献给

玛莎·盖尔霍恩*

* 玛莎·盖尔霍恩(1908—1989)，美国作家，1937 年马德里保卫战前夕，她和海明威都以记者身份到西班牙采访，共同的志向使他们走到一起，终于在 1940 年结婚，成为他的第三任夫人。

谁都不是一座岛屿，自成一体；每个人都
是欧洲大陆的一小块，那本土的一部
分；如果一块泥巴被海浪冲掉，欧洲
就小了一点，如果一座海岬，如果
你朋友或你自己的庄园被冲掉，
也是如此；任何人的死亡使我
有所缺损，因为我与人类难
解难分；所以千万不必去
打听丧钟为谁而鸣；
丧钟为你而鸣。

约翰·堂恩[①]

① 引自英国玄学派诗人约翰·堂恩(1571或1572—1631)于1623年写的《祈祷文集》第17篇。

第一章

他匍匐在树林里积着一层松针的褐色地面上，交叉的手臂支着下巴；高高的上空，风在松树树梢间刮着。他俯卧着的山坡不太陡，但往下却很陡峭，他能看到那条柏油路黑黑的，蜿蜒穿过山口。沿路有条小河，他看到山口远处的这条小河边有家锯木厂，拦水坝的泄水在夏天的阳光下白花花的。

“那就是锯木厂?”他问。

“是的。”

“我不记得了。”

“那是你离开这儿以后造的。老锯木厂在再过去一段路的地方，往下离山口很远。”

他在林地上摊开影印的军用地图，仔细端详。老头儿从他肩后看着。他是个结实的矮老头儿，身穿农民穿的黑罩衣和铁硬的灰色裤子，脚上穿着双绳底鞋。他刚爬了山，在沉重地喘气，一手搁在他们带着的两只沉重的背包的一只上面。

“这么说从这儿没法望到那座桥了。”

“是的，”老头儿说。“山口的这一带地势平坦，水流不急。下面，公路拐进林子就不见了，那儿地势突然低下去，有道挺深的峡谷——”

“我记得。”

“峡谷上面就是那座桥。”

“敌人的哨所在哪儿?”

“你看到的锯木厂那边有一个。”

这个正在仔细察看地形的年轻人，从他褪了色的黄褐色法兰绒衬衫口袋里掏出望远镜，用手帕擦擦镜片，转动目镜，直到锯木厂的板壁突然显得清晰，他看到门边的一条长板凳，还有安放圆锯的敞棚后面堆起的一大堆木屑和小河对岸山坡上把木材运下的滑槽的一段。小河在望远镜里显得清澈而平静，流水从拦水坝急转直下，下面的水花在风中飞溅。

“没有岗哨。”

“锯木房在冒烟，”老头儿说。“还有晾衣绳上挂着衣服。”

“我见到这些，但不见岗哨。”

“说不定他在背阴处，”老头儿解释说。“那儿现在挺热。他也许在我们看不到的背阴那头。”

“可能。另一个哨所在哪儿?”

“桥下方。在养路工的小屋边，离山口最高处五公里的里程碑那儿。”

“这儿有多少兵?”他指指锯木厂。

“也许有四个，加上一个班长。”

“下面呢?”

“要多些。我可以去打听。”

“那么桥头呢?”

“总是两个。每边一个。”

“我们需要一批人手，”他说。“你能搞到多少?”

“你要多少我就能带来多少，”老头儿说。“这一带山里现在有不少人。”

“多少?”

“有一百多。不过他们分成了小股。你需要多少人?”

“等我们察看了桥以后再跟你说。”

“你想现在就去察看一下?”

“不。现在想去找个地方，可以把这炸药藏到要用的时候。我希望把它藏在绝对安全的地方，可能的话，离桥不能超过半小时的路程。”

“这简单，”老头儿说。“从我们现在要去的地方到桥头全都是下坡路。但现在要去那儿得认真地爬一会儿山。你饿吗?”

“是的，”年轻人说。“但我们以后吃。你叫什么？我忘了。”连名字都忘了，这对他来说是个不祥之兆。

“安塞尔莫，”老头儿说。“我叫安塞尔莫，老家在阿维拉省巴尔科城。我来帮你拿那只背包。”

这年轻人是瘦高个儿，长着被太阳晒得深深淡淡的金发和一张饱经风吹日炙的脸，他穿着一件被太阳晒得褪了色的法兰绒衬衫、一条农民裤和一双绳底鞋。他弯下腰，一条胳臂伸进背包的一条皮带圈，把沉重的背包甩上背部。他把另一条胳臂伸进另一条皮带圈，让背包的重量压在背上。他衬衫上原先被背包压住的地方还是汗湿的。

“我把它背上啦，”他说。“我们怎么走?”

“爬山，”安塞尔莫说。

他们被背包压得弯了腰，出着汗，在遍布山坡的松树林里稳健地爬坡。年轻人发现林中没有路径，但他们继续攀登，绕到前坡，这时跨过一条小溪，老头儿踩着山石河床的边缘稳健地走在前面。他们爬着爬着，这时山路更陡峭，更难爬，直到最后溪水似乎从他们头顶上方一个平滑的花岗石悬崖的边缘上突然直泻而下，这时老头儿正在悬崖下等着年轻人赶上来。

“你怎么及时到得了?”

“没问题，”年轻人说。他正大汗淋漓，因为爬的山坡陡，大腿肌肉在抽搐。

“现在在这儿等我。我先走一步去通知他们。你带了这玩意儿，不希望人家朝你开枪吧。”

“哪怕开开玩笑也不希望，”年轻人说。“路远吗?”

“很近。怎么称呼你?”

“罗伯托[1]，”年轻人回答。他已卸下背包，轻轻地放在河床边两块大圆石之间。

“那么在这儿等着，罗伯托，我就回来接你。”

“好，”年轻人说。“难道你打算回头走这条路去下面的桥头?”

“不。我们去桥头得走另一条路。要近些，也容易走些。”

“我不想把这东西藏得离桥太远。”

“你瞧着办吧。要是不满意，我们另找地方。”

“我们就瞧着办，”年轻人说。

他坐在背包旁，看老头儿攀登悬崖。悬崖不难攀登，年轻人发现，从老头儿不用摸索就找到攀手地方的样子看来，这地方他以前爬过好多次了。然而凡是爬到上面的人都一向很小心，不留一丝痕迹。

这年轻人名叫罗伯特·乔丹，正饿极了，并且在发愁。他常挨饿，但不常发愁，因为对自己碰到的事根本不在意，并且凭经验知道，在敌后整个这一带活动是多么简单。在敌后活动跟在他们防线中间穿插一样简单，如果有个好向导的话。关系重大的只在于如果被抓住你会有什么遭遇，这才不好办；此外就是判断可以信任谁的问题。你要么完全信任和你一起工作的人，要么丝毫也别信任，在这方面你必须作出决定。这些都不使他发愁。但是还有别的问题呢。

这个安塞尔莫一直是个好向导，他在山区赶路本领特别棒。罗伯特·乔丹自己也挺能走，但是从天亮前一直陪他走着的情形看，他知道这老家伙准能叫他走得垮下。到目前为止，除了判断力以外，罗伯特·乔丹事事都信得过这个安塞尔莫。他还没机会考验这老头儿的判断力，不过不管怎么说，应该由他自己来负责作出判断。不，他不愁安塞尔莫，而炸桥的事也不见得比许多别的事要难办。他会炸你叫得出名称的任何种类的桥，而且炸过各种大小和结构的桥。这两只背包里有足够的

---

① 这是本书主人公罗伯特·乔丹的名字的西班牙语读法的音译。

炸药和一切装置能恰当地炸掉这座桥，即使它比安塞尔莫所报告的大两倍，因为他记得一九三三年徒步旅行到拉格兰哈去的时候曾一路走过这座桥，而且戈尔兹①前晚在埃斯科里亚尔城外一幢房子的楼上曾给他念过有关这座桥的资料。

“炸这座桥没什么了不起，”戈尔兹当时说，用铅笔在一张大地图上指着。灯光照在他那有伤疤的光头上。“你懂吗?”

“是，我懂。”

“根本没什么了不起。仅仅把桥炸掉只能算是一种失败。”

“是，将军同志。”

“应该采用的办法是根据发动进攻的时间，在指定的时刻炸桥。你当然明白这一点。这就是你的权利和应该采用的办法。”

戈尔兹看看铅笔，然后用它轻轻地敲敲牙齿。

罗伯特·乔丹没说什么。

“你明白，这就是你的权利和应该采用的办法，”戈尔兹继续说，

① 西班牙于 1931 年 4 月 14 日推翻君主制，成立共和国。1936 年 2 月 16 日的国会选举中，以共产党、社会党、共和党左派等为中坚力量的人民阵线取得了压倒多数，成立联合政府。在德国和意大利的公开武装支持下，佛朗哥将军于 7 月 18 日在西属摩洛哥发动叛乱，西班牙法西斯组织长枪党等右派集团及各地驻军纷起响应，很快就占领了西班牙西北及西南部。8 月 14 日，叛军攻陷西部边境重镇巴达霍斯，南北部队在此会师，整个西部都落入叛军之手，就集中兵力进攻首都马德里。11 月初，四支纵队兵临城下。这时形势非常危急，共和国政府被迫于 11 月 9 日迁东部地中海边的巴伦西亚。内战爆发后，德意源源不绝地提供飞机、大炮、坦克等军需及武装人员直接介入，英法却在“不干涉政策”的名义下对西班牙实行封锁。国际进步力量在各国共产党的领导下积极支援西班牙政府，在法国成立由志愿人员组成的国际纵队，于 10 正式在西班牙参战，和英勇的首都人民一起，在马德里保卫战中起了积极的作用，马德里岿然不动。本书故事发生在第二年 5 月，地点是马德里西北的瓜达拉马山区，该山脉为西南—东北向，叛军占领着各山口，并在山顶有一道防线，但防线后深山中有几个游击小组在展开敌后活动。这时政府军司令戈尔兹将军正计划向该山区发动强攻，目的在突破敌人防线，收复山后重镇塞哥维亚。本书主人公美国志愿军罗伯特·乔丹奉命进山，和游击队取得联系，配合这次进攻，完成炸桥任务。

望着他，并点点头。他接着用铅笔敲敲地图。“这就是我应该采用的办法。这也正是我们无法做到的。”

“为什么，将军同志？”

“为什么？”戈尔兹气愤地说。“你经历过多少次进攻，还问我为什么？有什么能保证我的命令不被变动？有什么能保证这次进攻不被取消？有什么能保证这次进攻不被推迟？有什么能保证在六小时内发动进攻，按时行动吗？有过一次按计划进行的进攻吗？”

“如果指挥进攻的是你，就会准时发动，”罗伯特·乔丹说。

“我从来也指挥不了，”戈尔兹说。“我只是发动而已。但我就是指挥不了。炮队不是我的。我必须提出申请。我从没得到过所要求的，即使他们有东西可以给。这还是最小的事情。还有别的。你知道这些人的作风。这一切没必要详谈了。总是出问题。总是会有人来干扰。所以你现在一定要放明白。”

“那么该什么时候炸桥？”罗伯特·乔丹曾问。

“进攻开始之后。进攻一开始就炸，不能提前。这样，敌人的增援部队就不能从这条公路开来。”他用铅笔指着。“我必须肯定敌军不能从这条公路上开来。”

“那么什么时候进攻呢？”

“我会告诉你的。但是你只能把日期和时间当作一种可能性的参考。你必须为那个时机作好准备。进攻开始后你就炸桥。明白吗？”他用铅笔指着。“这是他们能够将援兵开赴前线的唯一公路。这是他们能够调动坦克、大炮或甚至一辆卡车到我们所攻击的山口的唯一公路。我必须肯定桥要炸掉。不能提前，不然，如果进攻推迟，他们就可以把桥修好。那可不行。进攻一开始就必须炸掉桥，我必须肯定它给炸了。岗哨只有两个。要跟你一起去的那人刚从那儿来。据说他是个非常可靠的人。你就会明白的。他在山里有人。你需要多少人，就要多少。尽可能少用人，但要够用。我不必对你说这些事情啦。”

“那我怎样断定进攻已经开始了呢?”

“进攻将由一整师兵力发动。先有飞机轰炸作为准备。你耳朵不聋吧?”

“那么我可以这样理解:当飞机扔炸弹的时候,进攻就开始了?”

“你不能老是这样理解,”戈尔兹说,还摇摇头。“但是这一次,你可以这样理解。这是我布置的进攻。”

“这个我懂,”罗伯特·乔丹说。“老实说,我不十分喜欢这个任务。”

“我也不十分喜欢。你要是不愿承担,现在就说。要是你认为自己干不了,现在就说。”

“我干,”罗伯特·乔丹说。“我去干,没问题。”

“我要知道的就是这一点,”戈尔兹说,“那就是那桥上不能有敌军开来。这一点是绝对的。”

“我懂。”

“我不想央求人做这种事,并且用这种方式做,”戈尔兹接着说。“我不能命令你干这种事。我明白,由于我提出这样的条件,你也许将被迫去干些什么事。我解释得很仔细,以便使你明白,明白种种可能遇到的困难和这任务的重要性。”

“如果桥炸了,你们怎样向拉格兰哈推进?”

“等我们突袭了山口,就着手把桥修起来。这是一次十分复杂而漂亮的军事行动。像以往一切军事行动那样复杂而漂亮。计划是马德里制订的。这是维森特·罗霍,那位失意的教授的又一杰作。我布置这次进攻,像历来那样是在兵力不足的情况下布置的。尽管如此,这是一次大有可为的军事行动。对于这次行动,我感到比往常乐观得多。把桥毁掉了,这一仗是可能打胜的。我们能拿下塞哥维亚。看,我给你看这是怎么回事。看到吗?我们的目标并不是我们进攻的山口最高处。我们要守住它。我们的目标在远远的那边。看——在这儿——像这样——”

“我宁愿不知道，”罗伯特·乔丹说。

“好，”戈尔兹说。“这样，你到了那边就可以少一点思想负担，是吗？”

“我宁愿永远不知道。那样，不管发生什么事，走漏口风的不会是我。”

“是不知道比较好，”戈尔兹用铅笔敲敲前额。“有好多次我也希望自己不知道。但是你必须知道有关桥的这件事，你确实知道吗？”

“是。这我知道。”

“我相信你是这样，”戈尔兹说。“我不想向你多发表议论。我们现在来喝点酒吧。话说得不少，使我很渴，霍丹同志。你的姓氏用西班牙语念起来成了‘霍丹’，很有趣，霍丹同志。”

“‘戈尔兹’，用西班牙语怎么念，将军同志？”

“‘霍茨’，”戈尔兹露齿笑笑说，从喉咙深处发出这声音，就像患了重感冒在咯痰。“‘霍茨’，”他声音嘶哑地说。“‘霍茨将军同志’。如果早知道用西班牙语这样念‘戈尔兹’，我来这儿打仗之前就会给自己取个好一点的名字了。我明知道要来指挥一个师，随我喜欢取哪个名字都可以，可偏偏取了个‘霍茨’。‘霍茨将军’。现在要改已太迟了。你觉得 partizan 工作怎么样？”这是个俄语中的专门名词，意思是在敌后打游击。

“很喜欢，”罗伯特·乔丹说。他露齿笑笑。“露天活动非常有益健康。”

“我在你那样年纪，也很喜欢这个，”戈尔兹说。“人家对我说，你炸桥很拿手。很有一套办法。只不过是听说。从没亲眼见你干过。也许实际上不会出什么事。你真的炸桥吗？”这时他在逗人。“把这喝了，”他递给罗伯特·乔丹一杯西班牙白兰地。“你真的炸桥吗？”

“有时候。”

“你炸这座桥最好别说‘有时候’。得，我们别再谈这桥了。你现在相当清楚这桥的情况。我们非常审慎，所以才能开些很过分的玩笑。听着，你在火线另一边有很多妞儿吗?”

“不，没时间理会妞儿。”

“我不同意。任务越不正规，生活也就越不正规。你的任务非常不正规。还有，你得把头发理一理了。”

“我的头发理得很合乎需要，”罗伯特·乔丹说。要他像戈尔兹那样把头发剃个光才见鬼呢。“没有妞儿，我该思考的事情已经够多啦，”他阴郁地说。

“我该穿什么样的制服?”罗伯特·乔丹问。

“什么制服都不用穿，”戈尔兹说。“你的头发理得很不错。我逗你。你跟我很不一样，”戈尔兹说着又把酒杯都斟满。

“你思考的决不仅仅是妞儿。我是根本不思考的。干吗要思考？我是苏联的将军。我决不思考。别打算引诱我去思考。”

他的一个同僚正坐在椅子上仔细研究制图板上的一张地图，用一种罗伯特·乔丹听不懂的语言对戈尔兹发牢骚。

“闭嘴，”戈尔兹用英语说。“我想开玩笑就开。因为我很审慎，才能开玩笑。快把酒喝了就走吧。你懂了，呃?”

“是，”罗伯特·乔丹说。“懂了。”

那时他们握了手，他敬了礼，来到外面，上了军官座车，老头儿正等在车内，已经睡着了。他们就乘这辆车一路经过瓜达拉马镇，老头儿仍然在睡，他们再顺着上纳瓦塞拉达的公路，来到登山俱乐部的小屋。罗伯特·乔丹在那里睡了三小时才出发。

那是他最后一次会见戈尔兹的情景，戈尔兹长着一张永远晒不黑的白得出奇的脸，鹰眼，大鼻子，薄嘴唇，剃光的头上有一条条皱纹和伤疤。明天晚上，部队将摸黑集中在埃斯科里亚尔区外的公路上；长行长行的卡车在黑夜中装载着步兵；重装的士兵爬上卡车；机枪排把他们的枪支抬上卡车；坦克顺着垫木开上装坦克的长车身平板车；把这一师兵力拉出去，在夜间调动，准备进攻山口。他不愿想这些事。这不是他的事。这是戈尔兹的事。他只有一件事要做，那才是他应该考虑的，而且必须把它清楚地理出一个头绪来，然后听任情况怎样发展来处理每一件事，不能发愁。发愁和恐惧一样糟糕。只会使事情更难办。

现在他坐在小河边，望着山石间清澈的水流，发现小河对面有一簇稠密的水田芥。他涉过小河，一把拔了两撮，在水流中把泥根洗净，然后返身坐在背包旁，吃着那干净而凉爽的绿叶和发脆而带有辣味的茎梗。他在小河边跪下，把系在腰带上的自动手枪挪到背后，免得弄潮。他两手各撑一块大圆石，俯身去喝河水。河水冷得彻骨。

他双手撑起身子，转过头来，看见老头儿正从悬崖上爬下来。和他一起的还有一人，也穿着这地区几乎成为制服的农民穿的黑罩衣和深灰色裤子，还穿着一双绳底鞋，背着一支卡宾枪。这人光着脑袋。他们二人从悬崖上爬下来，像山羊一样。

他们来到罗伯特 · 乔丹跟前，他就站起身。

"你好，同志，"他对背卡宾枪的人说，并且笑了笑。

"你好，"对方勉强地说。罗伯特 · 乔丹望着这人满是胡子茬的大脸。这脸差不多是圆的，脑袋也是圆的，长得贴近双肩。两眼小小的，相距极宽，双耳小小的，紧贴脑袋。他身体粗壮，身高五英尺十英寸左右，手大脚大。他鼻子裂过，嘴角一边被刀砍过，那道横过上唇和下颌的刀疤在满脸的胡子中露出来。

老头儿对这人点点头，笑了笑。

"他是这儿的头儿，"他露齿笑着说，然后屈曲双臂，仿佛要使肌肉鼓起来似的，并以一种半带嘲弄的钦佩神情望着这个背卡宾枪的人。"很棒的大汉呢。"

"我看得出，"罗伯特 · 乔丹说，又笑了笑。他不喜欢这人的外表，内心毫无笑意。

"你有什么可以证明你的身份?"背卡宾枪的人问。

罗伯特·乔丹把别住衣袋盖的安全别针解开，从法兰绒衬衫的左胸袋里掏出一张折好的纸，交给这人，这人摊开纸来，怀疑地看看，并在手里翻弄。

原来他不识字，罗伯特·乔丹注意到。

“瞧这印记，”他说。

老头儿指指印记，背卡宾枪的人把这纸夹在手指间翻来翻去地仔细察看。

“这是什么印记?”

“你从没见过?”

“没有。”

“有两个，”罗伯特·乔丹说。“一个是 S. I. M.——军事情报部。另一个是总参谋部的。”

“是的，我以前见过这印记。但在这儿要我说了才算数，”对方阴郁地说。“你包里藏的什么?”

“炸药，”老头儿神气地说。“昨晚我们摸黑越过了火线，而且又一整天背着这炸药翻山。”

“我用得着炸药，”背卡宾枪的人说。他把那张纸还给罗伯特·乔丹，上下打量着他。“对。我用得着炸药。你给我带来了多少?”

“我没有给你带来炸药，”罗伯特·乔丹对他说，声音不紧不慢。“炸药另有用处。你叫什么名字?”

“这跟你有什么相干?”

“他叫巴勃罗，”老头儿说。背卡宾枪的人阴郁地望着他们俩。

“好。我听到过很多夸你的话，”罗伯特·乔丹说。

“你听到过关于我的什么话?”巴勃罗问。

“我听到过你是个了不起的游击队长，你忠于共和国，并用行动证实了你的忠诚，你这人既严肃又勇敢。我给你带来了总参谋部的问候。”

“你这些话都从哪儿听来的?”巴勃罗问。罗伯特·乔丹意识到这人一点也不吃马屁。

“我从布伊特拉戈到埃斯科里亚尔都听说过，”他说，提到了火线另一边的整个地区。

“我在布伊特拉戈或埃斯科里亚尔都没熟人，”巴勃罗对他说。

“山脉的另一边有很多人从前都不住在那儿①。你是哪儿人?”

“阿维拉省人。你打算用这炸药干什么?”

“炸毁一座桥。”

“什么桥?”

“这是我的事。”

“如果桥在这地区，就是我的事。你不能在紧挨你住的地方炸桥。你在一个地方住，就只能在另一个地方活动。我知道我的事。在这儿待了一年现在还活着的人了解自己的事。”

“这是我的事，”罗伯特·乔丹说。“我们可以一起商量。你愿意帮我们拿背包吗?”

“不，”巴勃罗说着，摇摇头。

老头儿突然转身对着他，用一种罗伯特·乔丹勉强能听懂的土话，急速而愤怒地说话。仿佛是在朗诵克维多的诗篇。安塞尔莫正在用古卡斯蒂尔语②说话，大意是这样的：“你是野兽吗？是的。是畜生吗？对，经常是。你有头脑吗？不。一点也没有。我们现在来干一件重要透顶的事，可你呢，只求不惊动你的住处，把你的狐狸洞看得比人类的利益还重。比你的同胞的利益还重。我操你老子的那个。我操你的这个。把那只背包提起来。”

---

① 由于国内战争，很多拥护共和国政府的人从敌占区投奔到瓜达拉马山脉东南政府军控制的地区去。

② 克维多(1580—1645)，西班牙古典作家，著有讽刺文、流浪汉小说及诗歌等。阿维拉省及塞哥维亚省属古卡斯蒂尔地区，其方言至今带有古风。

巴勃罗望着地面。

“人人都得根据实际应该怎么干，干他力所能及的事，”他说。“我在这儿住，就到塞哥维亚以外去活动。你要是在这儿闹乱子，我们就会被赶出这山区。我们只有在这一带山里不活动才能活下去。这是狐狸的原则。”

“是呀，”安塞尔莫怨恨地说。“这是狐狸的原则，可是我们需要狼。”

“我比你更像狼，”巴勃罗说，罗伯特·乔丹看出他会拿起那背包了。

“嗨。啲……”安塞尔莫望着他说。“你比我更像狼，可我都六十八啦。”

他往地上唾了一口，摇摇头。

“你有那么一把年纪?”罗伯特·乔丹问，看到眼下暂时不会闹翻了，就试着使气氛轻松些。

“到七月份满六十八岁。”

“我们能活到这一月份就好，”巴勃罗说。“我来替你背这只包，”他对罗伯特·乔丹说。“另一只让老头子背。”他这时的口气不是阴郁，而几乎是忧伤的。“这老头子力气大着呢。”

“我来背一只，”罗伯特·乔丹说。

“不，”老头儿说。“让这另一个力气大的家伙背。”

“我来背，”巴勃罗对他说，在他的阴郁神情中有着一份忧伤，使罗伯特·乔丹忐忑不安。他知道这种忧伤，在这里看到使他发愁。

“那么把卡宾枪给我，”他说，等巴勃罗递给了他，就把它背在背上。两人在他前面攀登，他们艰难地攀着，爬着，登上花岗石悬崖，翻过山脊，来到树林中一片绿茵茵的空地。

他们沿着这片小草地的边缘走去，罗伯特·乔丹这时不带背包，轻松地迈着大步；卸下了沉甸甸的、使人出汗的重荷，肩上换上了卡宾枪，硬邦邦的倒令人愉快。他注意到有几处的草被牲口啃掉了，地上还有钉过系马桩的痕迹。他看得出草地上有一条把马匹牵到小河边去饮水踩出来的小径，和几匹马新拉的粪便。他们晚上把马儿拴在这里吃草，白天把它们隐蔽在树林里，他想。不知道这个巴勃罗有多少马儿？

他现在想起了无意间看到过巴勃罗的裤子在膝盖和大腿处被磨得像抹了肥皂似的亮光光的。不知道他是否有马靴，还是就穿那种麻鞋骑马的，他想。他一定有一大套装备。可是我不喜欢他那分忧伤，他想。那分忧伤不好。那是人们在撒手不干或者背叛前所有的忧伤。那是一种在出卖别人之前滋生的忧伤。

在他们前面的树林里，有匹马嘶叫了一声，那时只有些许阳光从稠密得几乎令人不见天日的树梢间照下来，他透过松林褐色的树干，看到用绳子绕在树干上围成的马栏。他们走近去，马儿都把脑袋朝着他们，那些马鞍就堆放在马栏外一棵树下，用油布盖着。

他们走上前去，背包的两人就停了步，罗伯特·乔丹知道该由他来夸一夸马儿了。

“不错，”他说，“它们很漂亮。”他转向巴勃罗。“你还有一支配备齐全的骑兵队哪。”

绳栏里有五匹马儿：三匹枣红马，一匹栗色马和一匹鹿皮色马。罗伯特·乔丹开头对它们通盘扫了一眼之后就留神仔细鉴别，然后一匹匹的察看。巴勃罗和安塞尔莫都知道它们有多好。巴勃罗这时骄傲地站着，脸上的忧伤消失了几分，亲切地注视着马儿，而老头儿的神态仿佛表示，这些马儿都是他亲手突然创造出来的了不得的奇迹。

“你看它们怎么样？”他问。

“这些马儿全是我搞来的，”巴勃罗说，罗伯特·乔丹听到他的得意的口气，很是高兴。

“那一匹，”罗伯特·乔丹说，指着其中的一匹枣红马，那前额上有块白斑、一只左前脚是白色的大种马，“是很带劲的马儿。”

那匹马很漂亮，就像眼前出现了一匹委拉斯开兹①油画上的马儿。

“都是好马呀，”巴勃罗说。“你识马?”

“是的。”

“那不坏，”巴勃罗说。“你看得出其中有一匹有个毛病吗?”

罗伯特·乔丹明白，他的证件现在正在被这个不识字的人认真检查啦。

马儿仍旧都抬头望着这个人。罗伯特·乔丹从马栏的双道绳子之间闪身钻进去，拍拍鹿皮色马的屁股。他朝后靠在绳栏上，注视着马儿在里面兜圈子，然后挺直了身子对它们又打量了一会儿，等它们站停了，就弯下腰，从绳子之间钻出来。

“栗色马另一边的那只后脚瘸了，”他对巴勃罗说，并不望他。“有只蹄裂了，蹄铁如果钉得合适，不会马上恶化，可是在硬地上多跑路，就要垮掉。”

“我们搞到它的时候，马蹄就是这样的，”巴勃罗说。

“你最好的马儿，那匹白脸枣红马，炮骨上部有个肿块，我可不喜欢。”

“那没关系，”巴勃罗说。“是在三天前撞出来的。要是有什么关系，早就出毛病了。”

他揭开油布，亮出马鞍。有两副是普通的牧人马鞍，类似美国的牛仔马鞍，一副十分华丽的牧人马鞍，皮面上有手工精印的花纹，配着一副厚实的有脚背盖的马镫，还有两副是军用的黑皮马鞍。

“我们干掉了两个民防军，”他解说军用马鞍的来历，说。

“这是次大收获。”

“那时，他们在塞哥维亚到圣玛丽亚德尔雷亚尔的那段公路上下马。他们下马来查看一个赶车人的身份证。我们有办法把他们干掉，没

---

① 委拉斯开兹(1599—1660)，西班牙名画家，作有不少肖像画及历史画。

有伤着马儿。”

“你们干掉了很多民防军?”罗伯特·乔丹问。

“有几个，”巴勃罗说。“但不伤马儿的只有这两个。”

“在阿雷瓦洛炸掉火车的就是巴勃罗，”安塞尔莫说。“那是巴勃罗干的。”

“有个外国人跟我们一起，是他动手炸的，”巴勃罗说。“你认识他?”

“他叫什么名字?”

“我记不得了。那个名字很怪。”

“他外貌是怎样的?”

“金头发白皮肤，像你一样，但个子没你高，大手，断鼻梁。”

“卡希金，”罗伯特·乔丹说。“也许是卡希金。”

“就是，”巴勃罗说。“那个名字很怪。大概是这么叫的。他后来怎么了?”

“四月里就死了。”

“这是人人都会碰上的，”巴勃罗阴沉沉地说。“我们大家的收场都会是这样。”

“大家的结局都是这样，”安塞尔莫说。“人的结局历来都是这样。你这是怎么啦，伙计？你心里有什么想法?”

“敌人十分强大，”巴勃罗说。他好像在自言自语。他阴沉沉地望着那些马儿。“你们认识不到他们有多强大。我发现他们越来越强大啦，装备越来越好。物资越来越多。我这儿却只有这些马儿。我能盼个什么？被人追捕，死去。没别的啦。”

“人家追捕你，可你也追捕人家啊，”安塞尔莫说。

“不，”巴勃罗说。“再也不是这样了。如果现在离开这山区，我们又能去哪儿？回答我这个问题。现在去哪儿?”

“西班牙有的是山。离开了这儿还有格雷多斯山①。”

“可不是我的去处，”巴勃罗说。“我被人追捕得厌倦了。我们在这儿是没问题的。如果你在这儿炸桥，我们就要被人追捕。如果他们知道我们在这儿，用飞机来搜索，就会发现我们。如果他们派摩尔人②来仔细搜索，就会找到我们，我们就得走。这一切叫我厌倦了。听见了吗？”他转向罗伯特·乔丹。“你，一个外国人，有什么权利到我这儿来命令我得做什么？”

“我没有命令你非做什么不可，”罗伯特·乔丹对他说。

“可你以后会，”巴勃罗说。“瞧那儿。那就是祸根子。”

他指指他们刚才观看马儿时卸在地上的那两只沉重的背包。看到了马儿，似乎勾起了他满腹的这份心事，而看到罗伯特·乔丹识马，似乎使他健谈了。他们三人这时站在绳栏边，斑斑阳光落在那匹枣红色种马的毛皮上。巴勃罗望望它，接着用脚碰碰那只沉重的背包。“这就是祸根子。”

“我只是来执行任务，”罗伯特·乔丹对他说。“我是奉那些正在指挥战争的人的命令前来的。如果我要求你帮助我，你可以拒绝，我就去找愿意帮我忙的人。其实我还没开口请你帮忙呢。我必须按照我奉行的命令办事，但我可以向你断言这件任务的重要性。我是外国人可不是我的过错。我宁愿是个本地人。”

“对我来说，现在最重要的是我们在这儿不受打扰，”巴勃罗说。“对我来说，我现在要对跟随我的人和我自己负责。”

“对你自己。是的，”安塞尔莫说。“你早就对你自己负责了。你自己和你的马儿。在有马之前，你和我们是一伙。现在你却也成了资本

---

① 格雷多斯山脉在瓜达拉马山脉西南，与之差不多联成一直线，一起构成斜贯西班牙中西部的中央山脉。

② 摩尔人为北非古老民族柏柏尔人的后裔。佛朗哥在当时属于西班牙的摩洛哥招募了大批摩尔人，运到西班牙充当叛军。

家啦。”

“这话不公平，”巴勃罗说。“为了我们的事业，我一直把马儿亮出去。”

“很少这样做吧，”安塞尔莫轻蔑地说。“我看很少。用来偷，是的。为了吃得好，是的。用来谋杀，是的。用来打仗，不。”

“你这个老头贫嘴贫舌，要自找苦吃了。”

“我这个老头不怕谁，”安塞尔莫对他说。“还有，我这个老头没马儿。”

“你这个老头看来活不长。”

“我这个老头会活到老死的，”安塞尔莫说。“而且不怕狐狸。”

巴勃罗没说什么，但拿起了背包。

“也不怕狼，”安塞尔莫说，拿起了另一只。“如果你是狼的话。”

“闭嘴，”巴勃罗对他说。“你这个老头老是话太多。”

“可是他能说到做到，”安塞尔莫说，在背包的重压下弯了腰。“这个老头现在饿啦。渴啦。走吧，哭丧着脸的游击队长。带我们去找吃的吧。”

事情一开头就够糟的，罗伯特·乔丹想。但是安塞尔莫是条汉子。西班牙人好的时候真了不起，他想。他们好的时候谁也比不上他们，但变坏的时候可谁都不如他们坏。安塞尔莫把我们带到这里来的时候，一定明白自己在干什么。可是我不喜欢这情形。我一点也不喜欢这情形。

唯一的好迹象是巴勃罗在背背包，还把卡宾枪给了他。他也许一向就是这副德性，罗伯特·乔丹想。他也许正是那种悲观的人。

不，他对自己说，别骗自己。你不知道他以往的为人；可是你确实知道他正在迅速变坏，而且毫不掩饰。当他开始掩饰的时候，准是已经拿定主意了。记住这一点，他对自己说。当他作出第一个友好表示时，准是已经拿定主意了。然而这些马儿真不赖，他想，真漂亮。我不知道有什么能使我也产生那些马儿使巴勃罗产生的那种感情。老头儿说得对。马儿让他发了财，他一发财就想享受生活。我看，他的心情马上就会变坏，因为他不能参加赛马俱乐部，他想。可怜的巴勃罗。轮不上他当赛马骑手了。

这个想法使他的心情好了些。他望着他前面那两人弯着腰、背着大大的背包在树林中穿行，露齿笑笑。他整天没和自己开过玩笑，而现在开了一个，觉得痛快多了。你要变得和其他所有的这些人都一样了，他对自己说。你也要变得悲观了。他对戈尔兹的态度肯定是严肃而悲观的。这任务使他有点儿手足无措。略为手足无措，他想。极其手足无措呢。戈尔兹是快快活活的，他希望罗伯特·乔丹出发之前也快快活活，但是罗伯特·乔丹一直并不。

所有的杰出人物，你仔细想想就知道，都是快快活活的。快快活活的情绪要好得多，而且这也是一种吉兆。仿佛你还活着的时候就得到了永生。这是个复杂的问题。不过这种人剩下不多了。是呀，这种快快活活的人剩下不多了。剩下的这种人少得可怜。但要是你继续这样想，老弟，你也不会给剩下。现在别去想它了，老伙计，老同志。你现在是个炸桥的人。不是思想家。好家伙，我饿啦，他想。我希望巴勃罗是个好吃喝的人。

第二章

他们穿过密林，来到这小山谷的形似茶杯的上端，他看到前面树林里隆起的悬崖，下面一定就是营地了。

那里果真是营地，而且是个好营地。不走近根本看不见，罗伯特·乔丹知道，从空中发现不了它。从上面看什么也不暴露。营地隐蔽得很好，像熊窝。可是看来也不比熊窝防卫得更好。他们走上前去的时候，他仔细地望着它。

悬崖岩层上有个大山洞，洞口坐着一人，背靠石壁，伸着两腿，搁在地上，他的卡宾枪靠在石壁上。他正用刀在削一根木棍，他们走来时，他盯了他们一眼，然后继续削木棍。

“喂，”坐着的人说。“来的是什么人？”

“老头子和一名爆破手，”巴勃罗告诉他，在洞口内部卸下背包。安塞尔莫也卸下了背包，罗伯特·乔丹解下步枪，把它靠在石壁上。

“别把背包搁得离洞口这么近，”削木棍的人说。在他黝黑、漂亮、无精打采的吉卜赛型的脸上长着一双蓝眼睛，那脸色像经过烟熏处理的皮革。“里面生着火。”

“你自己起来把它放好，”巴勃罗说。“把它搁在那棵树旁。”

吉卜赛人没动弹，但说了句不能形诸笔墨的话，接着无精打采地说，“让它搁在那儿。炸死你自己吧。这样会治好你的那些毛病。”

“你在做什么东西？”罗伯特·乔丹在吉卜赛人身边坐下。吉卜赛人亮给他看。那是一只“4”字形的捕兽器，他正在削上面的横档。

“逮狐狸的，”他说。“配段木头做击兽器。它能砸断狐狸的背脊。”他朝罗伯特·乔丹露齿笑笑。“像这样，懂吗？”他做了个捕兽架倒塌、木头砸下的样子，然后摇摇头，缩回一手，然后张开双臂，装出断了背脊的狐狸的模样。“挺管用，”他解释说。

“他逮兔子，”安塞尔莫说。“他是吉卜赛人。所以逮了兔子说是狐狸。逮了狐狸就说是象。”

“那么逮了象呢？”吉卜赛人问，又露出一口白牙，并对罗伯特·乔丹眨眨眼睛。

“说是坦克，”安塞尔莫对他说。

“我要搞到一辆坦克，”吉卜赛人对他说。“我要搞到一辆坦克。那时候随你说我逮的是什么吧。”

“吉卜赛人说得多，杀敌少，”安塞尔莫对他说。

吉卜赛人对罗伯特·乔丹眨眨眼睛，继续削木棍。

巴勃罗早进了山洞，不见了。罗伯特·乔丹希望他是去找吃的。他在吉卜赛人身边的地上坐下来，午后的阳光透过树梢射下，温暖地照在他伸直的两腿上。这时他能闻到山洞里饭菜的香味，那是食油、洋葱和煎肉的香味，于是饥饿感在他胃里折腾。

“我们能搞到一辆坦克，”他对吉卜赛人说。“并不太难。”

“用这个?”吉卜赛人指指那两只背包。

“是的，”罗伯特·乔丹对他说。“我会教你。你做个陷阱。这不太难。”

“你和我?”

“当然，”罗伯特·乔丹说。“干吗不?”

“嗨，”吉卜赛人对安塞尔莫说。“把这两只背包搬到安全的地方去，行吗？东西很宝贵。”

安塞尔莫咕哝了一声。“我去拿酒来，”他对罗伯特·乔丹说。罗伯特·乔丹站起身把背包提离洞口，在一棵树的树身两边各放一只。他知道里面是什么，决不愿眼看背包紧靠在一起。

“给我来一杯，”吉卜赛人对他说。

“有酒?”罗伯特·乔丹问，又在吉卜赛人身边坐下。

“酒？干吗没有？满满的一皮酒袋。反正总有半袋吧。”

“那么有什么吃的?”

“什么都有，伙计，”吉卜赛人说。“我们像将军那样吃喝。”

“那么吉卜赛人在战争中干些什么?”罗伯特·乔丹问他。

“还是当他们的吉卜赛人。”

“这个行当不赖。”

“顶刮刮的，”吉卜赛人说。“人家叫你什么名字?”

“罗伯托。你呢?”

“拉斐尔。坦克的事可当真?”

“当然。干吗不?”

安塞尔莫从洞口出来，捧着一只很深的粗陶缸，盛满了红葡萄酒，手指钩着三只杯子的柄。“瞧，”他说。“杯子呀什么的，他们全有。”巴勃罗在他们背后出现了。

“吃的马上就来，”他说。“你有烟?”

罗伯特·乔丹走到背包边，打开一只，摸了摸里面的内口袋，掏出扁扁的一盒在戈尔兹司令部弄到的俄国烟卷。他用拇指指甲划开烟盒边，揭开盒盖，把烟卷递给巴勃罗，巴勃罗拿了半打。他用一只大手握住烟卷，拣了一支对光看着。烟卷细长，有一截硬纸卷成的咬嘴。

“空空的，没多少烟丝，”他说。“我知道这烟。那个怪名字的人有这种烟。”

“卡希金，”罗伯特·乔丹说，把烟盒递给吉卜赛人和安塞尔莫，他们每人拿了一支。

“多拿几支，”他说，于是他们又各拿了一支。他再给了他们每人四支，他们手拿烟卷，连连点头，因此烟卷末端也上下摆动，就像持剑行礼那样，向他致谢。

“对，”巴勃罗说。“真是个怪名字。”

“酒来了。”安塞尔莫从缸内舀了一杯，递给罗伯特·乔丹，然后舀给自己和吉卜赛人。

“没我的?”巴勃罗问。他们全都一起坐在洞口。

安塞尔莫把自己的那杯递给他，进洞去再拿一只杯子。他返身走出洞来，俯身从缸里满满舀了一杯，他们大家相互碰杯。

酒很好，带点儿皮酒袋的松脂味，但好极了，他舌头上觉得酒味淡而清纯。罗伯特·乔丹慢慢地喝着，觉得它在疲乏的身子中热呼呼地扩散开去。

“吃的马上就来，”巴勃罗说。“这个怪名字的外国人怎么死的?”

“被俘后自杀的。”

"那是怎么回事?"

"他受了伤，不愿当俘虏。"

"详细情况怎么说?"

"不知道，"他撒谎。他十分清楚详细情况，但他知道，这时谈这些情况不好。

"他要我们保证，万一炸火车他受了伤逃不了，就枪杀他，"巴勃罗说。"他当时说话的神气挺古怪。"

早在那时候，他准是已经神经过敏了，罗伯特·乔丹想。可怜的老友卡希金。

"他对自杀有偏见，"巴勃罗说。"他对我说过。他还非常害怕受刑。"

"他这想法也告诉过你?"罗伯特·乔丹问他。

"是的，"吉卜赛人说。"他对我们大家都这样说过。"

"你也参加炸火车?"

"是的。我们大家都参加。"

"他说话的神气挺古怪，"巴勃罗说。"但他非常勇敢。"

可怜的老友卡希金，罗伯特·乔丹想。他在这一带造成的影响准是坏的多，好的少。我早知道他当初就已这么神经过敏就好了。他们应该把他抽调回去。可不能让派去的人一边执行这种任务，一边这样说话。不能这样说话。说了这种荒唐话，即使他们完成了任务，所造成的影响也是坏的多，好的少。

"他是有点儿古怪，"罗伯特·乔丹说。"我看他有点儿疯了。"

"不过他搞爆破挺熟练，"吉卜赛人说。"而且非常勇敢。"

"不过疯了，"罗伯特·乔丹说。"干这种事，必须要很有头脑，而且头脑要非常冷静。那样说话可不行。"

"那么你，"巴勃罗说。"如果你在炸这桥时受了伤，可愿被人撂在后面?"

“听着，”罗伯特·乔丹说着，身子向前凑去，给自己又舀了一杯酒。“把我的话听清楚了。如果我居然要请哪位帮点儿小忙的话，到时候我会请求他的。”

“好样的，”吉卡赛人称赞说。“好样的说话就该这样。啊！吃的来啦。”

“你吃过了，”巴勃罗说。

“我还能吃两份呢，”吉卜赛人对他说。“快瞧谁拿吃的来了。”

姑娘端着一只大铁煎盘，弯身从洞口钻出来，罗伯特·乔丹看到她侧着的脸，同时看出她有点异样。她笑了笑说，“你好，同志。”罗伯特·乔丹也说，“你好，”并且注意着不盯住她看，但也不掉头不顾。她把平底铁盘放在他面前，他注意到她那双漂亮的褐色的手。她这时正眼望着他的脸，笑了笑。她那褐色的脸上牙齿白白的，皮肤和眼睛也是这种金褐色。她长着高颧骨、欢乐的眼睛和端正的嘴，嘴唇丰满。她的头发是麦田的金褐色，在阳光下给晒得加深了色泽，可是全给剪短了，短得只比海狸皮的毛稍长一点。她冲着罗伯特·乔丹的脸笑了笑，举起褐色的手捋头发，手过之处，那刚被捋平的头发又翘起来。她有一张美丽的脸，罗伯特·乔丹想。要是他们没有把她的头发剪短，她一定很美。

“我就这样梳头，”她对罗伯特·乔丹说着，哈哈一笑。“快动手吃吧。别盯着我。人家在巴利阿多里德①给我剃成了这副模样。现在差不多长出来了。”

她在他对面坐下，望着他。他也望着她，她笑了笑，合抱着双手搁在膝头。她双手搁在膝上这样坐着，两条腿儿斜搁着，裤管口露出的一截显得长而干净，他还能看到她灰色衬衫内那一对耸起的小乳房的轮廓。罗伯特·乔丹每次望她，都感到喉头哽塞。

“没有碟子，”安塞尔莫说。“用你自己的刀子吧。”姑娘在铁盘子

---

① 巴利阿多里德为西班牙北部一古城，有大教堂、旧王宫等名胜古迹。

边上搁了四把叉，叉尖朝下。

他们大家就着大煎盘吃，按照西班牙人的习惯，不说话。吃的是洋葱青椒烧兔肉，加红葡萄酒的卤汁里有鹰嘴豆。菜烧得不错，兔肉烂得脱骨，卤汁鲜美。罗伯特·乔丹吃着，又喝了杯酒。姑娘看他从头吃到完。其余的人个个都望着自己的食物，只顾吃着。罗伯特·乔丹拿一片面包擦净自己面前最后剩下的卤汁，把兔骨堆在一边，擦净让出的地方的卤汁，然后拿面包把叉擦净，再擦擦他的刀子，把它藏起，然后吃面包。他凑身前去，舀了一满杯酒，那姑娘还在望着他。

罗伯特·乔丹喝了半杯，可是跟姑娘一说话，喉头又哽塞了。

“你叫什么名字?”他问。巴勃罗听到他说话的声调，马上就对他看看。接着他站起身来走开了。

“玛丽亚。你呢?”

“罗伯托。你在山里待了很久?”

“三个月。”

“三个月?”他望着她的头发，头发又密又短，她这时局促不安地用手一捋，它就像山坡上风中的麦田般波动着。“是给剃光的，”她说。“在巴利阿多里德的监狱里，他们按期给我剃光头。三个月之后才长成这样。我那时在那火车上。他们打算把我带往南方去。火车被炸掉之后，很多俘虏被逮住，但我没有。我跟随这些人来了。”

“我发现她躲在山石堆中，”吉卜赛人说。“那时我们正要撤退。乖乖，那时这姑娘真难看。我们带着她走，可好几次我想我们会不得不扔下她。”

“跟他们一起炸火车的那人呢?”玛丽亚问。“也是个金黄头发的。那个外国人。他在哪儿?”

“死了，”罗伯特·乔丹说。“在四月。”

“在四月？炸火车就在四月啊。”

“是的，”罗伯特·乔丹说。“他在炸火车十天之后死了。”

“怪可怜的，”她说。“他非常勇敢。你也是干这一行的?”

“是的。”

“也炸过火车?”

“是的。三列火车。”

“在这儿?”

“在埃斯特雷马杜拉[1]，”他说。“我来这儿以前是在埃斯特雷马杜拉。我们在埃斯特雷马杜拉大干。我们有很多人在埃斯特雷马杜拉活动。”

“那你现在干吗到这山里来?”

“接替那另一个金黄头发的人。还因为运动以前我就熟悉这地区。”

“你很熟悉这儿?”

“不，并不真正熟悉。但是我能很快熟悉。我有一张好地图，我有一位好向导。”

“老头子，”她点点头。“这老头子挺棒。”

“谢谢你，”安塞尔莫对她说，罗伯特·乔丹突然认识到，他和姑娘不是单独在一起，他还认识到，很难朝着姑娘看，因为这会使他的说话声大大变样。他正在违犯跟说西班牙语的人搞好关系的两条纪律中的第二条：请男人抽烟，别碰女人。他十分突然地认识到自己并不在乎。有那么多的事情他都不必在乎，为什么要在乎这一点?

“你有一张很美的脸，”他对玛丽亚说。“在你剃掉头发前就看到你有多好。”

“会长出来的，”她说。“六个月之后就会够长的。”

“你该在我们把她从火车里带走时见见她。她丑得叫人恶心。”

“你是谁的女人?”罗伯特·乔丹问，这时想不纠缠在这里面。“是

① 埃斯特雷马杜拉，西班牙西部一地区，和葡萄牙接壤。

巴勃罗的?"

她望着他哈哈笑，然后在他膝盖上打了一下。

"巴勃罗的？你见过巴勃罗?"

"噢，那么是拉斐尔的。我见过拉斐尔。"

"也不是拉斐尔的。"

"没男人的，"吉卜赛人说。"这是个挺怪的女人。是没男人的。可她饭菜做得不坏。"

"真的没男人的?"罗伯特·乔丹问她。

"没男人的。没男人。说笑话，没男人的，说正经的，也没男人的。也不是你的。"

"是吗?"罗伯特·乔丹说，他能感到喉头又哽塞起来。"好。我没时间理会女人。这是真的。"

"十五分钟也没有?"吉卡赛人逗着问。"一刻钟也没有?"罗伯特·乔丹不回答。他望着姑娘玛丽亚，觉得喉头哽塞得没自信说话了。

玛丽亚望着他笑，接着突然脸红了，但还是继续望着他。

"你在脸红，"罗伯特·乔丹对她说。"你常脸红?"

"从来不。"

"你现在在脸红。"

"那我就进山洞去。"

"留在这儿，玛丽亚。"

"不，"她说，并不对他微笑。"我现在就进山洞去。"她收拾起他们吃饭用的那只铁盘和四把叉。她走起路来不大自然，像头小马驹，但同时也像小动物那么姿态优美。

"你们还要用杯子吗?"她问。

罗伯特·乔丹仍旧在望着她，她又脸红了。

"别惹我脸红，"她说。"我不喜欢这样。"

"留着杯子，"吉卜赛人对她说。"来一杯，"他在粗陶酒缸里舀了一满杯，递给罗伯特·乔丹，而他正看着姑娘端着笨重的铁盘低下头进入山洞。

“谢谢你，”罗伯特·乔丹说。她走了，他的声调就又正常了。“这是最后一杯。这个我们已经喝得够多了。”

“我们来喝干这一缸，”吉卜赛人说。“还有大半袋酒。那是我们装在酒袋里，用一匹马驮来的。”

“那次是巴勃罗最后的出击，”安塞尔莫说。“自此以后他什么也没干。”

“你们有多少人？”罗伯特·乔丹问。

“我们七个，还有两个女的。”

“两个？”

“对。一个是巴勃罗的老婆。”

“她人呢？”

“在山洞里。那姑娘多少能做些饭菜。我刚才说她做得好是让她高兴高兴。但她多半是帮巴勃罗的老婆做。”

“巴勃罗的老婆，她人怎么样？”

“很野蛮，”吉卜赛人露齿笑笑说。“非常野蛮。如果你以为巴勃罗长得丑，就该见见他老婆。但是很勇敢。比巴勃罗勇敢一百倍。只是很野蛮。”

“当初巴勃罗很勇敢，”安塞尔莫说。“当初巴勃罗很认真。”

“他干掉的人比霍乱瘟死的还多，”吉卜赛人说。“运动开始时，巴勃罗干掉的人比害伤寒死的还多。”

“但是很久以来，他却很差劲，”安塞尔莫说。“他太差劲了。他非常怕死。”

“可能这是因为他当初杀了那么多人，”吉卜赛人富有哲理地说。“巴勃罗干掉的人比鼠疫瘟死的还多。”

“这是一点，再加上贪财，”安塞尔莫说。“还有，他酒喝得很多。

现在他打算像斗牛士一样退休了。但他没法退休。”

“他要是跨过火线到了那边，人家准会扣下他的马匹，叫他入伍，”吉卜赛人说。“我打心眼里也不喜欢入伍。”

“别的吉卜赛人也不喜欢这样，”安塞尔莫说。

“干吗喜欢？”吉卜赛人问。“谁愿入伍？我们干革命是为了入伍？我愿意打仗，可不愿入伍。”

“还有些人在哪儿？”罗伯特·乔丹问。他喝了酒，这时觉得舒服，想睡，就仰天躺在树林中的地上，透过树梢望见山区午后的小片云朵在西班牙高空中慢慢地飘移。

“有两个在洞里睡觉，”吉卜赛人说。“两个在山上我们架枪的地方放哨。一个在山下放哨。说不定都睡熟了。”

罗伯特·乔丹翻身侧卧着。

“是哪一种枪？”

“枪名挺怪，”吉卜赛人说。“我一时想不起来了。是挺机枪。”

一定是支自动步枪，罗伯特·乔丹想。

“它有多重？”他问。

“一人能扛，不过挺重。枪有三条腿，可以折起来。是我们上次大出击中缴获的。是搞到酒之前的那次。”

“你们有多少发那支枪的子弹？”

“多得数不尽，”吉卜赛人说。“整整一箱，沉得叫人不相信。”

听上去像有五百发光景，罗伯特·乔丹想。

“上子弹用圆盘还是长带？”

“用装在枪顶上的圆铁盒。”

见鬼，是挺刘易斯式轻机枪①，罗伯特·乔丹想。

---

① 这种轻机枪在第一次世界大战中由协约国首先使用，后来还装在战斗机上。它每分钟可打 550 发子弹，重量约 12 公斤。以发明家美国陆军军官艾·纽·刘易斯(1858—1931)而得名。

“你懂得机枪吗?”他问那老头儿。

“一点也不懂，”安塞尔莫说。

“那你呢?”这是在问吉卜赛人。

“这种枪发射起来快极了，会烫得手碰到枪筒就被灼伤，”吉卜赛人神气地说。

“人人都知道的嘛，”安塞尔莫蔑视地说。

“也许吧，”吉卜赛人说。“不过他要我讲讲对机枪懂得些什么，我就跟他说了。”接着他补充说，“还有，这种枪不像普通步枪，只要扣紧扳机不放，就可以不断地发射。”

“除非卡了壳，子弹打光了或枪筒烫得发软，”罗伯特·乔丹用英语说。

“你说什么?”安塞尔莫问他。

“没什么，”罗伯特·乔丹说。“我只是用英语来预测未来。”

“这可真有点儿怪，”吉卜赛人说。“用英语来预测未来。你会看手相吗?”

“不会，”罗伯特·乔丹说着，又舀了杯酒。“但是你会的话，我倒希望你给我看看，告诉我最近三天会发生什么事情。”

“巴勃罗的老婆会看手相，”吉卜赛人说。“但她挺暴躁，挺野蛮，因此我不知道她干不干。”

这时罗伯特·乔丹坐直了身体，喝了口酒。

“我们现在去见巴勃罗的老婆吧，”他说。“如果真这样糟，我们硬着头皮去把这事了结算了。”

“我不想去打扰她，”拉斐尔说。“她非常恨我。”

“为什么?”

“她把我当二流子看待。”

“真不公平，”安塞尔莫嘲笑说。

“她跟吉卜赛人作对。”

“大错特错，”安塞尔莫说。

“她有吉卜赛血统，”拉斐尔说。“她知道自己说的是什么。”他露齿笑笑。“可是她的舌头太伤人，叫人不好受，像条牛鞭子。用这条舌头，她能把谁的皮都扒下。撕成一条条。她野蛮得叫人不相信。”

“她和那姑娘玛丽亚相处得怎么样？”罗伯特·乔丹问。

“好。她喜欢那姑娘。不过要有谁认真地去接近这姑娘试试看——”他摇摇头，舌头啧啧作响。

“她待姑娘很好，”安塞尔莫说。“把她照顾得好好的。”

“我们炸了火车把她捡来时，她很怪，”拉斐尔说。“她不肯说话，总是哭，谁碰碰她，她就抖得像只给水浸湿的狗。最近她才好点儿。最近她好多了。今天这姑娘就很好。刚才跟你说话的时候，非常好。我们炸火车后原打算扔下她。为这么伤心、难看、明摆着没用的人耽误时间，当然不值得。可是老太婆在她身上系了根绳子，等姑娘觉得再没法往前走了，老太婆就用绳子梢打她，逼她走。后来她真的再没法往前走了，老太婆就把她背在肩上。等老太婆背不动了，就由我背。我们爬着那座山，金雀花和石南长得齐胸高。等我再背不动了，由巴勃罗来背。但是老太婆逼我们背她，对我们都说了些什么话呀！”他想起了就摇头。“不错，姑娘腿儿长，但身体不重。她骨头轻轻的，身体没什么分量。不过当时她还是够沉的，因为我们不得不背着她，停下来开枪，然后再把她背起来，老太婆呢，用绳子抽打着巴勃罗，拿着他的步枪，等他打算扔下姑娘不管，老太婆把枪塞在他手里，逼他把她再背上，一边咒骂他，一边替他上子弹，还把他子弹袋里的子弹掏出来，装进弹仓，一边咒骂他。那时天快黑了，一到夜晚，事情就好办了。但总算还好，敌人没有骑兵。”

“那次炸火车准是非常艰苦，”安塞尔莫说。“我不在场，”他对罗伯特·乔丹解释说。“当时参加的有巴勃罗的一帮和聋子的一帮，今晚我们就要见到他；还有这一带山里的其他两帮。我当时到火线的另一边去了。”

“还有那个名字很怪的金黄头发的人也在——”吉卜赛人说。

“卡希金。”

“是的。这名字我总是叫不上口。我们还有两人，带着一挺机枪。他们也是部队派来的。他们没法带走机枪，就把它丢下了。机枪当然不比这姑娘重，要是老太婆当时管住他们的话，他们准会把枪带走。”他想起了就摇头，然后说下去。“我这辈子从没见过当时发出爆炸声的那种场面。火车正稳稳地开来。我们老远就看到了。我那时紧张极了，现在也都还说不上来。我们望到火车喷出的汽，后来传来了汽笛声。接着，火车查—查—查—查—查—查一个劲地开来，车身越来越大，接着，在爆炸的那一刹那，火车头的前轮腾空飞起，一大团黑烟，一声轰响，好像地皮整个儿翻腾起来，就像在梦里似的，火车头在一片升腾的灰尘和枕木中间飞得老高，然后侧身倒下，像头受伤的大野兽，炸飞的泥巴还在往我们身上掉，这时，锅炉一声爆炸，迸发出一片白色蒸汽，而机枪开始响啦，达—达—达—达！”吉卜赛人这时翘起两只大拇指，紧握双拳，在身前上下移动，开着一挺想象中的机枪。“达！达！达！达！达！达！”他乐极了。“我这辈子从没见过这种场面，只见敌人的部队从火车上奔下来，机枪对准了他们人堆里打，他们在倒下。就在这时候，我一激动，把手搁在机枪上，觉得枪筒滚烫，这时候，老太婆给了我一记耳光，说，‘开枪呀，你这笨蛋！开枪呀，要不我把你的脑瓜踩个稀烂！’我接着就开起枪来，不过要把枪握稳真不容易，而大兵们正在爬上远处的山坡。后来，我们赶到火车边看看有什么可搬回去后，有名军官用手枪枪口逼着一些大兵向我们反扑。他不停地挥舞手枪，对他们大叫大嚷，我们正全都向他开着枪，可谁也没打中他。接着有几个大兵卧倒了开始射击，那军官拿着手枪在他们背后来回走动，但我们还是打不中他，而那机枪因为被火车挡住了，没法向他射击。这军官毙了两个卧倒的大兵，可别人还是不肯站起来，他咒骂着他们，最后他们才三三两两地爬起来，朝我们和火车冲来。他们接着又卧倒了射击。接着我们撤退了，一边撤，一边机枪声还在我们头顶上响着。就在那时，我发现了这姑娘，她从火车上逃到了山岩间，就跟我们一起逃。就是这些大兵，一直追我们追到那天晚上。”

“当时的情形准是够艰险的，”安塞尔莫说。“叫人很动感情。”

“我们干过的好事情只有这一件，”一个低沉的声音说。“可你现在在干什么，你这没姓没爹下流的吉卜赛，懒惰酗酒下流没法交待的私生子？你在干什么呀？”

罗伯特·乔丹一看是个五十岁左右的女人，个子跟巴勃罗差不多大，肩膀宽得和身高差不多，穿着农民穿的黑色裙子和背心，厚实的腿上套着厚实的羊毛护套，脚穿黑色绳底鞋，褐色的脸像尊花岗石纪念像的原型。她有一双巨大但好看的手，稠密的黑鬈发在颈后挽了个发髻。

“回答我，”她对吉卜赛人说，不理会别人。

“我在跟这些同志说话。这人是来当爆破手的。”

“这我全知道，”巴勃罗的老婆说。“快给我从这儿滚开，去接山顶上安德烈斯的班。”

“我走，”吉卜赛人说。他转向罗伯特·乔丹。“吃饭时再见吧。”

“开什么玩笑，”妇人对他说。“照我算来，你今天已经吃了三顿啦。快去给我把安德烈斯找来。”

“你好，”她对罗伯特·乔丹说着，伸出一手，并笑了笑。“你好，共和国那边一切都好？”

“好，”他说着，也有力地紧握了一下她的手。“我和共和国都好。”

“很高兴，”她对他说。她正紧盯着他的脸，微笑着，他注意到她长着双好看的灰眼睛。“你来找我们再炸火车？”

“不，”罗伯特·乔丹说，立即就信赖她了。“来炸桥。”

“桥算不上什么，”她说。“现在我们有了马匹，什么时候再炸火车?”

“以后吧。这座桥非常重要。”

“那丫头跟我说，你那位跟我们一起炸火车的同志死了。”

“是的。”

“真可惜。我从没见过这样的爆炸。他是个很能干的人。他挺讨我喜欢。现在不可能再炸一次火车？山里现在人很多。太多了。找吃的已经有困难。最好还是撤出去。再说，我们有马儿。”

“我们必须炸掉这座桥。”

“桥在哪儿?”

“很近。”

“太好了，”巴勃罗的老婆说。“我们来把这儿的桥统统炸掉了再撤走吧。我讨厌这地方。这儿人太集中。这不会有好处。这儿死气沉沉的，叫人厌恶。”

她透过树林看到了巴勃罗的人影。

“酒鬼!”她向他喊着。“坏透了的酒鬼!”她兴冲冲地转身朝着罗伯特·乔丹。“他带了一只皮酒袋独个儿在林子里喝，”她说。“他老是在喝。这样过日子要把他毁了。年轻人，我很满意你来了。”她拍拍他的背。“啊，”她说。“你长得比你看起来要结实，”她一手抚摸着他的肩膀，感觉到他法兰绒衬衫内的肌肉。“好。我很满意你来了。”

“我也很满意。”

“我们会相互理解的，”她说。“来杯酒吧。”

“我们已经喝了些，”罗伯特·乔丹说。“你可喝?”

“要吃饭时才喝，”她说。“喝了会使我心口痛。”这时她又瞧见了巴勃罗。“酒鬼!”她大声说。她转身对罗伯特·乔丹摇摇头。“他这人以前蛮不错，”她对他说。“可现在完蛋了。听我再说一件事。要好好对待那丫头，爱护她。那个玛丽亚。她受过一番苦。你懂吗?”

“懂。你为什么说这话?”

“她刚才回进山洞的时候，我看出她见了你后的那副神情。我看见她出山洞前就在打量着你。”

“我跟她说笑了几句。”

“她的心情很坏，”巴勃罗的老婆说。“现在她好些了，应该离开这儿。”

“明摆着可以由安塞尔莫把她送过火线去。”

“等这次事情结束了，你和安塞尔莫可以把她带走。”

罗伯特·乔丹觉得喉头作痛，嗓音哽塞起来。“也许能行吧，”他说。

巴勃罗的老婆望着他摇摇头。“唉，唉，”她说。“难道所有的男人都这样吗?”

“我并没有说什么。她美，这你知道。”

“不，她不美。但是她开始变得美了，这是你的意思吧，”巴勃罗的老婆说。“男人啊。我们女人生下了他们，真觉得可耻。不谈这个。说正经的。难道在共和国管辖下没有收留她这种人的地方?”

“有，”罗伯特·乔丹说。“有些好去处。在靠近巴伦西亚的那一带海岸。还有别的地方。那儿他们会待她很好，她可以带领孩子。有些从乡村撤出来的孩子。人家会教她怎样工作。”

“那正是我希望的，”巴勃罗的老婆说。“巴勃罗已对她心痒难熬。这件事也会毁了他。他一见她就像得了心病似的。最好她现在就走。”

“干完这事后，我们可以把她带走。”

“要是我信任你，你现在起就肯关心她吗?我跟你这样谈，就像是老相识了。”

“是这样的，”罗伯特·乔丹说，“如果人们彼此理解的话。”

“坐下吧，”巴勃罗的老婆说。“我不要你作出保证，因为要发生的事总要发生。但是，你如果不想带她走，我就要你作出保证。”

“为什么我不想带她走，你就要我作出保证?”

“因为我不希望你走了以后她在这儿神魂颠倒。她曾经神魂颠倒过，可是不这样，已经够我受的了。”

“炸桥后我们带她走，”罗伯特·乔丹说。“如果我们炸桥后还活着，一定带她走。”

“我不爱听你用这种口气说话。这种口气说话决不会带来好运。”

“我用这种口气说话只是为了作保证，”罗伯特·乔丹说。“我不是那种说泄气话的人。”

“让我看看你的手，”妇人说。罗伯特·乔丹伸出一手，妇人把它摊开，用自己的一只大手握住，把大拇指在那手掌上摩摩，看着，看得很仔细，然后松开了。她站起来。他也站起来，她望着他，却没有笑意。

“在手上看出了什么?”罗伯特·乔丹问她。“我不相信手相。你吓唬不了我。”

“没什么，”她对他说。“我看不出什么。”

“不，你看出了。我只是好奇。我不相信这一套。”

“那你相信什么?”

“相信很多事，可不相信这一套。”

“相信什么呢?”

“相信我的工作。”

“是的，我看出了这一点。”

“告诉我，还看出了什么别的。”

“看不出别的，”她不痛快地说。“你刚才说桥很难炸?”

“不。我刚才说炸桥很重要。”

“但炸桥可能很难?”

“是的。我就要下山去看桥。你这儿有多少人?”

“有点儿顶用的有五个。吉卜赛人是窝囊废，尽管他意图是好的。他有一副好心肠。巴勃罗我不再信任了。”

“聋子有多少人顶用的?”

“大概八个。今晚我们就会知道。他要到这儿来的。他是个很踏实的人。他也有一些炸药。但不很多。你可以跟他谈谈。”

“你派人找他了?”

“他每天晚上都来。他就待在附近。还是同志加朋友。”

“你看他这人怎么样?”

“他这人很不错。而且很踏实。那次炸火车，他很了不起。”

“别的那几帮里的人手呢?”

“通知及时，应该有可能组织起五十个带步枪的人手，相当可靠的。”

“有多可靠?”

“可靠性要看形势的严重性而定。”

“每支步枪有多少发子弹?”

“也许二十发吧。要看他们愿意带多少来干这件事。如果他们愿意来干这件事的话。你记住了，炸桥这号事，既捞不到钱，又没战利品，而且尽管你说话留有余地，危险性却不小，还有，事后不得不从这一带山里撤走。很多人会反对炸桥这件事。”

“显而易见。”

“这样看来，可以不提这件事就不提。”

“我同意。”

“那么等你察看了桥，我们今晚和聋子谈谈。”

“我现在跟安塞尔莫下山去。”

“那就叫醒他，”她说。“要支卡宾枪吗?”

“谢谢你，”他对她说。“带一支也好，但我不会去用它。我去侦察，不是去找麻烦的。谢谢你告诉我这些情况。我非常喜欢你的说话方式。”

“我努力说得坦率。”

“那么告诉我你在我手上看出了什么。”

“不，”她说着，摇摇头。“我没看出什么。快到你的桥那儿去吧。我会照管你的器械的。”

“把背包盖起来，谁也不能碰它。搁在那儿要比搁在山洞里好。”

“会把背包盖起来的，谁也不能碰它，”巴勃罗的老婆说。“快到你的桥那儿去吧。”

“安塞尔莫，”罗伯特·乔丹把手按在老头儿的肩膀上说，他正脑袋枕在双臂上，躺着睡觉。

老头儿抬头来望。“有，”他说。“当然。我们走吧。”

第三章

他们赶着最后两百码路程，在树阴下顺着一棵棵树小心地走动，这时，穿过陡峭的山坡上最后的那片松林，离桥只有五十码了。傍晚的阳光仍然越过褐色的山肩照来，使那座桥在峻峭的峡谷间的辽阔空间的衬托下，显得黑魆魆的。那是一座单孔钢桥，两端桥堍各有一个岗亭。桥面相当宽，可以并行两辆汽车，坚固的钢桥线条优美，横跨深谷，桥下深深的谷底，有道溪水白浪翻滚，流过岩石和大块圆石，奔向山口那边的主流。

阳光正对着罗伯特·乔丹的眼睛，那座桥只现出一个轮廓。后来阳光减弱、消失了，他透过树林仰望这圆滚滚的褐色山头，原来太阳已落到这山头的后面，这时他发觉他已不再直视着刺眼的阳光，山坡竟是一片轻淡的新绿，山峰下还有一摊摊积雪。

接着他在那短暂的余晖中又注视着那突然显得真切的桥，观察它的结构。炸毁桥的问题并不困难。他一面望着，一面从胸口衣袋里掏出一本笔记本，迅速勾勒了几张草图。他在本子上画图时没有同时计算炸药用量。他要以后再计算。他现在在注意该放炸药的位置，以便炸断桥面的支座，让桥的一截塌到峡谷中去。安放五六包炸药，绑紧了同时引爆，就能从容不迫、井井有条而准确无误地干成；要不然，用两大包炸药也能大致完成。那就需要非常大的炸药包，放在两对面，并且该同时引爆。他愉快而快速地勾勒着草图；高兴终于着手处理这问题，终于真的动手干了。他接着合上笔记本，把铅笔插进本子护封里边的皮套，把笔记本藏进衣袋，扣好袋盖。

他画草图的时候，安塞尔莫监视着公路、铁桥和岗亭。他认为他们太接近桥，未免危险，等草图画完后，才松了口气。

罗伯特·乔丹扣好衣袋盖，然后匍匐在一棵松树树干后面，从那儿瞭望，这时，安塞尔莫把手搭在他胳膊肘上，用一只指头指着。

公路这一头面对着他们的岗亭里坐着一名哨兵，握着夹在膝间的一支上了刺刀的步枪。他正在抽烟，头戴绒线帽，身穿毯子式披风。相距五十码，没法看清他脸上的五官。罗伯特·乔丹举起双筒望远镜，用弯成杯形的两手小心地罩着镜片，尽管这时已没有阳光会产生反光，于是桥上的栏杆显得非常清晰，仿佛伸手就能摸到，而那哨兵的脸也清清楚楚，连他那凹陷的腮帮、烟卷上的烟灰和刺刀上闪亮着的油迹他都看得见。那是张农民的脸，高颧骨下腮帮凹陷，满脸胡子茬，浓眉毛遮着眼睛，一双大手握着步枪，毯子式披风的下摆下露出笨重的长统靴。岗亭墙上挂着一只用旧的发黑的皮酒袋，有一些报纸，没有电话。当然，在他看不到的另一边可能有架电话机；但是看不到从岗亭通到外面的电线。沿公路有一条电话线，通过桥面。岗亭外有只炭火盆，是用截去桶顶的旧石油桶做的，桶壁上凿了几个洞，火盆架在两块石头上，但盆里没生火。火盆下面的灰里有几只烧黑了的空铁罐。

罗伯特·乔丹把望远镜递给匍匐在身旁的安塞尔莫。老头儿露齿笑笑，摇摇头。他用一指叩击自己脑袋上眼睛的一边。

“我见过他，”他用西班牙语说。他嘟着嘴说话，嘴唇几乎不动，这样发出的声音比耳语还轻。罗伯特·乔丹冲着他微笑，他呢，望着哨兵，用一指指着，另一手的一指在自己脖子上一划。罗伯特·乔丹点点头，但没有笑。

桥较远的那一头的岗亭不是面对着他们，而是朝着公路下段，因此他们看不到里面的情况。公路宽阔，浇过柏油，铺得很地道，在较远的那头桥堍向左拐弯，再绕一个大弯子向右拐去，看不见了。眼前这一段公路是劈去峡谷较远那一边的坚固的石壁，由旧路加宽到现有的宽度的；从山口和桥上望去，公路的左边，也就是西边，面临陡峭的峡谷的地方，竖着一排劈下来的石块做界石，作为防护。这里的峡谷十分幽深，上面架着桥的溪水和山口的主流在这里汇合。

“另外那个哨所呢?”罗伯特·乔丹问安塞尔莫。

“在从那个拐弯过去五百米的地方。在石壁内盖起的养路工的小屋边。”

“有多少人?”罗伯特·乔丹问。

他又用望远镜观察着那个哨兵。哨兵在岗亭的板壁上擦熄烟卷，然后从口袋里掏出一只皮制的烟荷包，剥开那熄掉的烟蒂的烟纸，把吸剩的烟丝倒进烟荷包。哨兵站起来，把步枪靠在岗亭的板壁上，伸了个懒腰，然后提起步枪，挎在肩上，走出岗亭，到了桥面上。安塞尔莫身体平贴在地上，罗伯特·乔丹把望远镜塞进衬衫口袋，把脑袋好好地闪在松树后面。

“有七名大兵和一名班长，”安塞尔莫凑近他的耳朵说。“我是从吉卜赛人那儿打听来的。”

“等他没动静了，我们快走，”罗伯特·乔丹说。“我们太接近了。”

“你要看的都看到了?”

“是的。要看的都看到了。”

这时太阳西下，天气马上转冷，随着他们身后山上最后一抹残剩的阳光逐渐消失，天色越来越暗。

“你认为怎么样？”安塞尔莫低声问，这时他们望着那哨兵跨过桥面向另一个岗亭走去，他的刺刀在最后一抹余晖中闪闪发亮，套着那件毯子式外衣，形状很古怪。

“非常好，”罗伯特·乔丹说。“非常、非常好。”

“我挺高兴，”安塞尔莫说。“该走了吧？现在这家伙不会发现我们了。”

哨兵在桥的另一头，背对他们站着。峡谷里传来圆石间的流水声。这时，流水声中传来另一种声音，一种持续不断的喧闹的隆隆声，他们看到那哨兵抬起头来，绒线帽斜搭在后脑勺上。他们掉头仰望，只见傍晚的高空中有三架列成V字形的单翼飞机，在还照得到阳光的高空中显得极小，呈银白色，快得难以置信地越过天空，马达声这时震响个不停。

“我们的？”安塞尔莫问。

“好像是的，”罗伯特·乔丹说，但是他知道，在这样的高度，根本没法断定。这些飞机既可能是我方，也可能是敌方的，在傍晚作巡逻飞行。但是人们总是说驱逐机是我们的，因为这使人好受些。轰炸机可是另一回事。

安塞尔莫显然有着同样的感觉。“是我们的飞机，”他说。“我认识。这些是蝇式飞机。”

“好，”罗伯特·乔丹说。“我看也是蝇式。”

“这些是蝇式，”安塞尔莫说。

罗伯特·乔丹原可以把望远镜对准飞机，马上看个分明，但他宁愿不看。今晚，这些飞机是谁的，对他都一样，如果把它们当作我们的会使老头儿高兴，他不想否认。飞机这时正越出视野，向塞哥维亚飞去，看上去并不像俄国人改装的西班牙人叫作蝇式的那种有绿机身、红翼梢、机翼安在机身下面的波音P32型飞机。飞机的颜色标志看不清，但式样不对头。不。那是返航的法西斯巡逻机队。

那哨兵仍旧背身站在远处的岗亭边。

“我们走吧，”罗伯特·乔丹说。他开始上山，小心地爬着，利用地形作掩护，直到桥上的人看不见他们。安塞尔莫跟在他后面，相距一百码。等他们走到桥上望不到的地方，他站停了，老头儿赶上前来，走到前面去带路，一步步地摸黑爬着，穿过山口，爬上那陡峭的山坡。

“我们有一支叫人生畏的空军，”老头儿高兴地说。

“对。”

“我们准打胜仗。”

“我们必须打胜仗。”

“对。我们打胜仗后你一定要来打猎。”

“打什么?”

“野猪、熊、狼、大角野山羊——”

“你喜欢打猎?”

“对，伙计。比什么都喜欢。我们村里人人都打猎。你不喜欢打猎?”

“不喜欢，”罗伯特·乔丹说。“我不喜欢杀害动物。”

“我可正相反，”老头儿说。“我不喜欢杀人。”

“没人喜欢杀人，除了那些头脑不对劲的人，”罗伯特·乔丹说。“可是在必要的时候，我对此一点也没反感。要是为了我们的事业的话。”

“这可是另一回事，”安塞尔莫说。“我现在没家了，以前有过，那时家里有我在山下树林里打来的野猪的獠牙。还有我打到的狼的皮。冬天在雪地里打的。有一只挺大，十一月里有天晚上，我回家路过村边，在暮色里把它打死了。我家地上还铺了四张狼皮。它们都被踩旧了，不过它们真是狼皮。还有我在高山上打到的大角野山羊的角，还有一只鹰，请阿维拉一个专门剥制禽鸟标本的人加了工，翅膀张开，眼睛黄黄的，活灵活现，就像活鹰的一样。那是挺好看的东西，细细看看这些东西都叫我非常高兴。”

“是啊，”罗伯特·乔丹说。

“我村子里教堂的门上钉着一只熊掌，那头熊是我春天打的，发现它在山坡上的雪地里，正用那只熊掌在拨一段木头。”

“那是什么时候的事?”

“六年前。那熊掌像人手，不过长着那些长长的爪子，给弄干了，穿过掌心钉在教堂的门上。我每次见到，心里就乐。”

“出于骄傲?”

“想起初春在那山坡上跟那头熊遭遇，就感到骄傲。但想到杀人，像我们一模一样的人，可一点儿兴味都不剩了。”

“你不能把人的手掌钉在教堂门上啊，”罗伯特·乔丹说。

“不能。这种伤天害理的事想都不能想。可是人手很像熊掌。”

“人的胸部也很像熊的胸部，”罗伯特·乔丹说。“熊剥了皮，它的肌肉和人的有很多相像的地方。”

“是啊，”安塞尔莫说。“吉卜赛人都以为熊是人的兄弟。”

“美国的印第安人也有这种看法，”罗伯特·乔丹说。“他们杀了熊就向它道歉，请它原谅。他们把它的脑壳搁在树上，临走前请求它宽恕他们。”

“吉卜赛人认为熊是人的兄弟，因为熊皮下面有一个和人一样的身体，因为它喝啤酒，因为它喜欢听音乐，还因为它喜欢跳舞。”

“印第安人也有这种看法。”

“那么印第安人就是吉卜赛人了?”

“不。但是他们对熊的看法一致。”

“这很清楚。吉卜赛人认为它是人的兄弟，还因为它爱偷东西取乐。”

“你有吉卜赛血统吗?”

“没有。不过这种人我见得多了，很了解，自从运动开始以来见得更多了。山里就有不少。由他们看来，杀掉外族人不算罪过。他们不承认这一点，但这是真的。”

“像摩尔人。”

“对。但是吉卜赛人有很多规矩，他们自己却不承认有。战争中很多吉卜赛人又变得像古时候那样坏了。”

“他们不懂造成战争的原因。他们不知道我们为什么作战。”

“对呀，”安塞尔莫说。“他们只知道现在有战争，人们又可以像古时候那样杀人而不一定受到惩罚。”

“你杀过人?”由于天黑使人感到亲近，加上相处一天混熟了，罗伯特·乔丹这样问。

“杀过。有几回。不过是不乐意的。依我看，杀人是罪过。哪怕是杀那些我们非杀不可的法西斯。依我看，熊和人大不一样，我不相信吉卜赛人说什么人跟畜生是兄弟那一套蛊惑人心的鬼话。不。我反对一切杀人的行为。”

“可是你杀过人。”

“对。而且还要杀。但要是我能活下去，我要好好做人，不伤害任何人，这样就会被人宽恕了。”

“被谁?”

“谁知道? 既然在这儿我们不再信天主，不再信圣子和圣灵，谁来宽恕呀? 我不知道。”

“你们不再信天主了?”

“是的。伙计。当然不信了。要是有天主，他决不会容许发生我亲眼目睹的情况。让人们信天主吧。”

“人们需要天主。”

“我在信教的环境中长大，当然想念天主。但是现在人得对自己负责了。”

“那么宽恕你杀人的就是你自己啰。”

“我相信是这样，”安塞尔莫说。“既然你这样把话明说，我相信一定就是这样。但是不管有没有天主，我都认为杀人是罪过。害人性命由我看来可不是儿戏。我不得已才杀人，但我不是巴勃罗那号人。”

“要打胜仗，我们就必须杀敌人。这是历来的真理。”

“这很清楚。在战争中我们就得杀人。但我有些很怪的念头，”安塞尔莫说。

他们这时正挨在一起摸黑走，他低声说着，一边爬山，一边还间或回过头来。“我连主教也不想杀。我也不想杀任何业主老板。我要叫他们后半辈子像我们一样，天天在地里干活，像我们一样在山里砍树。这样，他们才会明白，人生在世上该干什么。让他们睡我们睡的地方。我们吃什么，让他们也吃什么。但是最要紧的是让他们干活。这样他们才会得到教训。”

“可他们会活下来再来奴役你。”

“把他们杀了并不能给他们教训，”安塞尔莫说。“你没法把他们斩尽杀绝，因为他们的子子孙孙会更多，仇恨会更深。关起来没用。关起来只会引起仇恨。应该让我们的敌人人人都得到教训。”

“但是你还是杀了人。”

“对，”安塞尔莫说。“好几次，而且还要杀。但不是乐意的，把这看作是罪过。”

“那哨兵。你刚才开玩笑表示要杀掉他。”

“那是开玩笑的。我要干掉那哨兵。是啊。考虑到我们的任务，当然要杀，而且问心无愧。但不是乐意的。”

“我们就把这些哨兵留给喜欢杀人的人吧，”罗伯特·乔丹说。“他们是八个加五个。一共十三个，可以让喜欢杀人的人去对付。”

“喜欢杀人的人可不少，”安塞尔莫在黑暗中说。“我们就有很多这种人。这种人要比愿意上战场的人多。”

“你上过战场吗?”

“没有，”老头儿说。“运动开始的时候我们在塞哥维亚打仗，但我们吃了败仗逃跑了。我跟其他人一起逃跑的。我们并不真正了解自己在干什么，也不知道该怎么干。再说，我只有一支配大号铅弹的猎枪，可是民防军有毛瑟枪。我在一百码外没法用大号铅弹打中他们，可他们在三百码外，竟随心所欲地像打兔子似的打中了我们。他们打得又狠又准，我们在他们面前像群绵羊。”他沉默了一会儿，接着问，“你以为炸桥的时候会打上一仗?”

“有可能。”

“我每逢打仗没一次不逃跑，”安塞尔莫说。“我不知道自己该怎么表现。我是个老头子了，一直闹不清。”

“我来帮你作出反应，”罗伯特·乔丹对他说。

“那你打过很多次仗?”

“几次。”

“你觉得这次炸桥怎么样?”

“首先，我考虑炸桥。那是我的工作。把桥毁掉并不难。然后我们作其他部署。要做好准备工作。这一切都要写下来。”

“这儿识字的人很少，”安塞尔莫说。

“要根据每个人的认识水平，写得大家都看得懂，而且要把它讲清楚。”

“我一定做好派给我的任务，”安塞尔莫说。“但我想起了在塞哥维亚开火的情形，如果现在要打，甚至激烈地交火，但愿先跟我讲明白，遇到各种情况，我该怎么干，免得逃跑。记得在塞哥维亚时我极想逃跑。”

“我们将在一起，”罗伯特·乔丹对他说。“我自始至终都会告诉你该干什么。”

“那就没问题了，”安塞尔莫说。“我能做好吩咐我做的任何事儿。”

“对我们来说就是炸桥和打仗，如果打起来的话，”罗伯特·乔丹说，他觉得在黑暗中说这番话有点装腔作势，但是用西班牙语来说，听起来不错。

“那该是头等大事，”安塞尔莫说。罗伯特·乔丹听他说得直率、不含糊、不做作，既没有说英语民族的那种故意含蓄的谈吐，也没有说拉丁语民族的那种夸夸其谈的作风，觉得能遇到这个老头儿非常幸运，他看了桥，设想并简化了解决问题的方案，那就是突然袭击哨所，用通常的办法炸掉它，这时对戈尔兹的命令，对产生这些命令的必要性起了反感。他对命令产生反感是因为它们会给他，会给这个老头儿带来什么后果。对于不得不执行这些命令的人来说，这确实是坏命令。

这想法不对头，他对自己说，你也好，别人也好，都没法保证不遭到不测。你和这个老头儿都不是什么了不起的人物。你们是完成你们的任务的工具。有些命令非执行不可，这不能怪你们，因为这里有座桥，这桥能成为人类未来命运的转折点。就像这次战争中所发生的一切都能成为转折点一样。你只有一件事要做，而你非做不可。只有一件事，真见鬼，他想。如果只有一件事，那就容易办了。别发愁，你这夸夸其谈的狗杂种，他对自己说。想想别的事情吧。

所以他就想想那姑娘玛丽亚，她那全是一色的金褐色的皮肤、头发和眼睛，而其中头发的色泽稍深，但等到这皮肤被阳光晒得更黑，它就会显得较淡，这光滑的皮肤表面是浅金色，衬着深深的底色。它一定很光滑，她一定周身都很光滑，而她的动作很别扭，仿佛她身上有着那么点儿莫名的东西使她局促不安，仿佛这是人家看得见的，其实不然，只不过是她的心理作用罢了。他一望她，她就脸红；她坐着，双手抱膝，衬衫领子在喉部敞着，耸起的杯状乳房顶着衬衫，他想到她，喉头就哽住，走路也不自在了，于是他和安塞尔莫都不作声，直到那老头儿说，“我们现在就穿过这些岩石下山回营吧。”

他们正摸黑穿过岩石之间，有人对他们说，“站住。是谁?”他们听到往后拉步枪枪栓的喀嚓一声，接着是推上子弹、枪栓朝下扳时碰到木枪身的声音。

“同志们，”安塞尔莫说。

“什么同志们?”

“巴勃罗的同志们，”老头儿对他说。“你不认识我们吗?”

“认识，”那声音说。“可这是命令。你们知道口令吗?”

“不。我们是从山下来的。”

“我知道，”那人在黑暗中说。“你们是从桥头来的。我知道这一切情况。命令可不是我下的。你们必须对上口令的下半句。”

“那么上半句是什么?”罗伯特·乔丹说。

“我忘了，”那人在黑暗中说着笑了。“那就带着你不要脸的炸药到营火边操去吧。”

“这就叫做游击队纪律，”安塞尔莫说。“别把枪的击铁扳起。”

“没扳起啊，”那人在黑暗中说。“我用拇指和食指顶着它。”

“你改天用枪栓没有卡子的毛瑟枪这么干，就会走火。”

“我这支就是毛瑟枪，”那人说。“可我的拇指和食指劲头大得没法说。我老是这样顶着的。”

“你的枪口朝着哪儿?”安塞尔莫对着黑暗问。

“朝着你，”那人说，“我推上了枪栓就一直朝着你。你到了营地，下令叫他们派个人来换我的班，因为我饿得够呛，没法儿说，我还把口令忘了。”

“你叫什么名字?”罗伯特·乔丹问。

“奥古斯丁，”那人说。“我叫奥古斯丁，在这地方正被厌倦感搞得要死了。”

“我们一定带上口信，”罗伯特·乔丹说，想到这个意思是“厌倦感”①的西班牙词是说别种语言的农民不可能用的。然而这是任何阶层的西班牙人口头最普通的字眼之一。

“听我说，”奥古斯丁说着，走近前来，一手按在罗伯特·乔丹的肩上。接着他用打火石和钢块打了火，举起木栓，吹吹一端，就着火光看着这年轻人的脸。

“你和另一个很像，”他说。“但有差别。听着，”他放下点火器，握枪站着。“跟我讲讲这个。关于桥的事可是真的?”

“关于桥的什么事?”

“就是要我们把操他妈的一座桥炸掉，过后得操他妈的从山里撤出去，是这回事吧?”

“我不知道。”

“你不知道，”奥古斯丁说。“蛮不讲理！那么炸药是谁的?”

“我的。”

“难道你不知道炸药是用来干什么的？别跟我撒谎啦。”

“我知道用来干什么，到时候你也会知道，”罗伯特·乔丹说。“可我们现在去营地。”

“到操他妈的地方去，”奥古斯丁说。“操你自个儿吧。可要我给你讲些对你有用的事?”

“要，”罗伯特·乔丹说。“如果不是操他妈的，”指的是点缀他的话的主要的脏词儿②。奥古斯丁这人说话那么脏，把脏词儿当作形容词

① 原文为aburmiento(应为aburrimiento，但在西班牙方言中有时有省略一个居中的音节的现象)，是名词。西班牙语语法严谨，抽象名词极多，一般人在口语中广泛运用。作者在本书中写的对白中经常出现书面语，那是他特意模仿西班牙语的特征的结果。

② 本书中出现大量西班牙人的脏话，作者为了在英语中写出来不雅，常用“unprintable”(不宜刊印的)一词来代替。可惜中文难以表达，只能直白些。

加在每个名词前，还把它当作动词，以致罗伯特·乔丹纳闷他会不会说一句正规的话。奥古斯丁听了那脏词儿在黑暗中发笑。“这是我说话的方式。可能不好听。谁知道呢？人人都有自己的说话方式。听我说。这桥对我没什么了不起。跟别的事一样都没什么了不起。再说，我在这一带山里怀着厌倦感。必要的话我们就走。这山区对我没什么了不起。我们该撤走。但有件事我得说说。好好保管你的炸药。”

“谢谢你，”罗伯特·乔丹说。“提防你吗?”

“不，”奥古斯丁说。“提防那些操他妈的不像我这样作好准备干的人。”

“是这样吗?”罗伯特·乔丹问。

“你懂西班牙话，”奥古斯丁这时认真地说。“好好保管你那些操他妈的炸药。”

“谢谢你。”

“别。别谢我。看好你的东西吧。”

“难道东西出毛病了?”

“不，出了毛病，我就不会浪费你的时间这么谈了。”

“反正我要谢谢你。我们现在去营地。”

“好，”奥古斯丁说，“叫他们派个知道口令的来这儿。”

“我们能在营地和你见面吗?”

“是的，伙计。一会儿就见面。”

“走吧，”罗伯特·乔丹对安塞尔莫说。

他们这时沿着草地的边缘走去，那里有一片灰色的迷雾。走过树林里的松针地之后，青草踩在脚下，感觉到茂茂密密，草上的露水湿透了他们的绳底帆布鞋。罗伯特·乔丹透过树林能看到前面有一线光亮，他知道，那里一定就是山洞口。

“奥古斯丁这人挺不错，”安塞尔莫说。“他说话嘴巴很脏，老是开玩笑，但他是个很认真的人。”

“你和他很熟?”

“是的，认识很久了。我挺相信他。”

“也相信他的话?”

“对，伙计。这个巴勃罗现在可糟了，你看得出来的吧。”

“那么最好该怎么办?”

“该叫人时刻看守炸药。”

“叫谁呢?”

“你。我。那女人和奥古斯丁。因为他看到了危险性。”

“你想到过这儿的情况会像现在这么糟吗?”

“没有。”安塞尔莫说。“情况很快就变糟了。但有必要来这儿。这儿是巴勃罗和聋子的地段。在他们的地段上，我们必须跟他们打交道，除非这事我们能单干。”

“那么聋子这人呢?”

“好，”安塞尔莫说，“一个有多好，就像另一个有多糟。”

“你认为他现在真糟了?”

“我整个下午都在想这事，既然我们听到了种种已经听到的情况，我现在认为是这样。一点不假。”

“如果我们推说要炸另一座桥，现在就撤离，到别的几帮人那儿去找人，是不是更好些?”

“不，”安塞尔莫说。“这儿是他的地段。你的一举一动他不会不知道。但你的一举一动都得多加小心。”

第四章

他们下山来到山洞口，一道光线从挂在洞口的毯子边缘透出来。那两只背包在树脚边，上面盖着帆布，罗伯特·乔丹跪下，摸到盖在背包上的帆布又潮又硬。黑暗中，他在帆布下一只背包的外口袋里摸索，掏出一只有皮套的扁酒瓶，把它插在他的衣袋里。背包由串在背包口上的金属扣眼里的长柄挂锁锁住，他打开锁，解开系在每只背包口上的拉绳，把两手伸进去摸索，核实一下里面的东西。他在一只背包的深处摸到那一包包捆好的炸药，那是裹在睡袋里的，然后他系上这背包上的绳子，推上了锁，两手伸进另一只背包，摸到那只轮廓分明的放旧引爆器的木盒，装雷管的雪茄烟盒，每个圆柱形小雷管外面都由它的两根铜线团团绕住(这一切都精心包装好，就像他小时候包装收集到的野鸟蛋那样)。他还摸到从手提机枪枪身上卸下的包在他皮茄克里的枪托、装在大背包一只内口袋里的两盘子弹和五个子弹夹，以及另一只内口袋里的几小卷铜丝和一大卷绝缘细电线。他在藏电线的内口袋里摸到了老虎钳和两把在炸药包一端钻洞用的木头锥子，接着从最后一只内口袋里掏出一大盒他从戈尔兹的司令部弄来的俄国烟卷，扎紧背包口，插上挂锁，扣上背包盖，再用帆布盖上这两只背包。安塞尔莫这时已上前进入山洞。

罗伯特 · 乔丹站起身想跟他进去，接着再一想，就揭去那两只背包上的帆布，一手提一只，勉强地提着向洞口走去。他放下一只背包，撩开毯子，然后低下头，抓住皮背带，两手各提一只，走进山洞。

山洞里暖洋洋，烟雾缭绕。沿洞壁有一张桌子，桌上有一支插在瓶子里的牛脂烛，桌边坐着巴勃罗、三个他不认识的人和那吉卜赛人拉斐尔。烛光把他们的影子投射在背后的洞壁上，安塞尔莫还站在桌子右边他刚才进来时的地方。巴勃罗的老婆正弯身站在山洞一角生炭火的炉灶边。那姑娘跪在她身旁，在一只铁锅里搅拌。她从锅里提起木汤匙，望着罗伯特 · 乔丹站在洞口，他借炉火的光亮看到那妇人在拉风箱，看到姑娘的脸和她的一条手臂，还看到汤汁正从汤匙中滴下来，在滴入铁锅。

“你提着什么?”巴勃罗问。

“我的东西，”罗伯特 · 乔丹说着，在桌子对面山洞比较开阔的地方放下背包，两只背包隔开一小段距离。

“放在外面不好吗?”巴勃罗问。

“黑暗里人可能被它们绊倒，”罗伯特·乔丹说着，走到桌边，把那盒烟卷放在桌上。

“我不喜欢把炸药放在这儿山洞里，”巴勃罗说。

“离炉火远着呢，”罗伯特·乔丹说。“来几支烟吧。”他用拇指指甲划开盒盖上印有一艘彩色大兵舰图形的纸盒一边的封口，把纸盒推向巴勃罗。

安塞尔莫给他端来一只蒙着生皮的凳子，他就在桌边坐下。巴勃罗望着他，好像又有话要说，结果却伸手去拿烟卷。

罗伯特·乔丹把烟卷推向其他人。此刻他并不望着他们。但他觉察到一人拿了烟卷，两人没有拿。他的所有注意力都集中在巴勃罗身上。

“情况怎么样，吉卜赛人?”他对拉斐尔说。

“好，”吉卜赛人说。罗伯特·乔丹看得出，他进来时他们已在谈论他。连吉卜赛人也局促不安。

“她会让你再吃一回吗?”罗伯特·乔丹问吉卜赛人。

“会的。干吗不?”吉卜赛人说。这时的情况和他们下午友好地一起又说又笑大不相同了。

巴勃罗的老婆没说什么，只顾把炭火扇旺。

“有个叫奥古斯丁的说，他在山上被厌倦感搞得要死了，”罗伯特·乔丹说。

“死不了的，”巴勃罗说。“让他死一会儿好了。”

“有酒吗?”罗伯特·乔丹双手搁在桌上，倾身向前，向桌边的人笼统地问。

“剩下不多了，”巴勃罗阴郁地说。罗伯特·乔丹决定不如观察一下另外三人的神情，设法判断自己的处境。

“既然这样，让我喝杯水吧。你，”他对姑娘大声说。“给我来杯水。”

姑娘望望那妇人，妇人没说什么，只当没听到。她随即向盛有水的锅子走去，满满舀了一杯。她把水端到桌前，放在他面前。罗伯特·乔丹朝她笑笑。同时，他收缩腹肌，在凳子上微微向左转，这一来，腰带上的手枪滑到更顺手的地方。他一手向下伸向后裤袋，巴勃罗注视着他。他知道大家也都在注视着他，但他只注视着巴勃罗。他从后裤袋里一手抽出那只有皮套的扁酒瓶，旋开瓶盖，然后举起杯子，喝掉了半杯水，再把瓶里的酒十分缓慢地倒进杯子。

“这东西劲头太大，你受不了，不然我给你一些，”他对姑娘说，又对她笑笑。“剩下不多了，不然我请你喝一些，”他对巴勃罗说。

“我不喜欢大茴香酒，”巴勃罗说。

一股呛人的气味飘过桌面，他闻到这里头有一种气味是他熟悉的。

“好，”罗伯特·乔丹说，“因为只剩很少一点儿了。”

“那是什么酒?”吉卜赛人问。

“药酒，”罗伯特·乔丹说。“想尝尝吗?”

“喝了管什么用?”

“什么都管用，”罗伯特·乔丹说。“什么病都管治。你如果有什么病，它准能治。”

“让我尝尝，”吉卜赛人说。

罗伯特·乔丹把杯子向他推去。这时酒掺了水成为乳黄色，他希望吉卜赛人至多喝一口。剩下只有很少一点儿了，而这样一杯东西，可以代替晚报，代替往日在咖啡馆里的所有夜晚，代替每年会在这一月开花的所有栗树，代替郊外林阴路上的策马缓行，代替书店，代替报亭，代替美术陈列馆，代替蒙特苏里公园，代替布法罗运动场，代替夏蒙高地，代替保险信托公司和巴黎旧城岛，代替古老的福约特旅馆，还可以代替傍晚读书休憩；代替他享受过而已遗忘的一切①。当他品尝这乳

---

① 从上文“代替晚报……”起，是主人公罗伯特·乔丹在回忆前几年在巴黎时爱做的事和爱去的地方。

浊、苦涩、使舌头麻木、使头脑发热、使肚子暖和、使思想起变化的神奇液体时，所有这一切都重现在他眼前了。

吉卜赛人做出一副苦相，交还杯子。“这东西有大茴香味，但像苦胆一样苦，”他说。“宁可害病也不愿喝这种药酒。”

“那是苦艾，”罗伯特·乔丹对他说。“这种酒，在这种真正的艾酒里，掺有苦艾。据说能把你的脑子烂掉，但我不相信。它只会使思想起变化。你该很慢地把水掺在里面，每次滴几滴。但我把它倒在水里。”

“你在说什么?”巴勃罗觉得受到了嘲弄，气愤地说。

“说明这药酒呗，”罗伯特·乔丹对他说，并露齿笑笑。“我是在马德里买的。这是最后一瓶，已经喝了有三个星期了。”他喝了一大口，觉得它顺着舌头泻下，使舌头微感麻木。他望着巴勃罗，又露齿笑笑。

“情况怎么样?”他问。

巴勃罗不回答，罗伯特·乔丹仔细打量着桌边的另外三人。一个长着一张大扁脸，像只塞拉诺火腿似的扁平而带褐色，加上曾被打扁而鼻梁破裂的鼻子和嘴角斜叼着细长的俄国烟卷，使那张脸显得越发扁平了。这人留着灰色短发和一片灰色胡子茬，身穿寻常的黑色罩衣，齐脖子扣住纽扣。罗伯特·乔丹望着他的时候，他低头望着桌子，可是目光镇定，两眼一眨不眨。另外两个显然是兄弟。他们长得很像，身子都矮胖结实，黑头发直长到前额中部，加上黑眼睛和棕褐色皮肤。一个前额上有条刀疤，在左眼上方，他望着他们的时候，他们镇定地也望着他。一个看来有二十六或二十八岁光景，另一个可能大两岁。

“你在看什么?”兄弟中那个有刀疤的问。

“你，”罗伯特·乔丹说。

“见到有什么稀奇的地方?”

“没有，”罗伯特·乔丹说。“来支烟?”

“干吗不?”这位兄弟说。他刚才一支也没有拿。“这烟跟那一个的一样。炸火车的那个。”

“炸火车你在?”

“炸火车我们都在，”那人冷静地说。“只有老头子不在。”

“这才是我们现在该干的，”巴勃罗说。“再炸一列火车。”

“我们可以干这个，”罗伯特·乔丹说。“等炸桥以后。”

他能看到巴勃罗的老婆这时在炉边转过身来，正在听。他一提到桥这个字，大家都不作声了。

“等炸桥以后，”他故意重说一遍，呷了口艾酒。我还是挑明的好，他想。这问题反正要谈到。

“我不赞成炸桥，”巴勃罗说，低头望着桌子。“我也好，我手下也好，都不赞成。”

罗伯特·乔丹没说什么。他望着安塞尔莫，举起杯子。“那我们就单干，老伙计，”他说着笑了笑。

“不要这个胆小鬼，”安塞尔莫说。

“你说什么?”巴勃罗对老头儿说。

“不是说给你听的。我没跟你说话，”安塞尔莫对他说。

罗伯特·乔丹这时隔着桌子望望站在炉火边的巴勃罗的老婆。她还没开过口，也没露过声色。但她这时对姑娘说了些他没法听到的话，姑娘就从炉边站起，沿着洞壁悄悄走去，揭开挂在洞口的毯子，走出去了。我看现在要摊牌了，罗伯特·乔丹想。我相信是这样。我不希望情况变成这样，但实际上看来就会这样。

“那我们来炸桥，不用你帮助，”罗伯特·乔丹对巴勃罗说。

“不行，”巴勃罗说，但罗伯特·乔丹注意到他脸上在出汗。“你不能在这儿炸桥。”

“是吗?”

“你不能炸桥，”巴勃罗费劲地说。

“那你说呢?”罗伯特·乔丹对巴勃罗的老婆说，她正站在炉边，一动不动，显得身形庞大。她转身对着他们，说，“我赞成炸桥。”她的脸被炉火照亮着，脸色绯红，这时在炉火的光照下，显得热情、黝黑而漂亮，露出了她的真面目。

“你认为怎么样?”巴勃罗对她说，转过头来时，罗伯特·乔丹看到他脸上被人出卖的神色和前额上的汗。

“我赞成炸桥，不赞成你，”巴勃罗的老婆说。“没别的啦。”

“我也赞成炸桥，”扁脸、断鼻梁的那个说，在桌上揿灭了烟蒂。

“我看那桥算不上什么，”两兄弟中的一个说。“我拥护巴勃罗太太。”

“我也是，”另一个兄弟说。

“我也是，”吉卜赛人说。

罗伯特·乔丹注视着巴勃罗，同时把垂在身边的右手越来越往下伸，以便万一需要时有所准备，几乎希望事态会这样发展(觉得那也许是最简单、最容易的解决办法，然而又不愿意损害已有的良好进展，因为他知道，一家人、一族人、一帮人在争吵中会很快地一致团结起来反对外来人，然而他又想，既然已经发生了这样的情况，用这只手所能干的事也许最简单、最好，并且像外科手术那样，最干脆)，他还看到巴勃罗的老婆站在那里，并注意到她在众人表示效忠时脸上露出了自豪、坚强而健康的红晕。

“我拥护共和国，”巴勃罗的老婆乐呵呵地说。“这桥就等于共和国。我们以后有时间另作计划。”

“你啊，”巴勃罗怨恨地说。“你这个种牛脑袋、婊子心肠的东西。你以为炸了这桥还会有‘以后’? 你考虑到会发生的事吗?”

“准会发生的事，”巴勃罗的老婆说。“准会发生的事总会发生。”

“这事情我们捞不到好处，事后还会像野兽一样被人搜捕，你觉得无所谓？干的时候死掉也无所谓？”

“无所谓，”巴勃罗的老婆说。“别来吓唬我，胆小鬼。”

“胆小鬼，”巴勃罗怨恨地说。“你把人家当作胆小鬼，因为人家有战术观念。因为人家能事先看到干蠢事的后果。知道什么叫蠢不是胆小。”

“知道什么叫胆小也不是蠢，”安塞尔莫忍不住讲了这一句警句。

“你要找死？”巴勃罗对他厉声说。罗伯特·乔丹觉得这话问得多么不讲究辞令。

“不。”

“那就留神你的嘴巴。你对自己不懂的事话太多。难道你没看出这件事不是闹着玩的？”他简直叫人可怜地说。“只我一人看出这件事有多严重？”

我认为是这样，罗伯特·乔丹想。老巴勃罗，老伙计啊，我认为是这样。还有我。你看得出来，我也看出来了，那妇人从我手上也看出了，但她还没有明白过来。目前她还没有明白过来。

“我当头儿难道是吃干饭的？”巴勃罗问。“我说话心中有数。你们这帮人哪里知道。这老头儿在胡扯。他这老头儿只会给外国佬当通讯员、做向导。这外国佬到这儿来干的事对外国佬们有好处。为了他的好处，我们得送命。我关心大家的好处和安全。”

“安全，”巴勃罗的老婆说。“没有安全这档子事。如今到这儿来求安全的人太多，弄得引起了大危险。如今为了求安全，你把什么都丢了。”

她这时站在桌边，一手拿着一把大汤匙。

“有安全，”巴勃罗说。“在危险中知道怎么见机行事，就有安全。像斗牛士一样，知道自己在干着什么，不冒险，就安全。”

“在他被牛角挑伤以前吧，”妇人怨恨地说。“我听到过多少次啦，斗牛士被牛挑伤前也是这个调门。多少次我听菲尼托说，这全靠学问，牛决不会挑伤人，倒是人自己撞到牛角上去的。他们挨牛角前总是这样说大话。结果是我们到病房去看他们。”这时，她学着在病床边探病的样子，“‘喂，老手，喂，’”她声音洪亮地说。接着，她模仿受了重伤的斗牛士的衰弱的声音说，“‘你好，朋友。怎么啦，比拉尔?’”“‘怎么搞的，菲尼托，好孩子，你怎么碰上了这倒霉事儿?’”她用她那洪亮的声音说。接着声音衰弱而尖细地说，“‘没什么，太太。比拉尔，没什么。这是不该发生的事。我好好儿宰了它，你知道。谁也不会干得更好。那时候，完全照着我的意思把它干了，它也死定了，腿儿摇摇晃晃的，支不住自己的身子，眼看就要栽倒，我从它身边走开，模样挺神气，挺帅，但它把这牛角从我背后捅进我屁股爿中间，从我肝脏中戳了出来。’”她不再学斗牛士那简直像女人的声音，大笑起来，又声音洪亮地说话了。“你和你的安全！我和天下收入最少的三名斗牛士混了九年，还不知道什么叫害怕、什么叫安全吗？跟我说什么都行，可别说安全。你啊。我当初把指望全放在你身上，现在可落得怎样的下场！打了一年仗，你就变懒了，成了酒鬼、胆小鬼。”

“你没有权利这样说话，”巴勃罗说。“尤其是当着大家的面，当着陌生人的面。”

“我就是要这样说话，”巴勃罗的老婆接着说下去。“你听到没有？你还以为这儿是你作主?”

“是啊，”巴勃罗说。“这儿我作主。”

“开什么玩笑，”妇人说。“这儿我作主！你们大伙儿听到了没有？这儿除了我没别人作主。你要愿意就待着，吃你的饭，喝你的酒，可不准拼命死喝。你要愿意，有你一份干的。可这儿我作主。”

“我要把你和这外国佬一起毙了，”巴勃罗阴沉沉地说。

“试试看，”妇人说。“看看会怎么样。”

“给我来杯水，”罗伯特·乔丹说，眼睛仍然盯着这个脸色阴沉而脑袋笨重的汉子和那个自豪而自信地站着的妇人，她握着那把大汤匙，威风凛凛地仿佛它是根指挥棒。

“玛丽亚，”巴勃罗的老婆叫着，等姑娘进了洞口就说，“给这位同志端水。”

罗伯特·乔丹伸手去掏他那扁酒瓶，在他掏出来时，一边掏，一边松开枪套里的手枪，把它在腰带上挪到大腿根。他在杯里又斟上了艾酒，拿起姑娘给他端来的那杯水，开始把水滴入杯子，每次滴几滴。姑娘挨在他身边站着，注视着他。

“外面去，”巴勃罗的老婆对她说，用汤匙做了个手势。

“外面冷，”姑娘说，脸颊紧挨着罗伯特·乔丹的脸颊，注视着杯里正在发生的情形，那烈酒正在里面变得混浊。

“也许吧，”巴勃罗的老婆说。“但里面太热。”她接着亲切地说，“要不了多久的。”

姑娘摇摇头，就走出去。

我看他就要按捺不住了，罗伯特·乔丹管自想。他一手握着杯子，一手这时正毫不掩饰地搁在手枪上。他已经打开保险栓，摸摸上面的小方格几乎已磨得滑溜溜的枪柄，摸摸发凉的圆形扳机护圈，像遇到了老朋友似的。巴勃罗不再望着他，只望着那妇人。她接着说，“听我说，酒鬼。你明白这儿是谁作主吗?”

“我作主。”

“不。听着。把你那毛茸茸的耳朵里的耳屎掏掉。好好听着。我作主。”

巴勃罗望着她，从他脸上一点也看不出他在想些什么。他意味深长地望着她，然后望着桌子对面的罗伯特·乔丹。他深思地望了他很久，接着又回头望着那妇人。

“行。你作主，”他说。“你要他作主也行呀。你们两个可以见鬼去了。”他正眼望着那妇人的脸，既没有被她镇住，似乎也没受她多大的影响。“可能我是懒了，而且喝得太多。你可以把我当胆小鬼，但这一点你错了。我可不傻。”他顿住了一会儿。“你可以作主，还喜欢作主。那好，你既是作主的，又是女人家，就该给我们搞些吃的了。”

“玛丽亚，”巴勃罗的老婆喊着。姑娘从挂在洞口的毯子边探进头来。“快进来侍候吃晚饭。”

姑娘进了洞，走到对面炉边的矮桌前，捡起几只搪瓷大碗，端到饭桌上。

“有葡萄酒，够大家喝的，”巴勃罗的老婆对罗伯特·乔丹说。“别理会那酒鬼说的。喝完了这些酒，可以再拿些来。喝了你在喝的那怪东西吧，来杯葡萄酒。”

罗伯特·乔丹一口干了最后一点艾酒，这样猛喝一大口，觉得身子里产生一股暖和、滋润、冒出浓烈气味而产生化学反应的细细热流。他递过杯子去要葡萄酒。姑娘给他舀得满满的，笑了笑。

“呃，你看过桥了?”吉卜赛人问。其他人，刚才改变效忠对象后还没有开过口的，现在都凑向前来听。

“是的，”罗伯特·乔丹说。“这件事不难干。要我讲给你们听听?”

“好，伙计。挺感兴趣。”

罗伯特·乔丹从衬衫口袋里掏出笔记本，给他们看草图。

“瞧这桥画得多像，”那个扁脸汉子，名叫普里米蒂伏的，说。“像真的一样。”

罗伯特·乔丹用铅笔尖指着，讲解桥该怎样炸，要那样安放炸药包的理由。

“多简单啊，”两兄弟中脸上有刀疤的那个说，他名叫安德烈斯。“但是你怎样引爆炸药包呢?”

罗伯特·乔丹又作了解释，他给他们讲解着，发觉姑娘在一边望着，手臂搁在他肩上了。巴勃罗的老婆也注视着。只有巴勃罗不感兴趣，独自坐着，喝着从大缸里重新舀满的那杯酒，这大缸里的酒是玛丽亚从挂在山洞进口左侧的皮酒袋里倒出来的。

“这种事你干过很多?”姑娘悄声问罗伯特·乔丹。

“对。”

“我们可以看炸桥吗?”

“可以。干吗不?”

“你准会看到,”巴勃罗在桌子那头说。“我相信你准会看到。”

“闭嘴,”巴勃罗的老婆对他说,突然想起了下午在手掌上看到的预兆,猛的冒出一股无名怒火。“闭嘴,胆小鬼。闭嘴,不祥鸟。闭嘴,杀人凶手。”

“好吧,”巴勃罗说。“我闭嘴。现在作主的是你,美景一幕幕,你瞧下去得了。但是别忘了,我可不傻。”

巴勃罗的老婆感觉到自己的愤怒变成了忧伤,变成了所有的希望和前途都受到了挫折的感觉。她还是小姑娘的时候,就有过这种感觉,她一生中一直知道是什么事使她产生这种感觉的。现在这种感觉突然产生了,她把它置之脑后,免得影响自己,免得既影响自己,也影响共和国,于是她说,“我们现在来吃吧。把锅里的菜盛在碗里,玛丽亚。”

第五章

罗伯特·乔丹撩开蒙在山洞口的鞍毯,跨到外面,深深地吸了一口夜晚的冷空气。迷雾已消散,星星露面了。没有风,他这时不再处身在山洞的暖和空气中,那里弥漫着浓重的烟草和炭火的烟味,加上米饭、肉、藏红花、甜椒和食油的香味,还有那拴住脖子挂在洞口边的盛酒用的大皮袋的柏油味和溅出的酒的气味。这大皮袋四腿伸开,一条腿上安了一只塞子,取酒时溅出一点儿,洒在泥地上,酒味镇住了尘埃的气味;他这时不再闻到和长长的一串串大蒜一起挂在洞顶的一扎扎不知名称的各种香草的气味，这时不再闻到铜币、红葡萄酒和大蒜的气味、马汗和人衣服上已干的汗的气味了(人汗触鼻，汗迹呈灰色，马身上刷下的汗沫干了以后带有甜味，令人作呕)。罗伯特·乔丹现在离开了桌边的那些人，深深地呼吸着夜晚山峦中带着松树和溪边草地上的露水气息的清新空气。露水很浓，因为风已停息，但是他站在那里，却认为早晨准会有霜。

正当他站着在深深地呼吸，后来留神夜间的声音的时候，他先听到远方的枪声，接着是下面树林中马栏那边一只猫头鹰的叫声。接着他能听到吉卜赛人在山洞里唱起歌来了，还听到吉他轻奏的和弦声。

“我有一笔爹留下的遗产，”逼紧的假嗓音粗哑地响起来，在那里荡漾。他接着唱着：

“那就是月亮和太阳；
我虽然走遍天涯海角，
这笔遗产永远花不光。”

吉他的重重弹拨声中夹着给歌手的协调的喝彩声。“好，”罗伯特·乔丹听到有人说。“给我们唱那支加泰罗尼亚歌①吧，吉卜赛人。”

“不。”

“唱吧。唱吧。唱加泰罗尼亚歌。”

“好吧，”吉卜赛人说着，就哀伤地唱了，

“我的鼻子扁，
我的脸儿黑，

① 指用西班牙东北部加泰罗尼亚地区的方言加泰隆语谱写的民歌。

不过我还是人。”

“好!”有人喊。“唱下去，吉卜赛人!”

吉卜赛人的歌声伤心而嘲弄地响起来。

“感谢上帝我是个黑人，

不是加泰罗尼亚人!”

“闹声很大，”巴勃罗的声音说。“住口，吉卜赛人。”

“对，”他听到那妇人的声音。“闹声太大了。你这嗓子会把民防军都招来，再说，唱得还不够格。”

“我还会唱一节，”吉卜赛人说，接着响起了吉他声。

“算了吧，”妇人对他说。

吉他声停了。

“今晚我嗓子不好。所以也没什么损失，”吉卜赛人说着，撩开毯子，走到外面的黑夜中。

罗伯特·乔丹看到他走到一棵树边，然后向他这边走来。

“罗伯托，”吉卜赛人低声说。

“嗯，拉斐尔，”他说。他从吉卜赛人的声调里听出他有了几分醉意。他自己也喝了两杯艾酒和一些葡萄酒，但是刚才和巴勃罗使劲较量了一番，头脑保持清醒而冷静。

“你干吗没有干掉巴勃罗?”吉卜赛人声音很低地说。

“干吗干掉他?”

“你迟早得干掉他。当时有机可乘，你为什么不赞成?”

“你是说正经的?”

“你以为我们大家在盼着什么?你以为那女人把姑娘支出去是为了什么?大家说了那一番话之后，你以为我们往后还待得下去?”

“我还以为你们大家都该干掉他。”

“什么话，”吉卜赛人冷静地说。“那是该你干的事。有三四次我们等着你动手干掉他。巴勃罗没朋友。”

“我有过这念头，”罗伯特·乔丹说。“但是我打消了。”

“大家当然也都看得出这一点。人人都注意到你做了准备。你干吗刚才不动手?”

“我觉得这样做说不定会打扰你们有些人，或者那女人。”

“什么话。那婆娘等着，就像婊子在盼大主顾快快来。你看来挺老练，实际上很嫩。”

“这有可能。”

“现在就干掉他，”吉卜赛人力劝。

“那就等于暗杀。”

“那就更好，”吉卜赛人声音很低地说。“危险少些。动手吧。现在就干掉他。”

“我不能那么干。我讨厌那种做法，为了我们的事业，不应该那么干。”

“那么就惹他发火，”吉卜赛人说。“你可非干掉他不可。没法补救了。”

他们谈着谈着，那只猫头鹰穿过树林轻柔地飞来，一点儿声音也没有，飞过他们身旁落下，随即飞起，迅速拍打着翅膀，尽管它一路觅食，却一点儿也没有羽毛抖动的声音。

“瞧啊，”吉卜赛人在黑暗中说。“人就该这么行动。”

“可是白天它在树上一点儿也看不见，被乌鸦包围起来，”罗伯特·乔丹说。

“这不常有，”吉卜赛人说。“再说，也是偶然的事。干掉他吧，”他接着说。“别让事情变得难办。”

“现在机会错过啦。”

“去惹他发火，”吉卜赛人说。“或者趁现在夜深人静。”

遮住山洞口的毯子撩开了，一线光亮射出来。有人向他们站着的地方走来。

“夜色很美，”那人用深沉而重浊的嗓音说。“我们要有好天气了。”

那是巴勃罗。

他正在抽一支俄国烟卷，吸烟时烟卷一亮，映出了他那张圆脸。星光下，他们看得清他粗壮的、手臂长长的身体。

“别理会那婆娘，”他对罗伯特·乔丹说。黑暗中，烟卷上的红光很亮，接着，那光亮随着他的手垂下了。“她有时真别扭。她人不坏。对共和国非常忠心。”烟卷上的光这时随着他说话微微抖动。他说话时准是把烟卷叼在嘴角上，罗伯特·乔丹想。“我们不该闹别扭。大家一条心嘛。很高兴你来了。”烟卷发出明亮的红光。“别把争吵放在心上，”他说。“你在这儿很受欢迎。”

“原谅我，失陪了，”他又说。“我去看看他们把马儿拴得怎么样了。”

他穿过树林，走到草地的边缘，他们听到下面有匹马儿在嘶叫。

“你明白了?”吉卜赛人说。“现在明白了? 这一来，机会错过啦。”

罗伯特·乔丹没说什么。

“我到下面去，”吉卜赛人气愤地说。

“去干什么?”

“瞧你说的，去干什么。至少可以防止他溜掉啊。”

“他能从下面骑马溜掉吗?”

“不能。”

“那么到你能防止他溜掉的地方去。”

“那儿有奥古斯丁。”

“那么去跟奥古斯丁说说。把刚才发生的事告诉他。”

“奥古斯丁会乐意干掉他的。”

“这不坏，”罗伯特·乔丹说。“那就去山上把发生的情况都如实告诉他。”

“接下来呢?”

“我去下面草地上看看。”

“好。伙计。好。”吉卜赛人赞许地又说，“现在你可勒紧了腰带，准备干啦。”罗伯特·乔丹在黑暗中看不到拉斐尔的脸，但能感觉到他在微笑。

“去找奥古斯丁吧，”罗伯特·乔丹对他说。

“是，罗伯托，是，”吉卜赛人说。

罗伯特·乔丹在松林中穿行，一路从这棵树摸到那棵树，来到草地的边缘。他在黑暗中眺望这片草地，星光下，这空旷的地方显得较明亮，他看到那些拴住的马儿的黑黑的身影。他数了数散开在他和小河之间的马儿。一共五匹。罗伯特·乔丹在一棵松树脚边坐下，眺望面前的草地。

我累啦，他想，也许我的判断力不行了。但是我的责任是炸桥，为了大功告成，我不能在完成这个任务之前拿自己作无谓的冒险。当然，放过必须抓住的机会有时候更危险，但是我一直在这样做，试着听任事态自己发展。要是真有这么回事，像吉卜赛人说的，他们都指望我干掉巴勃罗，那我就该这么做。但我一点也摸不透他们是不是真指望我这么干。让一个外来人来杀人，而事后又不得不在当地和他们一起工作，这非常糟糕。打仗时可以那么干，有了充分的纪律保证也可以那么干，可是我认为在眼前的情况下这么干是十分糟糕的，尽管这办法很吸引人，似乎又干脆又简单。但是在这个地方，我不相信任何事能这样干脆而简单，尽管我完全信任那女人，可我说不准她对这样走极端的行动会有什么反应。一个人在这种场合死去可能是非常丑恶、可鄙而令人厌恶的。

你摸不透她会有什么反应。没有这个女人，这里就没有组织，也没有纪律，而有了这个女人，事情就能很好办。如果她杀了他，或者由吉卜赛人来杀(但他不会)，或者由那放哨的奥古斯丁来杀，那就理想了。安塞尔莫肯干，如果我提出要求的话，尽管他说反对杀害任何人。他恨巴勃罗，我相信，而且他对我已经有了信任，把我当作他所信仰的事物的象征来信任我。只有他和那女人才真正信仰共和国，就我所能看到的来说；但是现在下这样的结论还太早。

他的眼睛变得习惯了星光，他能看到巴勃罗站在一匹马儿旁边。马儿抬起头来不再吃草，接着不耐烦地垂下头去。巴勃罗正站在马儿旁，挨身靠着它。马儿在缰绳长度所及的圈子里打转，他就亦步亦趋地跟着转，并不时拍拍它的脖子。马儿在吃草，不耐烦这样的爱抚。罗伯特·乔丹没法看到巴勃罗在做什么，也听不到他对马儿在说些什么，但是看得出他既不在解木桩上的缰绳，也不在备鞍。他坐着望着巴勃罗，想要把自己的问题清楚地想想透。

“你呀，我的大个儿小乖马儿，”巴勃罗在黑暗中对马儿说；他对着说的是那匹枣红色大种马。“你这个可爱的白脸大美人儿呀。你呀，你的长脖子弯得像我老家村子里的旱桥。”他停了停。“但弯得更厉害，好看得多。”马儿正在啃草，把草拉起时头歪向一边，被这个人和他的这番话弄得厌烦。“你可不是婆娘，也不是傻瓜，”巴勃罗对枣红马说。“你呀，啊，你呀你，我的大个儿小乖马。你不是那个像滚烫的石头一样的婆娘。你也不是那个满头短发、像乳臭未干的小牝马儿那么走动的丫头。你不骂街，也不撒谎，可懂事哪。你呀你，我的大个儿小乖马呀。”

罗伯特·乔丹听到了巴勃罗跟那枣红马谈话，准会觉得非常有趣，但他没有听到，因为他这时深信巴勃罗只是下去检查他的马儿，并断定在此刻杀他并不是可取的一着，所以站起身来，走回山洞。巴勃罗留在草地上对马儿谈了很久。马儿一点也不懂他说的话，只凭着那语调，知道都是些亲热的话儿，但它在马栏里被圈了一天，这时正饿着，不耐烦地在拴马桩上的绳子长度所及的范围的边缘吃草，而这家伙叫它着恼。巴勃罗最后把拴马桩搬了个位置，这时站在马儿身旁，不说话了。马儿继续在吃草，觉得轻松，因为这个人不打扰它了。

第六章

山洞里，罗伯特·乔丹挨着炉火坐在角落里一只蒙着生牛皮的凳子上，听那妇人说话。她正在洗盘碟，那姑娘玛丽亚在把它们擦干，放在一边，然后跪下把它们放进在洞壁凿出来当柜子用的凹洞。

“奇怪，”妇人说，“聋子没来。一小时前就该到了。”

“你通知过叫他来吗?”

“没有。他每晚都来。”

“也许他正有事。有什么工作。”

“可能，”她说。“他要是不来，我们只得明天去看他。”

“好吧。离这儿远吗?”

“不远。出去走走不错。我需要活动活动。”

“我能去吗?”玛丽亚问。“我也可以去吗，比拉尔?”

“可以，美人儿，”妇人说，接着转过她的大脸，“她不是很漂亮吗?”她问罗伯特·乔丹。“你觉得她怎么样? 太瘦一点?”

“我看她很不错，”罗伯特·乔丹说。玛丽亚把他的杯子斟满了酒。“把它喝了，”她说。“这样会使我显得还要好看。得喝许多才会觉得我很漂亮。”

“那我还是不喝的好，”罗伯特·乔丹说。“你已经很漂亮，并且还不仅是这样。”

“这话说到点子上了，”妇人说。“你讲得像个好样的。她看上去还有什么优点?”

“聪明,”罗伯特·乔丹这话说来叫人不相信。玛丽亚吃吃地笑,那妇人伤心地摇摇头。“你开头说得多好,结果却说这种话,堂罗伯托①。”

“别叫我堂罗伯托。”

“这是开开玩笑。我们这儿把堂巴勃罗当笑话说。就像我们把玛丽亚小姐也当笑话说。”

“我不开这种玩笑,”罗伯特·乔丹说。“依我看,在这次战争中大家应当严肃地称呼同志。玩笑一开头,就会导致堕落。”

“你对你的政治真像对宗教那么虔诚,”妇人逗他。“你不开玩笑?”

“开。我很爱开玩笑,可不是以称呼的方式来开。称呼好比旗帜啊。”

“我可以拿旗帜来开玩笑。不管什么旗帜,”妇人笑着说。“依我看,人家开的玩笑都算不上什么。我们管那面黄、金两色的老旗叫脓和血。那面加上紫色的共和国国旗,我们管它叫做血、脓和高锰酸钾。那是开玩笑啰。”

“他是共产党,”玛丽亚说。“他们是非常严肃的人。”

“你是共产党吗?”

“不,我是反法西斯主义者。”

“很久了?”

“自从我了解了法西斯主义以来。”

“有多久了?”

“差不多十年了。”

“那时间不算长,”妇人说。“我当了二十年共和主义者。”

---

① “堂”原文为Don,为西班牙语中对男人的尊称。

“我父亲一辈子都是共和主义者，”玛丽亚说。“就为这个，他们把他枪毙了。”

“我父亲一辈子也都是共和主义者。还有我祖父，”罗伯特·乔丹说。

“在哪一国?”

“美国。”

“他们给枪毙了?”妇人问。

“怎么会呢，”玛丽亚说。“美国是共和主义者的国家。那儿当共和主义者不会被枪毙。”

“有一个身为共和主义者的祖父反正是好事，”妇人说。“这说明好家世。”

“我祖父是共和党全国委员会委员，”罗伯特·乔丹说。这句话甚至使玛丽亚也产生了很深的印象。

“你父亲还在共和国做事?”比拉尔问。

“不。他去世了。”

“能不能问问他怎样去世的?”

“开枪自杀的。”

“为了免得遭受折磨吗?”妇人问。

“对，”罗伯特·乔丹说。“为了免得遭受折磨。”

玛丽亚望着他，两眼噙着眼泪。“我父亲，”她说，“当时弄不到武器。噢，我真高兴，你父亲运气好，能弄到枪。”

“是的。真侥幸，”罗伯特·乔丹说。“我们谈谈别的好不好?”

“这么说，你和我，我们的身世是一样的，”玛丽亚说。她把一只手放在他胳臂上，望着他的脸。他望着她那褐色的脸，望着她的眼睛，自从他见到她的眼睛以来，总觉得它们不如她脸上其他部分年轻，而现在这双眼睛突然变得饥渴、年轻、有所企求。

“看你们的模样，可做兄妹了，”妇人说。“但我相信不是兄妹倒好。”

“我现在才知道，为什么我一直有着现在这样的感觉，”玛丽亚说。“现在清楚了。”

“没的事儿，”罗伯特·乔丹说着，伸手去抚摸她的头顶。他整天都想这样做，现在真的做了，能感觉到喉头哽塞起来。在他的手的抚摸下，她挪动她的头，还抬眼向他微笑，他感到她那头短发浓密而柔顺，毛茸茸的，在他指缝中波动着。接着他一手放在她脖子上，然后垂下手去。

“再摸一下，”她说。“我整天都盼望你这么做。”

“以后再说吧，”罗伯特·乔丹说，嗓音沙哑。

“那我呢，”巴勃罗的老婆嗓音洪亮地说。“要我在旁边看着这一切吗？以为我不会动情？做不到啊。我没有更好的男人，但愿巴勃罗回来吧。”

玛丽亚这时既不理会她，也不理会在桌边烛光中玩纸牌的其他人。

“要再来杯酒吗，罗伯托?”她问。

“好，”他说。“干吗不?”

“你跟我一样，也要弄到一个酒鬼了，”巴勃罗的老婆说。“他喝了杯里的稀罕东西，还喝这喝那的。听我说，英国人。”

“不是英国人。是美国人。①”

“那么听着，美国人。你打算睡在哪儿?”

“外面。我有睡袋。”

“好，”她说。“夜里晴朗吧?”

“还会很凉。”

“那就在外面吧，”她说。“你睡在外面。你那些用具可以放在我睡的地方。”

---

① 因为美国人也讲英语，所以这些西班牙人自此以后经常称他为“英国人”。

“好吧，”罗伯特·乔丹说。

“走开一会儿，”罗伯特·乔丹对姑娘说着，把一手按在她肩上。

“干吗?”

“我想跟比拉尔说句话。”

“我必须走?”

“是的。”

“是什么事?”等姑娘走到了山洞口，站在大皮酒袋边看人打牌，巴勃罗的老婆问。

“吉卜赛人说我原该——”他开口说。

“不，”妇人打断了他的话。“他错了。”

“如果有必要要我——”罗伯特·乔丹平静但为难地说。

“刚才你是会下手的，我相信，”妇人说。“不，没必要。我在注意你。但你的判断是对的。”

“但是如果有必要——”

“不，”妇人说。“我可以肯定没必要。这吉卜赛人的心思坏透了。”

“但是人软弱了，就能成为一大危害。”

“不。你不懂。这个人已经完全不可能造成危害了。”

“我不懂。”

“你还很年轻，”她说。“以后会懂的。”她接着对姑娘说，“过来，玛丽亚。我们谈完了。”

姑娘走来，罗伯特·乔丹就伸出手，轻轻拍拍她的头。她在他的抚摸之下，像只小猫。那时他以为她要哭了。但是她的嘴角又往上牵动了一下，望着他微笑了。

“你现在还是去睡吧，”妇人对罗伯特·乔丹说。“你赶了很多路。”

“好，”罗伯特·乔丹说。“我把我的东西收拾一下。”

第七章

他在睡袋里入睡了，已睡了很久啦，他想。睡袋铺在林地上，在山洞口另一边岩石的背风处，他在睡眠中翻过身来，这一翻，压住了临睡前贴身放在睡袋里的、用带子系在他一只手腕上的手枪，觉得肩酸背痛，两腿乏力，肌肉疲乏地给拉扯着，所以感到地面软软的，身子在有法兰绒衬里的睡袋中就这么舒展一下，也使他感到懒洋洋得富有快感。他一觉醒来，不明白自己正在什么地方，等弄明白了，就挪开肋下的手枪，满意地安下身来，一展身又入睡了，一手放在用衣服整齐地卷住绳底鞋做成的枕头上。他用一臂搂着这枕头。

这时，他觉得有只手按在他肩上，就马上翻过身来，右手在睡袋里握住手枪。

"噢，是你，"他说着放下手枪，举起双臂把她拉下。他抱着她，能感觉到她在哆嗦。

"里面来，"他低声说。"外面很冷。"

"不。我不能。"

"里面来，"他说。"有话我们等会儿谈。"

她在发抖，他这时一手握住她的手腕，另一条胳臂轻轻地搂住她。她别转了头。

"里面来，小兔子，"他说，吻着她的后颈。

"我怕。"

"别。别怕。里面来。"

"怎么进来?"

"钻进来就是。里面很空。要我帮你一把?"

"不，"她说，接着就钻进了睡袋，他把她紧紧贴着自己，想吻她的嘴唇，而她把脸紧靠在用衣服卷成的枕头上，但双臂紧搂着他的脖子。这时他拥抱着她，感到她的双臂放松了，又在哆嗦着。

“别，”他说着笑了。“别怕。那是手枪。”

他提起手枪，悄悄地塞到自己背后。

“我害臊，”她说，脸朝着别处。

“别。不用这样。好。来吧。”

“不。我不能。我害臊，我怕。”

“别。我的兔子。请别这样。”

“我不能。如果你不爱我。”

“我爱你。”

“我爱你。啊，我爱你。把手放在我头上，”她朝着别处说，脸仍旧贴在枕上。他一手放在她头上，抚摸它，接着她一下子从枕头上转过脸来，偎在他怀里，紧挨着他，脸贴在他脸上，她在哭。

他静静地、紧紧地抱着她，感觉到她年轻的身躯长长的，抚摸她的头，吻她润湿而带咸味的眼睛，她哭着哭着，他能感觉到她那对圆圆的、乳峰挺突的乳房隔着她身上的衬衫顶着他。

“我不会接吻，”她说。“我不知道怎样才好。”

“没有必要接吻。”

“不。我一定要接吻。我什么都要做。”

“没有必要做什么。这样很好。可你衣服穿多了。”

“我该怎么办？”

“我来帮你。”

“这样好些吗？”

“是的。好多了。你不是也觉得好些？”

“是的。要好多了。我可以按照比拉尔说的跟你走吗？”

“是的。”

“可是不去收容所。我要跟你一起。”

“不，要去收容所。”

“不。不。不。跟你一起，我要做你的女人。”

他们这时躺着，原先遮蔽的，现在全裸露了。原先是粗糙的料子的地方，现在一片光滑，光滑、坚实、圆鼓鼓地紧挨着，长长的，暖暖的，一片凉意，外面凉而里面暖，长长的，轻轻的，紧紧地搂着，紧紧地搂在一起了，落寞空虚却又轮廓分明，给人快慰，年轻可爱，这时全都变得暖暖地光滑，给人一种空虚、胸口作痛、紧密拥抱的落寞之感，这一切如此强烈，以致罗伯特·乔丹觉得再也忍受不住，就说，“你爱过别人吗?”

“从来没有。”

这时，她在他怀里突然僵硬地失去了活力，“可是人家糟蹋过我。”

“谁?”

“好几个。”

她这时躺着一动也不动，仿佛她的躯体已经死去，她把脸转向别处。

“你现在不会爱我了。”

“我爱你，”他说。

但是他受到了某种影响，她知道是这样。

“不，”她说，声音变得死气沉沉而呆板。“你不会爱我了。不过你也许会带我去收容所。我去了收容所，就永远不可能做你的女人，什么也说不上了。”

“我爱你，玛丽亚。”

“不。这不是真的，”她说。这时仿佛话已说到了尽头，她可怜巴巴却满怀希望地说：

“可是我从没吻过男人。”

“那就现在吻我吧。”

“我要吻，”她说。“可我不会。当时他们糟蹋我，我拼命挣扎，直到眼睛看不清。我一直挣扎到——到——到一个人坐在我头上——我就咬他——后来他们勒住我的嘴，把我两手反扣在脑后——别人就糟蹋我。”

“我爱你，玛丽亚，”他说。“谁也没有把你怎么样。你，他们碰不了。谁也没碰过你，小兔子。”

“你相信是这样吗?”

“我知道是这样。”

“那么你会爱我?”这时又暖暖地紧挨着他。

“我会更爱你。”

“我一定要好好吻你试试看。”

“就吻我一下吧。”

“我不知道怎么好。”

“吻我就是。”

她吻他的脸颊。

“不。”

“我们的鼻子往哪儿搁？我老是想知道鼻子该往哪儿搁。”

“瞧，把头偏一点儿，”这时，他们的嘴紧贴在一起了，她紧挨在他身上，她的嘴慢慢地张开了一点，接着，他把她贴在自己身上，突然感到从来也没有过的喜悦，轻柔、亲切、欢欣、出自内心的喜悦，无忧无虑，不再疲惫，不再发愁，只感到莫大的喜悦，他就说，“我的小兔子。我的好宝贝。我的小亲亲。我的高个美人儿。”

“你在说什么?”她说，那声音好像来自很远的地方。

“我可爱的人儿，”他说。

他们躺在那里，他感到她的心顶着他的心在跳动，他用他脚的一侧轻轻地擦着她脚的一侧。

“你是光着脚来的，”他说。

“是呀。”

“那你是存心到睡袋里来的。”

“是呀。”

“而且刚才不害怕。”

“不。很怕。但更怕脱了鞋怎么走。”

“现在什么时间了？你知道吗?”

“不知道。你没表?”

“有。可是在你的背后。”

“把它拿过来。”

“不。”

“那么隔着我的肩膀看吧。”

那时是一点钟。表面在睡袋中的暗处显得亮亮的。

“你的下巴扎痛我的肩膀。”

“原谅它吧。我没刮脸的家伙。”

“我喜欢它。你的胡子是金黄色的?”

“对。”

“会长长吗?”

“炸桥之前不会。听着，玛丽亚。你——?”

“我怎么?”

“你想要吗?”

“要。事事都要。请吧。要是我们事事都一起干，也许以前那事就会像没有发生过一样。”

“你这样想过?”

“不。我有过这样的念头，但比拉尔跟我说了。”

“她非常聪明。”

“还有一件事，”玛丽亚轻轻地说。“她要我告诉你，说我没有病。她懂这种事，她说要告诉你。”

“她要你告诉我?”

“是的。我对她说了，告诉她说我爱你。今天一见你，我就爱上你了，好像心里一直有着你，可就是没见过你，我告诉了比拉尔，她说如果我要把一切的一切全告诉你，要告诉你说我没病。刚才说的那情况是她很久以前对我说的。在炸火车之后不久。”

“她说了什么?”

“她说，一个人只要不愿意，人家就不能把她怎么样，还说，要是我爱上了一个人，就能把过去的全抹掉。那时我想死，你知道。”

“她讲的话很对。”

“我现在很高兴那时没死。真高兴那时没死。那么你会爱我吗?”

“会。我现在就爱你。”

“我可以做你的女人啦?”

“干我这一行的，不能有女人。但是你现在就是我的女人。”

“我一做你的女人，就永远是你的人。我现在就是你的女人吗?”

“就是，玛丽亚。就是，我的小兔子。”

她紧紧地抱着他，嘴唇寻找他的嘴唇，接着找到了，就紧贴住他的嘴唇，而他，觉得她娇嫩、清新、润滑、年轻、温暖发烫却凉凉的很可爱，处身在这熟悉得就像他的衣服、鞋子或他的任务一样的睡袋中，令人难以置信，接着她惊慌地说，“我们要做的事现在快做吧，好让那回事全抹去。”

“你要?”

“就是，”她简直狂热地说。“就是。就是。就是。”

第八章

夜里天气寒冷，罗伯特·乔丹睡得很沉。他醒过一次，一展身，发觉姑娘在那里，正蜷缩在睡袋下端的深处，轻轻地、均匀地呼吸着，黑暗中，他缩进了头避寒，天上布着星星，天气凛冽刺骨，鼻孔吸进的空气很冷，他把头缩到睡袋里温暖的地方，吻吻她光滑的肩膀。她没醒，他就侧过身背着她，把头又伸到睡袋外面的寒气中，醒着躺了一会儿，感到疲乏之中悠悠地沁透着莫大的快意，接着是两人身体接触时的光滑的触觉上的快感，然后他把两腿尽量伸到睡袋底，不知不觉地深深堕入了睡乡。

天一亮他就醒来，姑娘人不在。他醒来发觉人不在了，就伸出一臂，觉得她睡过的地方还是暖和的。他望望山洞口蒙着的那条毯子，只见它四边结了一圈霜花，看到岩石缝隙里冒出淡淡的灰色的烟，说明已经生起了炉灶。

有人从树林里出来，身上套着一条毯子，像南美的披风。罗伯特·乔丹一看，原来是巴勃罗，正在抽烟。巴勃罗已下山去把马儿关进马栏了，他想。

巴勃罗撩开毯子，进了山洞，没有朝罗伯特·乔丹这边望。

罗伯特·乔丹用手摸摸结在睡袋面子上的薄霜，就又安身在睡袋中。这只用了五年的旧鸭绒睡袋的面子是有绿色斑点的气球绸布做的。他把两腿大大张开，感到法兰绒衬里轻轻抚摸着他，很是熟悉，就自言自语说，好啊，然后并起两腿，侧过身子，免得脑袋面对他知道太阳将要升起的方向。管它呢，我还是再睡一会儿的好。

他一直睡到飞机的引擎声把他闹醒。

他仰天躺着，看到了飞机，那是三架菲亚特飞机①组成的法西斯巡逻小队，一丁点儿，亮亮的，急速越过山巅上空，向安塞尔莫和他昨天走来的方向飞去。三架过去后又来九架，飞得高多了，三架一组，组成小小的三角形编队。

---

① 菲亚特巡逻机为意大利产。

巴勃罗和吉卜赛人正站在山洞口的背阴处注视着天空，这时罗伯特·乔丹静静地躺着，天空中响彻着引擎的不断锤打似的巨大轰鸣声，传来了一阵新的隆隆声，在林中空地上空不到一千英尺的地方又飞来了三架。这是三架海因克尔 111 型双引擎轰炸机。①

罗伯特·乔丹的头在岩石的阴影中，他知道从飞机上望不到自己，而且即使望到也没有关系。他知道飞机有可能看到马栏中的马匹，如果它们在这一带山区搜索什么的话。如果它们不在搜索，还是会看到马匹，但他们会很自然地以为是自己骑兵队的某些坐骑。这时又传来了一阵更响的隆隆声，只见又有三架海因克尔 111 型轰炸机排成了一成不变的队形，陡直、坚定地飞来，飞得更低，隆隆声越来越近，越来越响，达到顶点，然后，随着飞机越过林地而逐渐减弱。

罗伯特·乔丹解开那卷当枕头用的衣服，把衬衣穿上。他把衣服套在头上，正在往下拉的时候，听到下一批飞机飞来了，就在睡袋里穿上裤子，静静地躺着，等这三架海因克尔双引擎轰炸机飞过。飞机越过山肩前，他已佩好手枪，卷起睡袋，把它放在岩石旁，接着紧靠山崖坐下，结扎绳底鞋的带子，这时渐近的隆隆声变成了空前地响的急促的敲打似的轰鸣声，又飞来了九架排成梯队的海因克尔轻型轰炸机；飞机飞过头顶时，声音响得像要震裂天空似的。

罗伯特·乔丹沿着山崖闪身走到洞口，站在那里观望的有两兄弟中的一个、巴勃罗、吉卜赛人、安塞尔莫、奥古斯丁和那妇人。

“以前来过这样多的飞机吗?”他问。

“从来没有，”巴勃罗说。“进来吧。他们会看到你。”

太阳还没有照到山洞口。它此刻正在小河边那片草地上照耀着，罗伯特·乔丹知道，他们在清晨阴暗的树荫和山崖投下的浓浓的阴影中不会被发现，但他进了山洞，免得使他们不安心。

---

① 海因克尔 111 型轰炸机为德国产。

“飞机真不少，”那妇人说。

“还会有更多，”罗伯特·乔丹说。

“你怎么知道?”巴勃罗怀疑地问。

“刚才的那些飞机得有驱逐机伴随。”

说着，他们就听到了飞得更高的飞机的呜咽似的嗡嗡声，它们在五千英尺左右的高空中飞过时，罗伯特·乔丹点了数，共有十五架菲亚特飞机，每三架排成一个V字形，一组组构成一个大梯队，像大雁成群飞翔。

在山洞的进口处，他们脸上全都显得十分严肃，罗伯特·乔丹说，“你们没见过这么多飞机?”

“从来没有，”巴勃罗说。

“在塞哥维亚没这么多?”

“从来没有过，通常我们只见到三架。有时是六架驱逐机。也可能是三架容克式飞机①吧，那种三引擎的大飞机，有驱逐机伴着。我们从没见过现在这么多的飞机。”

糟了，罗伯特·乔丹想。真是糟糕。飞机集中到这里来，说明情况很糟糕。我得注意听它们扔炸弹的声音。但是不，他们现在还不可能把部队调来准备进攻。今晚或明晚之前当然不可能，而眼前绝对不可能。此刻他们绝对不会采取任何行动。

他还能听到渐渐减弱的嗡嗡声。他看看表。这时该飞到火线上空了，不管怎么说，第一批该到达了。他按下表上的拨秒钮，看着秒针嗒嗒嗒地绕着走动。不，也许还没有飞到。现在该到啦。对。现在该飞过好远了。不管怎么说，那些111型飞机的速度每小时达两百五十英里啊。五分钟就能飞到火线上空。它们现在早越过山口了，早晨这时光，飞机下面卡斯蒂尔地区是一片黄色和褐色，黄色中间交错着一条条白色

---

① 容克式三引擎巨型机为德国产。

的道路和星星点点的小村庄，海因克尔飞机的阴影掠过地面，就像鲨鱼的阴影掠过海底的沙地。

没有砰、砰、砰的炸弹爆炸声。他的表继续嗒嗒嗒地响着。

这些飞机正继续飞往科尔梅那尔、埃斯科里亚尔或者曼萨纳雷斯·德瑞奥尔①的飞机场，他想，那里的湖边耸立着一座古堡，芦苇荡里躲着野鸭，那片假飞机场就在真飞机场的后面，上面停放着假飞机，没有什么掩饰，飞机的螺旋桨在风中转动着。他们准是朝那边飞去的。他们不会知道这次进攻的情况，他对自己说，可是心里又出现了一个想法：为什么不会？以前每次进攻，他们是事先都知道的。

“你认为他们看到了马儿吗?”巴勃罗问。

“人家不是来找马儿的，”罗伯特·乔丹说。

“不过他们看到了吗?”

“不会看到，除非他们是奉命来找马儿的。”

“他们能看到吗?”

“也许不会，”罗伯特·乔丹说。“除非那时太阳光正照在树林子上。”

“树林子上很早就有太阳光，”巴勃罗伤心地说。

“我想人家还有别的事要考虑，不光是为了你的马儿吧，”罗伯特·乔丹说。

他按下这马表上的按钮后已经过了八分钟，但仍然没有轰炸的声音。

“你用表干吗?”妇人问。

“听一听，推算飞机飞哪儿去了。”

“噢，”她说。过了十分钟，他不再看表了，因为知道飞机这时已飞得太远，即使假定声音传来得花一分钟，也不会听到了，就对安塞尔

① 这些地方都在马德里西北，政府军在瓜达拉马山脉下的防线的后方。

莫说，“我想跟你谈谈。”

安塞尔莫从洞口出来，两人走到离洞口不多远的地方，在一棵松树边站住。

“情况怎么样?”罗伯特·乔丹问他。

“很好。”

“你吃过了?”

“没有。没人吃过。”

“那么去吃吧，再带些中午吃的。我要你去守望公路。公路上一切来往的车辆人马都要记下来。”

“我不会写。”

“不需要写，”罗伯特·乔丹从笔记本上撕下两张纸，用刀子截下铅笔一端一英寸长的一段。“把这个带着，用这记号代表坦克，”他画了一辆斜形的坦克。“每一辆划一道，划了四道之后，在四条线上划一道横线，代表第五辆。”

“我们也用这办法记数。”

“好。卡车用另一个记号，两个轮子加一个方块。空车，画个圈。装满部队的，画条直线。炮也要记下。大的这样。小的这样。汽车这样记。救护车这样记。这样，两个轮子加一个方块，上面画个十字。成队的步兵按连队计算，做这样的记号，懂吗？一个小方块，然后在旁边画一条线。骑兵的记号这样，懂吗？像匹马儿。一个方块加四条腿。这记号代表一队二十名骑兵。懂了吗？每一队画一道线。”

“懂。这办法巧妙。”

“还有，”他画了两个大轮子，周围画上个圈，加上一道短线，算是炮筒。“这是反坦克炮。有胶皮轮子的。记下这个。这是高射炮，”他画了个向上翘起的炮筒和两个轮子。“这也要记下。懂了吗？你见过这样的炮?”

“见过，”安塞尔莫说。“当然。很清楚。”

“带吉卜赛人一起去，让他知道你要守望的地点，以便派人跟你换班。挑个安全而不太近公路的地点，可以自在地看个清楚。要待到换你下来的时候。”

“我懂。”

“好。还有，回来后要让我知道公路上的一切调动情况。一张纸上记去的动静，一张纸上记来的动静。”

他们向山洞走去。

“叫拉斐尔到我这儿来，”罗伯特·乔丹说着，在树林等待。他望着安塞尔莫进入山洞，那毯子在他身后落下。吉卜赛人大摇大摆地走出来，用一手擦着嘴巴。

“你好，”吉卜赛人说。“昨晚玩得开心吗?”

“我睡觉。”

“不坏，”吉卜赛人说着，露齿笑笑。“有烟吗?”

“听着，”罗伯特·乔丹说着，在衣袋里掏烟卷。“我要你陪安塞尔莫一起去一个好让他观察公路的地方。你就在那儿和他分手，记住那地点，以便过后可以领我或别的换班人去那儿。然后你找个可以观察锯木厂的地方，注意那边的哨所有没有变化。”

“什么变化?”

“那儿现在有多少人?”

“八个。这是我最近了解的情况。”

“去看看现在有多少。看看那边桥头的哨兵间隔多久换一次岗。”

“间隔?”

“哨兵值一班要几小时，什么时候换岗。”

“我没有表。”

“把我的拿去。”他把表解下。

“好一块表，”拉斐尔羡慕地说。“瞧它多复杂。这样的表准是会读会写。瞧上面的数码多复杂。这表把别的表都比下去啦。”

“别瞎摆弄表，”罗伯特·乔丹说。“你识时间吗？”

“干吗不识？中午十二点，肚子饿。半夜十二点。睡。早上六点，肚子饿。晚上六点，喝醉了。运气好的话。夜里十点——”

“闭嘴，”罗伯特·乔丹说。“你不用扮小丑。我要你调查一下大桥边的卫兵和公路下段的哨所，就像调查锯木厂边的哨所和那小桥边的卫兵那样。”

“事情不少，”吉卜赛人笑笑说。“你肯定除了我你不愿派别人去吗？”

“是的，拉斐尔。这很重要。那就是，你必须十分谨慎，注意不要暴露。”

“我相信不会暴露的。”吉卜赛人说。“你干吗叫我不要暴露？你以为我希望被人开枪打死吗？”

“对待事情认真一点儿，”罗伯特·乔丹说。“这不是闹着玩的。”

“你要我对待事情认真点儿？在你昨晚干了好事以后？你该杀个人，可你反而干了什么？你该杀一个人，可不是造一个啊！我们刚看到满天飞机，多得可以前把我们祖宗三代，后把我们没出娘胎的子子孙孙，加上猫儿、山羊、臭虫统统杀死。飞机飞过遮黑了天，声音像狮子吼，响得能叫你老娘奶子里的奶水都凝结起来，你却叫我对待事情认真点。我对待事情已经太认真啦。”

“好吧，”罗伯特·乔丹说着笑了，一手按在吉卜赛人的肩上。“那么对待事情就别太认真吧。现在把早饭吃了就走。”

“那你呢？”吉卜赛人问。“你干什么事？”

“我去看聋子。”

“来过了这些飞机，整个山区很可能一个人也找不到，”吉卜赛人说。“今天早晨飞机飞过时，一定有很多人在冒着大滴汗水哪。”

“那些飞机有别的任务，可不是来搜索游击队的。”

“对，”吉卜赛人说。然后摇摇头。“但是等他们打算这么干的时候呢。”

“怎么可能，”罗伯特·乔丹说。“那是德国最好的轻型轰炸机。人家不是派这种飞机来对付吉卜赛人的。”

“这些飞机把我吓坏了，”拉斐尔说。“可不，我就怕这些个。”

“它们是去轰炸飞机场的，”他们走进山洞时，罗伯特·乔丹对他说。“我差不多可以肯定，它们是去干这事的。”

“你在说什么？”巴勃罗的老婆问。她给他倒了一大杯咖啡，还递给他一罐炼乳。

“还有牛奶？真阔气！”

“什么都有，”她说。“来过了飞机，大家很怕。你刚才说它们飞往哪儿？”

罗伯特·乔丹从罐头顶上凿开的一道缝里滴了一些稠厚的炼乳在他的咖啡里，用杯口刮去罐头边上的炼乳，把咖啡调成淡褐色。

“他们去轰炸飞机场，我相信。也许去埃斯科里亚尔和科尔梅那尔。也许这三个地方都去。”

“这么着就得飞很远的路，不应该到这儿来，”巴勃罗说。

“他们干吗现在到这儿来？”妇人问。“现在是什么引他们来的？我们从没见过这样的飞机。也没见过这么多。上面准备发动进攻吗？”

“昨晚公路上有什么动静？”罗伯特·乔丹问。姑娘玛丽亚就挨在他身边，但他没有对她看。

“你，”妇人说。“费尔南多。你昨晚在拉格兰哈。那边有什么动静？”

“没动静，”回答的是个三十五岁左右的表情坦率的矮个子，一只眼睛有点斜视，罗伯特·乔丹以前没见过他。“还是老样子，有几辆军用卡车。几辆汽车。我在那儿的时候没有部队调动。”

“你每天晚上都去拉格兰哈？”罗伯特·乔丹问他。

"不是我去，就是另一个人去，"费尔南多说。"总有人去。"

"他们去探听消息。买烟草。买些零星东西，"妇人说。

"那儿有我们的人吗?"

"有。怎么会没有？发电厂的那些工人。另外还有一些人。"

"有什么新闻?"

"什么也没有。北方的情况仍旧很糟。这不算新闻了。在北方，从开始到现在一直就糟①。"

"你听到什么从塞哥维亚来的消息吗?"

"没有，伙计。我没问。"

"你去了塞哥维亚吗?"

"有时去，"费尔南多说。"但有危险。那儿有检查站，要查身份证。"

"你了解那飞机场?"

"不，伙计。我知道它在哪儿，但从没走近过。那儿身份证查得很严。"

"昨晚没人谈起飞机?"

"在拉格兰哈？没有。但是他们今晚肯定要谈到。他们谈过基卜·德利亚诺②的广播。没别的了。哦，对了。看样子共和国在准备发动一次进攻。"

"看样子什么?"

"共和国在准备发动一次进攻。"

---

① 内战一爆发，西北部即陷入叛军之手，北部沿比斯开湾一狭长地带仍忠于共和国，东起法西边界上的伊伦，西止阿斯图里亚斯区的吉洪港。1937 年 4 月，叛军主将莫拉将军再次发动进攻，从 6 月 19 日攻陷防守坚固的毕尔巴鄂港起一直到 10 月 21 日进入吉洪港为止，全部占领了共和国这一地带。

② 基卜·德利亚诺(1875—1951)，西班牙将军，在内战期间为佛朗哥的叛军主持广播宣传工作。

“在哪儿?”

“不肯定。说不定在这儿。说不定在瓜达拉马山区的另外一个地方。你听到过吗?”

“在拉格兰哈是这么传说的?”

“对,伙计。我把这个忘了。但是关于进攻的传说一直很多。”

“这话从哪儿传来的?”

“哪儿?啊,从各种各样的人嘴里。军官们在塞哥维亚和阿维拉的咖啡馆都在讲,招待们听在耳里。谣言就传开了。一些时候以来,他们都在说共和国在这些地区要发动一次进攻。”

“是共和国,还是法西斯分子发动?”

“是共和国。要是法西斯分子发动,大家都会知道的。可不,这次进攻规模不小。有人说要分两处进行。一处是这儿,一处在埃斯科里亚尔附近的狮子山那边。你听说过这消息?”

“你还听到什么?”

“没有了,伙计。哦,对了。有些人说共和国打算炸掉几座桥,要是发动进攻的话。但桥都有人防守。”

“你在开玩笑吧?”罗伯特·乔丹说,咂着咖啡。

“不,伙计,”费尔南多说。

“他这人不开玩笑,”妇人说。“倒霉的是他不开玩笑。”

“那好,”罗伯特·乔丹说。“谢谢你报告了所有这些消息。没听到别的什么?”

“没有。大家像往常一样讲到要派军队到山里来扫荡。有一种说法是,军队已经在路上了。说他们已经从巴利阿多里德开拔。不过人家总是扯这老一套。不值得理会。”

“可你,”巴勃罗的老婆简直恶狠狠地对巴勃罗说,“还说什么安全。”

巴勃罗若有所思地望着她,搔搔下巴。“你,”他说。“你那些桥。”

“什么那些桥?”费尔南多兴冲冲地问。

“蠢货，”妇人对他说。“笨蛋。再喝杯咖啡，使劲想想还有什么消息。”

“别生气，比拉尔，”费尔南多平静而兴冲冲地说。“又何必听到了谣言大惊小怪。我记得的全告诉你和这位同志啦。”

“你不记得还有什么别的了?”罗伯特·乔丹问。

“没有，”费尔南多一本正经地说。“还算运气，我没忘记这些，因为都不过是谣言，我一点儿也没放在心上。”

“这么说，可能还有更多啰?”

“是的。可能有。但我没留心。一年来我听到的尽是谣言。”

罗伯特·乔丹听到站在他背后的姑娘玛丽亚忍不住突然嗤的一声笑出来。

“再跟我们讲个谣言吧，小费尔南多，”她说，接着又笑得两肩直颤。

“记起来也不说了，”费尔南多说。“听了谣言还要郑重其事，就有损大丈夫的尊严了。”

“可有了这个我们就能救共和国，”妇人说。

“不。炸了那些桥你才能救共和国，”巴勃罗对她说。

“走吧，”罗伯特·乔丹对安塞尔莫和拉斐尔说。“如果你们已经吃过了。”

“我们这就走，”老头儿说，二人就站起身。罗伯特·乔丹觉得有人一手按在他肩上。那是玛丽亚。“你该吃了，”她说，但手仍搁在肩上。“好好吃，好让你的肚子顶得住更多的谣言。”

“谣言倒了我的胃口。”

“不。不能这样。在听到更多谣言之前，先把这个吃了。”她把一只碗放在他面前。

“别取笑我，”费尔南多对她说。“我是你的好朋友，玛丽亚。”

“我并没取笑你，费尔南多。我只是跟他开玩笑，他该吃，否则会饿的。”

“我们大家都该吃了，”费尔南多说。“比拉尔，怎么搞的，没给我们端吃的?”

“没什么，伙计，”巴勃罗的老婆说着，在他碗里盛满了炖肉。“吃吧。是啊，这你能办到。快吃吧。”

“东西非常好，比拉尔，”费尔南多说，仍旧完全保持着尊严。

“谢谢你，”妇人说。“谢谢你，多谢多谢。”

“你生我的气吗?”费尔南多问。

“不。吃吧。动手吃吧。”

“我一定吃，”费尔南多说。“谢谢你。”

罗伯特·乔丹望着玛丽亚，她的双肩又开始颤动了，她就掉头望着别处。费尔南多一股劲地吃着，脸上露出骄傲而有尊严的表情，即使他正使用着一把特大汤匙，嘴角边淌下点点滴滴的汤水，也没有影响他那份尊严。

“你爱吃这东西吗?”巴勃罗的老婆问他。

“对，比拉尔，”他说，嘴塞得满满的。“还是老样子。”

罗伯特·乔丹感觉到玛丽亚一手搁在他手臂上，感觉到她乐得把手指握紧。

“就因为这样你才喜欢?”妇人问费尔南多。

“是啊，”她说。“我明白了。炖肉；老样子。北方情况很糟；老样子。这儿准备发动进攻；老样子。部队要来搜索我们；老样子。可以拿你这个人立个老样子牌坊了。”

“但是你说的后两项不过是谣言，比拉尔。”

“西班牙啊，”巴勃罗的老婆怨恨地说。然后她转向罗伯特·乔丹。“别的国家有这号人吗?”

“别的国家都比不上西班牙，”罗伯特·乔丹有礼貌地说。

“你说得对，”费尔南多说。“世界上没有一个国家比得上西班牙。”

“你到过别的国家?”妇人问他。

“没有，”费尔南多说。“也不想去。”

“你明白了?”巴勃罗的老婆对罗伯特·乔丹说。

“小费尔南多，”玛丽亚对他说，“给我们讲讲你在巴伦西亚的风光吧。”

“我那时并不喜欢巴伦西亚。”

“为什么?”玛丽亚问，又紧紧握着罗伯特·乔丹的手臂。“你干吗不喜欢巴伦西亚?”

“当地人没礼貌，我弄不懂他们这种人。他们老是冲着对方大声嚷着喂，喂的。”

“他们弄得懂你这种人吗?”玛丽亚问。

“他们假装弄不懂，”费尔南多说。

“你当时在那儿干什么?”

“我连海都没看就走了，”费尔南多说。“我不喜欢当地人。”

“呸，滚出去，你这老姑娘，”巴勃罗的老婆说。“滚出去，别叫我恶心。我这大半辈子最好的日子就是在巴伦西亚过的。得了！巴伦西亚。别跟我吹巴伦西亚。”

“那你在那边干什么?”玛丽亚问。

巴勃罗的老婆端了碗咖啡、一块面包和一碗炖肉，在桌边坐下。

“什么？我们在那边干什么。我在那边是因为菲尼托订了个合同，在过节期间要斗三场牛。我从没见过那么多人。我从没见过那么挤的咖啡馆。等上几小时也难找个座位，电车也上不去。巴伦西亚整天整夜热热闹闹。”

“那你干些什么呢?”玛丽亚问。

“什么都干，”妇人说。“我们去海滩，躺在海水里，人们用牛把一条条张着帆的船从海里拉上来。那些牛被赶下水，最后只得游水；然后把牛拴在船上，等它们站住了脚，就摇摇晃晃地走上沙滩。早晨一阵阵细浪拍打着海滩，十对同轭的公牛把一条张帆的船拖出大海。那就是巴伦西亚。”

“你除了看牛，还干些什么?”

“我们在沙滩上的凉亭里吃。有馅儿饼，做馅儿的是熟鱼片、红椒、青椒和米粒那么小的小榛子。饼皮很好吃，一层层的，鱼肉肥得不能说。海里捞起的新鲜对虾洒上酸橙汁。虾肉是粉红的，味儿真美，一只要四口才吃得光。这玩意儿我们吃得不少。我们还吃菜饭，配鲜海味：带壳蛤蜊、淡菜、小龙虾和小鳗鱼。我们还吃到甚至更小的清炸鳗鱼，小得像豆芽，弯弯曲曲盘成一团，嫩得不用嚼，入口就化。老是喝一种白葡萄酒，冰凉，清淡，真棒，三毛钱一瓶。最后吃甜瓜。那是甜瓜的老家。”

“卡斯蒂尔的甜瓜更好，”费尔南多说。

“什么话!”巴勃罗的老婆说。“卡斯蒂尔的甜瓜是用来自渎的。巴伦西亚的甜瓜才是可吃的。回想起来，那些瓜有人的胳臂那么长，绿得像海水，一刀切下，绷脆绷脆，汁水又多，比夏天的清早更甜美。唉，想起盆子里盘成堆的那些小到极点的鳗鱼呀，小不点儿，可口得很。还有整个下午喝的大杯啤酒，冰凉的啤酒斟在水罐那么大的杯子里凉凉的，杯子外面结着水珠。”

“那么你不吃不喝的时候干什么呢?”

“我们在屋里做爱，阳台上挂着细木条帘子，微风从弹簧门顶上的气窗里吹进来。我们在里面做爱，放下了帘子，屋里白天也暗暗的，街上飘来花市上的香味和爆竹的火药味，过节期间每天中午都放，拴在沿街的绳子上，贯穿全城。一个个用药线连起来，顺着电线杆和电车线一跳一蹦地炸响，劈劈啪啪，声音大得简直没法想象。

“我们做爱，然后再要一大杯啤酒，凉得玻璃杯上结着水珠，女招待把啤酒端来时，我在门口接，把玻璃杯凉凉地贴在菲尼托背上，他呢，躺着已经睡着了，啤酒拿来时也没好好醒过来，只说，‘别，比拉尔。别，太太，让我睡吧。’我就说，‘别，醒醒吧，喝喝这个，尝尝看有多凉，’他没睁开眼睛就喝，喝了又入睡了，我背靠在床脚边的枕头上，躺着看他睡。他皮肤赭红，黑发，年轻，睡得那么安稳。我把一整杯全喝了，那时听着过路乐队在演奏。你，”她对巴勃罗说。“这种事情你知道些什么?”

“我们一起也痛快过，”巴勃罗说。

“对，”妇人说。“可不? 你当年比菲尼托更有男子气。可是我们从没去过巴伦西亚。我们从没一起在巴伦西亚躺在床上听乐队在街上经过。”

“当时不可能啊，”巴勃罗对她说。“我们没机会去巴伦西亚。你如果讲道理，就能懂得这一点。但是你和菲尼托一起，却没炸过火车。”

“不错，”妇人说。“炸火车该是我们干的事。炸火车。是啊。老是火车。谁也不能说这有什么不对。结果只变得懒得要命，不肯干了，完蛋了。结果变得现在这样胆怯。以前可也干过不少别的好事。我不想说话不公平。但是同样，谁也不能说巴伦西亚的不是。你听到我的话了?”

“我当时并不喜欢，”费尔南多平静地说。“我并不喜欢巴伦西亚。”

“可人家说驴子就是这样死心眼儿的，”妇人说。“把桌子收拾干净，玛丽亚，好让我们上路。”

正当她说这句话的时候，大家开始听到飞机返回的声音。

第九章

他们站在山洞口望着飞机。轰炸机这时飞得很高，像一支支迅疾而凶险的箭头，引擎声把天空震得像要裂开似的。它们的外形真像鲨鱼，罗伯特·乔丹想，像墨西哥湾流里宽鳍尖鼻的鲨鱼。但是这些飞机银翼宽阔，隆隆作响，飞转的螺旋桨在阳光中形成一圈圈光晕，它们的行动可不像鲨鱼。它们的行动和世界上的任何事物都不同。它们像机械化的死神在行动。

你应该写作，他对自己说。也许有一天你会再拿起笔来。他觉得玛丽亚紧握着他的胳臂。她正仰望着天空，他就对她说，“你看飞机像什么，美人儿?”

“说不上，”她说。“我看像死神吧。”

“我看飞机就是飞机，”巴勃罗的老婆说。“那些小飞机哪儿去了?”

“可能正打别的地方飞过去，”罗伯特·乔丹说。“轰炸机飞得太快，等不及那些小飞机，就单独回来了。我们的飞机从不越过火线去追击它们。没有足够的飞机去冒这种险。”

正在这时，三架组成V字形的海因克尔战斗机在林中空地上空朝他们低飞而来，差点儿擦到树梢，就像嘎嘎作响的、机翼倾斜的、头部瘦削的难看的玩具飞机，突然可怕地扩大到它们的实际尺寸，在呜呜的吼声中一掠而过。它们飞得那么低，以致他们全都能从洞口看到戴着头盔和护目镜的驾驶员，以及巡逻队队长脑后飘拂的围巾。

“这些飞机能见到马儿，”巴勃罗说。

“它们能见到你的烟头，”妇人说。“把毯子放下。”

没有别的飞机再飞来。其余的一定越过了远处的山脊，等隆隆声消失了，他们走出山洞，来到户外。

天空这时显得空旷、高阔、蔚蓝、明净。

“看了这些飞机，好像做了场梦，现在醒来了，”玛丽亚对罗伯特·乔丹说。当飞机声弱得几乎听不到之后，连最后难以觉察的嗡嗡声都消失了，这微弱的嗡嗡声像手指轻轻碰了你一下，放开后又碰一下。

“这不是梦，你进去收拾一下吧，”比拉尔对她说。“怎么办?”她转身对罗伯特·乔丹说。“我们骑马，还是走去?”

巴勃罗望着她，哼了一声。

“随你便，”罗伯特·乔丹说。

“那我们走去吧，”她说。“我想走走，对我的肝有好处。”

“骑马对肝有好处。”

“对，但屁股受不了。我们走去，你——”她转向巴勃罗，“到下面去点点你的牲口，看看有没有跟飞机飞掉。”

“你要弄匹马骑骑?”巴勃罗问罗伯特·乔丹。

“不。多谢。那姑娘怎么办?”

“她走走也好，”比拉尔说。“她身上太多的地方快僵硬了，要没用啦。”

罗伯特·乔丹觉得自己的脸红了起来。

“你睡得好吗?”比拉尔问。她接着说，“她的确没有病。本来是可能有的。我不知道怎么会没有。说不定终究还是有天主的，尽管我们把天主废了。走开，”她对巴勃罗说。“这跟你不相干。这是比你年轻的人的事。人家可不是你那种料。走吧。”接着又对罗伯特·乔丹说，“叫奥古斯丁看守你的东西。他一来我们就走。”

这是个晴朗、亮堂的日子，阳光下，这时暖洋洋的。罗伯特·乔丹望着这个脸色棕褐的大个子女人，她长着一双和善的相距很宽的眼睛，一张大方脸上有了皱纹，难看却不令人讨厌，目光喜洋洋的，但嘴唇不动时，脸色是悲伤的。他望着她，接着望着那体格魁梧而呆头呆脑的男人，这时正穿过树林，走向马栏。那妇人也望着他的背影。

“你们做爱了?”妇人问。

“她说了什么?”

“她不肯告诉我。”

“我也不肯。”

“这么说你们做爱了，”妇人说。“你要尽量体贴她。”

“如果她怀了孩子怎么办?”

“这不会有害处，”妇人说。“这反而好些。”

“这儿可不是合适的地方。”

“她可以不待在这儿。她可以跟你走。”

“那我能上哪儿去呢？我不能带着一个女人去我去的地方。”

“谁知道？你也许会带着两个人去你去的地方呢。”

“这话说到哪儿去了。”

“听着，”妇人说。“我不是胆小鬼，但我在大清早看问题非常清楚，而且我想，我们眼前活着的熟人中有许多再也活不到下一个星期天。”

“今天是星期几?”

“星期天。”

“得了吧，”罗伯特·乔丹说。“下星期天还远得很。我们能活到星期三就没问题了。但我不爱听你说这种话。”

“每人都得有个可以谈谈话的人，”妇人说。“从前我们有宗教和那一套劳什子。现在谁都得找个人可以坦率地谈谈，因为尽管一个人勇敢得不得了，也会觉得非常孤单。”

“我们并不孤单。我们大家在一起。”

“看到那些飞机就叫人上心事，”妇人说。“我们根本对付不了这样的飞机。”

“可是我们能打垮他们。”

“听着，”妇人说。“我向你袒露我的悲哀，可别以为我决心不够。我的决心可从没出过毛病。”

“太阳一升起，悲哀就消散。悲哀就像迷雾。”

“这很清楚，”妇人说。“如果你要这样说的话。看来是讲了关于巴伦西亚的那套蠢话的缘故。加上讲了去看马儿的那个窝囊废的缘故。我讲了过去的事，使他很伤心。杀了他，行。骂他，行。伤他的心，可不行。”

“你怎么会跟他在一起的?”

“别人怎么会在一起的? 运动开始时，而且还在运动开始以前，他都算条汉子。当真的汉子。现在可完蛋了。塞子拔了，皮袋里的酒就全流光。”

“我不喜欢他。”

“他也不喜欢你，而且有道理。昨晚我跟他睡觉。”这时她笑了笑，并摇摇头。“我们眼前不谈这个，”她说。“我对他说，‘巴勃罗，你干吗不干掉这个外国佬?’

“‘他是个好小伙，比拉尔，’他说。‘他是个好小伙。’

“因此我说，‘你现在明白我作主了?’

“‘明白了，比拉尔。明白了，’他说。后半夜我听到他醒来，在哭。他哭得气急，难听，就像肚子里有头野兽在折腾似的。

“‘你怎么啦，巴勃罗?’我对他说着，把他抱住了搂着。

“‘没什么，比拉尔。没什么。’

“‘不。你有什么地方不对头。’

“‘这伙人，’他说，‘这伙人就这么抛弃我。’

“‘对，可是他们支持我，’我说，‘而我是你的女人。’

“‘比拉尔，’他说，‘想想火车吧。’他接着说，‘愿天主保佑你，比拉尔。’

“‘你提天主干吗?’我对他说。‘话能这么讲吗?’

“‘是的，’他说。‘天主和圣母马利亚啊。’

“‘什么话，天主和圣母马利亚，’我对他说。‘能这样说话吗?’

“‘我怕死啊，比拉尔，’他说。‘你明白吗?’

“‘那就从床上滚开，’我对他说。‘我、你和你的害怕没法挤在一张床上。’

“跟着他害臊了，不做声了，我就睡着了，但是，伙计，他这人完了。”

罗伯特·乔丹没说什么。

“我这大半辈子不时也有这份悲哀，”妇人说。“可不像巴勃罗的悲哀那样。它影响不了我的决心。”

“这我相信。”

“那也许像女人生孩子时的阵痛，”她说。“也许算不了一回事，”她停了一下，接着说。“我对共和国有很大的幻想。我坚决相信共和国，我有信心。像那些信教的人相信奇迹，我热烈地相信共和国。”

“我相信你。”

“你也有同样的信仰?”

“信仰共和国?”

“是啊。”

“是的，”他说，希望这是真话。

“我很高兴，”妇人说。“那你不怕?”

“不怕去死，”他据实说。

“可怕别的?”

“只怕完成不了我应该完成的任务。”

“不怕当俘虏，像上次那个人?”

“不怕，”他据实说。“怕了这个，思想包袱会大得什么也干不成。”

“你是个很冷静的小伙子。”

“不，”他说。“我不这样看。”

“就是。你头脑非常冷静。”

“我只是对工作考虑得很多罢了。”

“难道你不喜欢生活享受?”

“喜欢。很喜欢。但是不能妨害我的工作。”

“你喜欢喝酒，我知道。我看到了。”

“是的。很喜欢。但是不能妨害我的工作。”

“那么女人呢?”

“我很喜欢女人，但我不怎么把她们放在心上。”

“你不在乎她们?”

“在乎。人们说女人能打动你的心，可我还没找到一个女的能打动我的心。”

“我看你在撒谎。”

“可能有点儿。”

“可你在乎玛丽亚。”

“是的。突然地非常在乎。”

“我也是。我非常在乎她。是的。非常。”

“我也是，”罗伯特·乔丹说着，能感到自己的嗓音变得嘶哑了。“我也是。是的。”把话说出来使他很畅快，他用西班牙语正经八百地说这话。“我非常在乎她。”

“我们见了聋子后，我让你跟她单独在一块。”

罗伯特·乔丹没说什么。过了一会儿他说，“没有必要。”

“不，伙计。有必要。时间不多啦。”

“你在手上看出了?”他问。

“不。忘了手相那套胡扯吧。”

她已不再考虑这件事和所有可能对共和国不利的事。

罗伯特·乔丹没说什么。他正望着玛丽亚在山洞里收拾碗碟。她擦擦手，转身对他笑笑。她没法听到比拉尔在说什么，但是她对罗伯特·乔丹一笑，黄褐色的脸上透出深深的一阵羞红，接着又对他笑笑。

“还有一天，”妇人说。“你们过了一晚，但还有一天。明摆着不会有我当初在巴伦西亚时的那种豪华的享受。但你们可以采些野草莓什么的。”她哈哈笑了。

罗伯特·乔丹用一臂搭在她的宽肩膀上。“我也在乎你，”他说。“很在乎你。”

“你是个地道的猎艳能手，”妇人说，这时被这种亲热表示弄得很窘。“你快要在乎每个人啦。奥古斯丁来了。”

罗伯特·乔丹走进山洞，直走到玛丽亚站着的地方。她望着他向自己身边走来，眼睛亮亮的，脸颊和脖子又涨红了。

“喂，小兔子，”他说着，吻她的嘴。她紧紧地拥抱他，凝视着他的脸说，“喂。噢，喂。喂。”

依旧坐在桌边抽烟的费尔南多站起来，摇摇头，捡起靠在洞壁的卡宾枪就走出去。

“真不成体统，”他对比拉尔说。“我不喜欢这样。你该管管这姑娘。”

“我在管，”比拉尔说。“这位同志是她的未婚夫。”

“噢，”费尔南多说。“假使是这样的话，既然他们订了婚，那我认为就是完全正常的了。”

“我很高兴，”妇人说。

“我也一样，”费尔南多庄重地表示赞同。“再见，比拉尔。”

“你上哪儿去?”

“去上面的岗哨接替普里米蒂伏。”

“你这该死的上哪儿去?”奥古斯丁这时走上前来，问这个庄重的小个子。

“去值班，”费尔南多庄严地说。

“你的班，”奥古斯丁嘲弄地说。“我操你奶奶的班。”接着他转向那妇人，“要我看守的这说不出名堂的可恶的劳什子在哪儿呀?”

“在山洞里，”比拉尔说。“装在两只背包里。你的下流话叫我腻烦。”

“我操你奶奶的腻烦，”奥古斯丁说。

“这么着，去操你自己吧，”比拉尔不温不火地对他说。

“你的妈，”奥古斯丁回答。

“你从来没妈，”比拉尔对他说。这些骂人话在形式上达到了操西班牙语骂人的极点，所表达的行为从不明说而只作暗示。①

“他们在里面搞什么名堂?”奥古斯丁这时好像在问自己的心腹似的。

“没什么名堂，”比拉尔对他说。“我们毕竟在春天，畜生。”

“畜生，”奥古斯丁说，玩味着这个词儿。“畜生。那你呢。你这婊子中的大婊子养的。我操它奶奶的春天。”

比拉尔在他肩上拍了一下。

“你呀，”她说着，声音洪亮地大笑。“你骂人翻不出花样。但劲头挺足。你看到了那些飞机?”

“我操那些奶奶的飞机引擎，”奥古斯丁说，点点头，咬咬下嘴唇。

“这才有点儿意思，”比拉尔说。“真有点儿意思。但干起来真不容易。”

“那么高，是不容易，”奥古斯丁露齿笑笑说。“那还用说。不过还是说说笑笑的好。”

---

① 这些西班牙词汇，作者用动词 besmirch(玷污)、befoul(同义)，名词 milk(奶水)、obscenity(淫秽)等来表达，可惜在译文中只能挑明些。

“是啊，”巴勃罗的老婆说。“说说笑笑要好多了，你这人不错，说笑挺带劲。”

“听着，比拉尔，”奥古斯丁认真地说。“要出事了。难道不是真的?”

“你看情况怎么样?”

“糟得不能再糟了。那些飞机可不少啊，太太。可不少啊。”

“那你跟所有其他人一样，也给飞机吓着了?”

“什么话，”奥古斯丁说。“你看他们打算干什么?”

“听着，”比拉尔说。“根据这小伙子来炸桥的情况看，明摆着共和国在准备发动进攻。看这些飞机，明摆着法西斯分子在准备迎战。但是干吗把这些飞机亮出来呢?”

“这次战争中蠢事不少，”奥古斯丁说。“这次战争愚蠢得没了边。”

“这很清楚，”比拉尔说。“不然我们也不会在这儿啦。”

“是呀，”奥古斯丁说。“我们泡在这种蠢事里头现在已有一年了。不过巴勃罗是个挺有头脑的家伙。巴勃罗诡计多端。”

“你干吗说这种话?”

“我有这个看法。”

“但你该明白，”比拉尔解释说。“现在靠诡计来挽救局势已经太晚，而他已经没头脑了。”

“我明白，”奥古斯丁说。“我知道我们得撤走。既然到头来我们必须打胜了才能活下去，就必须把这些桥都炸掉。但是尽管巴勃罗现在成了胆小鬼，他还是很机灵的。”

“我，也机灵。”

“不，比拉尔，”奥古斯丁说。“你不机灵。你勇敢。你忠诚。你有决断。你一眼就能看透人事。很有决断而心肠很好。但是你不机灵。”

“你认为是这样?”妇人若有所思地问。

“对，比拉尔。”

“那小伙子很机灵，”妇人说。“机灵而冷静。头脑非常冷静。”

“对，”奥古斯丁说。“他一定很在行，不然人家不会要他来干这个。但是我知道，他不机灵。巴勃罗，我知道是机灵的。”

“可是他吓破了胆，成了废物，撒手不干了。”

“但机灵还是机灵。”

“你认为怎么样呢？”

“没什么。我要明智地考虑一下。此刻我们需要明智地行事。炸桥之后我们得马上撤走。一切都得有个准备。我们必须确定去哪儿，怎么走。”

“当然。”

“要这么干——需要巴勃罗。这件事必须干得机灵。”

“我信不过巴勃罗。”

“在这件事上，要信任他。”

“不。你不知道他垮到了什么地步。”

“不过他很机灵。这件事我们如果干得不机灵，就他奶奶的完蛋了。”

“我要把这件事考虑一下，”比拉尔说。“还有一天时间可以考虑。”

“要炸桥，靠这小伙子，”奥古斯丁说。“这方面他准懂。瞧那个安排炸火车的，干得多出色。”

“是啊，”比拉尔说。“一切确实全是他安排的。”

“魄力和决断要靠你，”奥古斯丁说。“但是活动，要靠巴勃罗。撤退要靠巴勃罗。现在强迫他研究这问题吧。”

“你是个明智的人。”

“明智，是的，”奥古斯丁说。“但是不精明。精明，要靠巴勃罗。”

“他害怕得什么似的，也行?”

“他害怕得什么似的，也行。”

“你认为炸桥这事怎么样?”

“这是必要的。这我知道。有两件事我们必须干。我们必须离开这儿，我们必须打胜仗。炸桥是必要的，如果我们要打胜仗的话。”

“巴勃罗这么机灵，为什么他看不到这点?”

“因为他软弱，就想保持原状。他宁愿软弱，待在旋涡里。但河水在涨。形势逼迫他非改不可，他也会随着变得机灵的。他十分机灵。”

“幸好那小伙子没把他干掉。”

“得了吧。昨晚吉卜赛人要我来干掉他。吉卜赛人是畜生。”

“你也是畜生，”她说。“只是明智而已。”

“我们俩都明智，”奥古斯丁说。“但是能干的是巴勃罗!”

“可是叫人受不了。你不知道他垮到了什么地步。”

“知道。但是是个能干的家伙。听着，比拉尔。要发动战争，只需要明智。但取胜，就需要人才和物资。”

“我会好好考虑的，”她说。“我们现在得动身了。我们迟了。”接着她提高了嗓门。“英国人!”她叫喊。“英国人！快，我们走吧。”

第十章

“我们休息吧，”比拉尔对罗伯特·乔丹说。“在这儿坐下，玛丽亚，我们休息吧。”

“我们该继续赶路，”罗伯特·乔丹说。“到那儿再休息吧。我必须见到这个人。”

“你能见到的，”妇人对他说。“不用着急。在这儿坐下，玛丽亚。”

“走吧，”罗伯特·乔丹说。“到山顶上休息吧。”

“我现在休息，”妇人说着，在小河边坐下。姑娘挨着她坐在石南丛中，阳光照耀着她的头发。只有罗伯特·乔丹站着，眺望着高山草地的对面，草地上有一道有鳟鱼的小溪流贯其间。他脚边长着石南。那较低的草地上长着黄色的蕨类植物，而不是石南，其中兀立着一块块灰色的大圆石，山坡下有一排黑魆魆的松树。

“去聋子那儿有多远？”他问。

“不远，”妇人说。“过了这片空地，顺着下一个山谷，到这小河源头处那片树林的上方就是。你坐下吧，宽宽心，别那么严肃。”

“我要见见他，了结这件事。”

“我要洗洗脚，”妇人说着，脱掉绳底鞋，拉下一只长统厚羊毛袜，把右脚伸进水流。“天哪，真冷。”

“我们骑马就好了，”罗伯特·乔丹对她说。

“走走对我有好处，”妇人说。“我就是一直没有机会走走。你这是怎么啦？”

“没什么，只是我得赶紧。”

“那就别激动。有的是时间。今天天气真好，离开了松林多痛快。你没法想象松林会叫人觉得多厌倦。你不厌倦松林，美人儿？”

“我喜欢松林，”姑娘说。

“松林有什么可喜欢的？”

“我喜欢松林的香味和脚踩松针的感觉。我喜欢高大的树林中的风声和树枝相擦的吱吱声。”

“你什么都喜欢，”比拉尔说。“要是你能把饭菜烧得稍微好一点，哪个男人娶了你都是好福气。可是松树成林，就叫人厌烦。你从没见过山毛榉、橡树或栗树的林子。那才叫林子。在那种林子里，每棵树都不同，有特色，好看。成片的松林，叫人厌烦。你认为怎么样，英国人？”

“我也喜欢松林。”

“得了，”比拉尔说。“你们俩呀。其实我也喜欢松林，可是我们在松林里呆得太久啰。还有，我讨厌这些山。山里只有两个方向。下山，上山，而且下山只通公路和法西斯分子占领的城镇。”

“你曾到过塞哥维亚吗?”

“什么话？带这张脸去？这张脸是出了名的。你愿意长得丑吗，美人儿?”她对玛丽亚说。

“你不丑。”

“得了，我不丑。我生来就丑。我丑了一辈子啦。你，英国人，一点也不懂女人。你可知道丑女人的感觉？你知道一辈子都丑的人心里却自以为很美是怎么回事？这是挺古怪的，”她把另一只脚也伸进溪水，随即缩回来。“天哪，真冷。瞧那鹡鸰，”她说着，指指一只在小河上游一块石头上蹦跳着的圆滚滚的灰色鸟。“这种鸟一点用处也没有。既不会叫，肉又不能吃。只会尾巴翘上翘下。给我来支烟，英国人，”她说着，接过烟卷，从衬衣袋里掏出火刀火石，点上了烟卷。她一口口地抽烟，望着玛丽亚和罗伯特·乔丹。

“生活真稀奇，”她说着，鼻孔喷出烟来。“我是男人准是条好汉，可是我是个十足的女人，十足的丑。不过不少男人爱过我，我也爱过不少男人。真稀奇。听着，英国人，这很有趣。瞧我眼前这副丑模样。仔细瞧瞧，英国人。”

“你不丑。”

“怎么不丑？别跟我撒谎。要不，”她低沉地大笑一声，“你也开始动心了？不。这是说说笑话。不。瞧这丑相。可是男人爱上了你，心里就有一种感情，使他不辨美丑。你心里有了这种感情，使他不辨美丑，使你自己也不辨美丑。然后有一天，不知为什么，他看出了你本来的真实丑相，不再不辨美丑了，于是你像他一样，也看出了你自己的丑相，你就丢了男人和你自己的感情。你懂吗，美人儿?”她拍拍姑娘的肩膀。

“不，”玛丽亚说。“因为你不丑。”

“要用你的头脑，可别用你的心肠，”比拉尔说。“听着，我要跟你们讲些很有趣的事。你不觉得有趣，英国人?”

“有趣。可是我们得走。”

“什么走不走。我在这儿很好。要接着说。”她说下去，这时针对着罗伯特·乔丹，仿佛在对着教室里的学生讲话，简直好像正在讲学。“要不了多久，你变得跟我一样丑，变成要多丑有多丑的女人的时候，那时候，我说啦，要不了多久，那种感情，那种自以为漂亮的白痴般的感情，又会慢慢地在你心中成长。像棵大白菜那样长起来。那时，等这种感情成长了，另一个男人见到了你，认为你很漂亮，然后又是这老一套。我现在觉得再不会有从前的情形了，不过还说不定呢。你很交运，美人儿，你不丑。”

“可我真丑，”玛丽亚坚持说。

“问他吧，”比拉尔说。“别把脚伸在小河里，会冻着的。”

“罗伯托说我们该走，我看是该走了，”玛丽亚说。

“听你说的，”比拉尔说。“我在这件事上冒的风险跟你的罗伯托冒的风险一样大，可我说我们在这儿水边休息一下挺舒服，时间有的是。而且我喜欢谈谈。我们也只有这一点文明行为啦。我们还可以怎样散散心呢？我说的话你不感兴趣，英国人?”

“你说得很好。可是还有别的事使我感兴趣的，不光是议论美不美。”

“那我们就谈谈使你感兴趣的。”

“运动开始时你在哪儿?”

“在老家。”

“阿维拉?”

“什么，阿维拉。”

“巴勃罗说过他是阿维拉人。”

“他撒谎。他想把老家那镇子说成是大城市。是这个镇子，”她举了个镇子的名字。

“当时出了什么事?”

“很多大事，”妇人说。“很多大事。可全都是丑事。哪怕本来是光彩的。”

“跟我谈谈这情况，”罗伯特·乔丹说。

“情况很惨烈，”妇人说。“我不想当着丫头的面讲。”

“讲一讲吧，”罗伯特·乔丹说。“她不该听的，不听就是。”

“我可以听，”玛丽亚说。她把一手搁在罗伯特·乔丹手上。“没什么我听不得的。”

“问题不在你听得听不得，”比拉尔说。“而是我该不该对你讲了让你做恶梦。”

“我不会听了故事就做恶梦，”玛丽亚对她说。“我们经历了那么多的事，难道你还以为我听了故事会做恶梦?”

“说不定会叫英国人做恶梦。”

“试试看吧。”

“不，英国人，我不是说笑话。你见过小城镇开头搞运动的情况吗?”

“没有，”罗伯特·乔丹说。

“那你就没见过世面了。你看到了巴勃罗现在垮了的模样，可你能看到当日的巴勃罗就好了。”

“讲一讲吧。”

“不。我不想讲。”

“讲一讲吧。”

“那好吧。我要把这件事的真相如实讲一讲。可你，美人儿，如果讲到了使你烦恼的地方，就跟我说。”

“如果讲得使我烦恼，我就不听，”玛丽亚对她说。“这不会比那许多的烦恼更糟吧。”

“我看会，”妇人说。“再给我来支烟，英国人，我们就说说。”

姑娘仰靠在小河岸上的石南丛中，罗伯特·乔丹手脚伸开了躺着，背部着地，脑袋枕着一丛石南。他伸手摸到了玛丽亚的手，握在自己手中，把两人的手在石南上擦着，直到她摊开手掌，平放在他手上，两人就这样听着。

“那天大清早，兵营里的民防军投降了，”比拉尔开始讲。

“你们袭击了兵营?”罗伯特·乔丹问。

“巴勃罗摸黑包围了兵营，割断电话线，在一堵墙脚下安上炸药包，喊话要民防军投降。他们不肯。天一亮，他把那堵墙炸开。接着就打响了。两名民防军被打死。四名受伤，四名投降。

“清早天蒙蒙亮，我们大家伏在房顶上、地上、墙脚边和房子旁，爆炸掀起的尘土那一刻还没有落定，因为在空中扬得很高，没风吹散它，我们大家正朝着房子被炸开的一面开火，装上子弹，向烟雾里开枪，屋里仍有步枪打枪的闪光，接着烟雾里有人一声叫喊，要求别再开枪，出来了四名民防军，举着双手。屋顶已坍下一大片，一边的墙没了，他们走出来投降。

“‘里面还有人吗?’巴勃罗喊着。

“‘有些受伤的。’

“‘看住他们，’巴勃罗对已从我们射击的地方赶来的四人说。‘站在那儿。靠着墙，’他对民防军说。四名民防军贴墙站着，又是脏，又是灰，给硝烟熏得一身脏，那四个在看守他们的人用枪对准了他们，巴勃罗和其他人就进屋去结果那些受伤的人。

“他们干了这个之后，就再没伤兵的声息了，没哼哼声，没哭叫声，兵营里也没了枪声，巴勃罗一伙来到外面，巴勃罗把猎枪挎在背上，手里拿着一支毛瑟手枪。

“‘瞧，比拉尔，’他说。‘这家伙刚才在一个自杀的军官手里。我从没开过手枪。你，’他对其中一名民防军说，‘把这枪开给我看，是怎么回事。不。别开给我看。跟我讲。’

“兵营里枪杀伤兵时，那四名民防军靠墙站着，在冒着汗，一句话也不说。他们都是高个子，一副民防军的丘八相，跟我的脸型差不多。只是在他们一生的末一个早晨来不及刮脸，脸上长满了细细的胡子茬，他们靠墙站在那儿，一句话也不说。

“‘你，’巴勃罗对离他最近的那个说。‘讲给我听，枪怎么开。’

“‘把小控制杆往下扳，’那人声音干巴巴地说。‘把套筒向后拉，让它朝前弹。’

“‘套筒是什么?’巴勃罗问，望着那四名民防军。‘套筒是什么?’

“‘扳机上方的那一截金属套。’

“巴勃罗往后一拉，但卡住了。‘现在怎么办?’他说。‘给卡住了。你骗了我。’

“‘再往后拉，让它朝前轻轻反弹，’那民防军说。我从没听到过那样的说话声调。那声调比没有日出的清晨还阴沉。

“巴勃罗照着那人讲的拉一下，然后一松手，金属套筒就向前弹回原处，击铁到位，手枪处于击发状态。那是一支难看的手枪，枪柄小而圆，枪筒大而扁，使起来不灵巧。在这段时间里，那些民防军一直望着他，他们一声不吭。

“‘你打算把我们怎么办?’有一个问他。

“‘毙了你们，’巴勃罗说。

“‘什么时候?’那人用同样阴沉的声调问。

“‘现在，’巴勃罗说。

“‘在什么地方?’那人问。

“‘这儿，’巴勃罗说。‘这儿。现在。此时此地。你们有什么要

说的?’

“‘没什么，’那个民防军说。‘不过这是卑鄙的做法。’

“‘而你是个卑鄙的东西，’巴勃罗说。‘你这杀害农民的家伙。你这连自己的亲娘都会枪杀的家伙。’

“‘我从没杀过人，’那个民防军说。‘别提我娘。’

“‘死给我们看看吧。你们这帮历来杀人的家伙。’

“‘没必要侮辱我们，’另一名民防军说。‘我们知道该怎么死。’

“‘脑袋顶着墙，朝墙跪下，’巴勃罗对他们说。这些民防军你望望我，我望望你。

“‘听着，跪下，’巴勃罗说。‘蹲下身子，跪下。’

“‘你看怎么样，巴柯?’有名民防军朝那个个儿最高、跟巴勃罗讲过怎么使手枪的人说。他衣袖上佩着班长的条纹，他大汗淋漓，尽管清早还很凉爽。

“‘跪就跪，’他回答。‘无所谓。’

“‘这就更接近土地啦，’第一个人说，他想说句笑话，但是大家都非常严肃，没法开玩笑，所以没人笑。

“‘那我们就跪下吧，’第一个民防军说，于是四人都跪下，脑袋顶着墙，双手垂在身体两侧，模样很别扭，而巴勃罗在他们背后走去，用手枪的枪筒抵着他们一个个的后脑勺，就这样逐个抵着他们的后脑勺开了枪，枪声响处，一一倒下。我现在好像还能听到这刺耳而被闷住的枪响，看到那枪筒猛的一跳，那人的脑袋朝前耷拉下去。手枪碰到后脑勺的时候，有一个的脑袋一动不动。有一个把脑袋向前冲，前额抵在石墙上。有一个浑身哆嗦，脑袋直晃。只有一个用双手挡在眼睛前面，他是最后一个，四具尸体倒在墙脚边，这时，巴勃罗转身离开他们，向我们走来，手里仍旧握着手枪。

“‘给我拿着手枪，比拉尔，’他说。‘我不知道怎样放下击铁。’

他就把手枪交给了我，站在那儿，望着那四名民防军身靠兵营的墙躺着。所有跟我们一伙的也都站在那儿，望着死人，谁都不说话。

“我们拿下了那个镇子，那时还是清早，没人吃过东西，也没谁喝过咖啡，我们互相望望，炸了兵营之后，大家都弄得满身尘土，就像打谷场上的人那样，我握着手枪站着，手里沉甸甸的，望着墙边民防军的尸体，觉得恶心。他们和我们一样，灰扑扑的浑身是土，只是每具尸体这时都在用它的鲜血把身边墙脚下的干泥地弄得湿乎乎的。我们站在那儿，太阳从远方的山上升起，阳光照在我们当时站着的路上，照在兵营的白墙上，空中的灰尘在初升的阳光下成为金黄色，我身边的一个农民望望兵营的墙，望望倒在那儿的尸体，然后望望我们，然后望望太阳说，‘好家伙，一天开始了。’

“‘我们现在喝咖啡去吧，’我说。

“‘好，比拉尔，好，’他说。我们就走进镇子到了广场，而那正是镇上最后被枪毙的一批。”

“其他人的情况怎么样？”罗伯特·乔丹问。“镇上难道没别的法西斯分子？”

“什么话，没别的法西斯分子？还有二十多个呢。可是一个也没被枪毙。”

“采取了什么办法？”

“巴勃罗命令用连枷把他们活活打死，然后从峭壁顶把他们扔进江中。”

“全体二十个都这样？”

“我来讲给你听。事情不那么简单。我永世不想看到这种情景了，那就是在江边峭壁顶的广场上用连枷把人活活打死。

“那镇子建在江边高高的岸上，那儿有片广场，广场上有个喷水池，有几条长椅和给长椅遮阴的大树。住家的露台都对着广场。有六条街通到广场，住家门前有条连拱廊环绕着广场，这样，阳光灼热的时候，人们可以在廊阴下行走。广场三边是连拱廊，第四边峭壁边缘有一条有树木遮阴的走道，朝下很远的地方是那条江。走道离下面的江面有三百英尺。

“巴勃罗安排一切，就像他安排袭击兵营一样。他先用大车堵住通往各条大街的路口，仿佛把广场安排好准备举行一次业余斗牛戏。法西斯分子统统被关在镇公所，那是广场一边最大的房屋。那只大时钟就是安在那房屋的墙上的，法西斯分子的俱乐部就在那连拱廊下的几幢房屋内。他们在连拱廊下俱乐部门前的人行道上摆了些桌椅供俱乐部用。运动前，那就是他们惯常喝开胃酒的地方。桌椅都是柳条编制的。那儿的模样很像咖啡馆，但更讲究。”

“俘虏这些人的时候难道没有发生战斗?”

“巴勃罗在袭击兵营前一晚就把他们逮住了。不过当时已把兵营包围了。袭击开始的同时，他们全都在家里被逮住。干得真聪明。巴勃罗是个组织家。不这样，他在袭击民防军兵营的时候，人家就会在他的两翼和背后向他进攻了。

“巴勃罗真聪明，不过也真残忍。他把镇上的这件事布置得面面俱到，井井有条。听着。袭击得手了，最后四名民防军投降了，他在墙脚下毙了他们，我们在拐角处早班公共汽车起点站边那家总是最早营业的咖啡馆喝了咖啡之后，他就动手布置广场。大车给架在一起，就和准备举行业余斗牛戏一模一样，只有朝江面的那一边没堵住。这一边畅通无阻。巴勃罗接着命令神父给法西斯分子忏悔，还给他们做必要的圣事。”

“这事是在什么地方干的?”

“在镇公所，我说过啦。镇公所外有一大群人，神父在里面干这些事的时候，外面有些人行动轻浮，大声骂娘，大多数人可十分严肃，恭恭敬敬的。开玩笑的是那些喝酒庆祝拿下兵营而已经喝醉的人，还有一些是在任何时候都是醉醺醺的游手好闲者。

“神父在做圣事的时候，巴勃罗把广场上的人排成两行。

“他叫大家排成两行，就像叫人们排好了准备拔河比赛，也像人们在城里站着观看公路自行车比赛到终点时那样，只给运动员留出一条狭路从中通过，也像人们站着让路给圣像仪仗队通过。两排人之间空出两米宽的一条道，人们从镇公所门口排起，横贯整个广场，一直排到峭壁的边缘。这样，从镇公所大门出来的人朝广场一看，就会看到两行密集的人在等待着。

“这些人配备了打麦子用的连枷，两排人之间有足够的抡连枷的余地。不是所有的人都有连枷，因为搞不到这许多。但是大多数人从堂吉列尔莫·马丁的铺子搞到了，这人是法西斯分子，卖各种各样的农具。没有连枷的人拿着粗大的牧人的棍棒，或赶牛棒，有的拿着木制的干草叉，那是打麦子后用来把干草和麦秆挑向空中的带木齿的叉子。有的拿着镰钩和大镰刀，但这些人巴勃罗安排在队伍中靠近峭壁的那头。

“两排人静悄悄的，那是个晴天，就像今天一样晴朗，高空中飘着云，就像现在一样，广场上那时还没灰尘，因为上一夜露水很浓，树木的阴影投在两排人的身上，你听得到泉水从狮子塑像嘴里的铜管中喷出，落入圆池中，妇女们平时带了水罐就在那儿装水。

“只有神父在给法西斯分子做圣事的镇公所附近，才有下流的笑骂声，这些人，我说过，是已经喝醉的二流子，他们挤在窗外，隔着窗上的铁栅，对里面大声骂娘，开下流的玩笑。站队的两排人大多数不声不响地等着，但我听到有人对另一个说，‘里面会有女的吗?’

“另一个说，‘基督保佑，但愿没有。’

“这时有一个说，‘巴勃罗的老婆在这儿。喂，比拉尔。会有女的吗?’

“我一看，那是个农民，穿着出客穿的外套，大汗淋漓的，我就说，‘没有，华金。没女的。我们不会杀女的。我们干吗要杀他们的女人?’

“他说，‘多谢基督，没女的，那么什么时候动手啊?’

“我就说，‘等神父一做完祈祷就开始。’

“‘那么神父呢?’

“‘不知道，’我对他说，看到他脸上的肉在抽动，汗水从前额上淌下来。‘我从没杀过人，’他说。

“‘那你得学学，’他身旁一个农民说。‘不过我看不会用这家伙揍一下子就叫人送命吧。’他双手握着连枷，怀疑地望着它。

“‘妙就妙在这儿，’另一个农民说。‘得多揍几下子才行呢。’

“‘敌人拿下了巴利阿多里德。他们拿下了阿维拉，’有一个说。‘我们来镇上前，我就听到这消息了。’

“‘他们决不会拿下本镇。这镇子是我们的。我们赶在他们前面动了手，’我说，‘巴勃罗不是那种等着他们来动手的人。’

“‘巴勃罗真能，’另一个说。‘不过这次结果民防军，他很自私。你说对不，比拉尔?’

“‘对呀，’我说。‘可现在大家都在插手这件事。’

“‘是啊，’他说。‘这次安排得很好。但是我们为什么再听不到关于战争的消息呢?’

“‘袭击兵营前巴勃罗把电话线割断了。电话线还没接好。’

“‘啊，’他说。‘原来这样，怪不得我们现在听不到消息了。我这消息还是今天一早从养路站那儿听来的。’

“‘干吗用这办法来对付他们，比拉尔?’他对我说。

“‘为了省子弹，’我说。‘还有，每人都该分担一份责任。’

“‘那就该动手了。该动手了。’我望着他，见到他在哭。

“‘你干吗哭，华金?’我问他。‘这没什么可哭的。’

“‘我忍不住啊，比拉尔，’他说。‘我从没杀过人。’

“小镇上大家认识大家，一向都知道大家的底细，你要是没见过小镇上闹革命的日子，就等于没见过世面。这天，横贯广场的那两排人中间，大多数都匆匆赶到镇上，身上都穿着地里干活穿的衣服，不过也有人不知道运动头一天该怎么穿着，竟穿上了出客的或者过节时的衣服，后来看到别人，包括那些袭击兵营的人，都身穿最破旧的衣服，觉得自己穿得不对头，很不好意思。但他们不愿脱下外套，生怕丢失，或者被二流子偷去，所以他们就站在太阳下冒着汗，等着动手。

“接着起风了，广场上这时尘土干了，因为大家走的走，站的站，来回走动，弄松了尘土，就被刮了起来，于是一个身穿藏青色出客外套的人大声说‘洒水，洒水！’那个负责每天早晨用水龙带在广场洒水的广场管理员就走来拧开水龙头，从广场边缘开始，然后向广场中央洒水，把尘土压下去。那两排人随即向后闪开，让他把广场中央的尘土压下去；水龙带弯成大圆弧形，挥动着，喷出的水在阳光下闪闪发亮，大家把身子拄在自己的连枷、棍子或白木草叉上，望着那水流在扫射。等广场上洒得很潮湿，灰尘不再飞扬，两排人就又站好了队，有个农民大声说，‘我们什么时候对付第一个法西斯分子？第一个什么时候从牛棚里出来啊？’

“‘快了，’巴勃罗从镇公所大门口向外大声说，‘第一个快出来了。’他声音嘶哑，因为袭击兵营时大声吆喝过，而且硝烟呛人。

“‘还磨蹭什么？’有人问。

“‘他们还在忏悔自己的罪孽哪，’巴勃罗大声说。

“‘这很清楚，他们有二十个嘛，’有人说。

“‘不止，’另一个说。

“‘二十人中间可以一一数说的罪孽可不少。’

“‘是啊，但我看他们是在搞鬼，想拖时间。当然，面对这样的紧急情况，除了滔天大罪，记不起别的了。’

“‘那就耐心等吧。因为他们有二十多个，滔天大罪够多，讲起来可花时间哪。’

“‘我有耐心，’另一个说。‘但是最好还是快点了事。对他们，对

我们，都是快点儿好。现在是七月天了，有不少活。我们收割了，但还没打麦。现在还不是赶集、过节的时光。’

“‘但是今天就等于赶集、过节啊，’另一个说。‘是自由节，从今天起，这些家伙一被消灭，这镇子和土地就是我们的啰。’

“‘我们今天要打的麦子就是这些法西斯分子，’有一个说。‘打掉外壳就有本镇的自由。’

“‘我们必须管理好这个镇子，不辜负它，’另一个说。‘比拉尔，’他对我说，‘我们什么时候开组织大会?’

“‘这件事办完，马上就开，’我对他说。‘就在镇公所大楼开。’

“我正戴着一顶民防军的三角漆皮帽闹着玩，我想显得自然些，扣住了手枪的扳机，用大拇指把击铁朝前推，上了保险。手枪系在我束腰的绳子上，那长长的枪筒插在绳子下。我戴上帽子的时候，觉得这个玩笑很有意思，尽管后来我想，当初拿民防军的帽子还不如拿枪套的好。但有一排人中间有人对我说，‘比拉尔，好闺女。你戴这帽子，我觉得不是滋味。我们现在已经跟民防军这伙人一刀两断了。’

“‘那么，’我说，‘我就把它摘下。’我摘了帽。

“‘把帽子给我，’他说。‘应当毁掉它。’

“我们正站在这两排人的尽头，峭壁边缘沿江的走道上，他把帽子拿在手里，从峭壁上扔了出去，就像牧人低手扔石块赶牛群似的。帽子远远飘在空中，我们能看到它变得越来越小，帽子的漆皮在清澈的空气中闪闪发亮，一直飘落到江里。我回头望广场这边，只见在所有的窗口和所有的露台上都挤满了人，那两排人横贯广场，一直排到镇公所门口，这大楼的窗前也尽是人，挤来挤去，七嘴八舌，那时我听得一声叫喊，有人说，‘头一个出来啦。’那是镇长堂贝尼托·加西亚，他光着脑袋从大门里慢慢走出来，穿过门廊，但没有动静；他走到两排拿着连枷的人中间，但没有动静。他在两个、四个、八个、十个人中间走过，但没有动静。他在这两排人中间走着，昂着头，胖胖的脸上脸色灰白，眼睛向前望，接着一会儿望望这边，一会儿望望那边，走得稳稳的。但没有动静。

“有人从露台上大声呼喊，‘怎么搞的，胆小鬼们?’堂贝尼托仍旧在人群中间走着，但没有动静。接着我看到离我有三人远的地方有个男人，脸上的肌肉在抽动，正咬着嘴唇，握住连枷的双手失去了血色。我看到他朝着堂贝尼托的方向望去，注意着他在走来。但仍旧没有动静。接着，等到堂贝尼托正要走到和这人并肩的地方，这人高高抡起连枷，竟然碰到了身边的人，然后向堂贝尼托狠狠一击，打在他脑袋的一边，堂贝尼托望望他，这人又是一下子，还大叫，‘给你这一下子，王八蛋。’这一下正打在堂贝尼托脸上，他举起双手捂住脸，于是他们把他一直打得翻身在地，那最先动手的人叫其他人帮忙，一把抓住堂贝尼托的衬衫领子，其他人抓住他的双臂，而他的脸贴在广场的泥地上，大家拖着他越过走道，拖到峭壁的边缘，向外扔进江里。第一个动手的人在峭壁的边缘跪下，在他身后看他往下掉，说，‘这王八蛋！这王八蛋！哼，这王八蛋！’这人是堂贝尼托的佃户，他们从来相处不好。他们为江边一块地曾经发生过争吵，堂贝尼托把这块地从他手里收回了租给别人，这人早就恨他了。他不再回到队伍里，只顾坐在峭壁上，低头望着堂贝尼托掉下的地方。

“堂贝尼托之后没人肯出来。这时广场上没了喧闹声，因为大家都在等待，要看看下一个出来的是谁。这时有个醉汉大声嚷嚷，‘把公牛放出来！’

“这时有人从镇公所窗边叫着说，‘他们不肯挪窝啦！他们全都在祷告！’

“另一个醉汉大叫，‘把他们拖出来。来呀，把他们拖出来。祷告时间完啦。’

“但是一个也没出来，后来，我才看到大门里出来了一个人。

“那是堂费德里科·冈萨雷斯，磨坊主和饲料铺老板，是个头等的法西斯分子。他又高又瘦，头发横梳，遮住了秃顶，他身穿长睡衣，下端塞进裤腰。他光着脚，仍是在家被捕时那模样。他两手举过脑袋，走在巴勃罗前面，巴勃罗跟在后面，用猎枪枪管顶住他的后背，直到他走进两排人之间。可是等巴勃罗撇下他，回到镇公所门口，堂费德里科却没法朝前走，在那儿站住了，眼睛望着天空，两手高举，好像想抓住老天似的。

"'他没腿走了，'有人说。

"'怎么啦，堂费德里科？你不会走了？'有人对他大叫。堂费德里科却举起两手站在那儿，只有嘴唇在牵动。

"'快，'巴勃罗在台阶上对他大声说。'走呀。'

"堂费德里科站在那儿不能动弹。有个醉汉用连枷柄戳戳他的屁股，堂费德里科就像匹倔头倔脑的马儿那么突然一蹦，可是仍旧站在原地，举着两手，抬眼望着天空。

"那时站在我身边的那农民说，'这么干丢脸。我对他没什么仇，但是这场戏该结束了。'因此他顺着这排人走上前去，挤到堂费德里科站着的地方，说了声'请允许我'，就朝他头侧猛打一棍。

"堂费德里科不再举起两手，而是按住头顶秃发的地方，低下头来，用两手捂住，指缝中漏出了盖在秃顶上的稀疏的长发。他在两排人中间迅速奔跑，连枷接二连三地落在他背上和肩上，直到他栽倒在地，队伍尽头的那些人把他拽起，一扔扔到峭壁外。自从巴勃罗用猎枪把他逼出来之后，他怎么也没开过口。他唯一的难处就是向前迈步。两条腿仿佛不听他使唤了。

"等堂费德里科被扔下之后，我看到那些最狠心的人都聚集到队伍尽头的峭壁边缘来了，我就离开那儿，走到镇公所的拱廊前，推开两个醉汉，朝窗里望。在镇公所大厅内，他们全都围成半圆形跪着祷告，那神父也跪着和他们一起祷告。巴勃罗和一个当时总跟他在一起的叫四指头的皮匠和另外二人拿着猎枪站在那儿。巴勃罗对神父说，'现在谁出去?’神父只顾继续祷告，不答理他。

“‘听着，你，’巴勃罗哑着嗓门对神父说，‘现在谁出去？现在谁准备好了?’

“神父不愿跟巴勃罗说话，只当他不在场。我看得出巴勃罗正在变得很恼火。

“‘我们大家一起出去，’堂里卡多·蒙塔尔沃抬起头，停止了祷告开口说，他是对巴勃罗说的。这家伙是地主。

“‘什么话，’巴勃罗说，‘准备好了，就一次出去一个。’

“‘那我就现在走吧，’堂里卡多说。‘我再没什么要准备的了。’他说话时神父为他祝福，站起时神父又为他祝福，神父没有停止祷告，还举起十字架，让堂里卡多亲吻，堂里卡多吻了十字架后，转身对巴勃罗说，‘而且再不会比现在更有准备了。你这奶奶的王八蛋。我们走吧。’

“堂里卡多是个矮个子，灰头发，粗脖子，穿件没佩硬领的衬衫。他是罗圈腿，因为常常骑马。‘永别了，’他对所有跪着的人说。‘别难过。死没什么了不起。倒霉的只是死在这混蛋手里。别碰我，’他对巴勃罗说。‘别用你的猎枪碰我。’

“他长着灰头发、灰色的小眼睛和粗脖子，走出镇公所大门，显得很矮，很恼火。他望望那两排农民，在地上啐了一口。他居然真啐了口唾沫，在当时的处境下，你该知道，英国人，这很少见，而且他说，‘起来，西班牙！打倒冒名顶替的共和国！我操你们奶奶的祖祖辈辈!’

“经他这样一骂，大家很快就一棍棍把他打得要死，他走到这伙人中的第一个面前，立刻就挨了打，他还竭力抬起头来走去，又挨了打，直到被打得栽倒为止，他们再用镰钩和大镰刀砍他，很多人抬着他来到峭壁的边缘，把他扔了下去，他们的手上和衣服上这时都沾上了鲜血，这时，他们开始觉得这些走出来的人才是他们的真正敌人，应该杀掉。

“在堂里卡多摆出一副凶相、又那么辱骂着走出来之前，队伍里不少人本来会大大地让步，我敢说，但愿不参加这队伍的。要是队伍里有人喊一声‘得了，我们饶了其余的人吧。他们现在已经得到教训啦’，我敢说，大多数人会同意的。

“但是堂里卡多那勇气十足的劲头给剩下的那些人大大地帮了倒忙。因为他惹怒了这两排人，本来呢，这两排人在履行公事，不太乐意那么干，而现在他们恼火了，情况就显然不同了。

“‘把神父放出来，干起来就快啦，’有一个叫喊。

“‘把神父放出来。’

“‘我们干掉了三个强盗，让我们把神父干掉。’

“‘两个强盗，’一个矮农民对那个叫喊的人说。‘跟我们的主一起钉十字架的是两个强盗。’①

“‘谁的主？’那人说，他气得脸色通红。

“‘根据习惯的说法，我们的主。’

“‘不是我的主，开什么玩笑，’另一个说。‘你要是不打算在这两排人中间走走，最好留心你的嘴巴。’

“‘我跟你一样，都拥护自由、拥护共和国，’那个矮农民说。‘我揍了堂里卡多的嘴巴。我揍了堂费德里科的背脊。我没能揍到堂贝尼托。我说我们的主，是指那人的正式称呼，跟他一起的是两个强盗。’

“‘我操你奶奶的什么拥护共和国。你嘴上老是堂长堂短的。’

“‘这儿就是这么称呼他们的嘛。’

“‘我可不这么称呼，这帮王八蛋。还有你的主——嗨！这下又来一个啦！’

“就在那时，我们看到了丢人的一幕，因为从镇公所大门走出来的

---

① 据《圣经·马太福音》第27章第38节：“当时，有两个强盗，和他同钉十字架，一个在右边一个在左边。”

是堂福斯蒂诺·里韦罗，也就是地主堂塞莱斯蒂诺·里韦罗的长子。他是高个儿，头发黄黄的，刚从前额朝后梳理过，因为他口袋里老是揣着梳子，这时，出来之前也梳了头发。他老爱和姑娘们纠缠，是个胆小鬼，却一直想当业余斗牛士。他常和吉卜赛人、斗牛士和养公牛的混在一起，还爱穿那种安达卢西亚[①]式斗牛服，但他没胆量，被人当笑柄。有次在为阿维拉孤老院募捐而举行的业余斗牛表演中，风传他要出场，按照安达卢西亚方式骑在马背上杀死公牛，他花了很多时间练习，当他看到场子上那头公牛的大小，发现它已被替换，不是他亲自挑选的那头没腿力的小公牛的时候，就说他感到恶心，据说还用三只指头伸进自己的嗓子眼，硬是呕吐起来。

"两排人一看到他，就大叫起来，'喂，堂福斯蒂诺。留心别呕吐啊。'

"'听我说，堂福斯蒂诺。峭壁那边有花姑娘哪。'

"'堂福斯蒂诺。稍等一下，我们会牵条公牛来。'

"另一个叫喊道，'听我说，堂福斯蒂诺。你曾听说过死到临头吗？'

"堂福斯蒂诺站在那儿，仍旧摆出一副满勇敢的样子。他一时冲动，对别人宣布他准备豁出去，这时仍受着这冲动的影响。同样的冲动曾使他宣布要去斗牛。这使他希望并相信自己能成为一个业余斗牛士。堂里卡多的榜样这时给他打了气，他站在那儿显得相貌堂堂、神气非凡，脸上还摆出一副瞧不起人的神气。但是他说不出话来。

"'来吧，堂福斯蒂诺，'队伍里有人大声说。'来吧，堂福斯蒂诺。这儿有条最大的公牛。'

"堂福斯蒂诺站着朝前望，我觉得他在望的时候，两排人中间哪一边也没人怜悯他。他还是显得相貌堂堂、不可一世；但是时间越来越紧

---

① 安达卢西亚，西班牙南部一地区。

促了，而且只有一个方向可去。

“‘堂福斯蒂诺，’有人喊着。‘你在等什么呀，堂福斯蒂诺?’

“‘他在准备呕吐，’有人说，两排人都哈哈笑了。

“‘堂福斯蒂诺，’有个农民喊着。‘你觉得呕吐快活就呕吐吧。反正我看都是一回事。’

“接着，就在我们望着的时候，堂福斯蒂诺顺着那两排人望去，望到广场对面的峭壁，接着，等他一看到峭壁和峭壁外一片空荡荡的天空，就飞快转身，闪身向镇公所门口退回去。

“两排人都吼叫了，有人拉开嗓门大喊，‘你往哪里走，堂福斯蒂诺？你往哪里走啊?’

“‘他去呕吐，’另一个叫着，大家又都哈哈笑了。

“这时我们看到堂福斯蒂诺又走出门来，身后是巴勃罗，拿着猎枪。他这时一点气派也没有了。一看到两排人，使他这人变了样，没了气派，他这时走出来，身后跟着巴勃罗，好像巴勃罗正在扫街似的，而堂福斯蒂诺就是他在往前扫的垃圾。堂福斯蒂诺这时走了出来，在胸口划着十字，做着祷告，然后双手挡住眼睛，跨下台阶，走向这两排人。

“‘随他去吧，’有人喊着。‘别碰他。’

“两排人都会意，没人动手去碰堂福斯蒂诺，而他两手颤抖，挡在眼前，嘴唇打着哆嗦，在两排人中间向前走去。

“没人说话，没人碰他，他在两排人中间走到半路，就再没法往前走，竟双膝跪下了。

“没人打他。我和队伍并行着走去，想看个究竟，只见一个农民弯下腰，把他一把拖起，说，‘站起来，堂福斯蒂诺，继续走啊。公牛还没出来。’

“堂福斯蒂诺没法独自走，一个身穿黑罩衣的农民在一边扶着他，另一个身穿黑罩衣和牧人靴的农民在另一边扶着他，架起了他的胳膊，于是堂福斯蒂诺在两排人中间朝前走，两手挡在眼前，嘴唇不断哆嗦着，脑瓜上的黄头发滑溜溜的，在阳光下闪亮，他路过的时候农民们有的说，‘堂福斯蒂诺，祝你好胃口，堂福斯蒂诺。’有的说，‘堂福斯蒂诺，听你吩咐，堂福斯蒂诺。’有一个自己想做斗牛士没做成的人说，‘堂福斯蒂诺。斗牛士，听你吩咐。’另一个说，‘堂福斯蒂诺，天堂里有的是花姑娘，堂福斯蒂诺。’他们在他两旁紧挟着他，迫使他在两排人中间走，把他的身子架了起来，而他用两手遮着眼睛。但是他准在指缝中张望，因为他们带着他来到峭壁边缘的时候，他又跪下了，突然扑在地上，紧抓青草不松手，说，‘别。别。别。行行好。千万别。行行好。行行好。别。别。’

“那时挟着他的农民和队伍尽头的狠心人，趁他跪下时马上在他身后蹲下，把他猛地一推，于是他始终没挨到一下，就掉到峭壁外去了，只听得他掉下时大叫大喊的声音。

“就在这时，我知道这两排人起了杀性，而使他们变成这模样的，先是堂里卡多的辱骂，后是堂福斯蒂诺的胆怯。

“‘给我们再来一个，’一个农民大叫，另一个在他背上拍了一下，说，‘堂福斯蒂诺！真是活宝！堂福斯蒂诺！’

“‘他现在见到大公牛啦，’另一个说。‘得了，呕吐绝对帮不了他的忙啦。’

“‘我这半辈子，’另一个农民说，‘我这半辈子还没见过像堂福斯蒂诺这样的活宝。’

“‘后面还有呢，’另一个农民说。‘耐心点儿。谁知道我们还会见到什么?’

“‘也许有巨人和矮子，’第一个农民说。‘也许还有非洲的黑人和稀有动物。不过依我看，绝对绝对不会有堂福斯蒂诺那样的活宝了。啊，给我们再来一个！快。给我们再来一个！’

“那些醉汉从法西斯分子的俱乐部的酒吧抄来一瓶瓶大茴香酒和科涅克白兰地，大家传来传去，当葡萄酒似的喝，而队伍里有不少人，因为干掉了堂贝尼托、堂费德里科、堂里卡多，尤其是堂福斯蒂诺，情绪变得十分激动而还在喝，开始有点醉意了。不喝一瓶瓶烈酒的人就着那些传来传去的皮酒袋喝，有个人把皮酒袋递给我，我喝了一大口，让皮袋里凉丝丝的葡萄酒顺着喉咙灌下，因为我也渴极了。

“‘杀人使人口渴得慌，’拿酒袋的人对我说。

“‘怎么，’我说。‘你杀了人？’

“‘我们杀了四个，’他神气地说。‘民防军不算在里面。你杀了一个民防军，是真的吗，比拉尔？’

“‘一个也没杀，’我说。‘墙倒时我朝烟尘里开枪，跟别人一样。就这么回事。’

“‘你从哪儿搞来了这手枪，比拉尔？’

“‘巴勃罗给的。他干掉了那些民防军，把手枪给了我。’

“‘他就用这手枪干掉民防军的？’

“‘正是这一支，’我说。‘之后他就用这家伙武装了我。’

“‘我可以看看吗，比拉尔？可以握一握吗？’

“‘干吗不行，伙计？’我说着，从束腰绳里拔出枪来递给他。但是我在纳闷，为什么另外没人出来，就在这时，没料到出来的竟是堂吉列尔莫·马丁，那些连枷啦，牧人的棍棒啦，木草叉啦，就是从他的铺子抄来的。堂吉列尔莫是法西斯分子，但除此之外，没什么反对他的理由。

“不错，他付给制连枷的工人的钱不多，但他卖出的价钱也不高，而且如果不想向堂吉列尔莫买连枷，也可以只付木头和皮革的成本费自己做。他说话的态度有点粗鲁，而且毫无疑问是个法西斯分子，还是他们俱乐部的成员，中午和傍晚，他总是坐在俱乐部的藤椅上看《辩论报》[①]，一面叫人擦他脚上的皮鞋，一面喝苦艾酒和矿泉水，吃炒杏仁、

① 《辩论报》（“El Debate”）为天主教保守党的机关报，革命前在马德里出版。

虾干和鳀鱼。可是人们不会因为这点而要人的命的，我敢说，要不是堂里卡多·蒙塔尔沃的辱骂和堂福斯蒂诺那丢人的惨状，还有酗酒对他们和其他人在情绪上产生的后果，准会有人大声说，‘让堂吉列尔莫太太平平地走吧。我们用的连枷还是他的。放他走吧。’

“因为这镇上的人善良的时候善良得很，心狠的时候同样心狠得很，他们生来有正义感，主张公道。但是这两排人已经起了杀性，而且还喝醉了酒，或者说，开始醉了，这两排人的心情已不像堂贝尼托走出来时那样了。我不知道别的国家的情况怎么样，我可比谁都喜欢来一杯，乐一乐，但是在西班牙，不是因为酒，而是因为其他因素造成的沉醉，就极其可怕，人们就会干出不该干的事来。你的国家不是这样吗，英国人？”

“是这样，”罗伯特·乔丹说。“我七岁的时候，跟母亲到俄亥俄州去参加一次婚礼，人家要我在拿花的一对男女小傧相中当男傧相——”

“你当过这个？”玛丽亚问。“真好！”

“在那城里有个黑人被吊在灯柱上，后来被烧死了。那是盏弧光灯。这灯可以从灯柱上给放低到人行道上。这黑人先被人用吊弧光灯的滑车吊上去，可是滑车断了——”

“烧黑人，”玛丽亚说。“真野蛮！”

“这些人喝醉了？”比拉尔问。“他们醉得那么厉害，要烧黑人？”

“不知道，”罗伯特·乔丹说。“因为我仅仅在屋里从窗帘底下望去看到的，那幢房屋就在有弧光灯柱的拐角。当时街上挤满了人，他们第二次把黑人吊上去的时候——”

“如果你那时才七岁，又在屋里，就不可能知道他们醉不醉，”比拉尔说。

“我刚才说到，他们第二次把黑人吊上去的时候，我母亲把我从窗口拉开了，所以没再看下去，”罗伯特·乔丹说。“反正后来我有过类似的经历，说明醉意冲昏了头脑在我国也一样。这种事是残忍而野蛮的。”

“你七岁，年纪太小，”玛丽亚说。“你太小，不该看到这些事。我从没看到过黑人，除非在马戏团。除非摩尔人就是黑人。”

“有的是，有的不是，”比拉尔说。“我可以给你们谈谈摩尔人。”

“你没我清楚，”玛丽亚说。“可不，你没我清楚。”

“别谈这些了，”比拉尔说。“谈了身心不快。我们刚才说到哪儿啦?”

“说到两排人醉了，”罗伯特·乔丹说。“说下去吧。”

“说他们醉了是不公平的，”比拉尔说。“因为那时他们还远远没有醉。但是他们的心情已经起了变化，那时，堂吉列尔莫走出来了，站得直挺挺的，目光近视，一头灰发，中等身材，衬衫上有一粒硬领扣子，但没佩硬领，站在那儿，在胸口划了一次十字，眼睛望着前面，但没戴眼镜看不大清楚，却还是镇静地一步步往前走，他这模样真惹人怜悯。但是有人从队伍叫着，‘过来，堂吉列尔莫。到这儿来吧，堂吉列尔莫。朝这个方向来。我们这儿都拿着你铺子里的货哪。’

“他们刚才取笑堂福斯蒂诺非常得手，所以没法想象堂吉列尔莫是不同的一种人。如果说堂吉列尔莫该杀，就该马上让他死去，留一个面子。

“‘堂吉列尔莫，’另一个叫着，‘要我们派人到府上去拿你的眼镜吗?’

“堂吉列尔莫不是大户人家，因为他不很富裕，当法西斯分子无非是想谄上欺下，并且不得不靠开一家木制农具铺子，多少赚几个钱来聊以自慰。他当法西斯分子还因为他爱老婆，因此接受了她对法西斯的宗教般的虔诚感情。他住在大楼的一套公寓里，在广场上过去三家门面的地方。当堂吉列尔莫站在那儿，眯起近视眼望着那两排人，那两排他知道不得不从中穿过的人的时候，有个女人从他家公寓露台上大声尖叫起来。她从露台上可以望到他，那就是他老婆。

“‘吉列尔莫，’她大叫。‘吉列尔莫。等一等，我要陪你一起去。’

“堂吉列尔莫扭头转向叫声传来的地方。他没法望到她。他想说几句话，可是说不出来。接着他朝他老婆叫喊的方向挥挥手，开始走进这两排人中间。

“‘吉列尔莫！’她大叫。‘吉列尔莫！啊，吉列尔莫！’她两手抓住露台栏杆，身体前后摇晃着。‘吉列尔莫！’

“堂吉列尔莫又朝那喊声的方向挥挥手，昂着头走进两排人的中间，你没法知道他当时的感受，只能凭他的脸色来猜测。

“这时队伍里有个醉汉学他老婆失声尖叫的声音号叫，‘吉列尔莫！’堂吉列尔莫这时脸颊上淌着眼泪，盲目地向那人冲去，那人对准他脸面就是狠狠一连枷，堂吉列尔莫由于这一击分量很重，坐倒在地上，他坐在那儿哭着，倒不是因为害怕，这时有几个醉汉连连打他，还有一个跳上去骑在他肩上，用酒瓶砸他。在这之后，不少人离开了队伍，顶替他们的是那些原来在镇公所窗外朝里说嘲笑话和下流话的醉汉。

“当初看到巴勃罗开枪打死民防军，我自己感到很激动，”比拉尔说。“这么干可怕极了，可是我认为，如果非要这么干不可，也只能这么干，至少不能说残暴，只是叫人丧命而已，这些年来大家都懂得，叫人丧命是件可怕的事，但是为了胜利，为了保住共和国，也不得不这么干。

“当广场被堵住、人们排成队伍的时候，我很佩服巴勃罗这个主意，并且也理解，尽管我认为有点异想天开，觉得如果这一切非干不可，也得干得格调高些，如果不想招人厌恶的话。当然，如果法西斯分子该由人民来处决，最好全体人民都参加，而我愿跟任何人一样，分担一份内疚，正像我希望等这个镇子归我们的时候，也分享一份胜利成果。可是堂吉列尔莫被杀之后，我觉得有一种羞耻感，而且感到不是滋味，再加上队伍里来了醉汉和二流子，又因为有些人在堂吉列尔莫被杀之后不干了，离开了队伍表示抗议，我就希望自己可以和那两排人完全脱离关系，因此穿过广场走开了，在一棵大树树阴下的长椅上坐下。

“队伍里有两个农民走了过来，彼此在谈，其中一个对我大声说，‘比拉尔，你怎么啦?’

“‘没什么，伙计，’我对他说。

“‘不，’他说。‘说呀。出了什么事?’

“‘看来我受够了，’我对他说。

“‘我们也是，’他说着，他们俩都在长凳上坐下。其中一个拿着皮酒袋，把它递给我。

“‘漱漱口吧，’他说，另一个继续他们二人刚才的话题，说，‘最糟的是，这么干会给我们带来恶运。谁也没法保证，像那样把堂吉列尔莫整死不会给我们带来恶运。’

“另一个接着说，‘如果有必要把他们全干掉，而我并不相信有这必要，那也得让他们体面地给干掉，别受嘲弄。’

“‘嘲弄堂福斯蒂诺还情有可原，’另一个说。‘因为他总是胡闹，从来不是正经人。可是嘲弄堂吉列尔莫这样的正经人，真是不公道。’

“‘我受够了，’我对他说，而这确实是实在话，因为我真的感到五脏六腑都不舒服，身上出汗，胃里折腾，好像吞食了坏海鲜。

“‘那没关系，’这个农民说。‘我们别再参加在内了。但我不知道别的镇上情况怎么样。’

“‘他们还没修好电话线，’我说。‘这是得补救的一个不足之处。’

“‘这很清楚，’他说。‘谁知道呢，我们倒不如加强这镇子的防守，而别这么慢吞吞而残暴地大批杀人。’

"'我去跟巴勃罗说说,'我对他们说,就从长凳上站起,向通往镇公所大门的回廊走去,队伍从那儿直排到广场对面。这时这两排人既不整齐又没有秩序,而且很多人酩酊大醉了。有两个人栽倒了,仰天躺在广场中央,正把一只酒瓶传来递去。一个动不动就呷口酒,仰天躺着,疯子似的高呼,'无政府万岁!'①他脖子上围着红黑两色的领巾。另一个高呼,'自由万岁!'两脚凭空乱踢,接着又大吼一声,'自由万岁!'他也有红黑两色的领巾,一手挥舞领巾,一手挥舞酒瓶。

"有个离开了队伍、这时站到回廊阴影里的农民,厌恶地望着他们,说,'他们该高呼"酗酒万岁"。他们只相信这个。'

"'他们连这一点也不相信,'另一个农民说。'这些人什么也不懂,什么也不相信。'

"正在这时,有个醉汉站起来,紧握拳头,双臂举过脑袋,高呼,'无政府万岁,自由万岁,我操你奶奶的共和国!'

"另一个醉汉仍旧仰天躺着,抓住了那个正在高呼的醉汉的脚踝,翻了个身,这一来那个高呼着的家伙跟着也跌倒了,他们一起打了个滚,然后坐起,那个拖人跌倒的醉汉用一臂搂住那个高呼的家伙的脖子,然后把酒瓶递给他,还亲吻他围在脖子上的红黑两色的领巾,二人一起喝酒。

"正在这时,队伍里响起一声狂吼,我向回廊一头望去,没法看到走出来的是谁,因为镇公所门口挤满了人,那人的脑袋被别人的脑袋挡住了。我只看到有人正在被拿着猎枪的巴勃罗和四指头推出来,但没法看到是谁,就朝挤在大门口的那两排人走近去,想看一看。

"那时人们推搡得很厉害,法西斯分子咖啡馆的桌椅全翻了身,只有一张桌子没翻倒,上面躺着一个醉汉,他的脑袋垂在桌边,咧开了

---

① 人民阵线也包括无政府—工团主义者组织,这里写到的就是无政府—工团主义组织在地方上的狂热信徒。

嘴，我就拖了把椅子，把它靠在一根柱子边，登上椅子，这才能从人群的头顶上望过去。

“正在被巴勃罗和四指头推出来的是堂安纳斯塔西奥·里瓦斯，这确实是个法西斯分子，是镇上最胖的家伙。他收购粮食，是几家保险公司的掮客，还放高利贷。我站在椅子上，看到他走下台阶，向那两排人走去，脖子上的肥肉鼓起在衬衫硬领后边，秃顶在阳光下闪亮，可是他终究没走进那两排人之间，因为那时不是几个人，而是大家一齐喊起来了。那是一种难听的喊声，是那两排醉汉的齐声狂吼，于是这两排人突然散开，大家向他冲去，我看到堂安纳斯塔西奥两手抱住脑袋，翻身在地，接着就没法看到他这人了，因为大家一个个的堆压在他身上。等他们从堂安纳斯塔西奥身上爬起，他已经完蛋了，因为脑袋被撞在回廊里铺着的石板地上，队伍已乱了套，只成了一伙暴徒。

“‘我们要进去啦，’他们开始大叫。‘我们要进去收拾他们啦。’

“‘这家伙沉得没法拖，’有一个踢踢扑倒在那儿的堂安纳斯塔西奥的尸体说。‘让他待在那儿吧。’

“‘我们干吗要花力气把这口肥猪拖到峭壁边去？让他躺在那儿吧。’

“‘我们要进去，在屋内干掉他们，’有一个大叫。‘我们要进去啦。’

“‘干吗整天在太阳底下等着？’另一个叫喊。‘快。我们走。’

“这伙暴徒这时正往回廊内挤。他们大喊大叫，推推搡搡，发出的吼声这时像野兽的，他们全都在大喊着，‘开门！开门！开门！’因为队伍散开时，看守们把镇公所的门都关上了。

“我站在椅子上，隔着装上铁栅的窗子可以望见镇公所大厅的里面，里面的情形和刚才一样。那神父站着，剩下的那些人在他面前围成半圆形跪着，全都在祷告。巴勃罗坐在镇长座椅前的大桌子上，背上挎着猎枪。他的两腿垂在桌边，他正在卷烟。四指头坐在镇长的座椅里，两脚搁在桌上，正在抽烟。所有的看守都拿着枪，坐在镇公所大厅的几把椅子里。大门钥匙在桌上巴勃罗近身处。

“暴徒们像吟唱似的一声声在大叫，‘开门！开门！开门！’而巴勃罗坐在那儿，只当没听到。他对神父说了句话，可是暴徒的闹声使我没法听到说的是什么。

“神父像刚才一样，不答理他，只顾祷告。很多人在推我，我就端起椅子，跟他们在我身后推我一样，把椅子朝前面推着，移近墙边。我站在椅子上，脸紧贴着窗铁栅，紧紧抓住了铁栅。有个人也登上了我的椅子，站在椅子上，两臂抓住外档的那两根铁条，把我连人带胳膊抱住。

“‘椅子要塌啦，’我对他说。

“‘那有什么关系？’他说。‘瞧他们。瞧他们在祷告。’

“他呼出的气喷在我脖子上，气味像那伙暴徒身上的一样，酸臭得像吐在石板地上的呕吐物和醉汉的酒气，接着他把脑袋挨在我肩膀前，嘴巴凑着铁栅的空当，大喊，‘开门！开门！’当时好像那伙暴徒全都压在我背上，就像梦中魔鬼压在背上一样。

“那时那伙暴徒挤得顶紧了大门，所以前面的人被所有后面的人挤呀挤的快挤扁了，并且有个大个儿醉汉，身穿黑罩衣，脖子上围着红黑两色的领巾，从广场上奔来，一头撞向成群的暴徒，朝前倒在推推搡搡的人们身上，然后站起身倒退几步，又向前冲去，撞在那些正在推推搡搡的人的背上，高呼，‘老子万岁！无政府万岁！’

“我望着望着，这家伙转身离开了那伙人，走过去坐下，就着瓶子喝酒，他往下坐的时候，看到了堂安纳斯塔西奥仍旧扑倒在石板地上，但这时身体已被狠狠踩过，这醉汉就站起身来走到堂安纳斯塔西奥身边，弯下腰，把瓶里的酒浇在堂安纳斯塔西奥的头上和衣服上，然后从口袋里掏出火柴盒，擦了几根火柴，想点火烧堂安纳斯塔西奥。但这时风正吹得紧，把火柴都吹灭了；不一会，这醉大汉就在堂安纳斯塔西奥身边坐下，摇摇头，喝瓶子里的酒，还不时地探过身去，拍拍堂安纳斯塔西奥的尸体的肩膀。

“在这段时间里，那伙暴徒始终在大叫开门，那个跟我一起站在椅上的家伙抓紧了窗铁栅也在大叫开门，直到他的吼声在我耳旁响得我什么也听不到，他呼出的臭气喷在我脸上，我掉转脸去不看那个一直想点火烧堂安纳斯塔西奥的醉汉，而再望着镇公所大厅的里面；那情景仍旧和刚才一样。他们仍旧和先前那样在祷告，全跪在地上，敞开着身上的衬衫，有的耷拉着脑袋，有的抬起了头，目光对着神父，对着他手里的十字架，那神父祷告得又快又着力，目光越过他们头顶望去。巴勃罗在他们背后，这时已点上烟卷，正坐在桌上，晃着两腿，背上挎着猎枪，手里在摆弄那把钥匙。

“我看到巴勃罗从桌上俯下身，又对神父说话了，可是人们在叫喊，我没法听到他说些什么。但神父不答理巴勃罗，只顾继续祷告。这时，围成半圆形在祷告的人中有一个站了起来，我看到他想走出去。那是堂何塞·卡斯特罗，大家都叫他堂佩贝，是个死硬的法西斯分子，还是个马贩子，这时站起来，个子显得矮小，看上去干干净净的，即使没刮脸，身穿睡衣上装，下摆塞在灰色条纹的长裤里。他吻了吻十字架，神父就为他祝福，然后他站起身，望着巴勃罗，还朝大门歪歪头。

“巴勃罗摇摇头，继续抽烟。我能看到堂佩贝对巴勃罗说了些什么，可是听不到。巴勃罗不答理；他只不过又摇摇头，朝大门点点头。

“我接着看到堂佩贝直盯着大门，才领悟到他并不知道大门已锁上。巴勃罗让他看看钥匙，他站着看了一眼，然后转身走开，又跪下了。我看到神父扭头望望巴勃罗，巴勃罗对他咧嘴笑笑，让他看看钥匙，神父好像这才初次领悟到大门已锁上，看他样子似乎想摇摇头，但只低下头去，又祷告起来。

“我弄不懂他们怎么会不理解大门已锁上，除非他们一心在祷告，只想自己的心事，但这时他们当然理解了，而且理解了那叫嚷声，他们现在准知道，情况全都变了。但他们的神色还和原来一样。

“到了这时，叫嚷声大得叫人什么也听不到，那个跟我一起站在椅子上的醉汉两手摇着窗铁栅大叫，‘开门！开门！’直到他嗓子都嘶哑了。

“我注意到巴勃罗又跟神父说话，但神父不答理。接着我看到巴勃罗解下猎枪，伸出手去，用猎枪戳戳神父的肩膀。神父没理睬他，我看到巴勃罗摇摇头。接着他扭头对四指头说了说，四指头就对其他的看守说了说，于是他们都站起来，走回到房间的另一头，提着猎枪站在那儿。

“我看到巴勃罗对四指头说了几句，四指头就把两张桌子和几条长椅搬过去，看守们就握着猎枪站在桌椅后面。这一来，房间的那一角搭成了一道屏障。巴勃罗弯下腰，又用猎枪戳戳神父的肩膀，神父不理睬他，但我看到堂佩贝注视着巴勃罗，而别人都并不理会，只顾祷告。巴勃罗摇摇头，看到堂佩贝在望自己，就对堂佩贝摇摇头，举起手中的钥匙让他看。堂佩贝领会了，就垂下头，开始赶快祷告。

“巴勃罗两腿一晃，从桌上跳下，绕过桌子，走向长会议桌后面加高的讲台上那把镇长的大座椅。他在椅上坐下，卷了支烟，眼睛一直注视着那些跟神父一起祷告的法西斯分子。你根本看不出他脸上有什么表情。钥匙就放在他面前的桌上。那是一把一英尺多长的大铁钥匙。巴勃罗接着对看守们大声说了几句我没法听到的话，一个看守就朝大门走去。我看得出他们全都祷告得越来越快，我知道他们现在全明白了。

“巴勃罗对神父说了些什么，但神父不答理。接着巴勃罗向前弯下身去，捡起钥匙，低手扔给门边的看守。看守接住钥匙，巴勃罗对他笑笑。接着看守把钥匙插进门锁一转，把大门向内拉开，闪身到门后，让那伙暴徒冲进去。

“我看到他们冲了进去，正在这时，跟我一起站在椅上的醉汉开始大叫，‘嗳唷！嗳唷！嗳唷！’并且探出了脑袋，弄得我没法看到，接着他大叫‘干掉他们！干掉他们！用棍子揍他们！干掉他们！’他用双臂把我推到一边，我就什么也没法看到了。

“我用胳膊肘捅了下他的肚子，说，‘酒鬼，这是谁的椅子？让我看。’

“但他只顾用双手双臂不停地捶打窗铁栅，并且大叫，‘干掉他们！用棍子揍他们！用棍子揍他们！着啊。用棍子揍他们！干掉他们！这帮王八蛋！王八蛋！王八蛋！’

“我用胳膊肘狠狠撞他，说，‘王八蛋！酒鬼！让我看呀。’

“这时他双手按在我头上，想把我推下去，这样他可以看清楚些，还把全身的重量都压在我头上，并且不停地大叫，‘用棍子揍他们！着啊。用棍子揍他们！’

“‘揍你自己吧，’我说着，猛撞那使他不好受的地方。这一下使他不好受，他两手松开我的脑袋，急急护着自己，说，‘这个，太太，你可不能干啊。’这时，我从窗铁栅中望去，只见厅内挤满了人，他们正抡着棍棒，挥舞连枷，用已经折断尖齿、这时被鲜血沾红的白木草叉刺呀，敲呀，推呀，还扔向众人，厅内到处都在这么干，巴勃罗呢，坐在大椅子里旁观，膝上搁着他那支猎枪，其他人叫的叫，揍的揍，刺的刺，挨到的人尖叫着，像在火中的马儿般嘶叫。我看到神父撩起袍子，正往长椅上爬，追赶他的人用大镰刀和镰钩在砍他，接着有人抓住了他的袍子，只听得接连两声尖叫，就看到有两人趁另一个拉住了他的袍子下摆时，用镰刀砍进他的背脊，于是神父举起了双臂，死命抱住一把椅子的椅背，这时，我站着的椅子坍了，那醉汉和我跌倒在发出泼翻的酒和呕吐物的臭气的石板地上。那醉汉用一个手指点着我说，‘你可不能这么干，太太，你可不能这么干。说不定你伤了我啦。’人们在我和他身上踩过去，想走进镇公所大厅，我能见到的只是跨进大门口的一条条腿儿，那醉汉坐在我对面，双手捂着被我撞过的地方。

“我们镇上杀掉法西斯分子的经过就这么结束了，幸亏后面的情形我没见到，要不是有了那个醉汉，我准能全部看到。所以他倒做了件好事，因为镇公所里的惨状，看了会叫人难受的。

“可是另一个醉汉竟更加古怪。椅子坍了之后，我们爬起来，人们仍旧在不断拥进镇公所，这时我见到广场上那个围着红黑两色领巾的醉汉又在堂安纳斯塔西奥尸体上浇着什么。他正左右晃着脑袋，要坐直身子非常困难，但是他在浇着什么，擦了火柴，接着又浇，又擦火柴，我就走到他身边，说，‘你在干什么，不要脸的东西?’

“‘没什么，太太，没什么，’他说。‘别管我。’

“大概因为我站在那儿，所以我的腿儿挡住了风，火柴就点着了，一道蓝色的火焰沿着堂安纳斯塔西奥外衣的肩部烧起来了，直烧到他的脖颈，那醉汉抬起头来，扯高了嗓门大喊，‘有人烧死人啦！有人烧死人啦!’

“‘谁?’有人说。

“‘在哪儿?’另一个大声说。

“‘在这儿，’那醉汉狂叫。‘就在这儿!’

“接着有人朝这醉汉的脑瓜一边猛揍一连枷，他就向后倒去，躺在地上，抬眼望望揍他的人，然后闭上眼睛，双手交叉在胸口，躺在堂安纳斯塔西奥身边，好像睡熟了。那人没再揍他，他就躺在那儿，等到当天晚上打扫镇公所之后，人们抬起堂安纳斯塔西奥，把他和别的尸体一起装上大车，拖到峭壁边缘，把他们全扔了下去，那时这醉汉仍旧躺在那儿。如果人们把这二三十个醉汉，尤其是那些围着红黑两色领巾的醉汉都扔下去，那么这镇子就会太平些了，如果我们再闹一次革命，我认为一开头就应该把这些人搞掉。我们当时可不知道这一点。但是在接下来的几天里，我们就得到了教训。

“但是那天晚上我们并不知道会出什么事。镇公所大屠杀之后不再杀人了，但我们当夜没法开会，因为醉汉太多。要维持秩序是不可能的，所以会议被推迟到第二天。

“那天晚上，我跟巴勃罗睡觉。我不该对你说这事，美人儿，但是另一方面让你什么都知道知道也好，而且至少我跟你说的都是真的。听着这个，英国人。情况很古怪。

“我说啦，那天晚上我们吃饭，情况很古怪。好像经历了一场暴风雨，一场水灾，或者一场战斗，人人都累了，谁也不大说话。我本人觉得空落落的，不好受，羞愧得很，有一种干了坏事的感觉，我还有一种巨大的压抑感和倒霉的预感，就像今天早上来了飞机之后的心情。坏事确实不出三天就来临了。

“巴勃罗在我们吃饭的时候很少说话。

“‘你喜欢刚才这么干吗，比拉尔？’他终于问，嘴里塞满了烤小山羊肉。我们在公共汽车起点站边的一家小客栈吃饭，房间里挤满了人，大家在唱歌，挤得端菜端汤也困难。

“‘不，’我说。‘除了对待堂福斯蒂诺之外，我都不喜欢这么干。’

“‘我喜欢这么干，’他说。

“‘全部吗？’我问他。

“‘全部，’他说着，用刀子切了一大片面包，动手拿它抹净盘子里的肉汁。‘全部，对神父除外。’

“‘你不喜欢对神父这么干？’因为我知道，他恨神父比恨法西斯分子还厉害。

“‘他使我的理想破灭了，’巴勃罗伤心地说。

“正在唱歌的人太多，因此我们几乎不得不喊叫才能听到彼此说的话。

“‘为什么？’

“‘他死得非常窝囊，’巴勃罗说。‘他说不上有什么体面。’

“‘他在被这伙暴徒追逐着，你要他怎样体面呢？’我说。‘我本来

以为他以前一直都很体面呢。做人能有的体面他享尽了。’

“‘是啊，’巴勃罗说。‘但是到了最后一刻他害怕了。’

“‘谁能不害怕?’我说。‘你看到他们拿着什么东西在追逐他吗?’

“‘怎么会不看到?’巴勃罗说。‘但是我觉得他死得窝囊。’

“‘碰到这样的情况，谁都死得窝囊，’我对他说。‘由你看，你要怎么样呢？镇公所里发生的每件事都是粗野的。’

“‘对，’巴勃罗说。‘缺乏组织。但神父不同。他该做出榜样。’

“‘我一向以为你恨神父呢。’

“‘是的，’巴勃罗说，又切了块面包。‘但西班牙神父不同。西班牙神父应该死得漂亮。’

“‘我想他死得够漂亮的，’我说。‘因为当时根本不能讲究礼节。’

“‘不，’巴勃罗说。‘他使我的理想大大地破灭了。我整天在等待那神父死去。我原以为他会最后走进那两排人之间。我满怀希望地等待着。我指望多少会出现一个高潮。我从没见过神父死去。’

“‘会有机会的，’我挖苦他说。‘运动今天刚开始嘛。’

“‘不，’他说。‘我的理想破灭了。’

“‘得了，’我说。‘我看你要丧失信心了。’

“‘你不懂，比拉尔，’他说。‘他是西班牙神父。’

“‘西班牙人是何等样的人哪，’我对他说。他们这种人呀，自尊心有多强，呃，英国人？这是何等样的人哪。”

“我们得走了，”罗伯特·乔丹说。他望望太阳。“快到中午了。”

“是啊，”比拉尔说。“我们现在就走。但我要跟你谈谈巴勃罗。那天晚上他对我说，‘比拉尔，今晚我们什么也不干了。’

“‘好，’我对他说。‘这合我的心意。’

“‘我觉得干掉了那么多人之后，干那个不得体。’

“‘什么话，’我对他说。‘你真是个圣徒。你以为我和斗牛士们待了多年，还不知道他们斗牛后的心情?’

“‘真的吗，比拉尔?’他问我。

“‘我什么时候骗过你?’我对他说。

“‘这倒不假，比拉尔，今晚我不中用啦。你不怪我?’

“‘不，伙计，’我对他说。‘可是别天天杀人啦，巴勃罗。’

“那天晚上他睡得像个宝宝，早晨天亮了我才把他叫醒，但那一夜我睡不着，就起身坐在椅子里，望着窗外，月光下，我能看清白天那两排人站队的广场，只见广场对面的树木在月光下闪着光亮，树阴黑黑的，月光下，一张张长椅也是亮光光的，乱丢的瓶子闪着亮，峭壁边沿那一头，就是法西斯分子全都被抛下的地方。除了喷水池的哗哗水声，一点儿声音也没有，我坐在那儿，想到我们一开头就干糟了。

“窗子开着，我能听到广场上喷水池那儿有个女人在哭。我走到外面的露台上，光着脚站在地上铺的铁板上，月光照着广场边所有房屋的外墙，哭声正从堂吉列尔莫家露台上传来。那是吉列尔莫的老婆，她在露台上跪着，哭着。

“我接着回到房内，坐在那儿，不愿思索，因为在另一天来到之前，这是我这大半辈子的最糟糕的一天了。”

“另一天是怎么回事?”玛丽亚问。

“那是三天后法西斯分子占领这镇子的时候。”

“别跟我说那情形了，”玛丽亚说。“我不愿听。这些就够了。叫人太难受了。”

“我对你说过你不该听的，”比拉尔说。“瞧。我本来就不想让你听的。现在你要做恶梦啦。”

“不会，”玛丽亚说。“不过我不要再听了。”

“希望你改天给我讲讲，”罗伯特·乔丹说。

“准讲，”比拉尔说。“但玛丽亚听了不好。”

“我不要听，”玛丽亚可怜巴巴地说。“求求你，比拉尔。我在场时别讲，因为我会忍不住要听的。”

她的嘴唇在哆嗦，罗伯特·乔丹觉得她要哭了。

“求求你，比拉尔，别讲了。”

“别担心，短头发的小妞儿，”比拉尔说。“别担心。不过我改天要讲给英国人听。”

“但他到哪儿我就要跟他到哪儿，”玛丽亚说。“啊，比拉尔，千万别讲了。”

“我可以趁你在干活的时候讲。”

“别。别。求求你。千万别讲吧，”玛丽亚说。

“讲一讲才公平，既然我已经讲了我们干下的事，”比拉尔说。“不过你绝对不能听了。”

“就没有愉快的事情可以讲讲吗?”玛丽亚说。“我们老是非讲吓人的事情不行吗?”

“今天下午，”比拉尔说，“你跟这个英国人。你们俩想讲什么就讲什么得了。”

“那么就让下午到来吧，”玛丽亚说。“让它飞快地到来吧。”

“它会到来，”比拉尔对她说。“它会飞快地到来，同样也会飞快地过去，而明天也会飞快地过去。”

“今天下午，”玛丽亚说。“今天下午。让今天下午到来吧。”

第十一章

他们从高山坡上的草地笔直往下走进树木成丛的山谷，再顺着山谷爬上一条和小河平行的山路，仍在松林的深深的树阴下往上走，接着弃路向一座陡峭的悬崖的崖顶攀登，这时只见有个手握卡宾枪的人从一棵树后走出来。

“站住，”他说。接着是，“是你，比拉尔。跟你一起的是谁?”

“英国人，”比拉尔说。“可是有个天主教教名——罗伯托。来这儿的路真他奶奶的陡。”

“你好，同志，”放哨的对罗伯特·乔丹说着，伸出一只手。

“好，”罗伯特·乔丹说。“你呢?”

“也好，”放哨的说。这人很年轻，身材单薄而瘦削，脸上长着很高的鹰钩鼻，高颧骨，灰眼睛。他没戴帽，头发黑黑的，乱蓬蓬的，握手有力而友好。他的眼色也友好。

“喂，玛丽亚，”他对姑娘说。“你没累着吧?”

“什么话，华金，”姑娘说。“我们坐着聊得多，走得少。”

“你就是那个爆破手?”华金问。“我们听说你来这儿了。”

“我们在巴勃罗那儿过的夜，”罗伯特·乔丹说。“对，我是爆破手。”

“我们高兴见到你，”华金说。“是来炸火车的?”

“上次炸火车你在?”罗伯特·乔丹问，并笑了笑。

“可不，”华金说。“我们就是在那儿弄到这妞儿的，”他对玛丽亚露齿笑笑。“你现在漂亮了，”他对玛丽亚说。“人家说过你有多漂亮吗?”

“别说了，华金，十分谢谢你，”玛丽亚说。“你理了发也会漂亮的。”

“当时我背你，”华金对姑娘说。“我把你背在背上。”

“就像好多人那样，”比拉尔用低沉的声音说。“谁没背过她?老头子在哪儿?”

“在营地。”

“他昨晚在哪儿?”

“在塞哥维亚。”

“他带来消息了?”

“是的,”华金说,“有消息。”

“好的还是坏的?”

“我看是坏的。”

“你看到飞机了?”

“唉,”华金说着摇摇头。“别跟我谈这个了。爆破手同志,那些是什么飞机?”

“海因克尔 111 型轰炸机。海因克尔和菲亚特驱逐机,”罗伯特·乔丹对他说。

“那些低机翼的大家伙是什么飞机?”

“海因克尔 111 型。”

“管它叫什么名称,都一样糟,”华金说。“我可在耽搁你们的时间了。我来带你们去见司令。”

“司令?”比拉尔问。

华金认真地点点头。“我喜欢这称呼,不喜欢‘头儿’,”他说。“这么叫更部队化。”

“你部队化的味儿越来越重了,”比拉尔说,冲着他笑。

“不,”华金说。“不过我喜欢部队用语,因为这一来可使命令听起来明确些,纪律显得严明些。”

“这儿有个配你口味的家伙,英国人,”比拉尔说。“一个挺认真的小伙子。”

“要我背你吗?”华金问姑娘,把一臂搁在她肩上,冲着她的脸微笑。

“背了一次就够啦,”玛丽亚对他说。“可还是要谢谢你。”

“你还记得当时的情景?”华金问她。

“我记得有人背过我,”玛丽亚说。“由你背,可不记得了。我记得那吉卜赛人，因为他扔下我好几次。可我谢谢你，华金，改天我来背你。”

“我记得很清楚，”华金说。“我记得抱住了你的两条腿，你的肚子贴在我肩上，脑袋耷拉在我背上，两条手臂垂在我背后。”

“你的记性很好，”玛丽亚说着，对他笑笑。“我一点也不记得了。什么你的手臂、肩膀和背，都不记得了。”

“你想知道一件事吗?”华金问她。

“是什么事?”

“我高兴当时你的身体正耷拉在我背上，因为子弹是从我们背后打来的。”

“你真是头猪，”玛丽亚说。“就是为了这个，那吉卜赛人也背了我好久?”

“是为了这个，还为了可以紧紧抱住你的大腿。”

“我的英雄们啊，”玛丽亚说。“我的救命恩人们啊。”

“听着，美人儿，”比拉尔对她说。“这小伙子背了你好久，在那时刻，你的大腿对谁也不说明什么。在那时刻只听到清楚的子弹声。要是把你扔下，他早就能跑出子弹射程了。”

“我谢过他了，”玛丽亚说。“我改天一定背他。让我们说说笑笑吧。我不用因为他背过我而哭，是吧?”

“我原想把你扔下的，”华金继续逗她。“可我怕比拉尔会枪毙我。”

“我没枪毙过人，”比拉尔说。

“你没必要，”华金对她说。“你用嘴巴就能把人吓死。”

“哪能这样说啊，”比拉尔对他说。“你以前可是个很懂礼貌的小年轻。运动前你干什么活，小年轻?”

“不干什么活，”华金说。“我那时十六岁。”

“可究竟干些什么呢?”

“不时摆弄几双鞋。”

“做鞋?”

“不。擦鞋。”

“什么话，”比拉尔说。“不止擦鞋吧。”她望着他棕色的脸、矫健的身材、蓬乱的头发和走路时敏捷的竞走似的步伐。“干吗后来不干那一行了?”

“不干哪一行?”

“哪一行?你知道哪一行。你现在正留着斗牛士的小辫哪。”

“我看那时是害怕的缘故，”小伙子说。

“你身材不错，”比拉尔对他说。“可是相貌不怎么样。那么那时是因为害怕了，是吗?炸火车那时你可干得不赖啊。”

“我现在不害怕公牛了，”小伙子说。“一点儿也不害怕了。比公牛恶劣得多、危险得多的东西，我们都见过了。很清楚，哪头公牛也没机枪危险。但现在要是上斗牛场去斗牛，不知道我的两条腿儿还听不听使唤。”

“他原想当斗牛士，”比拉尔对罗伯特·乔丹解释说。“但他那时胆小。”

“你喜欢看斗牛吗，爆破手同志?”华金露出洁白的牙齿，笑着说。

“非常喜欢，”罗伯特·乔丹说。“非常、非常喜欢。”

“你在巴利阿多里德看过斗牛吗?”华金问。

“看过。在九月过节的时候。”

“那是我的家乡，”华金说。“我家乡多好呀，可是那儿善良的乡亲们在这次战争中吃了多少苦。”这时他的脸色显得严肃，“敌人在那儿毙了我爹、我妈、我姐夫，后来又毙了我姐姐。”

“杀人不眨眼的畜生，”罗伯特·乔丹说。

这种伤心事他听过多少次啦?多少次眼看人们难受地说着这种话?又多少次见到人们满眶泪水、哽着喉咙、难受地说起我爹、我兄弟、我妈或者我姐妹？他已记不得有多少次听人们这样提到死去的亲人。人们讲的几乎总是和现在这小伙子讲的一样；一提起家乡，就一下子讲开了，而你总是说，“杀人不眨眼的畜生。”

你只不过听人提到这种丧亡。你没看到做父亲的倒下，不像比拉尔在小河边描述法西斯分子死去的情景那样使他目睹似的。你知道那做父亲的死在一个院子里，一堵墙下，一片地里或果园里，或者晚上死在一条公路边的卡车灯光下。你见到山里的那卡车的灯光，听见了枪声，后来你来到公路上，发现一具具尸体。你没见到那母亲、姐妹或兄弟被枪杀。你听说过这事；你听到过枪声；而且你见过尸体。

比拉尔使他目睹那镇上的情景。

这女人能写作该有多好。他要试着把它写出来，如果运气好，而且能记住它，他也许能照她讲的写出来。天哪，她真会讲故事。她比大作家克维多还行，他想。克维多从没像她生动地讲的那样描写过哪个堂福斯蒂诺之死。但愿我能写得相当好，把那个故事写出来，他想。我们的所作所为。不是人家对付我们的行径。那方面他了解得够多了。他了解很多有关战线后方的情况。但是你必须先了解这些人。你必须了解他们原来在村子里是干什么的。

由于我们的流动性，由于我们事后不必留下来遭到报复，我们从来不知道事后到底怎么样，他想。你跟一个农民和他的家人待在一起。你夜里来，跟他们一起吃饭。白天，你躲起来，第二天夜里你就走了。你完成了任务，一走了事。下一次你又照老样子来了，你听说这些人已被枪杀。事情就这么简单。

但出事的时候你总是已经走了。游击队搞了破坏就撤退。农民留下来遭到报复。我老是只了解另一方面，他想。了解开头时我们怎样对待他们。我老是了解这一方面，憎恨它，并且听到人们无耻而卑鄙地提到它，吹嘘、自夸、辩护、解释、否认。可是这该死的女人使我身历其境似的看到了这一幕。

唉，他想，这是一个人受到的教育的一部分啊。等它结束时，真可说是受了一次地道的教育。在这场战争中你能学到东西，如果你注意听的话。肯定能学到东西。他很幸运，在战前的十年中断断续续地在西班牙待过。他们主要是信赖你会操西班牙语。他们信赖你完全掌握这种语言，能用习语来说话，又了解不同地方的情况。说到头，西班牙人只真正忠于自已的村子。当然，首先是西班牙，然后是自己的宗族，然后是他的省份，然后是他的村子，他的家庭，最后是他的行业。如果你会西班牙话，他就偏爱你，如果你了解他的省份，那就好得多，但是如果你了解他的村子和行业，你这个外国佬就和他们打成一片了。他在西班牙绝不觉得自己像外国人，他们实际上在大多数情况下并不把他当外国人看待；除了在他们跟你作对的时候。

当然，他们跟你作对。他们常常跟你作对，但他们也总是跟每个人作对。他们跟自己人也作对。如果有三个人在一起，两个就会联合起来跟另一个作对，然后这两人就会开始相互拆台。并不总是这样，但这种情况经常发生，你可以举出够多的例子，由此得出这个结论。

这样的思想方式不对头啊；但是有谁来审查他的思想呢？谁也没有，只有他自己。他不愿想呀想的，变得相信失败主义。首要的事情是打赢这场战争。我们如果打不赢这场战争，一切都完了。但他注意、倾听，并记住一切。他正在战争中服役，在服役期间，他绝对忠诚，并且尽可能完善地完成任务。可是谁也占有不了他的心，或者他的观察和听取的能力，如果他打算作出判断，那是将来的事。作出判断的材料不会少。材料已经有许多了。有时候，未免多了一点。

瞧比拉尔这女人，他想。不管以后发生什么，只要有时间，我一定要叫她讲完那故事。瞧她跟那两个小年轻并肩走着。你没法找到比他们三人更好看的土生土长的西班牙人了。她像座大山，这青年和姑娘像两棵幼树。老树全被砍倒了，幼树就这样地在成长。尽管他们二人遭到过厄运，他们还是显得非常有朝气、干净、新鲜、完好无损，好像从没听到过灾难似的。但是听比拉尔的口气，玛丽亚才刚刚康复。她当时的情况一定很糟糕吧。

他想起十一旅有个比利时小伙子，和村里其他五个小伙子一起入了伍。那是个大约有两百人的村子，那小伙子以前从没离开过家乡。当罗伯特·乔丹第一次在汉斯旅①旅部看到这小伙子的时候，同村的那五人已全部牺牲，那小伙子的情况非常糟，他们把他当勤务兵使用着，在旅部伺候开饭。他长着一张白里透红的佛兰芒人②的大脸和一双农民的粗笨的大手，他端着盘碟走动，就像拖车的马儿，力大而笨拙。可是他总是在哭。大家吃饭时，他不出声地一直在哭。

你抬头就看到他在那里哭。你要酒，他哭，你递过盘子要炖肉，他哭；他扭过头去。接着他也会停住；但你抬头朝他一望，他的眼泪就又涌出来了。上一道道菜间，他在厨房里哭。大家对他都很和蔼。但这没用。他一定要弄明白自己将来会怎么样，能不能早晚恢复常态，再适于当兵。

玛丽亚现在相当正常了。不管怎么说，看来是这样。可是他不是精神病专家。比拉尔才是精神病专家呢。昨天一起过夜也许对他俩都有益。是啊，除非这事到此就结束。这对他当然有益。他今天觉得极好；身体正常、无虑无忧、心情愉快。这回事看来够糟糕，但他的运气也真好。他遇到过本身显得很糟糕的事情。本身显得很糟糕，这是用西班牙语思考的说法。玛丽亚真是可爱。

瞧她，他对自己说。瞧瞧她。

他瞧她在阳光下愉快地迈着大步；卡其衬衫敞着领子。她走路的模样像匹小马驹，他想。你不会碰到这样的情况。这种情况不会发生。也

---

① 国际纵队由50多个国家的志愿人士组成，当时共分5个旅。第11旅(实际上是第1旅)主要为德国的流亡者，又名汉斯旅，因旅长汉斯而得名。第15旅主要为美国和加拿大人，其中的林肯营和华盛顿营作战英勇，最负盛名。

② 佛兰芒人为比利时两大民族之一，居该国北部。

许根本没有发生过，他想。也许你是在做一场梦，或者是你虚构出来的，根本没有发生过。也许正像你过去的那些梦，梦中，你在电影里看到的有一位夜里来到你的床上，那么亲切，那么可爱。他在床上熟睡的时候，和她们都那么睡过。他还能记得嘉宝，还有哈罗①。是啊，有好多次是哈罗。这一回也许就像那些梦。

但是他还能记得进攻波索布兰科②的前夕，嘉宝上他床的情形，他用一臂搂住她时，她穿着一件柔软光滑的羊毛衫，当她俯身向前的时候，头发在额前披下，拂在他脸上，她说她一直爱着他，而他为什么从不向她倾诉爱情？她并不腼腆、冷漠，也不显得疏远。她就是可爱得叫人想搂抱，亲切而可爱，就像当年她和约翰·吉尔伯特一起时的模样③，这情景逼真得仿佛真有其事，他爱她远远胜过爱哈罗，虽然嘉宝只来过一次，而哈罗——现在这一回也许就像那些梦吧。

也许这次也不是梦，他对自己说。也许我现在伸出手去能碰到这个玛丽亚，他对自己说。也许你不敢这么做，他对自己说。也许你会发现这事从来没有发生过，是不真实的，是你虚构出来的，正如梦中出现的那些电影明星，还有你以前所有的那些女朋友如何在夜间回来，睡在那条睡袋内，在光地板上，在干草仓的草堆、马厩、马栏、农庄、树林、车库、卡车和西班牙的群山间，也都是梦。当他睡熟的时候，她们都到那条睡袋里来，而且比她们的真实面貌要漂亮得多。也许这一回也是这么回事。也许你不敢碰她，来证明是真是假。也许你敢，但这情形很可能是你虚构出来的，或者是梦中的情景。

他一步跨到山路对面，把一手放在姑娘的胳臂上。他的手指感觉到她那件旧卡其衬衫里面的胳臂很光滑。她对他望望，笑了笑。

---

① 格丽泰·嘉宝和琴·哈罗都是20世纪30年代好莱坞的红女星。

② 波索布兰科在西班牙南部科尔多瓦省，内战初期乔丹在南方前线参加战斗。

③ 嘉宝曾和男明星约翰·吉尔伯特主演过《肉体与恶魔》(1927)和《琼宫恨史》(1933)等爱情片，是当年著名的银幕情侣。

“喂，玛丽亚，”他说。

“喂，英国人，”她回答，他见到她棕褐色的脸、灰黄色的眼睛、带着笑意的丰满的嘴唇和金褐色的短发，她抬起脸来望着他，冲着他的眼睛微笑。这是真的，一点也不错。

这时，他们能望到松林尽头聋子的营地了，那里是一个圆形的冲沟的尽头，形状像只朝天的脸盆。这些石灰岩的盆形高地一定多的是岩洞，他想。前面就有两个岩洞。长在岩石上的矮松树把它们隐蔽得很好。这地方和巴勃罗那里差不多，或甚至更好。

“你一家人被枪杀是怎么回事?”比拉尔在对华金说。

“别谈了，太太，”华金说。“我一家人都是左派，跟巴利阿多里德许多人一样。当时法西斯分子血洗我家乡，先毙了我爹。他投过社会党的票。然后毙了我妈。她也投过社会党的票。她一辈子还是第一次投票。后来，他们毙了我的一个姐夫。他是电车司机工会的会员。很清楚，他不参加工会就不能开电车。但是他不问政治。我很了解他。他甚至有点不顾及体面。我看他甚至算不上是个好同志。那时，另一个姐夫，也在电车上干活的，已经像我一样到山里去了。他们以为我姐姐知道他的去向。但她并不知道。他们就毙了她，因为她不肯告诉他们我姐夫在哪儿。”

“杀人不眨眼的畜生，”比拉尔说。“聋子在哪儿? 我没见到他。”

“他在这儿。可能在山洞里，”华金回答。他这时停了步，把步枪托拄在地上，说，“比拉尔，听我说。还有你，玛丽亚。原谅我吧，要是我讲了家事打扰你们的话。我知道大家都有同样的伤心事，最好还是别提起。”

“你应该讲，”比拉尔说。“我们活在世上干吗，如果不能互相帮助? 听了不吭声，这种帮助够冷漠的。”

“但是这样会打扰玛丽亚。她自己有许许多多事够她受的。”

“哪儿话，”玛丽亚说。“我的苦恼像只大水桶，大得你的苦水永远也灌不满它。我很难受，华金，但愿你另一位姐姐平安。”

“到目前为止她还好，”华金说。“他们把她下了大牢，看来没怎么虐待她。”

“你家还有人吗?”罗伯特·乔丹问。

“没有了，”那小伙子说。“就我。没别人了。除了去山里的那姐夫，而我看他已经死了。”

“也许他没问题，”玛丽亚说。“也许他和一帮游击队在别的山区。”

“我看他死了，”华金说。“他的身体一向不大适宜走南闯北，他是电车售票员，不怎么适宜去山里。我说不准他能不能活满一年。他心肺也有点儿衰弱。”

“不过他可能没问题的，”玛丽亚用一臂搁在他肩上。

“当然，姑娘。那当然可能，”华金说。

小伙子站在那里，玛丽亚呢，踮起了脚，双臂搂住他的脖子，吻了他。华金扭头转向一边，因为他在哭。

“我把你当哥哥，”玛丽亚对他说。“我吻你，当你哥哥。”

小伙子摇摇头，不出声地哭着。

“我是你妹妹，”玛丽亚说。“我爱你，你有家啦。我们都是你的家人。”

“包括这个英国人，”比拉尔声音洪亮地说。“不对吗，英国人?”

“对，”罗伯特·乔丹对小伙子说。“我们都是你的家人，华金。”

“他是你兄弟，”比拉尔说。“是吗，英国人?”

罗伯特·乔丹一臂搂着小伙子的肩膀。“我们都是兄弟，”他说。小伙子摇摇头。

“我真不该说出来，”他说。“说起这种事，叫大家更难受。我真不该打扰你们。”

“去他奶奶的什么该不该，”比拉尔用她那低沉而悦耳的声音说。“要是玛丽亚这丫头再吻你，我也马上要吻你了。我好多年没吻过斗牛士啦，即使像你这样不中用的也罢。我倒要吻吻一个成不了共产党的不中用的斗牛士。抓住他，英国人，好让我好好吻他一下。”

“松手，”小伙子说着，突然转身躲开。“别管我。我没什么，我不该那样。”

他站在那里，在控制脸上的表情。玛丽亚把一手伸在罗伯特·乔丹的手中。这时比拉尔双手叉腰站着，嘲弄地望着那小伙子。

“我吻你，”她对他说，“可不会像你的姐妹那样。像姐妹那样吻兄弟的把戏我不会。”

“用不着开玩笑啊，”小伙子说。“我跟你说过了，我没什么，对不起，我说了刚才的话。”

“那好，我们去看老头儿吧，”比拉尔说。“我厌烦这种动感情的事。”

小伙子望着她。你从他的眼睛可以看出他突然变得很伤心。

“不是说你动感情，”比拉尔对他说。“是说我自己。你这人太娇嫩，当不了斗牛士。”

“我本来就没当成，”华金说。“你没必要老讲个没完。”

“可是你又在留斗牛士的小辫了。”

“是的，干吗不？从经济上来说，斗牛最有利可图。它使许多人有机会就业，国家可以进行管理。现在也许我不会害怕了。”

“不见得，”比拉尔说。“不见得。”

“你说话干吗那么苛刻，比拉尔?”玛丽亚对她说。“我非常爱你，可是你的行为太粗野。”

“我可能是粗野，”比拉尔说。“听着，英国人。你知道你要跟聋子说些什么吗?”

“知道。”

“因为他这人话不多，不像你我和这些爱动感情的笼中鸟。”

“你干吗这样说?”玛丽亚生气地又问。

“不知道，”比拉尔大踏步走着说。“你认为干吗?”

“不知道。”

“有时候有很多原因使我厌烦，”比拉尔生气地说。“你懂吗?其中一个原因是年纪到了四十八。听清了吗?四十八岁加上一张丑脸。另一个原因是，我开玩笑说要吻这个想当共产党的没有成材的斗牛士，却见到他的脸色显得惊慌失措。”

“这话说得不对，比拉尔，”小伙子说。“你没看到惊慌。”

“什么话，这话说得不对。我操他奶奶的你们大伙儿。啊，他来了。喂，圣地亚哥!你好吗?”

比拉尔招呼的是个矮墩墩的汉子，棕色脸，宽颧骨，灰头发，黄褐色的两眼分得很开，狭鼻梁的鹰钩鼻像印第安人的，加上一张阔嘴，上唇又长又薄。他的胡子刮得光光的，由于穿着牧牛人的马裤和马靴，走起路来有点罗圈腿的样子，就这样从山洞口向他们迎来。天气暖和，但他穿了件羊毛衬里的皮制短外套，扣子直扣到脖子上。他向比拉尔伸出一只褐色的大手。“你好，太太，”他说。“你好，”他对罗伯特·乔丹说着，就和他握手，并且定睛望着他的脸。罗伯特·乔丹看到他的眼睛像猫眼那么黄，又像爬虫的眼睛那么呆滞。“美人儿，”他对玛丽亚说着，轻轻拍拍她的肩膀。

“吃了?”他问比拉尔。她摇摇头。

“来吃吧，”他说着，对罗伯特·乔丹望望。“喝酒?”他问，一边伸出大拇指，做了个朝下斟酒的手势。

“喝，谢谢。”

“好，”聋子说。“威士忌?”

“你有威士忌?”

聋子点点头。“英国人?”他问。“不是俄国人?”

“美国人。”

“这儿美洲人[1]很少，”他说。

“现在多起来了。”

“倒不坏。北美还是南美?”

“北美。”

“跟英国人一样的[2]。什么时候炸桥?”

“你知道桥的事?”

聋子点点头。

“后天早晨。”

“好，”聋子说。

“巴勃罗呢?”他问比拉尔。

她摇摇头。聋子咧嘴笑了。

“走开，”他对玛丽亚说着，又咧嘴笑了。“回来，”他望了望他从上衣内袋里掏出的一块系在皮带上的大表。“半小时。”

他做做手势，要他们在一段削平了当作长凳的原木上坐下，然后望望华金，用大拇指猛地指指他们来时走的那一段山路。

“我和华金一起下山走走就回来，”玛丽亚说。

聋子走进山洞，拿了一瓶苏格兰威士忌和三只杯子走出来。瓶身上有三个大凹痕的酒瓶挟在他一边的胳肢窝下，他就用那只手的三只指头勾住三只杯子，另一只手握住一把陶水壶的壶颈。他把杯子和酒瓶放在那段原木上，把水壶放在地上。

“没冰，”他对罗伯特·乔丹说着，递给他酒瓶。

“我一点也不要，”比拉尔说着，用手蒙住杯口。

---

① 西班牙语中 Americano 一词和英语中一样，可作“美国人”或“美洲人”解。

② 英美同文同种，西班牙老百姓都拿他们当英国人看待。

“昨晚地上有冰，”聋子说着，咧嘴笑笑。“都化了。上面有冰，”聋子说着，指指光秃秃的山顶上露出的积雪。“太远。”

罗伯特·乔丹动手给聋子斟酒，可是这个耳朵不便的汉子摇摇头，做了个手势，让对方往自己的杯子里斟。

罗伯特·乔丹在杯子里斟了好些威士忌，聋子眼睁睁地望着他，等他斟好了，就把水壶递给他，罗伯特·乔丹把陶壶一侧，一股冷水就从壶嘴流出，灌满了杯子。

聋子自己斟了半杯威士忌，再用水加满杯子。

“酒?”他问比拉尔。

“不。水。”

“喝吧，”他说。“不好，”他对罗伯特·乔丹说着，咧嘴笑笑。“认识过很多英国人。老是大喝威士忌。”

“在哪儿?”

“牧场，”聋子说。“场主的朋友们。”

“你在哪儿搞到威士忌的?”

“什么?”他听不清。

“你得大声说，”比拉尔说。“对着另一只耳朵。”

聋子指指那只比较好使的耳朵，咧嘴笑笑。

“你在哪儿搞到威士忌的?”罗伯特·乔丹大声说。

“酿的，”聋子说着，注意到罗伯特·乔丹刚要把杯子送到嘴边，却停住了。

“不，”聋子说着，拍拍他的肩。“开开玩笑。从拉格兰哈弄来的。昨晚听说来了个英国爆破手。好。很高兴。搞来威士忌。请你的。你喜欢?”

“非常，”罗伯特·乔丹说。“这是很好的威士忌。”

“我满意，”聋子咧嘴笑了。“今晚一起还有情报。”

“什么情报?”

“部队大调动。”

“在哪儿?”

“塞哥维亚。飞机，你看见了。”

“是的。”

“不妙，呃?”

“不妙。部队调动?”

“在维利亚卡斯丁和塞哥维亚之间大调动。在巴利阿多里德公路上。在维利亚卡斯丁和圣拉斐尔之间大调动。大调动。大调动。”

“你有什么看法?”

“我们准备行动?”

“可能。”

“他们知道。也作了准备。”

“可能。”

“干吗不今晚炸桥?”

“命令。”

“谁的命令?”

“总参谋部。”

“原来这样。”

“炸桥的时间有关系吗?”比拉尔问。

“大有关系。”

“可是如果他们现在就开来部队呢?”

“我会派安塞尔莫把调动和集结的全部情报送去。他正在守望公路。”

“公路上有你的人?”聋子问。

罗伯特·乔丹不知道他听到了多少。对一个聋子你可没法说得准。

“对，”他说。

“我也派了人。干吗不现在就炸桥?”

“我持有命令。”

“我不喜欢这个，”聋子说。“这个我不喜欢。”

“我也不喜欢，”罗伯特·乔丹说。

聋子摇摇头，咂了一口威士忌。“你要我干什么?”

“你有多少人?”

“八个。”

“割断电话线，攻击养路工小屋边的哨所，占领后向桥头靠拢。”

“这容易。”

“这些是都要写成书面的。”

“别费心了。巴勃罗呢?”

“割断山下的电话线，攻击锯木厂那边的哨所，占领后向桥头靠拢。”

“然后掩护撤退?”比拉尔问。“我们是七个男的，两个女的，五匹马。你们是，”她对着聋子的耳朵大声说。

“八个男的，四匹马。缺少马匹，”他说。

“十七人，九匹马，”比拉尔说。“还没把运载东西的考虑在内。”

聋子没说什么。

“没法搞到马儿吗?”罗伯特·乔丹对着那只管用的耳朵说。

“打了一年仗，”聋子说。“搞到四匹。”他伸出四只指头。“现在你明天要用八匹。”

“对，”罗伯特·乔丹说。“你知道快撤走了。不必像原先那样在这一带小心翼翼的。在这儿现在不必提心吊胆了。你不能安排一下，去偷八匹?”

“也许，”聋子说。“也许一匹也不行。也许更多。”

“你有自动步枪吧?”罗伯特·乔丹问。

聋子点点头。

“在哪儿?”

“山上。”

“哪一种的?”

“不知道牌子。有子弹盘的。”

“有多少发子弹?”

“五盘。”

“有人会用这支枪吗?”

“我。有点儿会。不常开。不想在这儿弄出声响来。不想耗费弹药。”

“我待会儿去看看这枪，”罗伯特·乔丹说。“你有手榴弹吗?”

“很多。”

“每支步枪有几发子弹?”

“很多。”

“多少?”

“一百五十。也许不止。”

“其他那些人情况怎么样?”

“要干什么?”

“在我炸桥的同时，要有足够的兵力来拿下哨所，并掩护那座桥。我们的兵力应该比现在的大一倍。”

“别愁拿下哨所。白天什么时候?”

“一清早。”

“别愁。”

“我很想再要二十人，做到万无一失，”罗伯特·乔丹说。

“没有好的。你要不可靠的?”

“不。好的有多少?”

“也许四个。”

“为什么这样少?”

“信不过。”

“是指给马骑的?”

“给马骑的必须很信得过。”

“我想再要十个好的，如果能得到的话。”

“四个。”

“安塞尔莫跟我说，这一带山里有一百多人。”

“没好的。”

“你说过有三十个，”罗伯特·乔丹对比拉尔说。“三十个多少较可靠的。”

“埃利亚斯手下的人怎么样?”比拉尔对聋子大声说。他摇摇头。

“没好的。”

“你不能搞到十个?”罗伯特·乔丹问。聋子用他那呆滞的黄眼睛望着他，摇摇头。

“四个，”他说着，伸出四只指头。

“你手下的人可好?”罗伯特·乔丹问，一出口就懊悔了。

聋子点点头。

“要看情况危险不危险，”他用西班牙语说，咧嘴笑笑。“情况会糟吧，呃?”

“可能。”

“对我反正一样，”聋子直率地说，可不在吹牛。“宁要四个好的，不要许多坏的。这次战争中总是坏的多，好的很少。好的一天少一天。巴勃罗呢?”他望着比拉尔。

“你知道的，”比拉尔说，“一天坏一天。”

聋子耸耸肩。

“喝酒，”聋子对罗伯特·乔丹说。“我带上我的人和另外四个。一共十二个。今晚我们通盘商量。我有六十包炸药。你要吗?”

“什么成分的?”

“不知道。普通炸药。我带来。”

“我们用它来炸上游的那座小桥，”罗伯特·乔丹说。“好得很。你今晚下山？把炸药带去，好吗？我没得到命令炸小桥，但应该把它炸掉。”

“今晚我去。然后去找马。”

“弄到马的机会大不大？”

“说不定。现在吃吧。”

他跟谁说话都这样吗？罗伯特·乔丹想。还是认为为了让外国人听懂才这样讲的？

“炸了桥，我们该去哪儿？”比拉尔对着聋子的耳朵大声说。

他耸耸肩。

“这一切都得安排好，”妇人说。

“当然，”聋子说。“干吗不？”

“事情够糟的，”比拉尔说。“要很好地计划一下。”

“对，太太，”聋子说。“你愁什么？”

“什么都愁，”比拉尔大声说。

聋子朝她咧嘴笑笑。

“你一直在跟巴勃罗闯，”他说。

原来他是为了外国人才说那种简化的西班牙语的，罗伯特·乔丹想。好。我高兴听到他直截了当地说话。

“你以为我们去什么地方好？”比拉尔问。

“什么地方？”

“对，什么地方。”

“有很多地方，”聋子说。“很多地方。你熟悉格雷多斯山脉？”

“那儿有我们的很多人。人家一旦有时间，就会去扫荡所有这些地方。”

“是的。但是那地方很大，很荒僻。”

“去那儿很难，”比拉尔说。

“每件事情都难，”聋子说。“我们去哪儿都行，格雷多斯也行。趁夜间走。现在这儿很危险。我们能待在这儿这么久，真是个奇迹。格雷多斯要比这儿安全。”

“你可知道我想去哪儿?”比拉尔问他。

“哪儿？帕拉梅拉？那没用。”

“不，”比拉尔说。“不是帕拉梅拉山区。我想去共和国[①]。”

“这办得到。”

“你的人愿去吗?”

“愿意。我说要去就行。”

“我的人，我可说不准，”比拉尔说。“巴勃罗不会愿意去，其实他到了那儿也许会觉得安全些。他年纪大，不用去当兵，除非他们扩大征兵范围。吉卜赛人是不愿去的。不知道别人怎么样。”

“因为好久以来这儿没出过事，他们就看不出有危险，”聋子说。

“今天来了飞机，他们会看清楚些了，”罗伯特·乔丹说。“但是我看你在格雷多斯山区能干得很好。”

“什么?”聋子说着，用他那十分呆滞的眼睛望着他。他这问话的声调一点也不友好。

“你能从那儿更有效地发动袭击，”罗伯特·乔丹说。

“原来如此，”聋子说。“你熟悉格雷多斯?”

“是的。你能从那儿对铁路主干线采取行动。你能经常切断铁路，就像我们在更南的埃斯特雷马杜拉地区正在干的那样。在那儿活动要比回共和国好，”罗伯特·乔丹说，“你在那边作用更大。”

他说着说着，对方那二人的脸色都沉了下来。

聋子望望比拉尔，比拉尔也望望聋子。

---

① 指到共和国政府军所管辖的地区去，不愿再待在敌后山区打游击。

“你熟悉格雷多斯?”聋子问。“真的?”

“当然，”罗伯特·乔丹说。

“你要去哪儿?”

“去阿维拉省巴尔科城的北面。那些地方比这儿好。可以袭击贝哈尔和普拉森西亚之间的公路主干线和铁路。”

“很难，”聋子说。

“我们在埃斯特雷马杜拉地区危险得多的地方切断过的一条铁路，就是这一条，”罗伯特·乔丹说。

“我们指谁?”

“埃斯特雷马杜拉地区的游击队。”

“你们人多吧?”

“大约四十个。”

“那个神经紧张、名字古怪的人就是从那儿来的?”比拉尔问。

“是的。”

“他现在在哪儿?”

“死了，我对你说过啦。”

“你也是从那儿来的?”

“是的。”

“你明白我的意思了吧?”比拉尔问他。

我犯了个错误，罗伯特·乔丹心想。我竟对西班牙人说我们干起某些事来比他们能干，而原则是，决不要提你自己的功绩或能力。本来应该拍拍他们的马屁才对，我却指点他们我认为他们应当干什么，现在他们恼火了。噢，他们可能不会记在心里，也可能会。他们在格雷多斯山区的作用肯定要比这里大得多。证据是，自从卡希金组织炸火车以来，他们在这里毫无成绩。炸火车也没什么了不起。这一炸使法西斯分子损失了一个火车头，死了几个士兵，可是他们全都把它说得好像那是战争中的关键。也许他们会感到羞愧而撤退到格雷多斯去。是的，也许我也会在这里被撵走。得了，反正仔细研究起来，情况不大妙。

“听着，英国人，”比拉尔对他说。“你的神经怎么样?”

“很好，”罗伯特·乔丹说。“没问题。”

“因为上次他们派来和我们一起干的爆破手，虽说是个很棒的专家，却神经挺紧张。”

“我们中间有神经紧张的人，”罗伯特·乔丹说。

“我不是说他是胆小鬼，因为他的表现很不错，”比拉尔接着说。“可是他说话十分古怪，夸夸其谈。”她提高了嗓门。“上次的那个爆破手，炸火车的那个，有点儿古怪，圣地亚哥，你说是不?”

“有点儿古怪，”这耳朵不便的汉子点点头，目光在罗伯特·乔丹脸上一扫，那样子使他想起真空吸尘器上连接除尘头的硬管末梢的圆嘴。“是的，有点儿古怪，但是个好人。”

“他死了，”罗伯特凑着这耳朵不便的汉子的耳朵说。

“怎么回事?”这个耳朵不便的汉子问，目光从罗伯特·乔丹的眼睛往下移到他的嘴唇上。

“我开枪打死了他，”罗伯特·乔丹说。“他伤势重得没法赶路，我就开枪打死了他。”

“他老是说起非要这么干不可，”比拉尔说。“这是他想不开的地方。”

“是啊，”罗伯特·乔丹说。“他老是说起非要这么干不可，这正是他想不开的地方。”

“怎么发生的?”这耳朵不便的汉子问。“是在炸火车的时候?”

“是在炸了火车撤退的时候，”罗伯特·乔丹说。“火车炸成了。我们在黑夜里撤回，遇到了法西斯巡逻队，在奔跑时他背脊上部挨了一枪，其实除了肩胛骨，没打中其他骨头。他跑了很长一段路，但带了伤，再也跑不动了。他不愿留在后面，我就开枪打死了他。”

“这样也好，”聋子说。

"你能保证你的神经没问题?"比拉尔对罗伯特·乔丹说。

"能，"他对她说。"我保证神经没问题，而且我认为，等我们把炸桥这事了结之后，你们最好还是去格雷多斯。"

他一说这句话，那妇人就滔滔不绝地骂起粗话来，就像间歇温泉突然迸发，一股白花花的热水没头没脑地直朝他全身喷来。

这耳朵不便的汉子对罗伯特·乔丹摇摇头，高兴得咧嘴笑了。他乐得只顾晃着脑袋，这时比拉尔继续辱骂着，罗伯特·乔丹就明白现在又没问题了。她终于停止了咒骂，伸手去拿水壶，侧着喝了一口，平静地说，"关于我们今后该干什么，你就闭嘴得了，好吧，英国人？你回共和国去，把这丫头片子一起带去，让我们这些人在这儿自己来决定要死在这一带山里什么地方。"

"活在什么地方，"聋子说。"镇静些，比拉尔。"

"活在什么地方，死在什么地方，"比拉尔说。"最后怎样，我能看得清清楚楚。我喜欢你，英国人，可是别谈等你的事办完之后我们该干些什么。"

"这是你的事，"罗伯特·乔丹说。"我不插手。"

"可是你插手了，"比拉尔说。"带着你那短毛小婊子回共和国去吧，可别把人家的门堵死，人家不是外国人，你还在下巴上擦掉吃剩的娘奶的时候，他们就热爱共和国了。"

他们正在交谈时，玛丽亚从山路上回来了，听到了比拉尔又提高了嗓门在对罗伯特·乔丹嚷嚷的最后这句话。玛丽亚对罗伯特·乔丹使劲地摇头，还摆动一个指头，表示警告。比拉尔看到罗伯特·乔丹正在望那姑娘，并看到他在微笑，就转过身来说，"着啊。我说婊子，就是婊子。我看你们会一起去巴伦西亚，而我们会去格雷多斯吃羊粪。"

"只要你愿意，我就算婊子吧，比拉尔，"玛丽亚说。"看来只要你这么说，我就无论如何是婊子了。但是你镇静些。你怎么啦?"

"没什么，"比拉尔说着，在长凳上坐下，她的声音这时平静了，说话声中那股铿锵有声的怒气已全消失。“我不叫你婊子吧。可是我真想去共和国。”

“我们全都可以去，”玛丽亚说。

“干吗不?”罗伯特·乔丹说。“既然看来你不喜欢格雷多斯。”

聋子对他咧嘴笑了。

“我们走着瞧吧，”比拉尔说，这时怒气已消。“给我来一杯那种怪酒。我气得喉咙都累坏了。我们走着瞧吧。我们瞧以后的情况吧。”

“你知道，同志，”聋子解释说，“难办的是在早晨。”他这时讲的不是那种简化的西班牙语。他正平静而开诚布公地盯着罗伯特·乔丹的眼睛，不是搜索或怀疑地，也不是先前那种摆老资格、自以为断然高人一等的目光了。“我懂得你的需要，我知道在你执行任务的同时必须拔掉哨所，掩护桥头。这些我完全懂。在天亮前，或天亮时，这容易办到。”

“是的，”罗伯特·乔丹说。“快走开一会儿，好吗?”他对玛丽亚说，看都没看她。

姑娘走到听不到他们谈话的地方坐下，双手抱着脚踝。

“你明白了，”聋子说。“这方面没问题。但事后要在大白天撤走，离开这一带，倒是个严重的问题。”

“这很清楚，”罗伯特·乔丹说。“我考虑过这问题。对我来说也是大白天。”

“可你是一个人，”聋子说。“我们是好几个。”

“也许可以回营地后断黑了才撤走，”比拉尔说，把杯子举到唇边，接着又放下。

“这样也很危险，”聋子解释说。“也许甚至更危险。”

“我能看到情况的趋势，”罗伯特·乔丹说。

“夜间炸桥就容易，”聋子说。“因为你提的条件必须大白天干，这就带来了严重的后果。”

“这我知道。”

“你不能夜间干?”

“我会因此被枪毙。”

“如果你白天干，很可能我们大家都会因此被枪毙。”

“对我本人来说，一旦桥被炸掉了，这是个次要的问题，”罗伯特·乔丹说。“但我了解你的观点。你不能制订个白天撤退的方案吗?”

“当然能，”聋子说。“我们要制订这样的撤退方案。但我要跟你解释为什么一个心事重重，一个大发脾气。你提到去格雷多斯，好像去完成一次军事演习似的。能到得了格雷多斯，那才是奇迹。”

罗伯特·乔丹没说什么。

“听我说，”这个耳朵不便的汉子说。“我正在唠叨。可这是为了我们可以互相了解。我们在这儿活着靠的是奇迹。靠法西斯分子又懒又蠢这一奇迹，但到时候他们会纠正过来的。当然，我们也非常小心，不在这一带山里惹麻烦。”

“我知道。”

“但是现在要炸桥，我们就不得不撤走。我们必须多多考虑撤走的方式。”

“这很清楚。”

“好吧，”聋子说。“我们来吃吧。我的话说了不少。”

“我从没听你说过这么多话，”比拉尔说。“是这个原因吗?”她举起酒杯。

“不，”聋子摇摇头。“不是威士忌的关系。是因为以前从没这么多事可谈。”

“我重视你的帮助和忠诚，”罗伯特·乔丹说。“我重视炸桥时间所引起的困难。”

“别谈这个了，”聋子说。“我们在这儿要尽力而为。但是这件事不简单。”

“纸上谈兵很简单，”罗伯特·乔丹露齿笑笑。“纸上的计划是一开始进攻就炸桥，为了在公路上没有任何人马开来。这非常简单。”

“那他们也该让我们在纸上行动，”聋子说。“并且我们可以在纸上设想并实施一下。”

“纸张是割不出血来的，”罗伯特·乔丹引用了一句谚语。

“可是它非常有用，”比拉尔说。“我希望办到的是利用你持有的命令来达到这个目的。”

“我也这么想，”罗伯特·乔丹说。“可是像这样决不能打胜仗。”

“对，”这大个子女人说。“我看不能。但是你知道我希望什么吗?”

“希望去共和国，”聋子说。她讲话时，他把他那只健全的耳朵凑近她。“你快去啦，太太。但愿我们打胜这一仗，一切就都是共和国的天下了。”

“对了，”比拉尔说。“现在，看天主面上，我们来吃吧。”

第十二章

他们饭后离开聋子的营地，开始顺着小路下山。聋子陪他们直走到下面的那岗哨。

“祝你平安，”他说。“今晚见。”

“祝你平安，同志，”罗伯特·乔丹对他说，他们三人就顺着小路继续走下去，这耳朵不便的汉子站着目送他们。玛丽亚转身向他挥挥手，聋子轻蔑地也挥挥手，用前臂依西班牙人的方式突然向上一挥，仿佛在扔掉一件东西似的，根本不像在行礼，因为这和公事不相干。吃饭时他一直没解开过身上的羊皮外套上的纽扣，十分注意礼貌，注意转过头来听人说话，又操起了他那结结巴巴的西班牙语，彬彬有礼地询问罗伯特·乔丹有关共和国的情况；但是显然他想摆脱他们。

他们离开他的时候，比拉尔对他说，“怎么样，圣地亚哥?”

“噢，没什么，太太，”这耳朵不便的汉子说。“没问题。但是我正在考虑。”

“我也是，”比拉尔说，这时，他们正顺着小路走去，走得轻松而愉快，顺着那陡峭的小路，穿过他们先前费劲爬上来的那片松林，比拉尔一直没说什么。罗伯特·乔丹和玛丽亚也没说话，三人一路走得很快，直到穿出树木丛生的山谷，才放慢步子，而小路陡峭地朝上穿进一个林子，再拐出林子进入高坡草地。

五月下旬的下午，天气很热，走到这最后一段陡坡的半路，那妇人停了步。罗伯特·乔丹停步回头一看，只见她前额上渗着一颗颗汗珠。他觉得她那棕褐色的脸显得苍白，皮肤灰黄，眼睛下面有黑圈。

“我们休息一会儿吧，”他说。“走得太快了。”

“不，”她说。“我们继续赶路吧。”

“休息吧，比拉尔，”玛丽亚说。“你脸色不好。”

“闭嘴，”妇人说。“没人要听你的高见。”

她拔脚顺着山路向上爬，但是到了顶端，她沉重地喘着气，满脸汗湿，这时说她脸色苍白是毫无疑问了。

“坐下吧，比拉尔，”玛丽亚说。“求求你，求求你坐下吧。”

“好吧，”比拉尔说，于是他们三人在一棵松树下坐下，眺望着高坡草地对面那些矗立在绵延起伏的高地之上的山峰，这时，在刚到下午的阳光下，峰顶的积雪明亮地闪耀着。

“雪这东西真要不得，可看起来多美，”比拉尔说。“雪真叫人看不透。”她转身对着玛丽亚。“对不起，刚才对你很粗鲁，美人儿。不知道今天什么东西支配着我。脾气很不好。”

“我从来不在意你生气时说的话，”玛丽亚对她说。“再说，你常常生气。”

“不，比生气更糟，”比拉尔说，眺望着对面的群峰。

“你身体不舒服，”玛丽亚说。

“也不是这么回事，”妇人说。“这儿来，美人儿，把脑袋枕在我腿上。”

玛丽亚挨身靠近她，伸出双臂，交叠起来，就像不用枕头睡觉的人那样，双臂枕在脑袋下躺着。她转过脸来，仰望着比拉尔，对她微笑，但这大个子女人凝望着草地对面的群山。她抚摸着姑娘的头，并不低头对她望一眼，一只粗糙的指头从姑娘前额的一边摸到另一边，然后把一只耳朵的轮廓摸个遍，直摸到她脖子上开始长头发的地方。

“要不了多久，你就可以和她相好，英国人，”她说。罗伯特·乔丹正坐在她背后。

“别这么说，”玛丽亚说。

“不，他可以和你相好，”比拉尔说，并不对他们中任何一个看。“我从来没有想得到你。不过我感到忌妒。”

“比拉尔，”玛丽亚说，“别这么说。”

“他可以和你相好，”比拉尔说着，一指沿着姑娘的耳垂摸着。“不过我非常忌妒。”

“但是比拉尔，”玛丽亚说，“正是你对我讲清楚的，你我之间没有这种情形。”

“这种情形总是有的，”妇人说。“这种不该有的情形总是有的。但是我没这种心情。真的没有。我要你幸福，仅仅是这样。”

玛丽亚没说什么，只是躺在那里，尽量使自己的头搁得轻轻的。

“听着，美人儿，”比拉尔说，这时心不在焉地但搜索似的用一指沿着她腮帮的四周抚摸。“听着，美人儿，我爱你，但他可以和你相好，我不是搞同性恋的，只是个为男人而生的女人。事实是这样。但是现在大白天这么说一说，说我喜欢你，让我很高兴。”

“我也爱你。”

“什么话。别胡说八道。你根本不懂我在说些什么。”

“我懂。”

“什么话，你懂。你是配英国人的。这情形明摆着，也该这样。我就希望这样。不这样我就不高兴。我不搞变态性行为。我只是跟你说句实话罢了。没多少人会跟你说实话，而女人不会说实话。我忌妒，但把话说了，就这么回事。我把话说了。”

“别说这种话，”玛丽亚说。“别说这种话，比拉尔。”

“干吗别说，”妇人说，仍旧没对他们俩的哪一个望一望。“我要说到不乐意再说为止。还有，”这时她低头望着姑娘，“时机已到啦。我不再说了，你懂吗?”

“比拉尔，”玛丽亚说。“别这么说。”

“你是挺讨人喜欢的小兔子，”比拉尔说。“现在抬起头来，因为蠢话说完啦。”

“话可不蠢，”玛丽亚说。“不要抬头，就这样很好。”

“不。抬起头来，”比拉尔对她说着，把一双大手枕在姑娘脑后，把它托起来。“可你，英国人?”她说，仍旧托着姑娘的头，一边眺望着对面的群山。“什么猫把你的舌头吃了?”

“不是猫，”罗伯特·乔丹说。

“那么是什么走兽?”她让姑娘的头枕在地上。

“不是走兽，”罗伯特·乔丹对她说。

“那你自己吞下了它，呃?”

“我看是这样，”罗伯特·乔丹说。

“你喜欢这味道?”比拉尔这时转过身来，对他露齿笑笑。

“不大喜欢。”

“我看是这样，”比拉尔说。“我看就是这样。可是我把你的兔子还给你吧。我从来没想要过你的兔子。这名字给她取得好。今天早晨我听你这样叫过她。”

罗伯特·乔丹觉得自己脸红了。

“你是个很刻薄的女人，”他对她说。

“不，”比拉尔说。“但是我单纯得很，所以反而显得复杂。你这人非常复杂吗？英国人？”

“不。不过也不是那么单纯。”

“你这人叫我高兴，英国人，”比拉尔说。她接着笑了笑，向前探出了身子又笑了笑，并摇摇头。“要是我现在能把兔子从你那儿抢走，而且能把你从兔子那儿抢走，怎么办？”

“你办不到。”

“这我知道，”比拉尔说着，又笑了笑。“我也不想这么干。但我年轻的时候办得到。”

“我相信这话。”

“你相信这话？”

“当然，”罗伯特·乔丹说。“但这话是废话。”

“这可不像你说的话，”玛丽亚说。

“今天我这人可不大像是我自己，”比拉尔说。“简直不像是我自己。你的桥叫我头痛，英国人。”

“我们可以叫它头痛桥，”罗伯特·乔丹说。“但是我要叫它像只破鸟笼似的掉在那峡谷里。”

“好，”比拉尔说。“就这样说下去。”

“我要像你折断一只剥皮香蕉似的叫它掉下。”

“但愿现在能吃只香蕉，”比拉尔说。“说下去，英国人。继续夸夸其谈吧。”

“没必要了，”罗伯特·乔丹说。“我们去营地吧。”

“你的任务，”比拉尔说，“很快就要干了。我说过，要让你们俩在一起。”

“不。我有很多事要干。”

“那也是大事，花不了很长时间。”

“闭嘴，比拉尔，”玛丽亚说。“你说得下流。”

“我下流，”比拉尔说。“可是也很体贴人。我要让你们俩在一起。说什么妒忌，是胡扯。我生华金的气，因为从他的神色看出我有多丑。我只是妒忌你十九岁。这种妒忌不会持久。你不会永远是十九岁。现在我走啦。”

她站起来，一手叉腰，望着罗伯特·乔丹，他也正站着。玛丽亚在树下坐在地上，头向前耷拉着。

“我们大家一起回营地吧，”罗伯特·乔丹说。“这样好些，要做的事多着哪。”

比拉尔朝玛丽亚的方向点点头，玛丽亚坐在那里没说什么，扭头转向别处。

比拉尔笑了笑，差不多使人察觉不到地耸耸肩，还说，“你们认得路?”

“我认得路，”玛丽亚说，没抬头。

“我这就走，”比拉尔说。“我们要给你多准备些吃的，英国人。”

她拔脚离去，走进草地上的石南丛，向朝下穿过草地通往营地的小河走去。

“等一等，”罗伯特·乔丹喊她。“还是大家一起走吧。”

玛丽亚坐在那里不作声。

比拉尔没转身。

“什么话，一起走，”她说。“我在营地见你吧。”

罗伯特·乔丹站在那里。

“她没事吗?”他问玛丽亚。“看来她刚才病了。”

“让她走，”玛丽亚说，仍然低着头。

“我想我应该跟她一起走。”

“让她走，”玛丽亚说。“让她走！”

第十三章

他们正在山坡草地上的石南丛中走着，罗伯特·乔丹感到石南的枝叶擦着他的两腿，感到枪套里的手枪沉甸甸地贴着大腿，感到阳光晒在头上，感到从山峰的积雪那里吹来的微风凉凉的吹在背上，在他手里，他感到握着的姑娘的手结实而有力，手指扣着他的手指。由于握着姑娘的手，由于她的掌心贴着他的掌心，由于他俩的手指扣在一起，由于她的手腕和他的手腕交叠在一起，就有一种奇异的感觉从她的手、手指和手腕传到他的手、手指和手腕，这种感觉那么清新，就像海上向你飘来初起的轻风，微微吹皱那平静如镜的海面，又那么轻柔，就像一根羽毛擦过唇边，或者风息全无时飘下一片落叶；那么轻柔，只能由他俩手指的接触才能感觉到，然而这种感觉又由于他俩使劲相扣的手指、紧贴在一起的掌心和手腕而变得那么强烈，那么紧张，那么迫切，那么痛楚，那么有力，仿佛一股电流贯穿了他那条手臂，使他全身充满了空落落的剧烈的欲望。阳光照耀着她麦浪般黄褐色的头发，照耀着她光洁可爱的金褐色的脸庞，照耀着她线条优美的颈部，他就使她的头往后仰，把她搂在怀里吻她。他吻着她，感到她的身体在颤栗，他把她的全身紧贴在自己身上，感到她的乳房隔着两件卡其衬衫顶着他的胸脯，感到它们小而饱满，就伸手解开她衬衫上的纽扣，低头吻她，她仰头站着，浑身哆嗦，他的一臂搂在她身后。她的下巴接着依在他头上，他接着感觉到她双手按住他的头，贴在胸口来回摇晃。他直起腰来，双臂那么紧地搂着她，以致她的全身紧贴在他身上，离开了地面，他感觉到她在颤栗，接着双唇贴在他脖子上，接着他把她放下，说，“玛丽亚，啊，我的玛丽亚。”

接着他说，“我们去哪儿好?”

她没说什么，只把手伸进他的衬衫，他感觉到她在解他的衬衫纽扣，她说，“还有你的。我也要吻。”

“不，小兔子。”

“要。要。什么都要跟你一样。”

“不。这是做不到的。”

“嗯，那么。噢，那么。噢，那么。噢。”

接着是石南被压烂的气味和她脑袋下面被压弯的茎枝的粗糙感，阳光明亮地照射在她紧闭的眼睛上，他将一辈子忘不了她那脖子的曲线，她那被紧推在石南根丛中的头，不由自主地微微颤动的双唇和对着太阳、对着一切紧闭的眼睛上的睫毛的扑闪，阳光照在她紧闭的眼睛上，使她觉得一切都是红红的，橙黄的，金红的，一切都是这颜色，一切的一切，那充塞、占有、拥有，都成了这颜色，眼花缭乱地都成为一色。对他说来，那是一条不知通往哪里的黑暗通道，不知接着通往哪里，接着又通往哪里，接着再通往哪里，总是永远不知通往哪里，胳膊肘沉重地支在地上而不知通往哪里，黑暗、永无尽头而不知通往哪里，总是始终不放地通往不得而知的哪里，一次又一次地永远不知通往哪里，这时老是再也无法忍受而不知通往哪里，无法忍受地一直、一直、一直不知通往哪里，突然地，灼热地，并紧地，这不知名的去处消失了，时间猝然停止，他们俩一起躺在那里，时间已经停止，他感到地面在移动，在他们俩的身体下面移开去。

他这时侧身躺着，脑袋深深地埋在石南丛中，闻到石南的气味，闻到石南丛中散发着石南根、泥土和阳光的气味，他赤裸的双肩和两腰边的石南使他发痒，姑娘仍然闭着眼睛，躺在他对面，这时睁开了眼睛，对他微笑，而他十分疲乏地说，“嗳，兔子。”那声音仿佛是从远处传来的，但很亲切。她微笑着说，“哎，我的英国人。”那声音却就在耳际。

“我不是英国人，”他十分怠惰地说。

“噢，你就是，”她说。“你是我的英国人，”她伸出手来，抓住他的两只耳朵，吻他的前额。

“瞧，”她说。“怎么样？吻得好些了？”

后来，他俩一起顺溪走着，他说，“玛丽亚，我爱你，你真可爱，真奇妙，真美丽，跟你在一起使我觉得太美妙啦，就觉得在爱你的那一刻，好像要死过去似的。”

“噢，”她说。“我每次都死过去。你不是这样?”

“不是。也差不多。你可觉得当时地面在移动?”

“是呀。在我死过去的那一刻。请用那手臂搂着我。”

“不。我握着你的手。握着你的手就够啦。”

他望望她，望望草地对面有只鹰在空中盘旋觅食，这时午后大块的云朵正在群山上空压过来。

“你跟别人不这样吗?”玛丽亚问他，他们这时手拉手地走着。

“不。说真的。”

“你爱过不少女人?”

“有几个。可跟你不一样。”

“不像我们这个样子吗？真的?”

“有乐趣，可不像我们这样。”

“刚才地面动了。以前没动过?”

“没有。真的从来没有。”

“哎，”她说。“像这样，我们有过一天啦。”

他没说什么。

“我们现在至少有过啦，”玛丽亚说。“你也喜欢我吗？我讨你喜欢吗？我以后会长得好看些的。”

“你现在就非常美。”

“不，”她说。“用手摸摸我的头吧。”

他抚摸她的头，觉得她那头短发软绵绵的，伏倒了，随即从他指缝中又翘起，他把双手放在她头上，使她仰起脸来对着自己，然后吻她。

“我很喜欢亲吻，”她说。“可是吻得不好。”

“你就不用亲吻。”

“不，我要。我要做你的女人，就该事事都叫你高兴。”

“你叫我够高兴的了。高兴得不能再高兴了。再高兴，就不知道该怎么办啦。”

“可你以后看吧，”她非常愉快地说。“我的头发使你觉得有趣，因为样子怪。但是头发正在一天长一天。会长长的，那时候我就不难看了，说不定你会非常爱我。”

“你的身体很可爱，”他说。“再可爱也没有了。”

“只不过是年轻而不胖罢了。”

“不。漂亮的身体有魔力。我不知道为什么有人天生就有，有人没有。但是你有。”

“是给你的，”她说。

“不。”

“正是。是给你的，永远给你，只给你。但是这不会给你带来什么。我要学会好好照顾你。你可要跟我说真话。你以前从没觉得地面动过?”

“从来没有，”他如实说。

“我现在可高兴了，”她说。“我现在可真的高兴了。”

“现在你在想别的事吧?”她问他。

“是的。我的任务。”

“我们有马儿可骑就好了，”玛丽亚说。“我高兴的时候就想跨上一匹好马飞奔，有你一起在我身边骑马飞奔，我们要越跑越快，飞速奔跑，却永远赶不上我的高兴劲儿。”

“我们可以把你的高兴劲儿带上飞机，”他心不在焉地说。

“而且在天上飞呀飞，像那些小小的驱逐机，在阳光中闪亮，”她说。“让飞机翻筋斗呀，俯冲呀。多棒!”她大笑了。“我会乐得甚至不知道是怎么回事。”

“你的高兴劲儿的胃口真好，”他说，没完全听到她说的话。

因为这时他出了神。人正走在她身旁，但是这时心正想着桥的问题，一切都显得清楚，确实，轮廓分明，好像照相机的镜头对准了焦距。他看到那两个哨所，看到安塞尔莫和那吉卜赛人在守望。他看到公路上空荡荡的，他看到公路上的部队调动。他看到能给那两挺自动步枪最大水平火力圈的架枪的位置，可是由谁来掌握它们，他想，收尾时是我，可是开始时由谁呢？他会安好炸药，把它们卡住，扎紧，插上并拴住雷管，放出他带的电线，装接起来，再回到他放那只旧引爆箱的地方，然后开始琢磨可能发生的种种情况，以及可能出差错的地方。别想它了，他对自己说。你刚跟这姑娘做过爱，现在头脑清醒，相当清醒，却发起愁来了。考虑你非干不可的事情是一回事，发愁又是一回事。别发愁。你不能发愁。你了解你也许不得不干的事情，还了解可能会发生的情况。这些情况当然可能发生的啦。

你知道自己正在奋斗的目标，于是你投入了斗争。你反对的恰恰就是你现在正在干、并且为了有希望取得胜利而不得不干的事情。所以，他现在不得不使用他所喜爱的这些人，这就像你要取得胜利就必须使用那些你对之毫无感情的军队。巴勃罗显然最精明。他立刻明白情况有多糟。那妇人全力支持炸桥，现在依然如此；但是对于这件事所包含的实质的认识逐渐使她受不了，已经对她起了极大的作用。聋子立刻看清这件事，也肯干，但是并不比他，罗伯特·乔丹，更喜欢干它吧。

原来你是说，你考虑的并不是你自己会碰到什么遭遇，而是那妇人、姑娘以及其他人也许会碰到什么遭遇。好吧。如果你没来，他们会碰到怎样的遭遇呢？你来这里之前，他们碰到了些什么，他们的情况又是怎样的呢？你绝对不能这样思考。除了战斗时，你对他们并不负有责任。发号施令的不是你。是戈尔兹。那么戈尔兹算老几？一位好将军。是你服役到现在最好的顶头上司。然而，一个人明知那些行不通的命令会导致什么后果，他还应该执行吗？哪怕命令来自那个既是军队又是党的领导人戈尔兹？对。他应该执行这些命令，因为只有在执行过程中，才能证明行不通。你在尝试之前，怎么知道行不通呢？要是接到命令的时候人人都说命令没法执行，那么你这人将落到什么样的境地？要是命令来到的时候你只是说“行不通”，那么我们大家将落到什么样的境地？

他见过够多的将领，对他们来说，所有的命令都行不通。埃斯特雷马杜拉的那个猪猡戈麦斯。他参加过够多的进攻战，两翼按兵不动，理由是行不通。不，他要执行这些命令，倒霉的是你很喜欢这些人而又不得不跟他们一起干。

他们，游击队，所干的所有事情，都给掩护他们和跟他们一起干的人带来意外的危险和厄运。为的是什么呢？为的是最终不再会有危险，为的是让这个国家可以成为一个安居乐业的地方。这种话听起来是陈词滥调，但是这是真话。

如果共和国失败的话，那些信仰共和国的人就不可能再在西班牙生活。不过会这样吗？是的，根据那些已被法西斯分子占领的地区所发生的情形看来，他知道会这样。

巴勃罗是猪猡，但是其他人是好样的，那么叫他们去炸桥不是把他们全出卖了？也许是吧。然而，如果他们不这样干，不出一星期就会来两中队骑兵，把他们从这山区赶走。

不。把他们撇下不会得到任何好处。除非把所有的人都撇下，并且不去干涉别人的事。他原来是这样想的，是吧？对，他是这样想的。那么一个有计划的社会等等，又是怎么回事呢？那是该由别人去干的事。这次战争以后，他有别的事要干。他现在投入这次战争是因为它发生在他所热爱的国家，因为他信仰这共和国，还因为，要是这共和国被摧毁，那些信仰这共和国的人就要感到生活无法忍受。整个战争期间，他都得服从共产党的纪律。在西班牙，共产党人提供了最好的纪律，最健全、最英明的作战纪律。战争期间他接受他们的纪律，因为在作战的时候，只有这个党的纲领和纪律是他所能尊敬的。

那么他的政见又是什么呢？目前没有什么政见，他对自己说。可是跟谁也不能讲到这一点呀，他想。永远别承认这一点。那么你以后打算干什么呢？我要回国去，教西班牙语谋生，像以前一样，并且要写一本真正的书。我说得准，他想。我说得准这不是难事。

他应该跟巴勃罗谈谈政治才对。了解了解他政治上的发展肯定有趣。可能是典型的由左向右的蜕变；就像老勒洛①那样。巴勃罗很像勒洛。普列托②也同样糟糕。巴勃罗和普列托对最后胜利的信心大致差不离。他们都抱着偷马贼的政见。他相信共和国这种政府形式，但是共和国必须完全清除这帮偷马贼，叛乱一开始他们这帮人就使共和国落到了这样的境地。领导人民的人恰恰就是人民的敌人，哪个国家有过这情形？

人民的敌人。这种词儿他还是不讲为妙。这是他不愿用的口号式的词儿。这是和玛丽亚睡觉而引起的一个想法。在政见方面，他已变得偏执而古板，就像一个僵化的浸礼会信徒，因此像“人民的敌人”这样的词儿就没有多加评价就浮上心头。任何既革命又爱国的八股也都这样。他的头脑没加评价就使用这种词儿。当然，它们没错，但是非常容易把它们轻率地应用。但是自从昨天夜里和今天下午以来，对这种事，他的头脑变得清醒而纯洁多了。偏执是样古怪的东西。思想偏执了，人就必然绝对相信自己正确，而自我节制最能助长这种自以为是和正直的看法。自我节制是异端邪说的敌人。

---

① 勒洛(1864—1949)，西班牙激进党领袖，1933 年 12 月起曾几度出任共和国总理。1936 年 2 月大选中，被人民阵线所击败。他在政治上从共和派逐渐堕落为右派。

② 普列托，西班牙社会党领袖，生于 1883 年，1931 年起先后任财政部部长等职，政治上逐渐堕落为社会党右翼分子。

如果他仔细思考一下，这个前提怎么站得住脚呢？也许就是这个缘故，共产党人总是对放荡不羁的作风采取严厉措施。当你酗酒或乱搞男女关系的时候，你就认识到，用那“使徒信经”的变幻莫测的代替品，党的路线来衡量，你本人是多么容易犯错误。打倒放荡不羁的作风，那是马雅可夫斯基所犯的罪行。

然而马雅可夫斯基又成了圣徒。那是因为他已死去而不会再为害了。你本人也会死去而不会再为害的，他对自己说。现在别想这种事情吧。想想玛丽亚吧。

玛丽亚使他的偏执十分难堪。到目前为止，她还没有影响他的决心，然而他多不愿死去啊。他愿意欣然放弃英雄或烈士的结局。他不想打一场德摩比利式的保卫战①，不想当桥头阻敌的罗马壮士霍拉修斯②，也不想成为那个用手指堵塞堤坝窟窿的荷兰孩子。不。他乐意和玛丽亚共度几许光阴。说得最简单，就是这样。他乐意和她共度一段漫长漫长的岁月。

他不相信再有什么漫长的岁月之类的事了，但是如果真有这种事，他乐意和她一起消磨。我看我们住进旅馆时，可以用利文斯通博士③夫妇这名字来填登记表吧，他想。

干吗不跟她结婚？当然，他想。我要跟她结婚。这样我们就成为爱

---

① 公元前480年，斯巴达国王列奥尼达率300名战士坚守德摩比利隘口，阻击波斯侵略军，结果被围，全部牺牲。

② 霍拉修斯为罗马传说中的英雄，于公元前508年左右，和其他两名壮士坚守罗马一木桥，阻挡住入侵的伊特拉斯坎人的大军，待罗马人毁桥后才跳入台伯河中，游至对岸。有说在河中被淹死。

③ 苏格兰医学博士利文斯通(1813—1873)于1840年离英至非洲南部任传教士，一面行医，一面到处旅行探险。1866年第二次到非洲，一度和外界失去联系。1871年，美国《纽约先驱报》派英籍记者亨利·斯坦利率探险队到非洲寻找他的下落，于11月10日在坦噶尼喀湖边乌吉吉城与他会面，斯坦利第一句话就是：“我看这位是利文斯通博士吧。”罗伯特·乔丹在此处用开玩笑的心情引用了这句话。

达荷州太阳谷城的罗伯特·乔丹夫妇。或者是得克萨斯州科珀斯克里斯蒂城或蒙大拿州比尤特城[1]的罗伯特·乔丹夫妇了。

西班牙姑娘能成为了不起的妻子。我从没结过婚，所以很相信。等我回大学复了职，她就可以成为讲师太太，等到西班牙语系四年级学生傍晚来我家抽板烟，很有价值地漫谈克维多、洛佩·德维加、加尔多斯[2]以及其他始终受人尊敬的死者的时候，玛丽亚就可以跟他们讲讲某些为真正的信仰而斗争的蓝衫十字军[3]怎样骑在她头上，而另一些人拧住她的胳臂，把她的裙子撩上去堵住她的嘴的情况。

我不知道在蒙大拿州米苏拉城，人们会不会喜欢玛丽亚？那是说，如果我能回到米苏拉找到工作的话。看来现在我在那里要永远被戴上赤色分子的帽子，列在总的黑名单上了。尽管你永远无法知道。你永远说不准。他们没法证明你是干什么的，事实上即使你告诉了他们，他们也不会相信你的话，而在他们颁发限制条例之前，我去西班牙的护照是有效的。

我可以待到三七年秋天才回去。我在三六年夏天离校，虽然只请了一年假，但是不必就回去，等到第二年秋季开学时也可以。从现在到秋季开学还有不少时间。你也可以这样说，从现在到后天这段时间也不短。不。我看没必要为大学发愁。只要你秋天回到那里就行。只要想办法回到那里就行。

但是好久以来，生活变得多怪呀。不怪才有鬼呢。西班牙就是你的任务、你的工作，因此待在西班牙是自然而合理的。有几个夏天，你在

---

① 这三个城市都在美国西部。罗伯特·乔丹的家乡在蒙大拿州西部米苏拉城，离其中两个城市不远。他在设想回美国后带了玛丽亚到那几个地方定居。

② 德维加(1562—1635)，西班牙戏剧家，现存作品4百余部，大部分为喜剧，以《羊泉村》为代表作。加尔多斯(1843—1920)，西班牙作家，著有长篇小说、剧本多种。

③ 指西班牙法西斯组织长枪党党徒。

一些工程项目中干过，在林业部门参加筑路并在公园干过活，学会了使用炸药，所以干爆破工作对你也是合理而正常的。虽然总是干得有点儿仓促，但还是合理的。

你一旦把爆破这事儿当做问题来看待，那它就仅仅是个问题罢了。但是随之而来的好多问题却不好对付，尽管天知道你不把它当作一回事。人们经常企图模拟伴随爆破而来的有效的谋杀的那些条件。讲一套冠冕堂皇的话，就能使它比较情有可原？讲一套冠冕堂皇的话，就会使杀人更合人心意？依我看，你看待这问题未免太轻率了，他对自己说。等你不再为共和国服役，你的情况将会怎样，究竟配做些什么，这些问题，对我来说，他想，都是大成问题的。但我的设想是，只要你把它写出来，就能把这些包袱全放下，他想。你一旦把它写出来，一切就会成为过去。要是你能写的话，那将是本好书。要比另外那一本好得多。

然而在这阶段，你眼前的全部生活，或今后的生活，就是今天、今晚、明天，今天、今晚、明天，一遍遍地周而复始(我希望)，他想，所以你还是最好抓住目前的时光，并为此十分感激。要是炸桥不妙呢。眼前看来不太妙。

然而玛丽亚是美好的。不是吗？唔，不是吗，他想。也许我现在能从生活中得到的就是如此了。也许这就是我的一生，不是七十年①，而是四十八小时，或者说确切些，是七十或七十二小时。一天二十四小时，三整天就是七十二小时。

我看，七十小时跟七十年一样，也可当作充实的一生来享受；只要你已经到达了适当的年龄，并且这七十小时开始时你已经有了丰富的生活。

真是胡扯，他想。你独自在想些什么鬼名堂。这真是胡扯。也许这实在并不是胡扯。得了，我们走着瞧吧。我上一次和姑娘睡觉是在马德

---

① 典出《圣经 · 诗篇》第90篇第10节：“我们一生的年日是七十岁。”

里。不，不对。是在埃斯科里亚尔，只可惜那天夜里我醒过来，以为是另一个人在身边，感到激动，后来才明白到底是谁；这不过是翻翻老账而已，但还是够愉快的。那次之前是在马德里，除了在睡觉时我自我欺骗，假装伴着某某女人之外，情况也差不多，或者更差劲。所以我不是个过分美化西班牙女人的浪漫主义者，也不认为那逢场作戏的女人要比别国的逢场作戏的女人更有什么了不起的地方。但是我和玛丽亚在一起的时候，我爱她之深使我觉得自己确实要死过去似的，而我过去从来不相信会这样，也不认为会有这种事。

所以如果把一生七十年来换七十小时，我现在觉得也很值得，而且我能这样认识是够幸福的。如果并没有那种所谓漫长的岁月，没有人的余生，也没有从今以后，而只有现在，嘻，那么这个现在就值得赞美，而且我非常满意这样。“现在”，西班牙语为 ahora，法语为 maintenant，德语为 heute。现在这词儿听起来很可笑，却等于全世界和你的一生。“今晚”，西班牙语为 esta noche，法语为 ce soir，德语为 heute abend。“人生和妻子”，法语为 vie 和 mari。不，这意思没表达出来。法国人把这个 mari 解作“丈夫”。还有“现在”和 frau，德语 frau 为“妻子”；但这也说明不了什么。拿“死亡”来说，法语为 mort，西班牙语为muerto，德语为 todt。todt 听起来是其中最缺乏活力的。“战争”，法语为 guerre，西班牙语为 guerra，而德语为 krieg。krieg 听起来火药味最浓，可不是？要就是只因为他德语最差劲才这样想？“宝贝儿”，法语为 chérie，西班牙语为 prenda，而德语为 schatz。他愿意把这三个词都换成玛丽亚这名字。这名字才美哪。

得了，他们就要一起行动，时间近在眼前了。看来情况确实越来越糟。这样的任务根本没法在早晨完成。在无可奈何的情况下，你得一直坚持到晚上才能脱身。你设法一直拖到晚上才撤退。要是能拖到晚上而且返回，也许你就没问题了。这么说，如果在白天开始拖，又怎样呢？能行吗？那该死的聋子竟然不用他那种简化的西班牙语来向他那么仔细解释这一点。好像自从戈尔兹首次提出这件事以来，每逢罗伯特·乔丹特意想到坏的方面时，从没认真考虑过这一点似的。好像自从大前天晚上以来，他并不念念不忘这回事，就像心窝里搁着一团没消化的死面疙瘩似的。

这件事真够呛。你活了整整半辈子，觉得生活似乎有点儿意义，但结果总是毫无意义。现在这种情况，你以前从没碰到过。你以为这是你永远也得不到的了。接着，在这样一场糟糕的把戏中，设法取得两帮微不足道的游击队的配合，在几乎不可能的情况下帮你炸桥，来阻止一场也许已经开始的反攻，这时你却遇见了玛丽亚这样的姑娘。当然。这正是你想干的事。你和她遇见得太晚啦，就是这么回事。

原来，实际上是比拉尔这么一个女人把这姑娘推进了你的睡袋，那么结果怎样呢？是啊，结果怎样呢？结果怎样呢？请你跟我说说结果怎样吧。是啊。结果就是这样。结果恰恰就是这样。

别欺骗自己，说什么比拉尔把她推进了你的睡袋，别企图不把它当作一回事，或者认为真是要不得。你第一次见到她时就失魂落魄了。她第一次开口跟你说话时，你就已经产生了爱情，这你知道。你既然原先认为你决不会有爱情而现在有了它，那么何必毁谤它，因为你当时明知道是怎么回事，你第一次看见她托着铁盘子，弯着身子走出洞来，就知道是怎么回事了。

你那时就坠入了情网，这你知道，那么干吗要骗人呢？每当你望着她，每当她望着你，你心里就翻江倒海似的。所以为什么不承认这点呢？好吧，我承认这个。至于比拉尔把这姑娘硬塞给你，她做的这一切正表明她是个通情达理的人。她一直很关心这姑娘，姑娘托着菜盘回进山洞，她一眼就看出会发生什么了。

因此她使这事好办些。她使这事好办些，所以才有昨天夜里和今天下午的事。她比你思想开明得多，知道时间的一切含义。是呀，他对自己说，看来我们得承认，她相当懂得时间的可贵。她精神上受到了打击，这全因为她不希望别人错过她所错过的青春，可是再说，承认自己失去了青春这想法实在太难以忍受了。因此刚才在后面山上她精神上受到了打击，我想我们也并没有使她好受些。

得，眼前的情况就是这样，近来的情况就是这样，所以还不如承认，如今你决不会和她一起再待两整夜了。不会白头到老，不会生活在一起，不会享受到别人总是会享受到的幸福，根本不会这样。一夜已经过去，下午又有过一次，还有一夜；也许吧。不，老兄。

不会有时间，不会有幸福，不会有乐趣，不会有儿女，不会有屋子，不会有浴室，不会有干净的睡衣，不会有日报，不会双双醒来，不会醒来看到她在身边而你不是孑然一身。不。不会有那等事。但是，哎，既然你想向生活索取只有这一点儿，既然你已经找到了，为什么不能在铺有床单的床上睡上哪怕一晚呢？

你在向往办不到的事。你在想望根本办不到的事。所以如果你真像你所说的那样爱这个姑娘，那么你不如多多爱她，用热烈的爱来弥补这关系所缺少的持久和连续。你听到这话吗？往昔人们把自己的一生奉献给爱情。而现在你找到了爱情，却想知道，如果你能领受两夜的话，这种运气都从何而来。两夜。两夜相爱、相敬、相怜。有福同享，有难同当。无论生病或死亡。不，不是这么说的。无论生病或健康。至死才分离。①只有两夜。可能性很大。可能性很大，不过现在别作这样的想法吧。你现在可别这样想啦。这对你没好处。别做对你没好处的事。这话确实说对了。

这正是戈尔兹谈起过的。你和他相处愈久，他就愈显得精明。这么说，这就是他那时问到的，就是非正规战争生活的补偿。戈尔兹有过这情况吗？还是由于情况紧急，缺少时间和所处的环境所造成的？在类似

① 罗伯特·乔丹这时在回忆基督教徒在礼拜堂内结婚时，牧师要求新人跟着他念的誓词。

的情况下，这是人人都会遇到的事吗？难道说，仅仅是因为他遇到了这种事才认为这是特殊情况？戈尔兹在指挥红军的非正规骑兵队时，也匆匆忙忙地和女人睡觉吗？是因为情况错综复杂，阴错阳差，才使那些姑娘也像玛丽亚现在这样子吗？

戈尔兹可能也理解这一切，所以要你相信，应该把你得到的那两个晚上当作你的一生来享受；既然我们现在过着这种生活，就应该把你一向该有的一切集中在你仅有的能享受人生的短暂时刻中。

这套想法有助于树立信心。但是他不相信玛丽亚仅仅是由于环境造成的。当然，除非她像他一样，也受到了自己的处境的影响。她现在的处境不太好，他想。是啊，不太好。

如果事实正是如此，那么就只能如此了，可是并没有法律规定他非说喜欢这样子不可。我过去不知道自己竟能产生这种感受，他想。也不知道我会遇到这种经历。但愿能一辈子享受这种感受。你能够这样，他心中另一个声音说。你能够。你现在就有着这种感受，而你整个的一生就在现在；现在。除了现在没别的了。既没有昨天，当然，也没有明天。你要活到多大才能明白这一点？只有现在，而如果“现在”只有两天的话，那么两天就是你的一生，而这一生中的一切都将相应地压缩。你就该这样在两天中度过你的一生。如果你不再抱怨，不再要求你永远不会得到的东西，你就能享有美好的一生。美好的一生并不是用《圣经》上规定的年限来计量的。

所以现在别愁，接受你现有的东西，干你的工作吧，那样你就能享有漫长的一生，十分快乐的一生。最近不是很快乐吗？你还抱怨什么呢？这种工作的性质就是这样的，他对自己说，而且很高兴有这样的想法，你了解的事没有你遇到的人那么重要。想到这里，他感到高兴，因为他在开玩笑，于是他的思想又回到了这姑娘身上。

“我爱你，兔子，”他对姑娘说。“你刚才在说什么？”

“我在说，”她对他说，“你千万别愁你的工作，因为我不会麻烦你，也不会妨碍你的。有什么事我可以出力的，你对我说好了。”

“没有什么，”他说。“其实事情很简单。”

“我要问比拉尔，该做些什么才能照顾好男人，这些事我准做，”玛丽亚说。“这样，我一边学，一边也会自己发现一些事情，还有些事情呢，你可以跟我说说。”

“没有什么事情要做的。”

“什么话，你啊，没什么事！你的睡袋今天早晨就该抖抖，晾在有太阳光的地方。然后在结露水前收起来。”

“说下去，兔子。”

“你的袜子得洗，得晒干。我要让你有两双替换。”

“还有呢?”

“你要是肯教我，我就给你擦手枪，上油。”

“吻我吧，”罗伯特·乔丹说。

“不，现在说正经话。你肯教我保养手枪吗？比拉尔有擦布和油。山洞里有根擦枪用的通条，准配得上。”

“当然，我一定教你。”

“再说，”玛丽亚说，“如果你教会了我开枪，那么要是我或你受了伤，必须避免被俘，你就可以开枪打死我，我也可以开枪打死你，或者自杀。”

“真有意思，”罗伯特·乔丹说。“你有很多这样的主意吗?”

“不多，”玛丽亚说。“但这是个好主意。比拉尔把这个给了我，还教我怎么用，”她解开衬衫的前胸口袋，掏出一只放随身带的梳子的那种短皮套子，解下勒住两端的宽橡皮筋，抽出一张刮胡子用的吉姆牌单面刀片。“我一直带着这个，”她解释说。“比拉尔说，你该对准耳朵下面这地方割一刀，朝这儿一划。”她用一指比划给他看。“她说这儿有根大动脉，用刀片朝这儿一划，保险不会划错。她还说不会有痛苦，但必须在耳朵下面按紧，用刀片向下划。她说这算不了什么，只要划成，他们就没法阻挡你。”

“这话说得不错，”罗伯特·乔丹说。“那是颈动脉。”

原来她走东走西一直带着这东西，他想，认为这么干行得通，理所当然而准备恰当。

“但是我宁愿你开枪打死我，”玛丽亚说。“答应呀，必要的时候你一定要开枪打死我。”

“当然，”罗伯特·乔丹说。“我答应。”

“非常感谢你，”玛丽亚对他说。“我知道这么干可不容易。”

“没问题，”罗伯特·乔丹说。

这一切你全忘啦，他想。你过多地考虑你自己的任务，就会忘记内战的种种妙处。你把这事给忘了。得了，你应该忘。卡希金忘不了这件事，结果损害了他的工作。或许你认为这位老兄事先就有了预感？真是怪事，因为他对枪杀卡希金一事竟然完全无动于衷。他还以为终有一天他心里会感到难受。然而到现在为止，完全无动于衷。

“可是我还可以为你做别的事，”玛丽亚对他说，这时紧挨在他身边走着，态度十分认真，显出一副女性的娇态。

“除了开枪打死我之外？”

“是的。等你吸完了那些带嘴的烟卷，我可以为你卷烟。比拉尔教过我怎样把烟卷得好好的，又紧又整齐，不会漏出烟丝。”

“好极了，”罗伯特·乔丹说。“是你亲自把烟卷舔成的？”

“是啊，”姑娘说，“而且等你受了伤，我来看护你，给你包扎伤口，给你擦身，喂你——”

“也许我不会受伤，”罗伯特·乔丹说。

“那么等你生病的时候，我来看护你，给你做汤，把你弄得干干净净，事事伺候你。我还要读书给你听。”

“也许我不会生病。”

“那么等你早晨醒来，我给你端咖啡来——”

“也许我不爱喝咖啡，”罗伯特·乔丹对她说。

“不，你可爱喝，”姑娘快乐地说。“今天早晨你就喝了两杯。”

“如果我喝腻了咖啡，没必要让人开枪打死我，我既不受伤，也不生病，戒了烟，只有一双袜，自己晾睡袋。如果这样，那怎么办，兔子?”他拍拍她的背。“那又怎么办?”

“那么，”玛丽亚说，“我要向比拉尔借把剪刀，给你理发。”

“我不爱理发。”

“我也不爱，”玛丽亚说。“我喜欢你现在的发式。就这样。要是没事可为你做，我就坐在你身边，看着你，夜里，我们可以做爱。”

“好，”罗伯特·乔丹说。“最后这个提议非常明智。”

“我也这样想，”玛丽亚微笑了。“噢，英国人，”她说。

“我的名字叫罗伯托。”

“不嘛。我要跟比拉尔一样，叫你英国人。”

“可我的名字还是叫罗伯托。”

“不，”她对他说。“嗳，叫了你一天英国人啦。英国人，我可以帮你做工作吗?”

“不。我现在干的事只能我一个人做，而且头脑要十分冷静。”

“好啊，”她说。“什么时候可以完成?”

“今天晚上，走运的话。”

“好，”她说。

他们所在的山坡下面，是通往营地的最后一片树林。

“那是谁?”罗伯特·乔丹问，还指了指。

“比拉尔，”姑娘顺着他手臂指的方向望去，说。“准是比拉尔。”

草坡下端长着枞树林子，那妇人正坐在那里，头伏在双臂上。从他们站着的地方望去，她好像一只深色的包裹，衬着那棕褐色的树干，显得黑黑的。

“走吧，”罗伯特·乔丹说着，就拔脚穿过齐膝高的石南丛向她奔去。石南长得密，他在里面跑不快，才跑了一小段路，就放慢脚步步行了。他能看到那妇人的头伏在交抱着的双臂上，衬托在树干前面，显得身材宽阔而乌黑。他走到她跟前，尖叫一声“比拉尔！”

妇人抬起头来，仰望着他。

“噢，”她说。“你们已经解决了？”

“你病了？”他问，在她身边弯下腰来。

“哪儿话，”她说。“我睡着了。”

“比拉尔，”玛丽亚走上前来说，并在她身旁跪下。“你身体好吗？没问题吧？”

“我好得很，”比拉尔说，但没站起来。她望着他们俩。“好啊，英国人，”她说。“你又在耍男人的那套花招了？”

“你没问题吧？”罗伯特·乔丹问，不理会她的话。

“干吗不好？我刚才睡着了。你呢？”

“没有。”

“嗯，”比拉尔对姑娘说。“看来合你的心意吧。”

玛丽亚红了脸，但没说什么。

“别惹她吧，”罗伯特·乔丹说。

“没人跟你说话，”比拉尔对他说。“玛丽亚，”她说，声音很生硬。姑娘没抬眼来望。

“玛丽亚，”妇人又说。“我在说，看来合你的心意吧。”

“噢，别惹她啦，”罗伯特·乔丹又说。

“闭嘴，你，”比拉尔说，望都不望他。“听着，玛丽亚，跟我讲一件事。”

“不，”玛丽亚说着，摇摇头。

“玛丽亚，”比拉尔说，她的话声就像她的脸色一样生硬，脸色一点也不友好。“自觉自愿跟我讲一件事。”

姑娘摇摇头。

罗伯特·乔丹在想，要不是得跟这女人和她那酒鬼男人和她那帮微不足道的手下人合作，我准要狠狠揍她的嘴巴，揍得她——

“说呀，跟我说，”比拉尔对姑娘说。

“不，”玛丽亚说。“不。”

“别惹她，”罗伯特·乔丹说，声音听起来好像不是他自己的。我无论如何得揍她，管他娘的，他想。

比拉尔竟根本不跟他说话。这并不像蛇把鸟吓呆的情况，也不像猫对付鸟。没有一点弱肉强食的意味。也没有一点性变态的倾向。然而那模样就像眼镜蛇颈部的皮褶在膨胀。他能感觉到这个。他能感觉到这种膨胀的威胁。但这膨胀占着压倒的优势，并不含有恶意，倒是带有试探性。但愿我不看到这场面，罗伯特·乔丹想。但这不是揍嘴巴能解决问题的。

“玛丽亚，”比拉尔说。“我不会碰你的。快自觉自愿跟我讲吧。”

“自觉自愿跟我讲吧”这话是用西班牙语说的。

姑娘摇摇头。

“玛丽亚，”比拉尔说。“快说，要自觉自愿的。你听到我的话吗?说一声就行啦。”

“不，”姑娘小声说。“不就不。”

“现在可以对我说啦，”比拉尔对她说。“说一声就行啦。你会明白的。现在可以对我说啦。”

“当时地面动了，”玛丽亚说，没望那妇人。“真的。这事不该告诉你。”

“原来这样，”比拉尔说，话声热情而友好，没有强迫的意思在内。但是罗伯特·乔丹注意到，她的前额和嘴唇上出现了细小的汗珠。“原来如此。原来是这么回事。”

“是真的，”玛丽亚说，咬了一下嘴唇。

“当然是真的，”比拉尔亲切地说。“可别把这件事告诉你家乡人，因为他们决不会相信你。你没有吉卜赛血统吧，英国人?”

罗伯特·乔丹扶着她，她站起来。

“没有，”他说。“就我所知，没有。”

“就玛丽亚所知，她也没有，”比拉尔说。“不过这真奇怪。”

“但是发生过这么回事，比拉尔，”玛丽亚说。

“干吗不这样，丫头?”比拉尔说。“我年轻时地面动过，动得你能觉得什么都搬了个场，而且害怕身子下的地面会裂开。这情形夜夜发生。”

“你骗人，”玛丽亚说。

“是的，”比拉尔说。“我骗人。一生之中地动不会超过三次。刚才地真的动了?”

“是呀，”姑娘说。“真的动了。”

“那你呢，英国人?”比拉尔望着罗伯特·乔丹。“别骗人。”

“是的，”他说。“真的动了。”

“好，”比拉尔说。“好。这才像话。”

“你说三次，是什么意思?”玛丽亚问。“你说这个干吗?”

“三次，”比拉尔说。“你们现在已有过一次。”

“只有三次?”

“大多数人一次也没有，”比拉尔对她说。“你肯定地动了?”

“好像人会往下掉似的，”玛丽亚说。

“那么我想是动过了，”比拉尔说。“走吧，我们就去营地吧。”

“你胡扯三次是什么意思?”他们一起穿过松林走去，罗伯特·乔丹对这大个子女人说。

“胡扯?”她朝他做了个鬼脸。“别跟我说什么胡扯，英国小子。”

“是巫术吗，就像看手相一样?”

“不，这是吉卜赛人的确实可靠的常识。”

“可我们不是吉卜赛人啊。”

“对啊。但你们有一点儿小运气。不是吉卜赛人，有时倒会有一点儿小运气。”

“你真相信什么三次不三次?”

她又古怪地望着他。“别问我了，英国人，”她说。“别烦扰我啦。你太年轻，没法跟你说。”

“可是，比拉尔，”玛丽亚说。

“闭嘴，”比拉尔对她说。“你有了一次，这辈子还会有两次。”

“那么你呢?”罗伯特·乔丹问她。

“两次，”比拉尔说着，伸出两指。“两次。再不会有第三次。”

“干吗不会?”玛丽亚问。

“哼，别说了，”比拉尔说。“别说了。你年轻无知，叫我厌烦。”

“干吗没第三次?”罗伯特·乔丹问。

“哼，你闭嘴好吗?”比拉尔说。“闭嘴!”

行啊，罗伯特·乔丹对自己说。只是我不会再有一次了。我认识很多吉卜赛人，这些人够古怪的。但我们也够古怪。不同的是我们得正正当当地挣钱过活。谁也不知道我们的祖先是什么种族，我们的种族的传统又是什么，也不知道我们祖先生活在丛林中时的神秘事迹又是什么。我们只知道自己无知。我们一点儿也不知道我们在黑夜遇到的情况。然而白天发生的情况，那是另一回事。不管发生了什么，都已成为事实，可现在这个女人不仅一定要强迫这姑娘说出她不愿说的事情；而且偏要把它据为己有，当作自己的经验。她偏要把它说成是吉卜赛人的东西。我原以为她在山上时精神上受到了打击，可现在回到这里，她又作威作福了。这种行为要是有恶意，就该把她枪杀。但是并没恶意。这样做只是想使她自己能活得下去罢了。通过玛丽亚来使自己能活得下去。

等你打完这一仗之后，就可以去着手研究女人了，他对自己说。你可以拿比拉尔来开头。她这一天过得很不简单，这是我的看法。过去她从没提起过吉卜赛人的这种鬼把戏。除了手相，他想。对，正是手相，没错。我想手相这玩意儿不见得是她捏造的。她不会告诉我她看到了什么，当然。不管她看到了什么，她是相信自己的。但是这种鬼把戏什么都证明不了。

“听着，比拉尔，”他对妇人说。

比拉尔望着他微笑。

“什么事?”她问。

“别那么故弄玄虚了，”罗伯特·乔丹说。“这一套叫我非常厌烦。”

“是这样吗?”比拉尔说。

“我不相信妖怪、占卜的、算命的，或乌七八糟的吉卜赛巫术。”

“噢，”比拉尔说。

“对。你可别去惹玛丽亚啦。”

“我不惹这丫头了。”

“也别再故弄玄虚了，”罗伯特·乔丹说。“我们有够多的工作和够多的事要做，哪怕没这一套来使事情复杂化。少来些故弄玄虚，多做些事吧。”

“我明白，”比拉尔说着，点点头，表示同意。“不过听着，英国人，”她说着对他微笑。“当时地动过吗?”

“动过，你这该死的。地动过。”

比拉尔笑了又笑，站着，望着罗伯特·乔丹大笑。

“噢，英国人。英国人呀，”她笑着说。“你这人真滑稽。你现在得好好花点儿工夫，才能再摆出你那一本正经的模样啰。”

见你的鬼去吧，罗伯特·乔丹想。但是他闭口无言。他们刚才说话时，太阳被乌云遮住了，他回头向群山望去，只见这时天色阴沉沉，灰蒙蒙。

“错不了，”比拉尔望着天空对他说。“要下雪了。”

“现在吗？差不多六月了？”

“干吗不？这山区不分月份。现在是太阴历五月。”

“不可能下雪，”他说。“不能下雪。”

“怎么说都一样，英国人，”她对他说，“要下的。”

罗伯特·乔丹仰望那阴霾密布的天空，太阳已变得昏黄，这时他眼看太阳完全消失，天际一片灰暗，显得模糊、阴沉；乌云随即把山峰都遮掉了。

“是的，”他说。“看来你说对了。”

第十四章

他们到达营地时，正在下雪，雪片在松林中斜飘下来。它们先是稀疏地斜穿树间，盘旋而下，接着山上刮来一阵寒风，雪片就稠密地急转着落下，这时罗伯特·乔丹愤怒地站在山洞口，望着风雪。

“我们要遇上大雪了，”巴勃罗说。他嗓音沙哑，两眼昏红无神。

“吉卜赛人回来了吗？”罗伯特·乔丹问他。

“没有，”巴勃罗说。“他没回来，老头子也没回来。”

“你陪我去公路上段的哨所好吗？”

“不，”巴勃罗说。“这事我不插手。”

“我可以自己去找。”

“这样的大风雪你会找不到的，”巴勃罗说。“换了我，现在才不去哪。”

“只要下坡走到公路边，然后顺路走去就是。”

“你有可能找到它。但是下了雪，你那两个放哨的现在多半正在回来的路上，你会和他们交错过。”

“老头子正在等我。”

“不。现在下了雪，他要回来了。”

巴勃罗望着这时正飞扫过洞口的风雪，说，“你不喜欢这场雪吧，英国人？”

罗伯特·乔丹骂了一声，巴勃罗用他那昏红的眼睛望着他，还笑出声来。

“这一来，你的进攻就吹啦，英国人，”他说。“进洞来吧，你的人就要回来了。”

山洞里，玛丽亚正在炉前忙着，比拉尔在饭桌边张罗。炉火在冒烟，姑娘在生火的时候，塞进一根木柴，随即用一张折好的纸扇着火，扑的一声，接着火苗一亮，柴火旺了，山洞顶上一个小口子一吸进风来，火就熊熊地燃烧起来。

“这场雪，”罗伯特·乔丹说，“你看会下大吗？”

“大，”巴勃罗满意地说。然后他向比拉尔大声说，“你也不喜欢这场雪，太太，呃？现在你当家了，你不喜欢这场雪了？”

“跟我有什么关系？”比拉尔转过头来说。“要下就下吧。”

“喝点儿酒吧，英国人，”巴勃罗说。“我整天喝酒，等着这场雪。”

“给我来一杯，”罗伯特·乔丹说。

“为这场雪干杯，”巴勃罗说着，跟他碰杯。罗伯特·乔丹盯着他的眼睛，丁的一声碰了杯。你这个醉眼蒙眬的杀人不眨眼的下流坯，他想。我恨不得用这杯子把你的牙齿磕得丁丁响。别发火，他对自己说，别发火。

“这场雪多美啊，”巴勃罗说。“天在下雪，你不想睡在外面了吧。”

原来你也在想这个问题？罗伯特·乔丹想。你也有不少操心事，对不对，巴勃罗？

“不行吗?”他客气地问。

“不行。很冷，”巴勃罗说。“很湿。”

你才不知道这种旧鸭绒睡袋为什么值六十五美元哪，罗伯特·乔丹想。我倒愿意下雪天在那东西里头每过一夜就拿到一美元呢。

“那么我该睡在这儿山洞里?”他客气地问。

“是啊。”

“多谢，”罗伯特·乔丹说。“我打算睡外面。”

“雪地里?”

“对。”（你那该死的血红的猪眼，你那长满猪鬃的猪屁股似的脸，都见鬼去吧。）“在雪地里。”（就睡在这场该死透顶、害人不浅、意料不到、别有用心、暗算密谋、准是婊子养的雪里。）

他走到玛丽亚身边，她在炉灶里刚添了根松枝。

“真美，这场雪，”他对姑娘说。

“可是对工作不利，可不是吗?”她问他。“你不愁?”

“什么话，”他说。“愁没用。什么时候能做好晚饭?”

“我早知道你今晚一定有胃口，”比拉尔说。“要现在来一片干酪吗?”

“谢谢，”他说，接着她伸手把挂在洞顶的网袋内的一大块干酪取下来，拿刀在切过的那头一划，切下厚厚的一片，递给他。他站着吃。膻味重了一点儿，不然倒很好吃。

“玛丽亚，”巴勃罗坐在桌边说。

“什么事?”姑娘问。

“把桌子抹干净，玛丽亚，”巴勃罗说着，对罗伯特·乔丹露齿笑笑。

“把你自己泼出的酒抹掉，”比拉尔对他说。“先抹你的下巴，你的衬衫，再抹桌子。”

“玛丽亚，”巴勃罗大声说。

“别理会他。他醉了，”比拉尔说。

“玛丽亚，”巴勃罗大声说。“雪还在下，这场雪很美。”

他不知道那只睡袋的价值，罗伯特·乔丹想。这个猪眼老混蛋不知道我干吗花了六十五美元向伍兹家兄弟要来这只睡袋。可是我真希望吉卜赛人就回来。他一回来我就可以去找老头儿。我应该现在就走，但是在路上我很可能跟他们错过。我不知道他在哪里放哨。

“想做雪球吗?”他对巴勃罗说。“想玩雪战吗?”

“什么?”巴勃罗问。“你打算干什么?”

“没什么，”罗伯特·乔丹说。“你的马鞍都盖好了?”

“是啊。”

接着罗伯特·乔丹用英语说，“打算去喂马儿，还是把它们拴在外面让它们扒了雪啃草?”

“什么?”

“没什么。这是你该操心的事，老兄。我要到外面去走走啦。”

“你干吗说英国话?”巴勃罗问。

“不知道，”罗伯特·乔丹说。“我非常疲乏的时候往往说英语。或者在非常气愤的时候。要不，譬如说，在为难的时候。我在走投无路的时候就说说英语，为的是听听它的声音。这是一种令人宽慰的声音。日后你该试试。”

“你说什么，英国人?”比拉尔说。“这种话听起来很有趣，但是我听不懂。”

“没说什么，”罗伯特·乔丹说。“我说的是英语‘没说什么’。”

“那好，说西班牙话吧，”比拉尔说。“西班牙话说起来短些，也简单些。”

“当然，”罗伯特·乔丹说。但是，唉，老兄，他想，唉，巴勃罗，唉，比拉尔，唉，玛丽亚，唉，坐在角落的两兄弟，我该记住你们的名字却忘了，但是我有时候厌倦这些事啊。厌倦这些事，厌倦你们，厌倦我，厌倦战争，可为什么，到底为什么现在非下雪不可呢？这真该死，太糟糕啦。不，并不。哪来什么真该死，太糟糕的事情呢。你只有接受这现实，并从中杀出一条路来，快快别喜怒无常了，要像刚才那样接受正在下雪这个事实，而下一步要做的事就是与吉卜赛人联系，找到老头儿。可是下雪！本月份下起雪来。别管它啦，他对自己说。别管它，要承认它。这就是苦杯，你知道。关于这苦杯是怎么说的？他要就必须好好回忆回忆，要就根本别去想什么引语①，因为当你想不起来的时候，就会像忘了一个人名似的，老在心里挂着，就是丢不开。关于这苦杯是怎么说的？

“请给我来杯酒，”他用西班牙语说。接着他对巴勃罗说，“雪挺大，呃？”

这个醉醺醺的汉子抬眼望着他，露齿笑笑。他点点头，又露齿笑笑。

“进攻吹啦。飞机不来啦。桥炸不成啦。只有雪啦，”巴勃罗说。

“你料想会下很久吗？”罗伯特·乔丹在他旁边坐下。“你认为整个夏天我们都会被雪困住吗，巴勃罗，老兄？”

“整个夏天，不，”巴勃罗说。“今夜和明天，没错。”

“你凭什么这样看？”

“大风雪有两种，”巴勃罗沉重有力而富有见识地说。“一种是从比利牛斯山②刮来的。刮这一种，天要大冷。刮这一种的时间已

---

① 耶稣最后一次上耶路撒冷时，对十二门徒说，他将被交给祭司长和文士，被定死罪，钉在十字架上。后来在客西马尼花园里，他向上帝祷告：是否可以让他不要喝这一杯苦酒。《圣经·路加福音》第 22 章第 41 节至 44 节：“……跪下祷告，说，父啊，你若愿意，就把这杯撤去，然而不要成就我的意思，只要成就你的意思。有一位天使，从天上显现，加添他的力量。耶稣极其伤痛，祷告更加恳切，汗珠如大血点，滴在地上。”最后来捉拿他时，门徒彼得拔刀砍掉一个来人的右耳，但耶稣对彼得说：“收刀入鞘吧。我父所给我的那杯，我岂可不喝呢。”（《圣经·约翰福音》第 18 章第 11 节）

② 在西班牙东北部，是西班牙和法国之间的天然疆界。

过了。”

“好，”罗伯特·乔丹说。“这话有道理。”

“这场风雪是从坎塔布里科①刮来的，”巴勃罗说。“是从海上来的。风朝这方向刮，就会有大风暴，多雪。”

“你这些情况都从哪儿了解到的，老师傅?”罗伯特·乔丹问。

由于他怒气已消，他为这场风雪感到激动，就像他总是为任何风雪感到激动一样。暴风雪、大风、突发的线飑、热带风暴或者夏天山区的雷阵雨，都会使他感到激动，这是其他事物都做不到的。就像战斗中产生的激动一样，只是这种激动是纯洁的。战斗中会刮起风来，但那是热风；又热又干，就像你当时嘴里的感觉；它刮得劲头十足；又热又脏；随着当天战局的变化而时起时息。他很了解这种风。

但是暴风雪和这些风风雨雨完全不同。在暴风雪中你走近野兽，它们并不害怕。它们在旷野乱跑，不知道自己在什么地方，因此有时候，小屋的背风处会有头鹿站着。在暴风雪中骑马碰到麋鹿，它会认为你的马也是麋鹿，一路小跑着向你迎来。在暴风雪中似乎总是这样，一时不分敌我了。在暴风雪中可能狂风大作；但是刮得地上一片洁白，满天白雪飞舞，一切都变了样，等风停息下来，四下寂静无声。现在来了一场大风雪，他还不如享受一番吧。这场风雪打乱了一切，可是你还不如享受一番吧。

“我当过多年赶牲口的，”巴勃罗说。“在采用载货卡车之前，我们用大车翻山越岭运货。我们干了这一行才识得天时。”

“当时你怎么参加运动的?”

“我过去一向是左派，”巴勃罗说。“我们和阿斯图里亚斯②那儿的人接触很多，他们在政治上很进步。我从来都拥护共和国。”

---

① 横贯西班牙北部一大山脉，滨大西洋的比斯开湾。

② 阿斯图里亚斯，西班牙西北部一地区，滨比斯开湾。

"那么运动前你在干什么?"

"那时为萨拉戈萨①的一个马贩子干活。他给部队补充不足的马儿，也向斗牛场供应马儿。我就是在那时遇上比拉尔的，她跟你说过啦，那时她正和帕伦西亚②的斗牛士菲尼托在一起。"

他说这话，相当得意。

"他这个斗牛士没什么了不起，"桌边两兄弟中的一个，望着站在炉灶前的比拉尔的后背说。

"是吗?"比拉尔转身望着那人说。"他这个斗牛士没什么了不起?"

她这时站在山洞里的炉灶前，似乎看到了他，身材矮小，肤色棕褐，神情安详，眼神忧郁，双颊深陷，黑鬈发湿漉漉地贴在前额上，紧箍在头上的斗牛帽在前额上勒出了一条别人不会注意到的红痕。这时她看见他站着，面对着那头五岁的公牛，面对着那两只曾把好几匹马儿挑得老高的牛角和把马儿越顶越高、越顶越高的粗壮的牛脖子，随着马背上的长矛手用尖利的长矛刺进牛脖子，这截牛脖子把那匹马儿越顶越高、越顶越高，直到啪哒一声马儿栽倒，骑手摔在木栅栏上，公牛的腿儿使劲地把身子朝前冲，粗脖子一晃，牛角对准那奄奄一息的马儿，要结果它的性命。她看到他，菲尼托，这个没什么了不起的斗牛士这时站在公牛面前，侧身对着它。她这时清楚地看到他把那块带杆的厚实的法兰绒卷起来；公牛腾空跃起，那儿根扎进肩头的短镖枪嗒嗒地碰击着，那块法兰绒随即掠过牛头、牛肩以及淌着鲜血、弄得湿漉漉、亮闪闪的牛肩隆，一直掠过牛背，弄得沾满了鲜血，重甸甸地耷拉着。她看到菲尼托侧身站在离牛头五步远的地方，公牛笨重地站着不动，他就慢慢地把剑举到齐肩高，目光顺着下倾的剑锋瞄准他这时还看不见的要害，因

---

① 萨拉戈萨，西班牙东北部萨拉戈萨省省会。

② 帕伦西亚，西班牙北部帕伦西亚省省会。

为牛头位置较高，挡住了他的视线。他要用这条左臂将那块又湿又重的绒布这么一挥，引公牛低下头来；但他这时站稳了脚跟，身体向后微微一仰，侧身站在那只碎裂的牛角前，用剑锋瞄准着；公牛的胸脯一起一伏，两眼盯着那块绒布。

她这时很清楚地看到他的模样，听到他那尖细而清晰的声音，只见他扭头向着斗牛场红色栅栏上方的第一排观众望去，说，“让咱们瞧一瞧，能不能就这样结果这家伙！”

她听到他的说话声，接着看到他举步向前时开头膝头一弯，注意着他一路朝牛角走去，这时牛嘴跟着那块下掠的绒布摆动，牛角奇怪地垂下了，在他那瘦细的棕色手腕操纵之下，绒布对着牛角向下一掠而过，利剑同时刺进沾着尘土的牛肩隆的顶端。

她看到那柄剑锃亮，慢慢地、平稳地刺进去，仿佛是公牛的冲劲把这男子手中的剑顶进了身体，她还看到剑一直往里插到那棕褐色的手指节抵在绷紧的牛皮上，而这个肤色棕褐的矮小男子的目光从没离开过剑刺进的地方，这时他屏息吸腹，让过牛角，一晃身就摆脱了那头畜生，站住了，左手握着那幅带杆的绒布，举起右手，望着公牛死去。

她看到他站着，眼睛注视着那头企图站稳身子的公牛，看它摇摇晃晃，像棵即将倒下的树，看它拚命想在地上站稳，而这个矮小的男子举起一手，打着表示胜利的例行的手势。她看到他站在那里满头大汗，为斗牛结束而感到一阵空虚的宽慰，眼看那头公牛即将死去而感到宽慰，身子摆脱牛角时没挨到冲撞、挑刺而感到宽慰，接着他站着看到那公牛再也站不稳了，啪哒一声滚倒在地，四脚朝天，死去了，而她看到这个矮小的肤色棕褐的男子疲惫而一无笑意地朝场边的栅栏走去。

她知道，他即使豁出性命也没法跑着穿过斗牛场了，她望着他慢吞吞地走到栅栏边，用毛巾抹抹嘴，抬头望望她，摇摇头，然后用毛巾抹抹脸，开始胜利的巡行，绕场走一圈。

她看到他慢吞吞地拖着脚步绕斗牛场走着，微笑，鞠躬，微笑，助手们跟在他后面，俯身拾起观众扔下的雪茄，把一顶顶帽子扔回去；他眼色忧郁、面带笑容，绕场一周，在她的面前结束巡礼。接着她从上面望去，看到他这时正坐在木栅栏的台阶上，用毛巾捂着嘴。

比拉尔站在炉灶边，似乎看到了这一切，她说，“难道他不是斗牛好手？现在跟我一起混日子的倒是哪一等角色啊！”

“他是个斗牛好手，”巴勃罗说。“他吃亏的是身材矮小。”

“而且明摆着他害着肺病，”普里米蒂伏说。

“肺病？”比拉尔说。“像他这么受苦受难的人，谁能不得肺病？在这个国家，要不做胡安·马契那样的罪犯，要不当斗牛士，要不做歌剧院的男高音，穷人到底怎么能希望挣到钱啊？他怎么能不得肺病？在这个国家，资产阶级吃得胀破了肚子，不吃小苏打不得活命，而穷人从出娘胎到进棺材都吃不饱，他怎么能不得肺病？你躲在三等车厢的座位下逃票乘车，因为你要跟着集市从小就去学斗牛的本领，待在座位下和尘土、垃圾、刚吐的痰和干了的痰待在一块，如果胸口又被牛角牴过，你怎么能不得肺病？”

“是这样的，”普里米蒂伏说。“我只是说他得了肺病。”

“当然得了肺病，”比拉尔站在那里说，手里拿着一把搅拌用的大木汤匙。“他个子矮小，嗓子尖细，非常害怕公牛。我从没见过在斗牛前比他更害怕的，也从没见过在斗牛场中比他更勇敢的。你，”她对巴勃罗说，“你现在怕死啦。你以为死是不得了的事。菲尼托一直胆小，但在斗牛场内却像头狮子。”

“他非常勇敢，是出过名的，”两兄弟中的另一个说。

“我从没见过这样害怕的人，”比拉尔说。“他甚至不敢把牛头放在家里。有次节日里，他在巴利阿多里德把巴勃罗·罗梅罗的一头公牛宰了，干得真漂亮——”

“我记得，”那第一个兄弟说。“我当时在斗牛场。那公牛是皂色的，前额有鬈毛，一对牛角很长大。它有七百六十多磅①重。这是他在巴利阿多里德宰掉的最后一头。”

“一点儿也不错，”比拉尔说。“后来，那帮斗牛迷在哥伦布咖啡馆聚会，用他的名字给他们的俱乐部命名，还把那只牛头剥制成标本，在哥伦布咖啡馆一次小型宴会上献给他。吃饭的时候，他们把牛头挂在墙上，但是用布给蒙住了。我当时在座，在座的其他人有比我更丑的帕斯托拉、贝纳家的妞儿和别的吉卜赛姑娘以及几个高级婊子。这次宴会场面不大，可是热闹得很，因为帕斯托拉和一个最红的婊子争论一个礼节问题，差不多闹翻了天。我本人呢，觉得开心得不得了，正坐在菲尼托身边，察觉到他不肯抬头望那牛头，牛头给裹着一块紫布，就像我们过去信奉的主耶稣受难周教堂里的圣像上蒙上的那种。

“菲尼托没吃多少，因为那年在萨拉戈萨参加的最后一场斗牛中，他正要动手刺公牛，却被牛角横扫了一下，弄得他昏过去好些时候，因此即使在这时，他还是吃不下多少东西，而且自始至终不时拿手帕捂在嘴上，往里吐几口血。我刚才打算跟你们说什么来着?”

“牛头，”普里米蒂伏说。“那只剥制的牛头。”

“对，”比拉尔说。“对了。但是我得说一说有些细节，好让你们明白是怎么回事。菲尼托绝不嘻嘻哈哈，你们知道。他天生一本正经，我跟他单独在一起时，从没见过他为了什么笑一笑。不，哪怕很滑稽的事。他遇事都非常的一本正经。差不多跟费尔南多一样一本正经。但是那次宴会是由一帮斗牛迷组成的菲尼托俱乐部为他举办的，所以他必须显得高高兴兴、和和气气、喜气洋洋。所以宴会时他始终笑嘻嘻的，说了些亲切的话，而只有我一人注意到他拿手帕在干什么。他随身带了三条手帕，三条手帕都给吐满了鲜血，接着，他对我说，声音放得很低，‘比拉尔，我再支持不住啦。我想我不得不走了。’

---

① 原文为“over thirty arrobas”，按 arroba 为西班牙的重量单位，合 25.36 磅。

“‘那我们就走吧，’我说。因为我看到他正很难受。宴会到了这个时候热闹极了，吵闹声大得不得了。

“‘不。我不能走，’菲尼托对我说。‘说到头，这个俱乐部用的是我的名字，义不容辞哪。’

“‘你既然不舒服，我们就走吧，’我说。

“‘不能，’他说。‘我要留下。给我些雪利酒。’

“我觉得让他喝酒是不明智的，因为他一点儿东西也没吃，而且胃的状况又是这么不好；但要是不吃点儿喝点儿，他明摆着再也应付不了这种嘻嘻哈哈、热热闹闹、大声嚷嚷的场面。就那样，我看他很快地喝了差不多一瓶雪利酒。他在几块手帕上都吐满了鲜血后，这时把餐巾来当手帕用了。

“这时宴会发展到了热火朝天的阶段，有几个身子最不压分量的婊子骑跨在几个俱乐部成员的肩膀上，绕着桌子大出洋相。应大家的邀请，帕斯托拉唱起歌来，小里卡多弹起了吉他，场面非常动人，真叫人开心，大家醉醺醺地亲热到了极点。我从没见过哪次宴会能达到这样的真正安达卢西亚式的热情，但我们还没到给牛头揭幕的时候，归根到底，这次宴会庆祝的就为这个啊。

“我正那么的开心，伴着里卡多的琴声那么忙着拍手，跟一些人结成一伙给贝纳家的妞儿的歌声打拍子助兴，竟然没留心到这时菲尼托已在他自己那块餐巾上吐满了鲜血，而且把我的那块也拿去了。他那时越来越多地喝着雪利酒，眼睛变得很亮，高高兴兴地在对每个人连连点头。他不多说话，因为一开口就可能不得不随时使用那块餐巾；但是他装得非常欢快，非常高兴，这次要他到场，说到头，就是为这个呀。

“宴会就这样继续进行，坐在我旁边的是公鸡拉斐尔的前经理，他正在给我讲一桩往事，它的结尾是，‘所以拉斐尔走到我身边，说，“你是我在这世界上最高尚的莫逆之交。我跟你情同手足，要送你一件礼物。”因此那时他就送我一枚漂亮的钻石领针，还吻我的双颊，我们俩都很激动。公鸡拉斐尔送了我那只钻石领针之后，走出咖啡馆，我就对正坐在桌边的雷塔娜说，“这个下流的吉卜赛人刚和另一位经理签了合同。”

“‘“你这话是什么意思?”雷塔娜问。

“‘我为他当了十年经理，以前他可从没送过我礼物，’公鸡的前经理说。‘这回送礼无非说明了这一点。’果然不错，正是这么回事，公鸡就这样和他吹了。

“可是正在这时，帕斯托拉在谈话中插嘴了，也许说不上是为了给拉斐尔的好名声辩护，因为谁也不曾像她本人那么厉害地诋毁过拉斐尔，而是因为这位经理用‘下流的吉卜赛人’这句话诋毁了吉卜赛人。她的插话讲得那么凶，用的词儿那么不好听，使这经理哑口无言。我就插嘴要帕斯托拉别吵，而另一个吉卜赛女人插嘴要我别吵，因此闹成一片，弄得谁也没法听清我们之间所说的话，只有‘婊子’这一个突出的词儿响得盖过了所有别的说话声。最后重新安静下来了，我们三个插嘴的人都坐下了，低头望着自己的酒杯，这时，我留意到菲尼托脸上露出惊骇的神色，正瞪着那只仍然蒙在紫布里的牛头。

“正在这时，俱乐部主席开始发表在揭去牛头上的兜布之前的演说。演说时始终响着大声叫‘好!’和使劲拍桌子的捧场的声音，我呢，一直在望着菲尼托在用他的，不，用我的餐巾吐血，身体在椅子里越来越往后瘫下去，一面惊骇而着了迷地瞪着他对面墙上蒙着布的牛头。

“演说快结束时，菲尼托开始摇头，身体一直在椅子里往后瘫。

“‘你好吗，小不点儿?’我对他说，但他望着我时，不认得我了，只管摇头，说，‘别。别。别。’

“就这样，俱乐部主席的演说到此结束，接着在大家的一片喝彩声中，他站在椅子上，抬手解开裹住牛头的紫布上的带子，慢慢地把布完全揭开，但那块布被一只牛角勾住了，他就把布整块提起，从那两只尖锐而光滑的牛角上拉掉，露出那只黄色的大牛头和那对挑出在两旁、角尖朝前的黑牛角，那白色的牛角尖锋利得像豪猪身上的硬刺，而牛头活灵活现；前额像活着的时候一样，长着鬈毛，鼻孔张开，眼睛亮亮的，正在那儿直瞪瞪地望着菲尼托。

“人人都在欢呼，拍手，菲尼托却在椅子里更往后瘫，大家顿时静下来望着他，而他说，‘别，别，’望着那公牛，身子更往后瘫，接着大喊一声‘别!’吐出一大口黏稠的鲜血，他顾不上拿起餐巾，鲜血就顺着他下巴淌下，他仍旧望着那公牛，说，‘整个斗牛季节，好。挣钱，好。吃，好。可我不能吃啦。听到了吗？我的胃坏了。可现在季节过去啦！别！别！别！’他望望桌子四周的人，接着望望那只牛头，又说了一声‘别’，就低下头，拿起餐巾捂在嘴上，就那样坐在那儿，一句话也不说了。那次宴会开头非常好，眼看在寻欢作乐和交流情谊方面会得到划时代的成功，结果却失败了。”

“那之后他过了多久才死去的?”普里米蒂伏问。

“那年冬天，”比拉尔说。“他在萨拉戈萨被牛角最后横扫一下之后一直没有复元。这比被牛角挑伤还厉害，因为这是内伤，治不好。他每次最后刺牛时差不多都要挨这么一下，他没有获得更大的成功，就是这个道理。他个子矮小，要使上半身躲开牛角可不容易。差不多每次都要挨一下横扫。但当然，好多次仅仅是擦一下罢了。

“他个子那么矮小，就不该试着去当斗牛士，”普里米蒂伏说。

比拉尔望望罗伯特·乔丹，摇摇头。接着她弯身望着那只大铁锅，还在摇着头。

他们这种人呀，她想。这种西班牙人呀，说什么“他个子那么矮小，就不该试着去当斗牛士”。我听见了，无话可说。我没有因此大发脾气，刚才跟他们解释过了，现在无话可说。不知底细，事情就显得那么简单。不知底细，有人会说，“他这个斗牛士没什么了不起。”不知底细，另一个会说，“他得了肺病。”等我这知情人讲明之后，又有一个说，“他个子那么矮小，就不该试着去当斗牛士。”

这时，她俯身凝望炉火，眼前又浮现出床上那赤裸的肤色棕褐的身体，两条大腿上都是疙疙瘩瘩的疤痕，右胸肋骨下面有一个深深的枯焦的圆伤疤，身子一侧有一长条一直延伸到胳肢窝的白色疤痕。她看到那闭拢的两眼、严肃的棕褐色脸盘，前额上的黑鬈发那时掠在脑后，而她正挨着他坐在床上，擦着他的两条腿，搓搓小腿肚绷紧的肌肉，揉着肌肉，使它松舒，然后用交叠着的双手轻轻拍打，来松舒抽筋的肌肉。

“怎么样?”她对他说。“腿儿怎么样，小不点儿?”

“很好，比拉尔，”他会说，眼睛也不睁一睁。

“要我揉揉胸膛吗?”

“别，比拉尔。请别碰它。”

“大腿呢?”

“别。腿上痛得太厉害。”

“可要是让我揉一揉，搽点儿药膏，就会使肌肉发热，舒服一点儿的。”

“别，比拉尔。谢谢你。我看还是别碰两腿。”

“我来用酒精给你擦擦。”

“好吧。要很轻。”

“你最后一次斗牛真了不起，”她会对他说，而他就说，“对，那头公牛我宰得真不赖。”

接着，她给他擦洗好，盖上了被子，就在床上躺在他身边，他就会伸出一只棕褐色的手来摸她，说，“你是个多情女子，比拉尔。”这好算他说过的最像笑话的话了，那时他通常在斗牛之后就睡熟，她就躺在那儿，把他的一只手握在自己的双手中，听他的呼吸声。

他在睡梦中常常受惊，她就会觉得他的手紧紧握住了她的，还见到他前额上冒出汗珠，要是他醒过来，她就说，“没事，”于是他又睡去。她就这样跟了他五年，从来没有对他不贞过，那就是说几乎从来没有，但接着在葬礼之后，就和在斗牛场给长矛士牵马的巴勃罗搞上了，而他像菲尼托消磨一生所宰的那许多公牛一样棒。但是她现在知道，公牛的劲头、公牛的勇气都不能持久，那么什么能持久呢？我持久，她想。是呀，我坚持下来了。可是为了什么呢？

"玛丽亚，"她说。"注意些自己在干的事。这炉火是用来煮吃的。可不是用来烧掉一座城市的。"

正在这时，吉卜赛人走进门来。他满身是雪，握着卡宾枪站在那里，跺着脚把雪抖掉。

罗伯特·乔丹站起身来向门边走去。"情况怎么样？"他对吉卜赛人说。

"大桥上每岗两人，六小时换一次，"吉卜赛人说。"养路工小屋那边有八个人和一名班长。这是你的精密记时计。"

"锯木厂边的哨所的情况怎么样？"

"老头子在那儿。哨所和公路他都能监视。"

"那么公路上呢？"罗伯特·乔丹问。

"那儿的动静总是老样子，"吉卜赛人说。"没出现特别情况。有几辆汽车。"

吉卜赛人显得很冷，黑黑的脸冻得皮肤都绷紧了，两手发红。他站在洞口，脱下了外衣抖雪。

"我一直待到了他们换岗的时候，"他说。"换岗时间是正午和下午六点。这一岗可不短。幸亏我不在他们部队当兵。"

"我们去找老头子吧，"罗伯特·乔丹穿上皮外衣，说。

"我不干，"吉卜赛人说。"我现在要去烤火，喝热汤。我来把他守望的地方告诉这儿的一个人，他就可以给你带路。嗨，二流子们，"他对坐在桌边的几个大声说。"哪个肯带英国人去老头子在守望公路的地方？"

"我去，"费尔南多站起身来。"把地点告诉我。"

"听着，"吉卜赛人说。"地点是——"他把老头儿安塞尔莫放哨的地方告诉了他。

第十五章

安塞尔莫给吹得畏畏缩缩地蹲在一棵大树树身的背风处，风雪吹过树的两侧。他被吹得身体紧靠在树上，两手笼在袖筒里，使劲向相对的袖筒里伸，而且脑袋也往茄克衫内缩到不能再缩了。要是在这儿再待很久，我就要冻僵了，他想，这么干是白费劲。这英国人叫我一直待到换我班，但他那时并不知道这场暴风雪的情况。公路上并没有特殊的动静，而且我弄清了公路对面锯木厂边那哨所的人员部署和哨兵的习性。我现在该回营地了。通情达理的人都准会盼着我回营地的。我再稍稍等一会儿吧，他想，然后去营地。这是命令的毛病，规定得太死板了。办事情没有一点儿变通的余地。他把两脚互相搓擦，然后从茄克衫的衣袖里抽出两手，俯身揉揉两腿，再一起拍击双脚活活血。躲在树后吹不到风，冷得不厉害，但他还是必须马上就动身走。

他弯身揉腿的时候，听到公路上开来一辆汽车。车轮上系着防滑铁链，有一节铁链啪哒啪哒地响着，他望着，只见这辆车在覆盖着雪的公路上驶来，车身上绿一块、褐一块的乱漆一气，车窗上涂了蓝色，使人看不到窗内，上面只留出一个半圆形没有涂漆，让乘车人可以看到外面。那是一辆用过两年的罗尔斯·罗伊斯①轿车，涂了伪装漆，供总参谋部使用，但安塞尔莫不知道这情况。他没法看到车内坐着三名军官，身上裹着披风。两名坐在后座，一名坐在对面的折椅上。车子开过的时

---

① 罗尔斯·罗伊斯为英国产高级轿车，后座与司机座之间有玻璃隔开。此处因后座坐有三名叛军高级军官，窗上涂了蓝漆，司机座则未加伪装，故安塞尔莫能看见司机及勤务兵。

候，坐在折椅上的军官正从蓝车窗上的缺口向外张望，但安塞尔莫不知道这情况。他们彼此都没有看到对方。

车子就在他下面的雪地里经过。安塞尔莫看见了司机，脸色红红的，头戴钢盔，他的脸和钢盔露出在他套在身上的毯子式披风上，他还看到坐在司机身边那勤务兵携带的自动步枪上撅出的上半截。这时车子朝公路上段驶走了，安塞尔莫就把手伸到茄克衫内，从衬衫袋掏出从罗伯特·乔丹的笔记本上撕下的那两张纸，在画有汽车标志的后面画上一划。这是那天驶上山的第十辆车子。有六辆已下山。四辆仍然在山上。公路上驶过这数量的车子并不异常，但安塞尔莫分不清哪些是控制着各山口和山上防线的师参谋部的福特、菲亚特、奥贝尔、雷诺和雪铁龙等牌的汽车，哪些是总参谋部的罗尔斯·罗伊斯、兰西亚斯、默塞德斯和伊索塔。[①]这种区别，换了罗伯特·乔丹，就分得清了，要是在那里的是他而不是老头儿，他就能领会这些上山的车子的含义了。但是他不在那里，而老头儿却仅仅在那张笔记本纸上给每一辆上山去的汽车画上一划罢了。

安塞尔莫这时觉得非常冷，决定最好还是断黑以前赶回营地。他不怕迷路，但认为再待下去没意思，而风始终越刮越冷，雪也不见小。他站起身来，跺跺脚，目光透过大风雪望望公路，却并不动身攀登山坡，而是靠在那棵挡风的松树后面没动。

英国人叫我别走，他想。说不定这会儿他就在路上快到这儿了，要是我离开这地方，他在雪里找我，可能会迷路。我们这次打仗自始至终因为缺乏纪律、不听命令而吃苦头，我要再等等这个英国人。但是如果他不马上来，那么管它所有的命令，我都得走，因为现在有东西可以交差了，而且这些天来，我要干的事可不少，冻僵在这儿未免过分，于事无补。

---

① 这些汽车是美、英、法、德、意等国的产品，都是当时的名牌。

公路对面锯木厂的烟囱正在冒烟，安塞尔莫闻得出烟正在飞雪中向他这边飘来。这些法西斯分子暖暖和和，他想，挺舒服，可明天夜里我们就要干掉他们啦。这是一件奇怪的事，我不愿想它。我留心看了他们一整天，他们跟我们一样是人。我相信我可以走到锯木厂去敲敲门，而且会受到欢迎，他们无非只是奉命盘问一切过路人，要看看人家的身份证罢了。分隔我们的只是那些命令罢了。这些人不是法西斯分子。我是这样称呼他们的，但他们不是。他们像我们一样是穷人。他们绝不该跟我们打仗，我不愿考虑杀人的事。

这哨所里的人是加利西亚①人。我今天下午从他们说话的口音中听得出。他们不会开小差，因为开了小差，一家老小都要给枪毙。加利西亚人非常聪明，要么笨头笨脑、野蛮得很。这两种人我都见过。利斯特就是加利西亚人，和佛朗哥是同乡②。每年现在这时候下雪，真不知道这些加利西亚人怎么想。他们没有这样的高山，他们家乡老是下雨，四季常青。

锯木厂的窗子露出了灯光，安塞尔莫打着哆嗦，想，这个英国人真该死！这些加利西亚人在我们这儿，待在暖和的屋子里，而我正在树身后冻得发僵，我们像山里的野兽，住在山石间的洞穴里。可是明天，他想，野兽要出洞啦，而这些现在多舒服的家伙就要暖暖和和地死在床毯里了。就像我们袭击奥特罗时叫他们在夜里死去一样，他想。他不愿回想奥特罗。

就是那天晚上，在奥特罗，他第一次杀了人，他希望这次拔除哨所他不用杀人。正是在奥特罗，巴勃罗等安塞尔莫用毯子蒙住了那哨兵的脑袋，就用刀子捅死他，这人虽然被闷在毯子里透不过气来，却抓住了

---

① 加利西亚，西班牙西北端一地区，滨大西洋，早被叛军所占，故这些士兵不敢开小差，怕连累家属。

② 两人都是加利西亚的埃尔费罗尔港人。恩里克·利斯特为石匠出身的共产党员，后来成为优秀的政府军指挥员。

安塞尔莫的一只脚不放，在毯子里一声叫嚷，安塞尔莫只得在毯子里摸索着，给了他一刀，才使他松手放开了脚，不动弹了。他当时用一膝抵住了那家伙的喉咙，不让他发出声来，他正用刀子捅进这被毯子裹住的家伙，这时巴勃罗把手雷从窗口扔进了哨兵们全在里面睡觉的房间。火光一亮，好像全世界在你眼前被炸成了一片红黄色，紧接着又扔进了两颗。当时巴勃罗拉开保险，飞快地把手雷扔进窗子，那些在床上没被炸死的家伙刚爬起来，第二颗就爆炸，被炸死了。那是巴勃罗大出风头的日子，他像瘟神似的把那一带搞得天翻地覆，法西斯分子的哨所在夜间没一个平安。

可现在呢，巴勃罗完蛋了，不中用了，就像阉过的公猪，安塞尔莫想，等手术做好，一阵尖叫过后，把那两颗鸡巴蛋扔掉了，那公猪就算不上公猪了，却用口鼻拱来拱去，把鸡巴蛋翻出来吃掉。不，他还没那么糟嘛，安塞尔莫咧嘴笑了笑，人家实际上可能把巴勃罗这样的人也想得太坏。但他够丑恶的，变化也够大呢。

天气太冷啦，他想。但愿这个英国人就来，但愿在这次袭击哨所的行动中我不用杀人。这四个加利西亚人和他们的班长该留给那些爱杀人的人去对付。这个英国人说过这话。如果这是我的任务，我就这么干，但是英国人说过要我跟他一起在桥头干，这一头的事该留给别人。桥头一定会打上一仗，这一仗要是我能顶住，那么在这场战争中，我就算尽到了一个老头子的全部责任啦。但是让英国人现在就来吧，因为我很冷，看到这锯木厂的灯光，知道这些加利西亚人在里面暖乎乎的，使我感到更冷。但愿我能回到自己的家，但愿这场战争就结束，那就好了。可是你现在已没家，他想。你要能回你的家，我们就必须先打赢这场战争。

锯木厂内，有个士兵正坐在铺上擦靴子。另一个躺在铺上睡着了。还有一个在煮东西，那班长在看报。他们的头盔挂在打入墙内的钉子上，步枪靠在板壁上。

“这是什么鬼地方，快到六月了，还下雪?”坐在铺上的那个说。

“真是怪事，”班长说。

“现在是太阴历五月，”正在煮东西的那个说。“太阴历五月还没结束呢。”

“这是什么鬼地方，五月天下雪?”坐在铺上的那个坚持说。

“这一带山里五月天下雪是不稀奇的，”班长说。“我在马德里的时候，五月比哪一月都冷。”

“也更热，”在煮东西的那个说。

“五月的温差大得很，”班长说。“在这儿卡斯蒂尔地区，五月热得很，但也会变得很冷。”

“要么下雨，”坐在铺上的那个说。“这刚过去的五月，差不多天天下雨。”

“没有的事，”在煮东西的那个说。“这刚过去的五月反正正是太阴历的四月。”

“听你扯什么太阴历，会叫人发疯，”班长说。“别谈什么太阴历啦。”

“住在海边的也好，住在乡下的也好，都知道重要的是该讲太阴历，而不是太阳历，”在煮东西的那个说。“举例来说，现在太阴历五月刚开头。可是太阳历马上就要到六月了。”

“那为什么季节没有变得明显推后呢?”班长说。“提这些事会使我头痛。”

“你是城里人，”在煮东西的那个说。“你是卢戈①人。你知道什么叫大海，什么叫乡下?”

“城里人可比你们这些海边的或乡下的文盲见识多。”

“第一批大群大群的沙丁鱼在这个太阴历的月份到来，”在煮东西

① 卢戈为加利西亚地区卢戈省省会，为一内陆城市。

的那个说。“沙丁鱼船在这个月份要整装待发，鲭鱼可已经去北方了。”

“你是诺亚[①]人，干吗不参加海军?”班长问。

“因为我登记表上填的不是诺亚，而是我的出生地内格雷拉。内格雷拉在坦布雷河上游，那儿的人都被编进了陆军。”

“运气更坏，”班长说。

“别以为当海军没危险，”坐在铺上的那个说。“即使不可能打仗，那一带海岸在冬天也危险。”

“再没比当陆军更糟糕的了，”班长说。

“你还算班长，”在煮东西的那个说。“怎么能这样说话?”

“不，”班长说。“我是说有危险性。我是说要经得起轰炸，要不得不出击，要躲在胸墙后过日子。”

“我们这儿这情况倒不多见，”坐在铺上的那个说。

“托天主的福，”班长说。“可谁知道什么时候我们又会吃到这种苦头呢? 我们当然不可能永远过现在这种容易打发的日子!”

“你看我们这个任务还要执行多久?”

“不知道，”班长说。“可是我但愿战争期间我们能一直执行这个任务。”

“六小时值一岗，时间太长了，”在煮东西的那个说。

“这场风雪不停，我们就得三小时值一岗，”班长说。“这倒是应该的。”

“所有那些参谋部用车是什么意思?”坐在铺上的那个问。“看到所有这些参谋部用车，我可不喜欢。”

“我也是，”班长说。“这些都不是好兆头。”

“还有飞机，”在煮东西的那个说。“飞机也是个坏迹象。”

---

① 诺亚为滨大西洋的一个渔港，居民惯于海上生活。

“可是我们的飞机很厉害，”班长说。“赤色分子可没有我们这样的飞机。今天早晨的飞机能让谁都觉得高兴。”

“我见过赤色分子的飞机，可不是什么闹着玩的东西，”坐在铺上的那个说。“我见过那些双引擎轰炸机，当初挨炸的时候叫人胆战心惊。”

“是啊。可是没我们的飞机厉害，”班长说。“我们的飞机谁也敌不过。”

这就是他们当时正在锯木厂谈话的情况，而安塞尔莫呢，在雪中等待着，注视着公路和锯木厂窗子里的灯光。

但愿我可以不干杀人的事，安塞尔莫正在想。我认为战后我们必须为杀人的行为表示痛改前非。要是战后我们不再信教，那么我认为就必须安排某种表示悔改的群众形式，使大家可以涤除杀人的罪过，否则我们就丝毫没有真正的做人准则了。杀人是必要的，我知道，可是就人而论，干这勾当仍然是非常缺德的，我还认为，等战事全部结束，我们打了胜仗之后，必须有某种悔改表示，来涤除我们大家的罪过。

安塞尔莫是个十分善良的人，每当他独自一人待久了，而他正是经常独自一人待着的，这个杀人问题就会又兜上他的心头。

我弄不懂这个英国人，他想。他对我说过，他不在乎杀人。可是他这人似乎敏感而善良。也许这对年轻的一代人说来是无所谓的。也许对外国人说来，或者对不信奉我们的宗教的人说来，态度就不一样。但是我认为杀人者迟早会变得丧失人性，我还认为，即使杀人是必要的，它仍然是桩大罪过，事后我们要花很大的力气才能赎这个罪。

这时天黑了，他望着公路对面的灯光，双臂拍拍胸脯取暖。现在，他想，他一定要回营地去；但是有一种感情使他仍呆在公路上边的那棵树旁。雪正下得越来越大，安塞尔莫就想：要是今夜能炸桥就好了。像这样的夜晚，拿下哨所，再炸桥，都算不上一回事，事情就可以全部结束了事。像这样的夜晚，干什么事都行。

随后他背靠着树干站在那里，轻轻地跺着脚，不再考虑桥的问题了。黑夜的来临总是使他感到孤单，今夜他感到孤单得心里有种空落落的感觉，像饥饿那样。往日，他可以靠祷告来抑制孤单，常常在打猎回家的路上，反复地念好多遍同一段祷文，这使他觉得好受些。但是运动开始以来，他一次也没祷告过。他感到不做祷告不好受，但他认为再祷告是不合适而言行不一的，他不愿祈求任何恩宠，或要求与众不同的待遇。

我不愿，他想，我感到孤单。但是所有那些当兵的、当兵的老婆、那些失去家人或爹娘的人都是这样。我现在没老婆，幸好运动前她就死了。她是不会理解的。我没儿女，也决不会有儿女了。白天闲着，我感到孤单，但是黑夜来了，就到了非常孤单的时刻。但是，我有一件事是无论谁还是天主都没法小看的，那就是我给共和国好好出了力。我一直在为争取今后我们大家可以分享的好处而出大力。运动一开始，我就尽力而为，我干的事没一件问心有愧。

我感到懊悔的只是杀人这件事。但以后一定会有机会来赎这个罪，因为关于那么许多人担当的这种罪，以后当然会有人想出一个公正的补救办法。我要跟这个英国人谈一谈这件事，但他年轻，有可能不会理解。他提起过杀人这件事。要不，是我提起的？他一定杀过很多人，但看不出他喜欢干这种事的表示。喜欢干这种事的人总是骨子里就是堕落的。

这实在必然是滔天大罪，他想。因为当然，这是一件我们没权做的事，哪怕我明知道有这个必要。但是在西班牙，杀人太轻率，而且常常没真正的必要，不公道的事常常动不动就发生，事后丝毫得不到补救。但愿我别在这个问题上多费心思吧，他想。但愿有个赎罪的办法，好让人现在就开始做，因为我这辈子干过的事中只有这一件使我独自一人待着感到难受。其他的一切都可以得到宽恕，要不，总有机会做点好事或用什么合理的办法来进行弥补。但是我想，杀人这种事必然是滔天大罪，我希望能解决这个问题。也许有朝一日，一个人可以为国家出力或做些力所能及的事来打消这罪孽。也许就像过去上教堂做礼拜时捐点儿什么那样，他想，还笑了笑。教会为赎罪安排得好好的。这想法使他高兴，他在黑暗中微笑着，这时罗伯特·乔丹朝他走来了。他悄悄走来，直走到老头儿跟前他才看到。

“老头子好吗?”罗伯特·乔丹低声说，拍拍他的背。

“很冷，”安塞尔莫说。费尔南多站得稍远，背对着大风雪。

“走吧，”罗伯特·乔丹低声说。“上山到营地取暖去。把你一人撇在这儿这么久，真是罪过。”

“那就是他们的灯火，”安塞尔莫指点着说。

“哨兵在哪儿?”

“你在这儿望不到他。在拐角的另一边。”

“见他们的鬼去，”罗伯特·乔丹说。“你到营地跟我说吧。来，我们走。”

“让我指给你看，”安塞尔莫说。

“我打算早晨来看，”罗伯特·乔丹说。“给，咽一口这个。”

他把他的扁酒瓶递给老头儿。安塞尔莫侧着瓶子咽了一口。

“哎哟，”他说，擦擦嘴。“像火一样。”

“来，”罗伯特·乔丹在黑暗中说。“我们走吧。”

这时天色黑得叫人只看到身边吹过的雪片和一动不动的黑魆魆的松树树干。费尔南多正站在山坡上不远的地方。瞧这雪茄店门口的木雕印第安人①，罗伯特·乔丹想。看来我得请他喝一口了。

“嗨，费尔南多，”他一边向他走去一边说。“来一口吧?”

“不，”费尔南多说。“谢谢你。”

---

① 这种彩色木雕像一般和真人差不多大小，美国商店拿来作招徕顾客之用。此处喻指费尔南多站在雪中一动不动的样子。

我的意思是谢谢你，罗伯特·乔丹想。幸亏雪茄店门口的印第安人都不喝酒。剩下的不太多啦。好样的，我很高兴见到这老头子，罗伯特·乔丹想。他们动身上山时，他望望安塞尔莫，然后又拍拍他的背。

"见到你真高兴，老头子，"他对安塞尔莫说。"每当我情绪低落的时候，一见到你就高兴起来。走吧，我们上山去。"

他们冒着雪在登山。

"回巴勃罗的宫殿去，"罗伯特·乔丹对安塞尔莫说。这话用西班牙语说，听来很美妙。

"怕死鬼的宫殿，"安塞尔莫说。

"失去了蛋的山洞，"罗伯特·乔丹乐呵呵地比另一个说得更俏皮。

"什么蛋呀?"费尔南多问。

"一句笑话，"罗伯特·乔丹说。"一句笑话罢了。不是蛋，你知道。是另一种①。"

"可为什么失去了?"费尔南多问。

"不知道，"罗伯特·乔丹说。"跟你说来话长。问比拉尔吧。"这时他伸出一臂挽住安塞尔莫的肩膀，紧搂着他一起走，还摇摇他。"听着，"他说。"见到你真高兴，听到吗? 在这个国家你把人家留在一个地方，之后竟能在原地找到他，你不知道这意义有多重大呢。"

他对这个国家竟能说出这种不尊重的话，这说明他对它怀着多大的信任和亲密感啊。

"见到你很高兴，"安塞尔莫说。"但刚才我也正打算走了。"

"真见鬼，你会走，"罗伯特·乔丹高兴地说。"你会情愿冻僵的。"

"山上的情况怎么样?"安塞尔莫问。

---

① 指睾丸，代表男子汉的勇气。这里是指巴勃罗已丧失了斗志。

“很好，”罗伯特·乔丹说。“一切都好。”

他感到一种在革命队伍里当指挥的人才会有的突如其来的难得的快乐心情；那种发现自己的两翼中竟有一翼仍然坚守着阵地时的快乐心情。要是两翼都能坚守下去，我看就力量无比，他想。我不知道有谁能作好准备去抵挡这力量。如果你把一翼的队形，任何一翼的队形拉开的话，最终就得每一个人独立作战。对啊，每一个人。他需要的可不是这种不言自明的道理。然而这是个好人。一个好人。我们进行这次战斗的时候，你将一个人当左翼，他想。我现在最好先不告诉你。这将是一次规模挺小的战斗，他想。但将是一次挺出色的战斗。噢，我一直想独立地指挥一次战斗。对于从阿金库尔战役①以来所有别人指挥的战斗的毛病，我一向有自己的看法。我一定要打好这一仗。这一仗规模不会大，然而会很杰出。如果我必须按照自己认为必要的方式去干的话，它确实会成为非常杰出的一仗。

“听着，”他对安塞尔莫说。“见到你我真是高兴。”

“我见到你也一样高兴，”老头儿说。

他们在黑暗中上山，风从他们背后刮来，他们爬着山，风雪一路吹过他们的身边，安塞尔莫这时不觉得孤单了。这个英国人刚才在他背上拍拍之后，他就不觉得孤单了。这个英国人感到满意而高兴，他们一起有说有笑。这个英国人刚才说一切都顺利，因此老头儿不愁了。酒一下肚，使他身上暖乎乎的，如今爬着山，两脚也暖和起来。

“公路上没多大情况，”他对英国人说。

“好，”英国人对他说。“我们到了营地你再给我说明吧。”

安塞尔莫这时很高兴，他很满意自己在观察哨坚持了下来。

---

① 阿金库尔为法国西北部滨英吉利海峡的布洛涅港东南约30英里处一小村，因1415年10月25日英法两军在此决战而著名。英王亨利五世利用弓箭手以寡敌众，大破穿戴笨重盔甲的法国骑士，使该战役成为世界军事上著名战役之一。

即使他刚才自行回营地，也不能说不对。在那样的情况下回来，该是明智而正确的，罗伯特·乔丹在想。然而他遵照命令待下了，罗伯特·乔丹想。这在西班牙是最最难得的。在暴风雪中能待下，从某种程度上来说，说明了不少问题。德国人把进攻称为暴风雨①，不是没有道理的。我当然愿意多用几个这种能待下的人。我当然最最愿意如此。我不知道在同样的情况下那个费尔南多会不会待下。这也极有可能。刚才毕竟是他自己想到站出来的。你以为他会待下？这难道不是好事？他说得上相当顽强。我得试探试探。不知道这个雪茄店门口的印第安人现在在想些什么。

“你在想什么，费尔南多?”罗伯特·乔丹问。

“你问干吗?”

“好奇，”罗伯特·乔丹说。“我是个十分好奇的人。”

“我在想晚饭，”费尔南多说。

“你喜欢吃喝?”

“是的。非常。”

“比拉尔饭菜做得怎么样?”

“平常，”费尔南多回答。

他也是个讲究吃喝的人，罗伯特·乔丹想。但是你知道，我就是觉得他会待下的。

他们三人在雪中吃力地登山。

第十六章

“聋子来过了，”比拉尔对罗伯特·乔丹说。他们从大风雪中走进

---

① 英语中的storm(暴风雨，此处指暴风雪)来自德语中的Sturm，两者都可作“进攻、袭击”解。

山洞多烟的热乎乎的氛围中，那妇人点点头，示意罗伯特·乔丹到她身边去。“他去找马儿了。”

“好。他有口信给我?”

“只说他去找马儿。”

“那我们呢?”

“不知道，”她说。“瞧他。”

罗伯特·乔丹进山洞时就看到了巴勃罗，巴勃罗曾对他露齿笑笑。这时他坐在板桌边朝他望着，露齿笑笑，还挥挥手。

“英国人，”巴勃罗大声说。“还在下雪哪，英国人。”

罗伯特·乔丹朝他点点头。

“我把你的鞋拿去烤烤干，”玛丽亚说。“把它挂在这儿炉灶的烟火边。”

“留心别把鞋烧了，”罗伯特·乔丹对她说。“我不想在这儿光着脚走动。怎么回事?”他转身对着比拉尔。“这是在开会? 你派人放哨了没有?”

“在这大风雪里? 亏你说的。”

桌边坐着六个人，背靠着洞壁。安塞尔莫和费尔南多仍在洞口把茄克衫上的雪抖掉，拍打着裤腿，朝洞口边的石壁跺脚。

“把你的茄克衫给我吧，”玛丽亚说。“别让雪化在衣服上。”

罗伯特·乔丹匆匆脱下茄克衫，拍掉裤腿上的雪，解开鞋带。

“你要把这儿全弄湿了，”比拉尔说。

“是你招呼我过来的。”

“可没人阻拦你回洞口去拍掸啊。”

“对不起，”罗伯特·乔丹说，光脚踏在泥地上。“找双袜子给我，玛丽亚。”

“夫君吩咐啦，”比拉尔说着，向火里塞进一块木柴。

“你得抓紧现有的时间，”罗伯特·乔丹对她说。

“背包上着锁，”玛丽亚说。

“钥匙拿去，”他把钥匙扔过去。

“这钥匙不是这包上的。”

“是另一只的。袜子就在上面的边上。”

姑娘找到了袜子，关上背包，上了锁，把袜子和钥匙一起拿过来。

“坐下穿上袜子，把脚好好揉揉，”她说。罗伯特·乔丹朝她咧嘴笑笑。

“你不能用你的头发把它们擦擦干吗?”他这话是说给比拉尔听的。

“真不是人，”她说。“开头是庄园主。现在成了我们的前任天主啦。拿块木柴揍他，玛丽亚。”

“别，”罗伯特·乔丹对她说。“我在开玩笑，因为感到高兴。”

“感到高兴?”

“是的，”他说。“看来一切都十分顺利。”

“罗伯托，”玛丽亚说。“来坐下，擦干脚，让我拿些喝的给你暖和暖和。”

“人家会以为他以前从没踩湿过脚，”比拉尔说。“天上也从没下过一片雪花似的呢。”

玛丽亚给他拿来一张羊皮，铺在山洞的泥地上。

“得，”她说。“踩在羊皮上，等鞋干吧。”

羊皮新近晾干，还没鞣过，罗伯特·乔丹把穿着袜子的双脚踩在上面，听到羊皮窸窣作响，像张羊皮纸。

炉火在冒烟，比拉尔对玛丽亚大声说，“把炉火扇旺，没用的丫头。这儿可不是熏制作坊。”

“你自己扇吧，”玛丽亚说。“我在找聋子留下的酒瓶哪。”

“在他那两只背包后面，”比拉尔对她说。“你非把他当作吃奶的娃娃来照顾不可吗?”

“不，”玛丽亚说。“当作又冷又湿的男人。刚回家的男人。在这儿哪。”她把瓶子拿到罗伯特·乔丹坐着的地方。“这瓶酒就是你今天中午喝过的。可以把这瓶子做盏漂亮的灯。等再用上电的时候，真可把这瓶子做盏好灯。”她赞赏地看着这只瓶身有三大凹痕的酒瓶。“你觉得这酒好不好，罗伯托?”

“我原以为我是英国人呢，”罗伯特·乔丹对她说。

“我当着别人的面叫你罗伯托，”她低声说着，脸红了。“你要怎么喝，罗伯托?”

“罗伯托，”巴勃罗嗓子沙哑地说着，对罗伯特·乔丹点点头。“你要怎么喝，堂罗伯托?”

“你要喝一些吗?”罗伯特·乔丹问他。

巴勃罗摇摇头。“我正拿葡萄酒来灌醉自己，”他神气地说。

“跟巴克斯①搭档去吧，”罗伯特·乔丹用西班牙语说。

“巴克斯是谁?”巴勃罗问。

“你的一位同志，”罗伯特·乔丹说。

“我从没听说过他，”巴勃罗气咻咻地说。“在这山区从没听说。”

“给安塞尔莫来一杯，”罗伯特·乔丹对玛丽亚说。“是他挨了冻。”他正在穿上那双烘干的袜子，杯里兑水的威士忌爽口而微微暖人。但不像艾酒那么在肚子里翻腾，他想。什么酒也及不上艾酒啊。

谁想得到这山里会有威士忌呢，他想。但是仔细想想，在西班牙最可能搞到威士忌的地方得算拉格兰哈了。想象一下聋子拿一瓶来请作客的爆破手，然后存心把它带来留在这里。这不光是出于他们所具有的礼貌。他们的礼貌历来就是拿出瓶酒来，按照习俗请人来一杯。法国人就会这样做，他们还会把喝剩的留到下一次。是啊，当你本人有事在身，有充分的理由不考虑人家，只考虑自己，只考虑自己手头的事，但竟能

---

① 巴克斯为希腊神话中酒神狄俄尼索斯的别名。当时的酒都是葡萄酒。

真心体贴地想到客人会喜欢喝威士忌，并且后来再把它带来让他喝个痛快——这是西班牙人的风格。一种西班牙人的风格，他想。你爱这些人的原因之一就是他们存心把威士忌带来吧。别把他们传奇化了，他想。有九流三教的美国人，就有九流三教的西班牙人。但是话得说回来，带威士忌来还是干得很漂亮。

“你觉得这酒怎么样?”他问安塞尔莫。

老头儿正坐在炉边，脸上堆着笑，两只大手捧着杯子。他摇摇头。

“不怎么样?”罗伯特·乔丹问他。

“小丫头在里头兑了水，”安塞尔莫说。

“罗伯托正是这么喝的，”玛丽亚说。“难道你是什么特殊人物?”

“不，”安塞尔莫对她说。“一点儿也不特殊。不过我喜欢喝下去感到火辣辣的。”

“把那杯子给我，”罗伯特·乔丹对姑娘说，“给他斟些火辣辣的玩意儿。”

他把杯里的酒倒在自己杯里，把空杯递还给姑娘，她就小心地把瓶里的酒倒在杯里。

“啊，”安塞尔莫拿了酒杯，脑袋一仰，让酒灌进喉咙。他望望玛丽亚拿着酒瓶站着，对她眨眨眼睛，两眼流出了泪水。“这玩意儿，”他说。“这玩意儿。”接着他舔舔嘴唇。“这玩意儿才能把在我们肚里作怪的蛆虫杀死。”

“罗伯托，”玛丽亚说，来到他身边，仍然拿着酒瓶。“你准备吃饭吗?”

“饭准备好了?”

“随你什么时候想吃都行。”

“别人都吃了?”

“除了你、安塞尔莫和费尔南多，都吃了。”

“那我们吃吧，”他对她说。“可你呢?”

“往后跟比拉尔一起吃。”

“就现在跟我们一起吃吧。”

“不。那看来不好。”

“来，吃吧。在我国，男人不在他女人之前先吃。”

“那是你的国家。这儿后吃比较合适。”

“陪他吃吧，”巴勃罗从桌边抬眼望着说。“陪他吃。陪他喝。陪他睡。陪他死。遵照他的国家的规矩吧。”

“你醉了吗?”罗伯特·乔丹站在巴勃罗面前，说。这肮脏的、满脸胡子茬的汉子愉快地望着他。

“是啊，”巴勃罗说。“你那女人陪男人一起吃饭的国家，英国人，在哪儿呀?”

“在美利坚合众国蒙大拿州。”

“男人跟女人一样都穿裙子的地方，就是在那儿?”

“不。那是在苏格兰。”

“可是你听着，”巴勃罗说。“你像那样穿裙子的时候，英国人啊——”

“我不穿裙子，”罗伯特·乔丹说。

“你穿着那种裙子的时候，”巴勃罗还是说，“里边衬什么玩意儿?”

“我不知道苏格兰人的穿着，”罗伯特·乔丹说。“我自己也想知道。”

“不是苏格兰人，”巴勃罗说。“谁理会苏格兰人？谁理会名称那么古怪的外国人？我才不哪。我才不理会哪。你，啊，英国人。你。在你们国家，你们在裙子里边衬什么?”

“我对你说了两次，我们不穿裙子，”罗伯特·乔丹说。“不是说酒话，也不是讲笑话。”

“但是在裙子里边，”巴勃罗坚持说。“因为大家知道你们是穿裙子的。连当兵的也穿。我见过照片，而且在普赖斯马戏场也见过。你在裙子里边衬什么，英国人?”

“两颗鸡巴蛋，”罗伯特·乔丹说。

安塞尔莫哈哈大笑，其他听着的人也笑；只有费尔南多例外。在女人面前讲这样的粗话，他一听那声音就觉得不快。

“噢，这是正常的，”巴勃罗说。“不过我看你有了够多的鸡巴蛋，就不会穿裙子了。”

“别让他再说这种话，英国人，”那个名叫普里米蒂伏的扁脸、破鼻子的汉子说。“他醉了。跟我讲讲，你们国家种什么庄稼，养什么牲口?”

“牛和羊，”罗伯特·乔丹说。“还种很多粮食和豆子。还种很多做糖的甜菜。”

他们三人这时坐在桌边，其他人挨在旁边坐，只有巴勃罗独自坐着，面前放了一碗酒。炖肉还是跟上一夜的一样，罗伯特·乔丹狼吞虎咽地吃着。

“你们那儿有山吗？既然叫蒙大拿①，当然有山，”普里米蒂伏客气地问，想打开话匣子。巴勃罗喝醉了，使他很窘。

“有很多山，而且很高大。”

“有好牧场吗?”

“好极了；有政府管理的夏天森林里的高原牧场。到了秋天，就把牛羊赶到低坡去放牧。”

“那儿土地归农民自己?”

“大多数土地归种地人所有。土地本来是国有的，但是如果有人在那儿生活，并且表示愿意开垦它，一人可以得到一百五十公顷土地的所

---

① 蒙大拿州的州名(Montana)和西班牙语中的 montaña 一词都源出拉丁语，意为“山岳、山区”。

有权。”

“跟我讲讲这是怎么回事，”奥古斯丁问。“这是一种土地改革，有点儿意思。”

罗伯特·乔丹讲解了分给定居移民宅地①的过程。他从没想到过这是一种土地改革。

“这好极了，”普里米蒂伏说。“这么说，你们的国家实行共产主义?”

“不。那是在共和国领导下进行的。”

“依我看，”奥古斯丁说，“在共和国领导下什么事都干得成。我看不需要别的形式的政府了。”

“你们没有大业主?”安德烈斯问。

“有很多。”

“那么准有弊病啰。”

“当然。有很多弊病。”

“你们可要消灭这些弊病呢?”

“我们越来越想要这样做。但仍旧有很多弊病。”

“但是有没有必须加以解散的大产业呢?”

“有。但有人认为，靠抽税就能解散它们。”

“怎样做法?”

罗伯特·乔丹解释所得税和遗产税的作用，一边用面包抹着盛过炖肉的碗。“但是大产业还是存在。另外土地要征税，”他说。

“可是大业主和有钱人当然要闹革命来反对这些税收。我看这些税倒是革命的。他们看到自己受到威胁，准会反抗政府，正像法西斯分子

---

① 在美国南北战争期间，林肯总统颁布了“宅地法案”，规定任何一家之主，或满21岁的公民可向政府至多领取160公顷土地，定居开垦三年后，成为该地的所有者。该法案促进了广大西部的开发，成为后来各州土地法的基础。此处罗伯特·乔丹提及的是20世纪30年代在蒙大拿州的情况。

在这儿干下的那样，”普里米蒂伏说。

“这可能。”

“那么你们那儿也得像我们这儿一样，必须斗争啰。”

“对，我们必须斗争。”

“你们那儿法西斯分子不很多吧?”

“有很多，但他们不知道自己就是法西斯分子，不过到头来是会明白过来的。”

“可是你们不能在他们造反之前先消灭他们吗?”

“不行，”罗伯特·乔丹说。“不能消灭他们。但我们可以教育人民警惕法西斯，等它一露头就有所认识，向它作斗争。”

“你知道什么地方没有法西斯分子?”安德烈斯问。

“什么地方?”

“巴勃罗老家那镇上，”安德烈斯说着，露齿笑笑。

“你知道那镇上发生的情况吧?”普里米蒂伏问罗伯特·乔丹。

“知道。我听说了事情经过。”

“听比拉尔讲的?”

“是的。”

“你从这女人嘴里听不到全部经过，”巴勃罗气咻咻地说。“因为她没有看到事情的结局，因为她在窗外从椅子上摔倒了。”

“那你把所发生的情形跟他讲讲吧，”比拉尔说。“既然我不知道事情经过，你就讲一讲嘛。”

“不，”巴勃罗说。“我从没讲过那情形。”

“不错，”比拉尔说。“你不会提它了。现在你可但愿当时没发生那回事。”

“不，”巴勃罗说。“这话说得不对。要是大家跟我一样，当时把法西斯分子都干掉，就不会有这场战争啦。但是，当时的情况如果不是那么回事，那就好啦。”

“你说这话干吗?”普里米蒂伏问他。“你要改变政治态度?”

“不。但当时干得野蛮，”巴勃罗说。“那些日子我非常野蛮。”

“你现在可醉了，”比拉尔说。

“是啊，”巴勃罗说。“请包涵。”

“我倒喜欢你野蛮的时候，”妇人说。“男人中最可恶的是酒鬼。贼不偷盗时还算像人。流氓不在自己家里敲诈勒索。杀人凶手在家会洗手不干。可是酒鬼臭气冲天，在自己床上呕吐，让酒精把他的五脏六腑都烂掉。”

“你是女人，你不懂，”巴勃罗心平气和地说。“我喝葡萄酒喝醉了，要不是干掉了那些人，我就会觉得好过。那些人现在还都让我伤心得很。”他摇摇头，伤心得不得了。

“给他一些聋子带来的酒，”比拉尔说。“给他一些，让他有点儿生气。他悲伤得快要受不住了。”

“我要能使他们复活，准干，”巴勃罗说。

“去操你自个儿吧，”奥古斯丁对他说。“这儿是什么地方?”

“我要使他们都活过来，”巴勃罗伤心地说。“每个人。”

“去你妈的，”奥古斯丁对他大声嚷嚷。“住口，别这么说话，要不就滚。你干掉的都是法西斯分子啊。”

“你听到我说了，”巴勃罗说。“我要使他们都复活。”

“那你就能在海面上行走啦①，”比拉尔说。“我做人到现在也没见过这号男人。到昨天为止，你还有那么一点儿男子气。今天可不行了，还不如一只有病的小猫。你喝得迷迷糊糊的，还高兴呢。”

“那时我们应该把他们全干掉，要就一个也不杀，”巴勃罗点点

① 喻指耶稣基督。据《圣经·约翰福音》第11章，耶稣曾使已埋葬了四天的拉撒路复活，从墓穴里走出来。另据《圣经·马太福音》第14章第22节到33节，耶稣曾在四更天在海面上行走，使门徒们相信他真是上帝的儿子。

头。“全干掉，要就一个也不杀。”

“听着，英国人，”奥古斯丁说。“你怎么碰巧到了西班牙？别理会巴勃罗。他醉了。”

“我十二年前第一次来，来研究这个国家和西班牙语，”罗伯特·乔丹说。“我在一家大学教西班牙语。”

“你看上去一点也不像教授，”普里米蒂伏说。

“他没有胡子，”巴勃罗说。“瞧他。他没胡子。”

“你真是教授？”

“是讲师。”

“可你教课吧？”

“是的。”

“可是干吗教西班牙语？”安德烈斯问。“你是英国人，教英语不就容易些？”

“他的西班牙语说得跟我们一样，”安塞尔莫说。“干吗他不能教西班牙语？”

“是啊。但是外国人教西班牙语，总多少有点儿自以为是，”费尔南多说。“我没有反对你的意思，堂罗伯托。”

“他是个冒牌教授，”巴勃罗扬扬自得地说。“他没长胡子。”

“你的英语肯定更好，”费尔南多说。“教英语不就更好、更容易、更清楚吗？”

“他并不教西班牙人——”比拉尔开始插嘴。

“但愿如此，”费尔南多说。

“让我把话说完，你这蠢驴，”比拉尔对他说。“他是教美洲人西班牙语。北美人。”

“他们不会说西班牙语吗？”费尔南多问。“南美人会。”

“蠢驴，”比拉尔说。“他教说英语的北美人。”

“不管怎么样，我只觉得，他既然说英国话，教英国话就会容易些，”费尔南多说。

“难道你没听到他说的西班牙语?”比拉尔无可奈何地对罗伯特·乔丹摇摇头。

“是啊。不过带着土音。”

“哪儿的土音?”罗伯特·乔丹问。

“埃斯特雷马杜拉的，”费尔南多一本正经地说。

“我的妈呀，”比拉尔说。“这种人哪!”

“有这可能，”罗伯特·乔丹说。“我是从那儿来的。”

“他自己很清楚，”比拉尔说。“你这老姑娘，”她扭头转向费尔南多。“吃够了吧?”

“如果东西多，我很想再吃，”费尔南多对她说。“别以为我的话是有意反对你，堂罗伯托——”

“奶奶的，”奥古斯丁干脆地说。“再说一句奶奶的。我们干革命就是为了对同志称呼堂罗伯托吗?”

“依我看，革命就是为了让大家都可以相互称呼‘堂’，”费尔南多说。“在共和国领导下，就该这样。”

“奶奶的，”奥古斯丁说。“可恶的奶奶的。”

“我还是认为堂罗伯托教英语要容易些、清楚些。”

“堂罗伯托没胡子，”巴勃罗说。“他是个冒牌教授。”

“我没胡子，你这是什么意思?”罗伯特·乔丹说。“这是什么?”他摸摸三天来长出了一片金黄色的短胡须的下巴和脸颊。

“没有胡子，”巴勃罗说。他摇摇头。“那不算胡子。”他这时简直喜气洋洋。“他是个冒牌教授。”

“我操你们大伙儿的奶奶的，”奥古斯丁说。“这儿不像疯人院才怪。”

“你该喝酒，”巴勃罗对他说。“依我看，一切都正常。只是堂罗伯托没长胡子。”

玛丽亚伸手摸摸罗伯特·乔丹的脸颊。

“他有胡子，”她对巴勃罗说。

“你哪会不知道，”巴勃罗说，于是罗伯特·乔丹对他望望。

我想他没醉成这样，罗伯特·乔丹想。不，没醉成这样。我看最好还是多加小心。

“你，”他对巴勃罗说。“你认为这场雪会一直下吗?”

“你说呢?”

“我问你啊。”

“问别人吧，”巴勃罗对他说。“我不是你的情报部。你有情报部的证件嘛。问那女人。她当家。”

“我是问你。”

“去操你自己吧，”巴勃罗对他说。“操你和这女人和这丫头。”

“他醉了，”普里米蒂伏说。“别理睬他，英国人。”

“我想他没醉成这样，”罗伯特·乔丹说。

玛丽亚正站在他背后，罗伯特·乔丹看到巴勃罗在扭头打量她。这满脸胡子茬的圆脑袋上长着的猪眼样的小眼睛，正打量着她，罗伯特·乔丹就想：我在这次战争中见过不少杀人者，以前也见过一些，他们都各个不同；没有相同的特征或脸型，也没有所谓天生的凶犯相貌；但巴勃罗无疑长得不雅观。

“我看你不会喝酒，”他对巴勃罗说。“也没醉。”

“醉了，”巴勃罗威严地说。“喝酒没什么。醉了才有意思。我醉得很厉害。”

“我不信，”罗伯特·乔丹对他说。“胆小，倒是真的。”

山洞里突然很静，静得他能听到比拉尔烧菜的炉灶里柴火发出的咝咝声。他听到自己两脚支着身子沉沉地踩在羊皮上的窸窣声。他觉得简直能听到洞外的下雪声。这是听不到的，但他能察觉到雪花落地无声的寂静。

我真想杀了他，把事情了结，罗伯特·乔丹在想。不知道他打算干什么，但不会有好事。后天早晨就要炸桥，而这家伙真糟，对整个任务的完成构成了危害。来吧。我们把事情了结吧。

巴勃罗对他露齿笑笑，竖起一指在脖子上一划。他摇摇头，但脑袋只在那又粗又短的脖子上微微左右晃动了一下。

“不，英国人，”他说。“别惹我恼火。”他望着比拉尔，并对她说，“你想这样把我搞掉可不行。”

“不要脸的东西，”罗伯特·乔丹对他说，这时心里想动手了。“胆小鬼。”

“这很可能，”巴勃罗说。“可我不会着恼。搞点儿什么来喝喝吧，英国人，给那女人打个手势，表明这样做不成。”

“闭上你的嘴，”罗伯特·乔丹说。“是我在惹你恼火。”

“不值得操心，”巴勃罗对他说。“我可不惹人家。”

“你真是个怪物，”罗伯特·乔丹说，不愿就此罢休；不愿这一次尝试又遭失败；他说话时明知道这种场面以前已演过一遍；他感觉到他正在根据记忆，按照曾在书上看到、或梦中见过的，在演一个角色，感觉到一切都在周而复始地打圈子。

“很怪，对，”巴勃罗说。“很怪，并且很醉了。为你的健康干杯，英国人。”他在酒缸里舀了一杯，举起杯来。“为你的鸡巴蛋干杯。”

他怪，没疑问，罗伯特·乔丹想，而且机灵，很不简单。他只听到自己呼吸的声音，反听不到炉灶的声音了。

“为你干杯，”罗伯特·乔丹说，也舀了杯酒。要背叛就免不了来这一套祝酒的玩艺，他想。干杯吧。“干杯，”他说。“干了再干。”你干杯吧，他想。干杯，你干杯吧。

“堂罗伯托，”巴勃罗气咻咻地说。

“堂巴勃罗，”罗伯特·乔丹说。

“你算不上教授，”巴勃罗说，“因为你没长胡子。再说，要把我干掉，你得暗杀我，而要这样干，你可没种。”

他望着罗伯特·乔丹，紧闭着嘴，这一来双唇形成一条绷紧的线，像鱼嘴，罗伯特·乔丹想。长着这样的脑袋，就像条被捉住后的针鲀吸进了空气，身子胀大了。

“干杯，巴勃罗，”罗伯特·乔丹说着，举起杯来喝酒。“我正从你那儿学到不少东西。”

“我在教教授啦，”巴勃罗点点头。“得了，堂罗伯托，我们做个朋友吧。”

“我们已经是朋友了，”罗伯特·乔丹说。

“可现在我们要做好朋友。”

“我们已经是好朋友了。”

“我要离开这儿，”奥古斯丁说。“没错，人家说我们这辈子得听一吨废话，可刚才这会儿我每只耳朵就灌进了二十五磅。”

“怎么啦，黑鬼?”巴勃罗对他说。“你看到堂罗伯托跟我做朋友不喜欢?”

“叫我黑鬼，得留神你的嘴巴。”奥古斯丁走到他面前站住，握住双手，垂在下面。

“人家就这样叫你的嘛，”巴勃罗说。

“不许你叫。”

“得，那就叫白人——”

“也别这么叫。”

“那么叫你什么，‘赤色分子’?”

“对。赤色分子。佩着部队的红星，拥护共和国。而且我的名字叫奥古斯丁。”

“好一个爱国者，”巴勃罗说。“瞧，英国人，好一个爱国模范。”

奥古斯丁朝前举起左手，反手一挥，倏地掴了他一个嘴巴。巴勃罗坐在那里。他嘴角上沾着酒，声色不动，但罗伯特·乔丹注意到他眯细了眼睛，就像猫的瞳孔在强光中收缩成一条垂直的狭缝。

“这也不行，”巴勃罗说。“别指望这么干了，太太。”他转过头来朝着比拉尔。“我不会着恼。”

奥古斯丁又揍了他一下子。他这次是紧握拳头打在他嘴上的。罗伯特·乔丹一手正在桌下握住了手枪。他已扳开了保险，用左手推开玛丽亚。她挪了挪身子，他就用左手使劲地又推了一下她的胸口，要她真的走开。她这才走了，罗伯特·乔丹从眼梢瞅见她沿着洞壁朝炉灶悄悄走去，然后他注视着巴勃罗的脸色。

这个圆脑袋汉子坐着，呆滞的小眼睛瞪着奥古斯丁。这时瞳孔变得更小了。他舔舔嘴唇，接着抬起一臂，用手背擦擦嘴，垂眼一望，看到了手上的鲜血。他用舌头舔舔嘴唇，然后唾了一口。

“这也不行，”他说。“我不是傻瓜。我可不惹人家。”

“王八蛋，”奥古斯丁说。

“你应该知道，”巴勃罗说。“你了解这女人的嘛。”

奥古斯丁又狠狠地掴他的嘴巴，巴勃罗却冲着他笑，血红的一线嘴唇里露出一口黄黄的不完整的坏牙。

“算了吧，”巴勃罗说，伸手拿杯子到缸里去舀些酒。“这儿谁也没种来杀我，这样挥挥拳头真傻。”

“胆小鬼，”奥古斯丁说。

“骂人也没用，”巴勃罗说，用酒漱口，发出咕噜噜的声音。他朝地上啐了一口。“我根本不在乎人家说什么。”

奥古斯丁站在那里，低头望着他，骂他，慢吞吞地、不含糊地、刻薄而轻蔑地骂他，一迭连声地骂着，好像正在用粪耙从大车里一下下地挑起肥料，给地里施肥。

“这么着也不行，”巴勃罗说。“算了吧，奥古斯丁。别再揍我啦。你会伤着自己的双手的。”

奥古斯丁从他身旁走开，朝洞口走去。

“别出去，”巴勃罗说。“外面在下雪。在里面舒服舒服吧。”

“你！你!”奥古斯丁从洞口转过身来对他说，把他满腔的轻蔑都放在一个“你”字上。

“是啊，我，”巴勃罗说。“等你死去的时候我准还活着。”

他又舀了杯酒，向罗伯特·乔丹举起杯子。“为教授干杯，”他说。然后转身对着比拉尔。“为太太司令干杯。”接着为大家祝酒，“为全体痴心妄想的家伙干杯。”

奥古斯丁走到他跟前，用手侧倏地一砍，打掉了他手中的杯子。

“把酒糟蹋了，”巴勃罗说。“多蠢啊。”

奥古斯丁骂了他一句粗话。

“别，”巴勃罗说，又舀了一杯。“我醉了，看到了吗？我不喝醉就不大吭声。你从没听我说过这么多的话。但是聪明人有时就不得不喝醉了才能和笨蛋泡时间。”

“滚，操你奶奶的怕死鬼，”比拉尔对他说。“我太了解你这人和你的胆量了。”

“瞧这女人说的，”巴勃罗说。“我要出去看看马儿啦。”

“操它们去吧，”奥古斯丁说。“这不是你的老规矩吗?”

“别，”巴勃罗说着摇摇头。他正从洞壁上取下毯子式大披风，望望奥古斯丁。“你啊，”他说。“还动武。”

“你去找马儿干什么?”奥古斯丁说。

“查看一下嘛，”巴勃罗说。

“操它们吧，”奥古斯丁说。“嫖马客。”

“我非常在乎马儿，”巴勃罗说。“哪怕从马屁股后望去，它们也比这伙人漂亮、懂事。你自己去寻开心吧，”他说着露齿笑笑。“跟他们谈谈桥，英国人。向他们交代袭击时的任务。告诉他们进行撤退的办法。你要把他们带到哪儿去，英国人，在炸桥之后？你把你这帮爱国者带到哪儿去？我整天喝酒，琢磨着这件事。”

“你琢磨出什么来了?”奥古斯丁问。

“我琢磨出什么来了?”巴勃罗说，舌头在嘴里若有所求地到处舔着。“我琢磨出什么，跟你有什么相干。”

“说出来吧，”奥古斯丁对他说。

“很多事，”巴勃罗说。他把毯子式披风从头上套下，圆滚滚的脑袋就从这肮脏的黄披风中央的圆孔中伸出来。“我琢磨着很多事。”

“什么事呢?”奥古斯丁说。“什么事呢?”

“我琢磨你们是帮痴心妄想的家伙，”巴勃罗说。“带头的是个头脑长在两条大腿中间的娘们，加上一个前来把你们毁掉的外国佬。”

“滚，”比拉尔对他大声说。“滚，到雪地里去玩自己吧。你奶奶的给我滚开，你这被马儿淘空了身子的嫖客。”

“有这么讲话的，”奥古斯丁钦佩地说，但是心不在焉。他在发愁。

“我走，”巴勃罗说。“但我马上就要回来。”他撩起洞口的毯子，走到外面。接着他在洞口嚷嚷，“还在下雪哪，英国人。”

第十七章

这时山洞里唯一的声音是，雪穿过洞顶的窟窿落在炉灶煤火上发出的哒哒声。

“比拉尔，”费尔南多说。“还有炖肉吗?”

“呸，闭嘴，”妇人说。但玛丽亚接过费尔南多的碗，拿到已从炉灶边缘端下的大铁锅旁，往碗里舀吃的。她把它端来搁在桌上，然后拍拍费尔南多的肩头，看他俯身去吃。她在他身旁站了一会儿，一手搁在他肩上。但费尔南多没抬头。他正一心放在炖肉上。

奥古斯丁站在炉灶边。其他人都落了座。比拉尔在桌边坐下，在罗

伯特 · 乔丹的对面。

“好，英国人，”她说，“你看到巴勃罗的模样了。”

“他会怎么干?”罗伯特 · 乔丹问。

“什么都干得出来，”妇人低头望着桌子。“什么都干得出来。他什么事情都干得出来。”

“那挺自动步枪在哪儿?”罗伯特 · 乔丹问。

“在那边洞角，裹在毯子里，”普里米蒂伏说。“你要吗?”

“以后再说，”罗伯特 · 乔丹说。“我想知道它在哪儿。”

“就在那儿，”普里米蒂伏说。“我把它拿了进来，还用我的毯子把它包好，免得枪的部件受潮。几盘弹药在那只包内。”

“他不会动它，”比拉尔说。“他不会拿这机枪干什么名堂。”

“我记得你刚才还说他什么都干得出来。”

“有可能，”她说。“但他没使过机枪。他会扔个手雷进来。这才更符合他的作风。”

“没把他干掉，就是愚蠢而软弱，”吉卜赛人说。他整个晚上都没参加过谈话。“昨夜罗伯托就该把他干掉。”

“干掉他吧，”比拉尔说。她那张大脸上露出了阴沉而疲惫的神色。“我现在赞成这办法。”

“我本来是反对的，”奥古斯丁说。他站在炉灶前，两条长臂垂在身体两侧，颧骨下满是胡子茬的两颊，在炉火的映照下显得凹陷。“现在赞成这办法了，”他说。“他这人现在很恶毒，恨不得眼看我们大家全完蛋。”

“大家说说吧，”比拉尔说，但她的声音有气无力。“你呢，安德烈斯?”

“干掉他，”两兄弟中那个黑头发低低地长在前额上的说，还点点头。

“埃拉迪奥?”

“往一处想，”另一个兄弟说。“依我看，他成了个大祸根。而且根本不中用了。”

“普里米蒂伏?”

“往一处想。”

“费尔南多?”

“我们不能把他关起来吗?”费尔南多问。

“谁来照看被关押的人?”普里米蒂伏说。“一个被关押的得由两个人来照看，而且最后我们怎样处理他呢?”

“我们可以拿他跟法西斯分子做交易，”吉卜赛人说。

“决不能这么干，”奥古斯丁说。“决不能这么卑劣。”

“只是出个主意嘛，”吉卜赛人拉斐尔说。“依我看，叛乱分子会高兴把他弄到手的。”

“算了吧，”奥古斯丁说。“这是卑劣的做法。”

“不比巴勃罗更卑劣吧，”吉卜赛人为自己辩护。

“人家卑劣，可并不能使你的卑劣变得正当，”奥古斯丁说。“好，大家都说了。只有老头子和这英国人了。”

“他们是局外人，”比拉尔说。“他没当过他们的头。”

“等一下，”费尔南多说。“我还没说完。”

“说啊，”比拉尔说。“一直说到他回来吧。说到他撩开洞口的毯子滚个手榴弹进来，把我们全炸掉。把炸药什么的全炸掉。”

“我认为你言过其实，比拉尔，”费尔南多说。“我认为他不会有这种想法。”

“我看也不会，”奥古斯丁说。“因为这一来把酒也要炸掉了，而他不久就要回来喝的。”

“干吗不把他交给聋子，让聋子去拿他跟法西斯分子做交易?”拉斐尔提议。“可以弄瞎他，那就容易对付他啦。”

“住口，”比拉尔说。“你一开口，我就觉得你这人实在也该杀。”

“反正法西斯分子不会为了他给一个子儿，”普里米蒂伏说。“这种事别人试过，他们不给钱。他们倒会把你也毙了。”

“我看弄瞎了他能拿他做一些交易，”拉斐尔说。

“住口，”比拉尔说。“要是再说弄瞎眼，你可以跟他一起去。”

“可是他，巴勃罗，弄瞎过受伤的民防军，”吉卜赛人坚持说。“那一回你忘了？”

“闭上你的嘴，”比拉尔对他说。当着罗伯特·乔丹的面这样提起弄瞎眼的事，使她感到发窘。

“我的话还没让说完哪，”费尔南多插嘴说。

“把话说完，”比拉尔对他说。“说下去。把话说完。”

“既然把巴勃罗关起来行不通，”费尔南多开始说，“而且对于把他抛出去——”

“把话说完吧，”比拉尔说。“看在天主面上，把话说完。”

“——作任何一种谈判又有反感，”费尔南多平静地接着说，“我接受这个意见，那就是为了保证计划中的行动取得最大可能的成功，也许最好还是结果了他。”

比拉尔望着这个小个子，摇摇头，咬咬嘴唇，没说什么。

“这就是我的意见，”费尔南多说。“我相信，我们认为他对共和国构成了危害是有根据的——”

“圣母马利亚啊，”比拉尔说。“即使在这儿，人也会口头打官腔。”

“这是根据他自己的言论和他最近的作为这两方面来判断的，”费尔南多接着说。“尽管他在运动初期并且直到不久之前所做的事是值得我们感谢的——”

比拉尔刚才走到了炉边。这时她来到桌旁。

“费尔南多，”比拉尔平静地说，递给他一碗吃的。“请规规矩矩地吃这碗炖肉，把嘴塞满了，别再开口。我们掌握你的意见了。”

“可是，那么怎样——”普里米蒂伏问到这里顿住了，没把这句话说完。

“我准备干，”罗伯特·乔丹说。“既然你们都决定该这么干，这件事我可以效劳。”

我怎么啦？他想。听了费尔南多说话，我说话的调调也开始跟他一样啦。这种语言一定有传染性。法语，外交语言。西班牙语，官僚语言。

“别，”玛丽亚说。“别。”

“这事与你无关，”比拉尔对姑娘说。“把嘴闭上。”

“今晚我就动手，”罗伯特·乔丹说。

他看到比拉尔望着他，手指按在嘴唇上。她正朝洞口望着。

系在洞口的毯子给撩起了，巴勃罗探进头来。他朝大家露齿笑笑，推开毯子就进来了，然后转身把它系上。他转身站在那里，接着脱掉从头上套下的毯子式披风，抖去上面的雪。

“你们在谈我?”他对大家说。“我把你们的话打断了?”

没人答理他，他就把披风挂在洞壁的木钉上，向桌子走去。

“怎么啦?”他问，拿起搁在桌上的他的空酒杯，就在酒缸里舀酒。“酒没了，”他对玛丽亚说。“去，从酒袋里倒些来。”

玛丽亚端起酒缸，朝酒袋走去，酒袋上积满了灰尘，胀得滚圆，上面涂了黑黑的柏油，倒挂在洞壁上，她把酒袋的一条腿上的旋塞拧开一点，好让酒从旋塞四周喷射在酒缸里。巴勃罗看她跪着，端起了酒缸，看到那淡红色的酒注进酒缸，快得使酒打着旋，缸里越来越满。

“要小心，”他对她说。“袋里的酒一半也没了。”

没人说话。

“我今天从酒袋的肚脐那儿喝到了胸口①，”巴勃罗说。“一天就喝那么多。你们大伙儿怎么啦？舌头丢啦？”

大家一句话也没有。

“旋紧塞子，玛丽亚，”巴勃罗说。“别洒了酒。”

“酒多着，”奥古斯丁说。“够你喝个醉。”

“有一人找到舌头了，”巴勃罗说，对奥古斯丁点点头。“恭喜恭喜。我原以为你吓得说不出话来了。”

“为什么？”奥古斯丁问。

“因为我进来了。”

“你以为你进来了有什么大不了？”

也许奥古斯丁正在鼓起劲头要干了，罗伯特·乔丹想。也许他打算动手了。他当然非常恨巴勃罗。我可不恨他，他想。是啊，我不恨他。他叫人讨厌，可我不恨他。尽管弄瞎眼这主意特别抬举他了。然而这是他们的战争。但今后两天有他在身边当然起不了什么作用。我不打算插手这件事啦，他想。今晚我跟他周旋，一度当了傻瓜，但我巴不得把他干掉。但不到时间我将不跟他胡来。而且炸药就在附近，也不该在这山洞里来什么打枪比赛或闹什么儿戏吧。巴勃罗当然想到了这一点。你刚才可想到这一点呢？他对自己说。没有，你没想到，奥古斯丁也没想到。万一出什么纰漏，你也是活该，他想。

“奥古斯丁，”他说。

“什么？”奥古斯丁阴沉沉地抬起眼睛，扭头不望巴勃罗。

“我想跟你说句话，”罗伯特·乔丹说。

“以后说吧。”

---

① 这种皮酒袋用整张牛皮制成，四条腿封住，在一条腿上安上个龙头，倒挂在墙上，要酒时旋开龙头即可。巴勃罗非常贪杯，那天喝了不少，袋内余酒的水平面已从这牛皮上的肚脐处降到了胸部。

“现在，”罗伯特·乔丹说。“劳驾啦。”

罗伯特·乔丹已走到了洞口，巴勃罗的目光跟着他。奥古斯丁身材高大，脸颊凹陷，站起身来向他走去。他勉强而轻蔑地挪动着脚步。

“你忘了背包里藏着什么吗？”罗伯特·乔丹对他说，声音低得听也听不清。

“奶奶的！”奥古斯丁说。“一习惯了就忘了。”

“我刚才也忘了。”

“奶奶的！”奥古斯丁说。“我们真是傻瓜！”他车转身子，行动灵便地回到桌边坐下。“来一杯，巴勃罗，老兄，”他说。“马儿可好？”

“很好，”巴勃罗说。“雪越下越小了。”

“你看会停吗？”

“会，”巴勃罗说。“现在越下越稀了，还下小小的硬雪珠。就要起风，但雪会停下来。风向变了。”

“你看明天会放晴吗？”罗伯特·乔丹问他。

“会，”巴勃罗说。“我相信明天要转冷，放晴。这风向在变。”

瞧他，罗伯特·乔丹想。他现在和和气气。他像风向那样变了。他长着一副猪的相貌和身材，我知道他多次杀人，可是他灵敏得像只上好的气压表。是啊，他想，猪也是种满聪明的畜生嘛。巴勃罗对我们怀恨在心，要不，也许他恨的只是我们的作战方案，而他用侮辱来表达他的憎恨，使你达到了想干掉他的程度，可是等他看到达到了这程度，却放弃了这做法，重新又来一套新花样。

“我们会遇上好天气来行动，英国人，”巴勃罗对罗伯特·乔丹说。

“我们，”比拉尔说，“我们？”

“对，我们，”巴勃罗对她露齿笑笑，喝了一些酒。“干吗不？我刚才在外面把这问题好好想过了。干吗我们要不一致？”

“一致什么？”妇人问。“现在一致什么？”

“什么都一致，”巴勃罗对她说。“一致炸这桥。现在我跟你一起干。”

“现在你跟我们一起干？”奥古斯丁对他说。“即使你说过了那些话？”

“对，”巴勃罗对他说。“天气变啦，我跟你们一起干。”

奥古斯丁摇摇头。“天气，”他说，又摇摇头。“即使我掴了你耳光？”

“对，”巴勃罗对他露齿笑笑，用手指摸摸嘴唇。“即使这样也干。”

罗伯特·乔丹正注视着比拉尔。她正望着巴勃罗，仿佛他是头怪物似的。她脸上仍然带着一点儿刚才提到弄瞎眼睛时所出现的表情。她摇摇头，仿佛想把这表情甩掉，随即头向后一昂。“听着，”她对巴勃罗说。

“是，太太。”

“你这是怎么啦？”

“没什么，”巴勃罗说。“我改了主意。就这么回事。”

“你刚才在洞口偷听，”她对他说。

“是的，”他说。“但我没听到。”

“你怕我们干掉你。”

“不，”他对她说，目光越过嘴边的酒杯口向她望去。“我不怕这个。这你知道。”

“那么，你这是怎么啦？”奥古斯丁说。“你一会儿醉醺醺的，对我们大家居心险恶地口头上说好话，却不愿卷入我们当前的任务，恶毒地咒骂我们死去，辱骂妇女，反对该做的事——”

“我当时醉了，”巴勃罗对他说。

“可是现在——”

“没醉，”巴勃罗说。“而且改了主意。”

“让别人信你的话吧。我可不信，”奥古斯丁说。

“信我也好，不信我也好，”巴勃罗说。“不过没人能跟我一样把你们带到格雷多斯山区去。”

“格雷多斯?”

“这是这次炸桥之后唯一可去的地方。”

罗伯特·乔丹望着比拉尔，举起不面对巴勃罗的那只手，点点自己的右耳，好像在提问似的。

妇人点点头。接着又点了点头。她对玛丽亚说了几句，姑娘就来到罗伯特·乔丹身边。

“她说，‘他肯定听到了，’”玛丽亚凑着罗伯特·乔丹的耳朵说。

“那么巴勃罗啊，”费尔南多慎重地说。“你现在跟我们一致，赞成炸桥了?”

“对，老弟，”巴勃罗说。他正面望着费尔南多的眼睛，点点头。

“当真?”普里米蒂伏问。

“当真，”巴勃罗对他说。

“那你看这事能成功?”费尔南多问。“你现在有信心了?”

“干吗没有?”巴勃罗说。“难道你没信心?”

“有，”费尔南多说。“不过我是一直有信心的。”

“我要离开这儿，”奥古斯丁说。

“外面冷呢，”巴勃罗用友好的语气对他说。

“可能吧，”奥古斯丁说。“但我再没法待在这疯人院里了。”

“别把这山洞称作疯人院，”费尔南多说。

“收容杀人狂的疯人院，”奥古斯丁说。“我要走了，免得也发疯。”

第十八章

这真像游乐场里的旋转木马，罗伯特·乔丹想。不是那种配上汽笛风琴音乐、孩子们骑在两角漆成金色的牛身上、转得很快的旋转木马。那里有投套环游戏，曼恩大街上蓝色的煤气灯傍晚就点亮，旁边有卖炸鱼的摊子，像风车似的摇彩轮①在旋转，皮制阻力片啪嗒啪嗒地刮打着编号的小木格，一包包当奖品的块糖堆放得像金字塔。不，不是那种旋转木马；尽管现在也有人们在等待，比如那些戴便帽的男人和穿毛线衫的、没戴帽子、头发在煤气灯光下闪闪发亮的女人，他们正站在那旋转着的摇彩轮前面。是啊，人就是那些人。但轮子却是另一种。这是种时而朝上绕着圈儿转的轮子。

现在它已转了两圈。这是个倾斜的大轮子，每转一圈，又回到原来的起点。一边比另一边高，它的回旋把你带到高处，又向下送回到原来的起点。但是并没有奖品，他想，因此谁也不愿搭乘这轮子。每次你登上去转上一圈，其实毫无上去的打算。只转一圈；顺着一条巨大的椭圆形轨道，从低到高、从高到低地转上一圈，你就回到原来的起点。我们现在又回来啦，他想，一件事也没落实。

山洞里很暖和，洞外风已停息。这时他坐在桌边，面前搁着笔记本，考虑着炸桥的所有技术问题。他画了三张草图，描绘出他的行动方案，用两张图来标明爆破方法，清楚得像幼儿园小朋友的课外作业本，这样，万一在爆破过程中他本人遇到意外，好让安塞尔莫来完成。他画好了这些草图，仔细端详。

---

① 摇彩轮为游乐场中的一种直立的大轮子，四周有许多编号的格子，玩者对号获得奖品。

玛丽亚坐在他旁边，从他肩后看他工作。他意识到巴勃罗就在桌子对面，其他人在聊天，玩牌，他闻到山洞里的气味，这时已不是饭菜和烹饪的气味，而是烟火味、人味、烟草味、红葡萄酒味和人的汗酸臭，玛丽亚看他快画好一张图，把一只手搁在桌上，他就用左手拿起她的手来举向自己的脸，闻闻她洗碗碟时用的劣质肥皂味和刚在水里洗过的皮肤的清香味。他把她的手搁下，看都没对她看一眼，就继续工作，没有看到她脸红了。她让她的手搁在那里，就在他的手边，但他没把它再举起来。

这时他完成了炸桥方案，翻到笔记本的另一页，开始写行动指令。对于这些，他的思路清晰而周密，写下的东西使他愉快。他在笔记本里写了两页，仔细看了一遍。

我看就是这些了，他对自己说。写得明明白白的，看来这里面没有任何漏洞吧。按照戈尔兹的命令，把那两个哨所拔掉，把那座桥炸毁，这就是我的全部任务。一切有关巴勃罗的那回事是个绝对不该由我来背的包袱，不过这问题好歹总会解决。有巴勃罗行，没有巴勃罗也行。随便怎么着，我都全不在乎。但是我不打算再登上那个轮子了。我在轮子上登上过两次，两次都转了个圈，回到原来的起点，所以我再也不跨上去了。

他合上笔记本，抬眼望着玛丽亚。“喂，美人儿，”他对她说。“你看出什么名堂来了吗?”

“没有，罗伯托，”姑娘说，把手放在他那仍旧握着铅笔的手上。“你搞好了?”

“是的。现在已经全部写好，安排好了。”

“你在干什么，英国人?”巴勃罗隔着桌子问。他的眼睛又变得迷糊了。

罗伯特·乔丹定睛注视着他。离开这轮子吧，他对自己说。别登上这轮子啦。我看它又要开始转了。

“研究桥的问题，”他有礼貌地说。

“情况怎么样?”巴勃罗问。

“很好，”罗伯特·乔丹说。“一切都很好。”

“我一直在研究撤走的问题，”巴勃罗说，罗伯特·乔丹望望他那双醉醺醺的猪眼般的眼睛，再望望那只酒缸。酒缸差不多空了。

离开那轮子吧，他对自己说。他又在喝酒了。没错。可你现在别登上那轮子啦。格兰特[1]在内战期间不是据说常常喝得醉醺醺的?他确实是如此。我打赌，要是格兰特能看到巴勃罗，他一定会对这样的对比感到恼怒。格兰特还爱抽雪茄。得，他得想法弄支雪茄给巴勃罗。这副相貌真需要添上一支雪茄才能算真正完整；咬去半支的雪茄。他能到哪里去弄支雪茄给巴勃罗呢?

“研究的结果怎么样?”罗伯特·乔丹客气地问。

“很好，”巴勃罗说，煞有介事地使劲点点头。

“你有主意了?”跟别人一起打牌的奥古斯丁在那里问。

“是的，”巴勃罗说。“各种各样的主意。”

“哪儿找到的?从那酒缸里?”奥古斯丁追问。

“也许吧，”巴勃罗说。“谁知道呢?玛丽亚，请把酒缸加满好吗?”

“那酒袋里该有些好主意吧，”奥古斯丁又打起牌来。“你干吗不钻到里面去找找?”

“不，”巴勃罗平和地说。“我在酒缸里找。”

他也不想登上轮子啦，罗伯特·乔丹想。它肯定独自在运转。看来你不能在那轮子上待得太久。也许那真是个致人死命的轮子呢。我高兴的是我们下来了。有两次把我弄得晕头转向。然而就在这玩意儿上，那

---

① 格兰特(1822—1885)，美国第18任总统(1869—1877)，在南北战争(1860—1865)期间为北军将领。后来被任命为北军总司令。

些酒鬼和真正卑鄙而残忍的家伙却会一直待到死去。它先朝上面转，每次的转法总是有点儿不同，接着朝下转。让它转吧，他想。他们没法叫我再登上去了。可不，格兰特将军，我离开这轮子啦。

比拉尔正坐在炉火旁，她把椅子转了个向，以便隔着背对着她的两个打牌人的肩头可以看到打牌。她正在看打牌。

势不两立的气氛在这儿一下子变成了正常的家庭生活场景，真是再怪也没有了，罗伯特·乔丹想。原来是这该死的轮子在往下转的时候才使你难住的。可是我离开这轮子了，他想。谁也别想叫我再登上它。

两天前，我根本不知道有比拉尔、巴勃罗以及其他那些人，他想。世界上也根本没有玛丽亚这样的姑娘。当时的世界确实是简单得多。我从戈尔兹那里得到的指示十分明确，看来完全可以执行，尽管这指示摆出某些困难，涉及某些严重的后果。我们炸桥以后，我回不回前线都行，如果我们回去，我打算请几天假去马德里。这次战争中谁也没有休假，但是我肯定可以在马德里待上两三天。

到了马德里，我要去买几本书，到百花旅馆去开一个房间，洗一个热水澡，他想。我要打发茶房路易斯去买瓶艾酒，要是他能在莱昂乳品店或者大马路附近的铺子找到一瓶的话，等到洗了澡后，我要躺在床上看看书，喝两杯艾酒，然后打电话到盖洛德饭店，问问能不能去那里吃饭。

他不想到大马路饭店去吃，因为那里的饭菜实在差劲，并且还得早去，否则什么都吃不上。再说，那里有很多他认识的记者，他不打算叫自己守口如瓶。他要喝点儿艾酒，使自己有情绪谈谈天，然后到盖洛德饭店去和卡可夫①一起吃饭，那里有好莱和正宗的啤酒，然后他要打听一下战局的实况。

他第一次去盖洛德饭店的时候，并不喜欢这家由俄国人接管的马德

---

① 这是苏联派驻马德里的代表，是作者以苏联《消息报》记者科尔佐夫为原型写成的。

里大饭店，因为就一个被围困的城市而言，它显得过于豪华，菜肴太好，对战时来说，人们的谈吐也过于玩世不恭。不过我很容易蜕化呢，他想。既然你完成了这样的任务回来，能够享受到尽可能搞到的美味，那何不饱饱口福呢？他当时第一次听到时认为是玩世不恭的言谈，结果倒是着实正确的。等这次任务完成以后，在盖洛德饭店这倒是个聊天的话题呢，他想。对，等这次任务完成之后。

你能带玛丽亚去盖洛德饭店吗？不。你不能。但你可以把她留在旅馆内，让她洗个热水澡，在那里等你从盖洛德饭店回来。对，你可以这么办，可以先向卡可夫介绍她的情况，然后带她去，因为他们会对她产生好奇心，想看看她这个人。

也许你根本不会到盖洛德饭店去。你可以在大马路饭店一早吃了饭，就赶回百花旅馆。可是你明知道自己想去盖洛德饭店，因为想再看看那里的一切嘛；你想在炸桥之后再吃吃那里的好菜，看看那里的舒适和豪华的环境。然后你可以回到百花旅馆，而玛丽亚当然会在那里。当然啦，炸了桥以后，她会在那里的。炸了桥以后。对，炸了桥以后。要是他完成得好，可以去盖洛德饭店吃一顿，这是应得的。

你就是在盖洛德饭店这地方遇到了西班牙著名的工农出身的指挥官，战争一开始，这些来自人民的人事先没受过任何军事训练就拿起了武器，你还发现其中不少人会讲俄语。几个月前，这情形使他第一次感到大为失望，他自己也开始由此愤世嫉俗起来。但是等他知道了事情的真相，也就心情释然了。他们是工人和农民嘛。他们积极参加了一九三四年的革命①，革命失败后，他们被迫流亡国外，到了俄国，被送进军

---

① 1933 年秋，西班牙各右翼政党在选举中获胜，激进党领袖勒洛于 12 月担任共和国总理，加强对人民的镇压。1934 年 10 月 4 日深夜，工人总罢工开始，全国近 100 万人参加，在许多地方发展为武装斗争。阿斯图里亚斯地区首要城市奥维多被矿工占领，成立工人革命委员会和赤卫队，掌握了 15 天政权，最后被政府优势兵力所镇压。3 万人被俘，被监禁，受严刑拷打，几百人被处死刑。

事学院，被送进共产国际主办的列宁学院，以便受到指挥作战的必要的军事训练，准备下一次战斗。

共产国际在那里教育了他们。在革命中，你不能让局外人知道帮助你的是些什么人，也不能让他们知道有人了解的情况超过他该了解的范围。他懂得了这一点。如果一件事情基本上正确，据说撒谎就无关紧要了。然而谎话有的是。起先他不喜欢谎话。他憎恨谎话。但后来他变得爱谎话了。这是做圈内人所免不了的，但这是十分腐败的勾当。

你就是在盖洛德饭店了解到那个被叫做“农民”的伐伦廷·冈萨雷斯从来没当过农民，而是西班牙外籍军团的前中士，后来开了小差，跟阿布德·艾尔·克里姆一起作战①。这也算不了什么。他干吗不可以这样？这种战争很快就非要这种农民领袖不可，而真正农民出身的领袖很可能太像巴勃罗，反而使人不敢领教。你不能等待出现真正的农民领袖，而等他出现时，他的农民习气可能太多。所以不得不创造一个。说到这一点，根据他所见到的“农民”冈萨雷斯的模样，长着黑胡子和那种黑人的厚嘴唇，瞪着两眼，目光如火，他觉得此人差不多会像真正的农民领袖那样惹出麻烦来。他上次见到冈萨雷斯的时候，发现他似乎相信了自己的宣传，自以为是农民了。他是个勇敢而顽强的人；谁也比不上他勇敢。可是上帝啊，他的话真太多啦。他激动时什么话都说得出来，也不管自己的轻率会产生什么后果。而这种后果已经不少了。即使在似乎毫无指望的情况下，他仍旧是个了不起的旅指挥员。他从来不知道什么时候是毫无指望了，但即使遇到那种情况，他也要斗争到底。

你在盖洛德饭店还遇见过加利西亚人恩里克·利斯特，那个平凡的石匠，他现在指挥一个师，也会讲俄语。你还遇见过那个细木工，安达

---

① 阿布德·艾尔·克里姆从1920年起领导摩洛哥的柏柏尔人起义，曾屡次挫败西班牙殖民地部队，1926年被法西联军战败，被俘，被流放到法属留尼汪岛。1947年，逃至开罗。摩洛哥独立后，国王穆罕默德五世于1958年给他民族英雄的称号。1962年，他宣称要回祖国，未果，于翌年去世。

卢西亚人胡安·莫德斯托[①]，最近刚让他指挥一个军团。他在圣玛丽亚港[②]从没学过俄语，然而，如果他们为细木工开设一所贝里兹语言学校[③]，他也可能学会。他是个最得俄国人信任的青年军人，因为他是个地道的党员，"百分之百"的，他们骄傲地用这美国词儿说。他比利斯特或"农民"都聪明得多。

当然，盖洛德饭店正是你想受到全面教育所需要的场所。正是在那里，你了解到全部实情，而不是设想中的情况。他还在刚刚开始受教育呢，他想。他不知道自己要不要继续长期地受这种教育。盖洛德饭店正是他所需要的正统的好去处。当初他还相信那一派胡言乱语时，这使他大吃一惊。但是如今他很明白，有必要承认这整个骗局，而他在盖洛德饭店的见闻只加强了他对他认为是正确的事物的信念。他想知道实在的情况；而不是设想中的情况。战争中历来有谎言。然而关于利斯特、莫德斯托和"农民"的真相要比谎言和传奇可靠得多。得了，总有一天他们会对大家讲明真相的，而眼前，他高兴的是能借这一盖洛德饭店来亲自了解真相。

是啊，他在马德里买了几本书，躺在澡盆里洗了热水澡，喝了两杯酒，读了一会儿书之后，打算去的地方正是这家饭店。但是那是玛丽亚进入他生活之前惯常的计划。好吧。他们可以租两间房间，她可以趁他到盖洛德饭店去的时候，高兴做什么就做什么，而他事后会回到她的身边。她在山区已待了那么久。如今在百花旅馆可以不妨稍等一会儿。他们可以在马德里过三天。三天可以算是一段漫长的时间了。他要带她去看马克斯三兄弟演的《歌剧院一夜》[④]。这部片子如今已开映了三个

---

① 莫德斯托和利斯特一样，也是共产党培养的优秀政府军指挥员。

② 圣玛丽亚港在西班牙南端重要海港加的斯附近。

③ 美国教育家查尔斯·贝里兹生于1913年，于20世纪30年代创办贝里兹语言学校，遍设纽约、巴尔的摩、波士顿、芝加哥等地，并陆续编辑出版"贝里兹教学法"的各种外语课本、外语自修课本、词典，发行语言教学用唱片及影片等。

④ 马克斯三兄弟为当时美国的著名喜剧演员，《歌剧院一夜》(1935)为他们主演的名片。

月，看来再映三个月也一定没问题。她会喜欢马克斯三兄弟的《歌剧院一夜》的，他想。她一定会非常喜欢。

然而从盖洛德饭店到这个山洞的路途可不短。不，那段路还不算长。长的将是从这个山洞回到盖洛德饭店。第一次是卡希金带他去的，而他并不喜欢它。卡希金当时说，他应该见见卡可夫，因为卡可夫想结识美国人，还因为他最喜爱洛佩·德维加不过了，认为《羊泉村》是历来最伟大的剧作。也许是为了这个原因吧，但是他，罗伯特·乔丹，却不以为然。

他喜欢卡可夫，可不喜欢那地方。他遇到过的人，数卡可夫最聪明。罗伯特·乔丹第一次见到他时，他那模样很滑稽，穿着黑马靴、灰色马裤和灰色紧身短上衣，手和脚都很小，脸蛋和身体显得虚弱浮肿，说起话来坏牙缝中漏口水。但是在他认识的人中间，他比谁都更有头脑，内心更自尊，外表更傲慢，也更富有幽默感。

盖洛德饭店这地方显得穷奢极侈而腐化堕落。可是为什么统治六分之一世界的一个大国的代表们不该有点儿享受？得，他们有这享受，而罗伯特·乔丹起初对这一切很厌恶，后来才接受了，并且很欣赏。卡希金认为罗伯特·乔丹是个了不起的家伙，而卡可夫起初客气得令人难堪，可是罗伯特·乔丹并不以英雄自居，却讲了一则实在有趣而有损自己声誉的淫秽逸事，卡可夫这才如释重负地由客气转变为粗鲁，进而是傲慢，于是他们成了朋友。

人们在那里对卡希金仅仅采取了宽容的态度。他显然犯过什么错误，到西班牙来将功赎罪。人家不肯告诉他是什么问题，不过既然卡希金已经死去，说不定会告诉他了。总之，他和卡可夫做了朋友，而且还和卡可夫的妻子做了朋友，她那时在坦克兵团当译员。这女人瘦得出奇，形容憔悴，皮肤黝黑，满怀深情，神经紧张，逆来顺受，长着个瘦削的、不加爱惜的身体，灰黑相杂的头发剪得短短的。他跟卡可夫的情妇也做了朋友，她长着猫眼般的眼睛，一头金红的头发（有时偏红色，有时偏金色，这取决于美发师），一具懒洋洋的肉感的身体（天生适合于偎在别的肉体上），一张天生适合接吻的嘴和一颗愚蠢、狂妄而极度忠诚的心。这位情妇爱讲闲话，喜欢逢场作戏，有节制地跟其他人搞搞男女关系，这看来反而使卡可夫感到高兴。据说除了那个在坦克兵团的妻子外，卡可夫在某处还养着一个小老婆，也许还有两个，但这一点谁也没法肯定。罗伯特·乔丹对他认识的那个卡可夫的妻子和情妇都喜欢。如果还有一个小老婆而他也认识的话，他认为自己也会喜欢的。卡可夫对女人的鉴赏力真不错。

盖洛德饭店楼下停车门廊外有背着上了刺刀的步枪的哨兵，在被围困的马德里全城，今晚它可算是最愉快、最舒服的地方了。他巴不得今晚自己不在这里，而在那边。尽管他们已使那轮子停住不转了，这里就没问题了。而且雪也快停了。

他很想让卡可夫看看他的玛丽亚，不过得先问一下才能把她带去，他还得了解这次出差之后人家会怎样接待他。发动这次进攻之后，戈尔兹也会到那里去，要是他干得不错，大家都会从戈尔兹那里知道这个消息。戈尔兹也会拿玛丽亚来跟他开玩笑。因为他曾经对他说过没空交女朋友。

他把杯子伸到巴勃罗面前的酒缸，舀了一杯。“可以吗？”他说。

巴勃罗点点头。他大概在琢磨他的军事问题吧，罗伯特·乔丹想。不是在大炮口寻求肥皂泡般脆弱的荣誉，而是在那边酒缸里寻求问题的答案吧。可是你知道，这狗杂种准会相当能干地像他历来那样把这帮人带领好。他望着巴勃罗想，如果他参加美国内战，不知他会是个什么样的游击队长。这种人很多，他想。但是我们不太了解他们。不是匡特里尔，不是莫斯比①那种人，也不是他自己的祖父那种人，而是那种小头

① 匡特里尔(1837—1865)为美国内战期间南军方面的游击队头子，在堪萨斯州和密苏里州一带活动，1862年被授上尉军衔，三年后在肯塔基州被北军所杀。莫斯比(John Mosby，1833—1916)也是南军方面的游击队领导人，率领骑兵，袭击北军，破坏交通，为南军立下不少功劳，被提升为上校。战后加入共和党，在政界活动，并写了几部关于内战的回忆录。

头，打游击的。还有喝酒的问题。你以为格兰特真是个酒鬼？他祖父始终说他是酒鬼。说他一到下午四点钟就总是有点儿醉醺醺，还说在围攻维克斯堡、兵临城下的期间①，他有时一醉就是一两天。但祖父声称，不管喝多少，他工作完全正常，只是有时很难把他叫醒罢了。然而，如果你居然能叫醒他，他神志还是正常的。

在这次战争中，迄今双方都没有格兰特、谢尔曼、“石墙”杰克逊②那样的人。没有。没有杰布·斯图尔特那样的人。也没有谢里登③那样的人。然而多的却是麦克莱伦④那样的人。法西斯那一方有很多麦克莱伦那样的人，而我们至少有三个。

在这次战争中，他确实没见到过任何军事天才。一个也没有。连近乎天才的人也没有。克莱伯、卢卡契⑤、汉斯在国际纵队保卫马德里的过程中都作出了自己的一份卓越贡献，后来，那个老秃子，鼻架眼镜、

---

① 维克斯堡在美国南方密西西比州西部密西西比河滨，在南北战争中为战略重地。1862 年 11 月，北军将领格兰特拟攻占未遂，第二年中，通过精心规划的水陆联合作战，于七月四日拿下该城，从而切断了南军和密西西比河西部的给养地区的联系。

② 谢尔曼(1820—1891)为北军将领，在南北战争中最大的功勋为 1864 年 5 月开始的向佐治亚州的进军。他于九月初占领该州首府亚特兰大，一直朝太平洋海岸直插，于 12 月 21 日进入该州东端的萨凡纳港，从而把南军控制下的地区一切为二，加速了南方的最后崩溃。杰克逊(1824—1863)为南军将领，以精通战略战术著称。1861 年 7 月，在第一次布尔伦河战役中，他坚守左翼岿然不动，赢得“石墙”的外号。

③ 斯图尔特(1833—1864)为南军骑兵将领，为南方立下不少战功，1864 年 5 月，在里士满附近和北军骑兵的遭遇战中受重伤而死。谢里登(1831—1888)为北军骑兵将领。1864 年 10 月 19 日拂晓，他的部队在弗吉尼亚州西北部谢南多亚河谷雪松溪边受到南军突袭，他在 20 英里外闻讯飞骑赶回，收拾残部，重整阵容，当天下午打了一场大胜仗。这是南北战争史中著名的一仗。

④ 麦克莱伦(1826—1885)为北军将领，1861 年 11 月当上主帅，但由于在作战时过于审慎，贻误战机，在第二年中被林肯总统两度撤下作战指挥岗位。

⑤ 即匈牙利名作家马旦·扎尔卡(1896—1937)，他在第一次世界大战中在俄国被俘，十月革命后曾任红军指挥员，加入俄罗斯共产党。西班牙内战期间，任国际纵队第十二旅旅长，人称卢卡契将军。1937 年 6 月在前线中弹牺牲。

自高自大、蠢得像猫头鹰、言语无味、勇猛固执得像公牛、靠宣传吹捧起家的马德里保卫者米亚哈①，十分妒忌克莱伯所获得的名声，竟迫使俄国人解除了克莱伯的指挥权，调他到巴伦西亚去了。克莱伯是个好军人；但有局限性，对自己的工作实在谈得太多了。戈尔兹是个好将军和出色的军人，但是他们总是把他放在从属的位置上，从不让他充分发挥才能。这次攻势将是到目前为止他指挥的最大的军事行动，但罗伯特·乔丹不太喜欢他听到的有关这次攻势的情形。还有那个匈牙利人高尔，如果你在盖洛德饭店听到的有关他的情况有一半属实，就该枪毙他。还不如说，如果你在盖洛德饭店听到的有百分之十属实的话，就该枪毙他，罗伯特·乔丹想。

他多想目睹他们在瓜达拉哈拉东面高原上打败意大利人时的战斗情况啊。可是当时他在南方的埃斯特雷马杜拉。两星期前有天晚上，汉斯在盖洛德饭店对他讲过那情形，使他知道了一切。有一个阶段，看来真是大势已去，因为意大利人突破了特里胡克附近的防线，如果托里哈到勃里胡加的公路被切断的话，第十二旅将被孤立②。"但是我们知道他们是意大利人，"汉斯说，"我们就采取了一次行动，如换了别的部队，那是行不通的。结果是成功的。"

汉斯在一张张作战地图上向他解释了那次战役的一切情况。汉斯总是把地图放在文件包里到处随身带着，似乎依然为那次奇迹般的胜利感到又惊又喜。汉斯是个出色的军人，是个好伙伴。汉斯对他说过，在那次战役中，利斯特、莫德斯托和"农民"的西班牙部队都打得很漂亮，而这得归功于他们的领导和他们执行的纪律。但是利斯特、"农民"和

① 米亚哈生于 1878 年，在内战爆发时为陆军准将，效忠于共和国政府，在马德里保卫战期间任城防司令。

② 1937 年 3 月，政府军在马德里东北的瓜达拉哈拉附近大败意大利派来的侵略军，打破了叛军切断马德里和东北地区的交通要道的企图。国际纵队的第十二旅，又名加里波第旅，主要由反法西斯的意大利志愿人士组成。

莫德斯托所采取的行动，有好些都是俄国军事顾问指示该采取的。他们像驾驶带有复式操纵装置的飞机的实习飞行员，一出岔子就可以由飞行教练来接替。噢，这一年将可以看出他们到底学到了多少，掌握得好不好。再过一个时期就用不着复式操纵装置了，那时我们就可以看出他们独立指挥师和军团的水平了。

他们是共产党人，是严格执行纪律的人。他们要执行的纪律将造就优秀的军队。利斯特的纪律是凶残的。他是个真正的狂热分子，具有不尊重生命的十足的西班牙作风。他会为了微不足道的原因草草处决部下，自从鞑靼人首次入侵西方①以来，这种情况在别的部队已不多见了。但是他懂得怎样把一师人马锻炼成一支有战斗力的部队。据守阵地是一回事。进攻并占领阵地是另一回事，在战场上调动一支部队更是截然不同的一回事，罗伯特·乔丹坐在桌边想。根据我所看到的利斯特的情况，我不知道一旦没有了复式操纵装置，他将怎样行动？不过，也许不会没有，他想。我不知道会不会没有。或者，会不会反而加强？我不清楚俄国人在整个这件事上的立场是什么。盖洛德饭店正是个该去的地方，他想。现在我需要了解的情况很多，只有在盖洛德饭店才能了解到。

他一度认为盖洛德饭店对他有害。它和马德里委拉斯开兹路六十三号的清教徒式的、宗教式的共产主义气氛正好相反，委拉斯开兹路六十三号原是王宫，已改为国际纵队在首都的司令部。在委拉斯开兹路六十三号，你感到仿佛是个修士会的成员——至于在盖洛德饭店的感觉，可跟你在分成新军各旅队以前的第五团团部②的感觉大不相同。

---

① 西方人往往把蒙古人泛称为鞑靼人，此处指成吉思汗于 1219 年第一次西征。

② 内战爆发时，大部分正规部队都倒向了叛军，在马德里保卫战期间，政府以原有的少数效忠的部队为基础，开始筹建一支“新军”。委拉斯开兹路 63 号旧王宫原为第五团团部所在地，第五团被分散编入新军各旅后，该处才成为国际纵队的司令部。

在这两个地方，你都会觉得自己在参加一支十字军。这名称最合适，虽然它已变成陈词滥调，不再具有它的真正的意义了。尽管有种种官僚主义、工作无能和党内斗争，你依然会有些感受，就像你首次领圣餐时所指望得到而没有得到的那种。那是一种为全世界被压迫的人们鞠躬尽瘁的感情，就像宗教悟彻一样令人局促不安，难以言宣，但它是真诚的感情，正像你倾听巴赫的音乐，或站在夏尔特尔大教堂或莱昂大教堂中见到大窗户外射进光亮时所产生的情绪；或者像当你在普拉多国立博物馆见到曼坦那、格列柯和勃吕格尔的油画①时的感受。它使你感觉到你参预了一项你全心全意信仰的事业，和其他参与的人有一种极度的兄弟情谊。这种感情你以前从来不理解而现在体会到了，你对它那么重视，认为它是那么合理，以致你自己的死亡似乎完全无关紧要；只因为死亡会妨碍你履行职责，才要加以避免。但是最好的一点是你可以为了这种感情以及这种必要性而采取行动。你可以战斗。

所以你就战斗，他想。在战斗中，你不久就对那些英勇善战的幸存者失去了纯真的感情。过了最初的六个月就没有这种感情了。

保卫阵地或保卫城市是战争的一部分，你能从中体会到当初的这种纯真的感情。山区的那次战斗就是这样。他们怀着真正的革命同志情谊在那里战斗。在那边第一次出现加强纪律的必要性时，他赞赏并理解它。在炮火下，人们成了胆小鬼，逃跑了。他看到他们被枪毙，被扔在路边腐烂发胀，人们毫不在乎，只从尸体上剥取弹药和值钱的东西而已。拿下他们的弹药、靴子和皮外套是对的。拿下值钱的东西无非是实事求是的做法。这无非是不让无政府主义者得到这些东西罢了。

看来当时逃跑的人被枪毙是公正、正确和必要的。这没有什么不对

---

① 马德里的普拉多国立博物馆是世界最著名的美术博物馆之一。曼坦那（1431—1506）为意大利历史、宗教画画家，格列柯（1548？—1614）为西班牙宗教、肖像画画家。勃吕格尔（1525？—1569）为荷兰著名风俗画家。

头的地方。他们逃跑是自私的表现。法西斯分子发动了进攻，我们把他们阻挡在瓜达拉马山区灰色岩石的山坡上的矮松林和荆棘丛中。在敌机的轰炸之下，后来又在敌军开来的大炮的炮火之下，我们坚守着那条公路，等到那天傍晚还活着的人员发动了反攻，把敌人击退了。后来，当他们穿过重重岩石和树林，企图从左侧迂回的时候，我们坚守在那所疗养院，从窗子里和屋顶上射击，尽管他们已经包抄了疗养院的两侧；在那次反攻把他们完全赶回公路的对面之前，我们这些过来人都体味到被包围是什么滋味。

炮弹炸裂时的闪光和轰响，使泥灰纷纷坠下，墙壁倒塌，在突然的惊慌之中，你刨出机枪，拖开脸朝下、埋在瓦砾中的刚才还在打枪的那几名战士，把脑袋闪在遮护板后面，排除故障，刨出被砸碎的弹药箱，重新整理好弹带，这时俯卧在遮护板后面，使火力再次向着公路上的目标；在这整个过程中，在那使你的嘴巴和喉咙发干的恐惧中，你做了该做的事，并且知道自己是对的。你体会到战斗中那种使人嘴巴发干的、排除了恐惧并排除其他杂念的狂喜，在那年的夏天和秋天，为全世界的穷人跟所有的暴政作斗争，为你信仰的一切，为你接受的教育中所提到的新世界作斗争。那年秋天你学会了，他想，怎样长时间在寒冷、潮湿、泥泞以及掘壕沟、筑工事的活动中坚持下去，不把苦难当作一回事。疲乏、渴睡、紧张和困苦使你根本感觉不到是夏是秋。但那种情绪依然存在，而你经历的一切只不过证实了它的存在。正是在那些日子里，他想，你怀着一种深刻、健全、无私的自豪感——这会使你在盖洛德饭店成为一个该死的讨厌鬼，他突然想到。

是啊，你那时在盖洛德饭店不见得会令人满意，他想。你太天真了。你仿佛蒙受着天恩。但是盖洛德饭店在当时的风气可能和现在的也不同。是啊，事实上风气不是这样的，他对自己说。风气根本不同。当时根本还没有盖洛德饭店呢。

卡可夫跟他谈起过那些日子。当时所有的俄国人都住在皇宫旅馆。

罗伯特·乔丹那时不认识他们中的任何人。那是第一批游击队成立之前；他遇到卡希金或其他俄国人之前。卡希金当时在北方的伊伦和圣塞瓦斯蒂安，并参加了那次向维多利亚进攻但没有成功的战斗①。他直到一月份才到马德里，而罗伯特·乔丹呢，在那三天里在卡拉万切尔和乌塞拉作战，这时他们阻击了进犯马德里的法西斯军队的右翼，把摩尔人和外籍兵团挨家挨户地打回去，扫荡了那阳光直晒的灰色高原边缘被打得稀巴烂的郊区，沿着高地边缘筑起了一道可以保卫这个城角②的防线，那时卡可夫已在马德里了。

卡可夫谈起时也没有对那时期冷嘲热讽。那就是一切都好像没有了希望时他们一起度过的日子，如今每人都还记得在那一切显得绝望的情况下应该如何行动，比受到的表扬和勋章还记得更清楚。当时政府放弃了这城市，撤退时带走了国防部所有的汽车，所以老米亚哈只得骑着自行车去视察他的防御阵地。罗伯特·乔丹不相信这件事。即使他充满了爱国的想象，也没法设想米亚哈骑自行车的情景，但卡可夫说那是真的。不过话得说回来，他当时给俄国报纸写了这件事，所以很可能写了以后希望这是真的。

然而另一件事卡可夫可没有写。在皇宫饭店有三个由他照管的俄国伤员。两个是坦克驾驶员，一个是飞行员，伤势很重，没法运走，因为当时最重要的是不能留下俄国人介入的证据好让法西斯分子为公开干涉作辩护，所以万一放弃这个城市，卡可夫就有责任不让这些伤员落入法西斯分子的手中。

---

① 圣塞瓦斯蒂安在伊伦西，为一著名的避暑胜地，维多利亚在其西南，两地都是西班牙北部巴斯克民族地区的重要城市。

② 乔丹随国际纵队到了西班牙，即投入马德里保卫战，这里提起的是在首都西南郊区击退叛军的情况。等安然度过了这艰苦战斗的冬天，政府军组成了第一批游击队，乔丹才开始到瓜达拉马山区及西南部埃斯特雷马杜拉地区去搞敌后爆破活动。

如果有必要放弃这个城市，卡可夫应当在离开皇宫饭店之前毒死他们，毁尸灭迹。谁也没法根据这三个伤员的尸体证明他们是俄国人，一个腹部有三处枪伤，一个下巴被枪弹打掉了，声带外露，还有一个股骨被枪弹打碎，双手和脸部烧伤严重，一张脸变成了一个没有睫毛、眉毛和汗毛的大水疱。光凭这三个他将留在皇宫旅馆床上的伤员的尸体，谁也没法证明他们是俄国人。什么也无法证明一个不穿衣服的死人是俄国人。人死以后，国籍和政治态度就显示不出来啦。

罗伯特·乔丹曾问卡可夫，对于来这一手的必要性有什么感想，卡可夫说他当时并不指望要这样做。“那你当时打算怎么办?”罗伯特·乔丹曾问他，还加上一句，“你知道，要你一下子把人毒死可不是件简单的事啊。”卡可夫说，“啊，不，如果你总是把毒药带在身边自己备用，那就简单了。”他接着打开烟盒，给罗伯特·乔丹看藏在烟盒内一边的东西。

“但是人家俘虏了你，首先就会拿走你的烟盒，”罗伯特·乔丹提出异议。“他们会叫你举起双手。”

“可我在这儿还有一点儿，”卡可夫露齿笑笑，露了露他上衣的翻领。“你只消这样，把翻领往嘴里一塞，咬一下，咽下就成。”

“这样要好得多，”罗伯特·乔丹说。“给我说说，它是不是像侦探小说老爱描写的那样，有苦杏仁气味?”

“不知道，”卡可夫高兴地说。“我从来没闻过。我们折断一小支闻闻好吗?”

“还是留着吧。”

“好吧，”卡可夫说，收起烟盒。“我不是失败主义者，你知道，可是随时都可能又出现这种严重的时刻，而这东西不是到处都能搞到的。你看到来自科尔多瓦前线的公报吗？它非常美。所有的公报中，我现在最喜欢这一份。”

“公报上说些什么?”当时罗伯特·乔丹是从科尔多瓦前线来到马

德里的，所以他突然一愣，人家取笑了一件你自己可以而别人不可以取笑的事情，就会这样。“给我说说好吧?”

“我们光荣的部队继续挺进，没有丧失一寸土地，”卡可夫用他那古怪的西班牙语说。

“实际上说的不是这意思吧，”罗伯特·乔丹不太相信。

“我们光荣的部队继续挺进，没有丧失一寸土地，”卡可夫用英语又说了一遍。“公报上是这样说的。我可以找给你看。”

你还牢记着在波索布兰科外围战斗中牺牲的你的那些熟人；而这在盖洛德饭店只是个笑柄。

敢情盖洛德饭店现在还是这个样子。然而并非历来如此，盖洛德饭店是革命初期的那些幸存者的产物，如果现在的情况一如既往，他倒很乐意再去看看，了解了解。你的心情跟当初在瓜达拉马山区以及在卡拉万切尔和乌塞拉时的大不一样了，他想。你很容易蜕变啊，他想。然而那是蜕变呢，还只不过是你丧失了当初的天真？在其他方面不也是这么回事？有谁还始终保持着青年医生、青年牧师和青年军人开始时所惯有的对自己事业的忠贞心怀呢？牧师确实保持着，否则他们就不干了。看来纳粹分子保持着，他想，还有极其自我克制的共产党人也保持着。可是你瞧卡可夫。

他想到卡可夫的情况就来劲。他上次在盖洛德饭店的时候，卡可夫对一位在西班牙待了很久的英国经济学家推崇备至。多年来罗伯特·乔丹经常看这个人的著作，一直尊敬他，却一点也不了解他的情况。他不怎么喜欢这个人写的有关西班牙的著作。东西写得太浅显、简单，太一目了然，而且他知道有很多统计数字是主观捏造的。但是他想，对一个你真正了解的国家，是不大会重视有关这个国家的新闻报道的，然而他还是尊敬这位作者的意图。

后来，他们进攻卡拉万切尔的那天下午，他终于见到了这个人。他们正坐在斗牛场的背风处，两条街上都有人在射击，大家忐忑不安地等待着进攻。一辆坦克约定了要来，却没有开来，于是蒙特罗一手托着下颌坐着，说，“坦克没有来。坦克没有来。”

那天很冷，街上刮着黄色的尘土，蒙特罗的左臂中了弹，手臂发僵。“我们非有坦克不可，”他说。“我们必须等坦克来，可是等不及了。”他的伤口使他的口气显得暴躁。

蒙特罗说，他认为坦克可能停在公寓楼后面电车路的拐角上，罗伯特·乔丹就返身去寻找。它果然在那里。然而不是坦克。在那些日子里，西班牙人把什么车都称为坦克。那是辆旧的装甲车。司机不愿离开公寓楼的那拐角，把车子开到斗牛场来。他正站在车后，合抱着的双臂靠在车身的铁甲上，戴着有皮衬垫的头盔的头埋在臂弯里。罗伯特·乔丹跟他说话时，他摇摇头，仍旧把头埋在臂上。接着他扭过头去，望也不望罗伯特·乔丹一眼。

“我没有接到去那儿的命令，”他阴沉地说。

罗伯特·乔丹从枪套里拔出手枪，把枪口抵在装甲车司机的皮外衣上。

“这就是给你的命令，”他对他说。那人摇摇头，头上那顶皮衬大头盔像橄榄球球员头上的防护帽，他说，“机枪没弹药。”

“我们在斗牛场有弹药，”罗伯特·乔丹对他说。“来，我们走吧。我们去那儿给子弹带装弹药。走吧。”

“没人使机枪，”司机说。

“他人呢？你的伙伴哪儿去了？”

“死了，”司机说。“在车里。”

“把他拖出来，”罗伯特·乔丹说。“把他从车内拖出来。”

“我不想碰他，”司机说。“他弯身卡在机枪和方向盘之间，我没法跨过他的身子。”

“来吧，”罗伯特·乔丹说。“我们一起把他拖出来。”

他爬进装甲车时碰伤了头，眉毛上方撞出了一道小口子，鲜血直流到脸上。死人很沉，僵硬得没法弯曲，他不得不用力敲他的头，把嵌在座位和方向盘之间的脸朝下的脑袋拖出来。最后，他用膝盖抵在死人的脑袋下，把它顶起来，然后等脑袋一松动，就拦腰抱住死人往外拉，亲自把他拖向车门。

“帮我拖他一把，”他对司机说。

“我不想碰他嘛，”司机说，罗伯特·乔丹看到他在哭。在他那沾满尘土的脸颊上，眼泪从鼻子两边直淌下来，他的鼻子也在流着鼻涕。

他站在车门旁把死人摔出车外，这死人直倒在电车路旁的人行道上，仍旧保持着死去时那个弯腰曲背的姿势。他躺在那里，灰黄色的脸贴着水泥人行道，两手弯在身体下面，姿势像在车里一样。

“上车，该死的，”罗伯特·乔丹这时用手枪指点着司机说。“快上车。”

正在这时，他看到从公寓楼的背风处走出来的这个人。他穿着长大衣，没戴帽，头发花白，颧骨宽阔，两眼深陷而相距很近。他手里拿着一包切斯特菲尔德牌香烟，抽出一支，递给正在用手枪把司机推上装甲车的罗伯特·乔丹。

“等一等，同志，”他用西班牙语对罗伯特·乔丹说。“跟我谈谈战斗的情况好吗?”

罗伯特·乔丹接过香烟，放进他那蓝色技工服的胸袋。他从过去看到的照片上认出了这位同志。这人就是那位英国经济学家。

“去你的，”他用英语说，然后用西班牙语对装甲车司机说，“开到那边去。斗牛场。懂吗?”他砰地一声拉上笨重的车门，上了锁，他们俩就顺着那长长的斜坡开始驱车，枪弹随即射在车上，响得好像小石子打在铁锅炉上。接着机枪向他们开火了，那声音就像尖厉的锤打声。他们在斗牛场的背后停下，那里的售票窗口旁仍然张贴着去年十月份的海报，这时弹药箱已被敲开，同志们端着步枪，腰带上和口袋里装着手榴弹，在背风处等待着，蒙特罗就说，“好。坦克来了。现在我们可以进攻了。”

后来，他们当晚攻下了山上最后几幢房屋，他舒坦地躺在一堵砖墙后面，敲掉了墙上的几块砖，开个洞当枪眼，眺望着那片在他们和撤退到山脊去的法西斯分子之间的美丽、平坦的开火地段，怀着近乎肉欲快感的欣慰想到小山顶上有座被击毁的别墅掩护着左翼。他穿着一身汗湿的衣服，躺在一堆稻草里，身上裹着毯子等衣服干。他躺在那里，想想那位经济学家就觉得好笑，接着为自己的粗鲁感到抱歉。然而当那人伸手递烟卷给他，就像要打听消息而给小费的时候，一种战斗员对非战斗员的反感使他摆脱不了。

这时他想起了盖洛德饭店，想起卡可夫谈起的就是这个人。“原来你是在那儿遇到他的，”卡可夫说。“那天我到了托莱多大桥[①]就没再往前。他走出很远，很接近前线了。那是他最后耀武扬威的一天，我相信。第二天他就离开了马德里。他在托莱多表现得最勇敢，我相信。在托莱多，他出足风头。我们攻下城堡时出谋献策的人中间有他。你看到他在托莱多的表现就好了。我相信多半是靠了他的努力和建议，我们的围攻才取得成功。那是战争中最蠢的一着。事情愚蠢到了极点，可你跟我谈谈，在美国，人们对他怎么看？”

“在美国，”罗伯特·乔丹说，“人们认为他和莫斯科非常接近。”

“他才不哪，”卡可夫说。“但他仪表堂堂，相貌和举止十分讨人喜欢。嘿，凭我的相貌可什么事也干不成。我取得的区区成绩跟我的相貌不相干，我的相貌既不会打动人，也不会使人喜欢我、信任我。但是米切尔这人有一张使他发财致富的脸。那是一张阴谋家的脸。凡是在书上读到过阴谋家的人准会立即信任他。他还具有地道的阴谋家风度呢。任何人看到他走进屋来，都会立刻明白面前是个一流的阴谋家。你所有

---

① 马德里旧城区位于曼萨纳雷斯河的东岸，托莱多大桥在城西南，为横跨河面的主要桥梁之一。

的那些自以为出于感情而愿意帮助苏联的有钱同胞，或者是为了共产党万一有朝一日会得势而替自己多少留点后路的人，都立刻就能从这家伙的相貌和举止上看出，他十足是个得到共产国际信任的代理人。”

“他在莫斯科没有人事关系吗?”

“没有。听着，乔丹同志。傻瓜有两种，你可知道?”

“一般的傻瓜和该死的傻瓜?”

“不。我是指我们俄国的两种傻瓜，”卡可夫露齿笑笑，又说开了。“第一种是冬天的傻瓜。冬天的傻瓜来到你家门口大声敲门。你走到门口，发现他在那儿，可你以前从没见过他。他的形象令人难忘。他个儿很大，脚穿高统靴，身披毛皮大衣，头戴毛皮帽，浑身是雪。他先跺跺脚，靴上的雪就掉下。接着他脱下毛皮大衣抖抖，又有些雪掉下。接着他摘下毛皮帽，在门上拍打。又有些雪从帽上掉下。接着他又跺跺脚，走进屋来。这时你对他望望，发现他是个傻瓜。那就是冬天的傻瓜。

“接着在夏天，你看到有个傻瓜在街上走去，他挥舞着双臂，脑袋左右摇晃，在两百码之外的人都能断定他是个傻瓜。那就是夏天的傻瓜。这位经济学家是冬天的傻瓜。”

“可是在这儿为什么人们信任他呢?”罗伯特·乔丹问。

“他的相貌，”卡可夫说。“他那副漂亮的阴谋家的嘴脸。他还有一个出了钱也买不到的花招，那就是装得好像是刚从别的什么地方来的在当地深受信任的要人。当然啦，”他微笑了，“要使这个花招奏效，他必须到处奔波。你知道，西班牙人十分古怪，”卡可夫接着说。“这个政府很有钱。黄金多的是。他们不肯给朋友一分钱。你是朋友。很好。你肯为他们白干，那就不用给你报酬啰。但是对于一个并不友好但必须对之施加影响的重要公司或国家的代表——对这种人，他们却慷慨解囊。你仔细观察的话，那是十分有趣的。”

“我不喜欢这情况。再说，这些钱是属于西班牙劳动人民的。”

“可并不要求你喜欢这情况啊。只消了解就行，”卡可夫对他说。

“我每次见到你，都给你指点指点，有朝一日你会完成你的教育的。使一位教授再受教育该多有趣呢。”

“我不知道回去后能不能当上教授。说不定他们会当我是赤色分子，把我撵走。”

“噢，说不定你可以到苏联去继续学习。你这么做也许最好。”

“我的专业是西班牙语。”

“讲西班牙语的国家很多，”卡可夫说。“别的国家不会全都像西班牙那样难对付。你还得记住，你不当教授已经将近九个月。有九个月工夫，你可以学会一门新的行业了。你读了多少辩证法?”

“我读过埃米尔·伯恩斯编的《马克思主义手册》。如此而已。”

“如果你读完了全书，这就相当不错了。一共有一千五百页，每一页都可以花相当时间。但是你应该再读些别的书。”

“现在可没时间读书。”

“我知道，”卡可夫说。“我是说到头来总得读。要读的东西很多，读了这些东西会使你明白现在所发生的一些事情。而从目前的情况中会产生一本不可或缺的著作；它将解释很多应该明白的事情。也许将由我来写。我希望这本著作的作者是我。”

“我知道没人能比你写得更好。”

“别恭维，”卡可夫说。“我是新闻记者。但是像所有的记者一样，我希望能写文学作品。我现下正忙于研究卡尔伏·索特罗。他是个地道的法西斯分子；一个真正的西班牙法西斯分子。佛朗哥和别的那些人都算不上。我一直在研究索特罗的全部著作和讲话。他非常聪明，把他杀掉是非常聪明的办法。①”

---

① 卡尔伏·索特罗(1892—1936)，西班牙右派政客，1933年起，作为保皇派的头子，反对人民阵线，并当上右派各政党的统一组织“西班牙右翼自治派同盟”的领导人。1936年7月内战爆发前夕，共和派中的过激分子为了报复长枪党的政治暗杀暴行，把他逮住了加以杀害。

“我原以为你并不认为政治暗杀有价值呢。”

“这种行径非常普遍，”卡可夫说。“非常、非常普遍。”

“但是——”

“我们认为个人的恐怖行动没有价值，”卡可夫笑了笑。“犯法的恐怖分子和反革命组织搞的那一套当然没有价值。我们极度痛恨布哈林那帮破坏分子，他们两面三刀，干尽坏事，像残忍的豺狼，我们极度痛恨季诺维也夫、加米涅夫、李可夫和他们的走狗那样的人类渣滓。我们仇恨、厌恶这些不折不扣的魔鬼，”他又笑了笑。“但我仍然认为，政治暗杀这种行径可以说是非常普遍的。”

“你的意思是——”

“我没有什么意思。但是我们当然处决并消灭这种不折不扣的魔鬼和人类渣滓和奸诈成性的狗将军们，而且不让出现海军上将不忠于自己职守的可恶现象。这些人被消灭了。这不叫暗杀。你明白这差别吗?”

“明白，”罗伯特·乔丹说。

“再说，因为我有时说笑话，你知道，即使闹着玩，说笑话也有多危险？好。别因为我说笑话，就以为西班牙人今生不会后悔没把某些到现在还掌握着权势的将军枪毙掉。我不喜欢枪毙人这勾当，你知道。”

“我可不在乎，”罗伯特·乔丹说。“我不喜欢这么干，可是我不再在乎了。”

“这我知道，”卡可夫说。“我听说过了。”

“这事关紧要吗?”罗伯特·乔丹说。“关于这件事，我不过想说老实话罢了。”

“这令人遗憾，”卡可夫说。“然而这一点正是使人觉得可以信赖你的地方之一，而惯常呢，要达到这地步得花多得多的时间。”

“我算得上可以让人信赖吗?”

“你在工作上算得上很可让人信赖。改日我得和你谈谈，了解一下你心里在想些什么。遗憾的是我们从没认真谈过。”

“要等我们打赢了这场战争，我的思想才会有着落，”罗伯特·乔丹说。

“到那时你可能好一阵子用不着思想啦。但是你应当好好把思想锻炼一下。”

“我看《工人世界报》，”罗伯特·乔丹对他说，卡可夫就说，“行啊。好。我也经得起开玩笑。但《工人世界报》上是有不少非常有见解的文章。关于这次战争的唯一有见解的文章。”

“是啊，”罗伯特·乔丹说。“我同意你的看法。但是要了解眼前发生的事的全貌，你不能只读党的机关刊物呀。”

“对，”卡可夫说。“但是即使读了二十种报纸，你也不会有所了解，再说，即使你了解了，我不知道你能靠着它来干什么。我差不多经常了解这些情况，却只想设法忘掉它。”

“你认为情况就那么糟?”

“现在比以前好些了。我们正在清除一些最要不得的分子。但是情况十分糟糕。我们现在正在建设一支庞大的军队，其中有些部队是可靠的，像莫德斯托、‘农民’、利斯特和杜兰他们的部下。他们不仅仅可靠而已。他们挺了不起。你将会看到这一点。再说，我们依旧有国际纵队，虽然它们的作用在变化。但是一支成分好坏兼有的军队无法打胜仗。所有的人都必须给培养为具有一定的政治觉悟水平；所有的人都必须了解他们正在为什么而战斗和战争的重要性。所有的人都必须对未来的战斗抱有信心，都必须服从纪律。我们正在建设一支庞大的征募军，但没时间树立征募军所必备的在炮火下该如何行动的纪律。我们称它为人民军，然而它缺乏真正的人民军的优秀品质，又缺乏征募军所需要的铁的纪律。你会明白的。这做法十分危险。”

“你今天心情不太愉快。”

“不错，”卡可夫说。“我刚从巴伦西亚回来，在那儿见到了很多人。从巴伦西亚回来的人心情都不大愉快。在马德里，你感到愉快、清白，感到只会胜利，不可能失败。巴伦西亚是另一码事。从马德里逃跑的懦夫们仍在那儿统治着。他们心满意足地习惯了懒散的官僚统治。他们对马德里的那些人只有蔑视。现在使他们困扰的是国防人民委员会的削弱。还有巴塞罗那。你该看一看巴塞罗那。”

“巴塞罗那怎么样啦?”

“一切还是像在演喜歌剧。那儿最初是狂想家和浪漫革命家的乐园。现在是冒牌军人的天堂。那些喜欢穿着军装、喜欢耀武扬威的戴着红黑领巾的士兵啊。他们喜欢战争的一切，就是不喜欢作战。巴伦西亚使你作呕，而巴塞罗那使你发笑。”

“那么波姆叛乱①呢?”

“波姆根本不严肃。那是狂想家和过激分子的异端邪说的产物，实在不过是幼稚病而已。有些是误入歧途的老实人。有一个是相当不错的智囊人物，还有一点儿从法西斯那边弄来的钱。不多。可怜的波姆。他们是非常愚蠢的家伙。”

“可是，叛乱中很多人被杀了吗?”

“不如叛乱后或今后将被枪杀的多。波姆。正像它的名称。并不严肃。应该管它叫痄腮或麻疹②才对。可是不对。麻疹要危险得多。它会损害视力和听觉。可是他们搞了个你知道的阴谋，要杀我、杀华尔特、杀莫德斯托，并且杀普列托。你明白他们糊涂到了什么地步吗？我们毫无共同之处。可怜的波姆。他们真是从没杀过人。在前线或别的地方都没杀过。在巴塞罗那是杀过一些，不错。”

“当时你在那儿吗?”

---

① 波姆为马克思主义统一工人党的首字母缩略词(P. O. U. M.)的音译，为无政府一工团主义者的组织，于1937年5月3日至10日在巴塞罗那发动反共和政府的叛乱。

② 此处卡可夫有意把“痄腮”和“麻疹”的英语名称念成M. U. M. P. S.及M. E. A. S. L. E. S.，听上去好像也是什么政治团体的首字母缩略词。

“是的。我发了份电报，报道了那些托派杀人犯的臭名昭彰的组织的罪恶，还有他们那些卑鄙透顶的法西斯阴谋诡计，但是，我们说句体己话，波姆没什么大不了。尼恩是他们中唯一的角色。我们逮住了他，可他又从我们手里溜跑了。”

“现在他在哪儿?”

“在巴黎。我们说他在巴黎。他是个很令人愉快的人，但是在政治上糟糕地走上了邪路。”

“不过他们和法西斯分子有联系，可不是吗?”

“谁没有联系啊?”

“我们没有。”

“谁知道啊？但愿我们没有。你经常到他们阵线的后方去，”他露齿笑笑。“但是共和国驻巴黎大使馆一位秘书的弟弟，上星期曾到圣让德吕兹去会见布尔戈斯方面来的人①。”

“我更喜欢前线的情况，”罗伯特 · 乔丹说。“越靠近前线的人越好。”

“你觉得法西斯阵线的后方怎么样?”

“我很喜欢。我们在那儿的人很不错。”

“噢，你知道，在我们阵线的后方，他们同样也一定会派很不错的人。我们逮住了他们就枪毙，他们逮住了我们的人也枪毙。你在他们的地区，就必须总是想到他们一定会派好多人到我们这儿来。”

“我想到过这些人。”

“好吧，”卡可夫说。“今天让你思考的事也许已经够多了，所以把罐里剩下的啤酒喝了就走吧，因为我还得到楼上去接待一些人。上层

---

① 布尔戈斯为西班牙北部布尔戈斯省省会，在马德里正北约 132 英里处，内战爆发后，就成为佛朗哥叛军“政府”所在地。圣让德吕兹为法国西南端一滨比斯开湾的小城，离西班牙边境城市伊伦极近。

人士。早点儿再来看我吧。”

好，罗伯特·乔丹想。你在盖洛德饭店学到了很多东西。卡可夫看过他出版的唯一的一本书。那本书并不成功。只有两百页的篇幅，他不知道看过这本书的人数到不到两千。他在西班牙步行，坐火车三等车厢，乘公共汽车，骑骡马，搭卡车，旅行了十年，把耳闻目见的事全写在这本书里了。他非常熟悉巴斯克地区、纳瓦拉、阿拉贡、加利西亚、两个卡斯蒂尔和埃斯特雷马杜拉①。这一类作品中，博罗、福特②和其他一些人写得已经很出色，他没什么新的内容可以增添了。但卡可夫说这是本好书。

“我为你操心，原因就在这儿，”他说。“我认为你写得绝对真实，这是不可多得的。所以我想让你了解一些情况。”

行啊。等这次任务结束后，他要写一本书。但是只写他真正了解的事情，他懂得的事情。可我得成为一个比目前的我高明得多的作家才能处理这种题材，他想。在这次战争中逐渐了解到的事情可不是那么简单啊。

第十九章

“你坐在这儿做什么?”玛丽亚问他。她紧挨在他身边站着，他转过头来，朝她笑笑。

---

① 这些地名除纳瓦拉为北部比利牛斯山南的一省名外，其他都是古王国或地区的名字，沿用至今。阿拉贡地区在东北部，老卡斯蒂尔地区在马德里西北，本书背景即在此地区，新卡斯蒂尔在其东南，占西班牙的中部，包括马德里在内。

② 乔治·博罗（1803—1881），英国语言学家、旅行者兼小说家，著有多种关于西班牙风土人情、吉卜赛人及其方言的作品。理查德·福特（1796—1858），英国旅行家兼作家，1845 年发表的《西班牙旅游者手册》为一部非常详情的佳作。

“不做什么，”他说。“我在想。”

“想什么？桥？”

“不。桥这件事已经想好了。在想你，想马德里一家饭店，那边我有几个俄国熟人，还想我改天要写的一本书。”

“马德里有很多俄国人吗？”

“不多。很少。”

“可是在法西斯的刊物上说有好几十万哪。”

“那是胡扯。没有多少。”

“你喜欢俄国人吗？上次来这儿的是个俄国人。”

“你喜欢他？”

“是的。那时我病着，可我觉得他很漂亮、很勇敢。”

“漂亮，胡扯，”比拉尔说。“他的鼻子扁得像我的手，颧骨阔得像羊屁股。”

“他是我的好朋友、好同志，”罗伯特·乔丹对玛丽亚说。“我很喜欢他。”

“当然啦，”比拉尔说。“可是你毙了他。”

她一说这话，牌桌上的人都抬起头来，巴勃罗也瞪着罗伯特·乔丹。谁也不说话，但后来吉卜赛人拉斐尔问，“是真的，罗伯托？”

“真的，”罗伯特·乔丹说。他想，比拉尔不提这个话题就好了，他在聋子那里不讲这件事就好了。“是根据他的要求。他受了重伤。”

“真是件怪事，”吉卜赛人说。“他跟我们在一起，老是说起这种可能。我答应他要这么办，不知有多少回了。真是怪事，”他又说了一遍，还摇摇头。

“他是个非常古怪的人，”普里米蒂伏说。“非常特别。”

“听着，”两兄弟中的一个，安德烈斯，说，“你是教授，懂得多。你相信人能预见自己要碰到的事吗？”

“我认为无法预见，”罗伯特·乔丹说。巴勃罗正好奇地瞪着他，而比拉尔脸上毫无表情地在注视着他。“拿这位俄国同志来说，他在前方待得太久，变得十分神经质。他在伊伦打过仗，你知道，那一次情况很糟。非常糟。后来他在北方打仗。自从第一批在敌后干这种工作的小组成立以来，他在这儿干过，在埃斯特雷马杜拉和安达卢西亚干过。我想，他非常疲劳而神经质，所以头脑里出现种种险象。”

“他肯定经历过很多邪恶的事情，”费尔南多说。

“就像大家一样，”安德烈斯说。“可是听我说，英国人。人能事先知道自己将来的遭遇，你认为有这种事吗?”

“不，”罗伯特·乔丹说。“那是无知、迷信。”

“说下去，”比拉尔说。“我们来听听教授的看法。”她说话的口吻就像正在对一个早熟的孩子讲话。

“我以为恐惧会产生不祥的幻觉，”罗伯特·乔丹说。“看到了不好的迹象——”

“比如今天的飞机，”普里米蒂伏说。

“比如你的到来，”巴勃罗低声说，罗伯特·乔丹隔着桌子对他一望，看出他这话不是挑衅，而只是他思想的流露，就接下去说，“人怀着恐惧，看到了不好的迹象就会想象自己的末日到了，就认为这种想象是预感。”罗伯特·乔丹最后说，“我看情况不外乎就是这样。我可不相信妖魔鬼怪，不相信算命的，也不相信超自然的奇迹。”

“可这个名字古怪的人，却清清楚楚地看清了自己的命运，”吉卜赛人说。“结果应验啦。”

“他没预见到命运，”罗伯特·乔丹说。“他害怕会发生这种事，因此想不开。谁也没法使我相信他预见到了什么。”

“我也没法?”比拉尔问他，从炉灶里抓起一把灰，在手掌上把它吹掉。“我也没法使你相信?”

“是的。即使你拿出巫术、吉卜赛人的那一大套劳什子，也没法使我相信。”

“因为你耳聋得出奇，”比拉尔说，她的大脸在烛光下显得严峻而宽阔。“这倒不是因为你蠢。你纯粹是耳聋了。耳聋的人没法听音乐。也没法听收音机。所以他会说，从来没听到过，这种东西不存在。什么话，英国人。我看出了那个名字古怪的人脸上的死相，就像用烙铁烫在脸上似的。”

“没有的事，”罗伯特·乔丹坚持说。“你看到的是恐惧和忧虑的表情。那种恐惧是他的经历造成的。忧虑是因为他想象可能有灾祸。”

“什么话，”比拉尔说。“我明明白白地看到，死神好像就坐在他的肩上。不但如此，他身上还发出死的气味。”

“他身上发出死的气味，”罗伯特·乔丹嘲笑说。“大概是恐惧的气味吧。叫人恐惧的气味是有的。”

“是死的气味，”比拉尔说。“听着。布兰克特是历来最了不起的斗牛士助手，他给格兰纳罗当听差的时候跟我说过，马诺洛·格兰纳罗去世的那天，他们去斗牛场的路上在小教堂里逗留，马诺洛身上的死的气味浓得差点叫布兰克特呕吐。动身去斗牛场之前，马诺洛在旅馆洗澡后穿上衣服时，他都和马诺洛在一起。他们在汽车里紧挨在一起坐着、开往斗牛场时还没有这股气味。当时在小教堂，除了胡安·路易斯·德拉罗萨之外，谁也还辨不出这气味。马西亚尔也好，奇昆洛也好，无论在那时，还是后来他们四人排了队准备参加入场式的时候，都没闻到这股气味。但是胡安·路易斯脸色煞白，布兰克特这样告诉我，于是他，布兰克特，就对他说，‘你也闻到了?’

“‘浓得叫我透不过气来，’胡安·路易斯对他说。‘是你那位斗牛士身上的。’

“‘一点没办法，’布兰克特说。‘但愿我们弄错了。’

“‘别人呢?’胡安·路易斯问布兰克特。

“‘没有，’布兰克特说。‘没这股气味。但这个人的气味比何塞在塔拉韦拉时的还浓。’

“正是在那天下午，维拉瓜牧场豢养的公牛波卡贝纳把马诺洛·格兰纳罗撞死在马德里斗牛场两号看台前的木板围栏上。我和菲尼托在那儿，我看到了这情景。牛角把他的整个头颅撞烂了，因为公牛把马诺洛摔在围栏下，他的脑袋卡在板壁底下。”

“你可闻到什么气味呢?”费尔南多问。

“没有，”比拉尔说。“我离得太远。我们在三号看台第七排。看台是倾斜的，所以我看到了整个情况。但是就在那天晚上，布兰克特，从前给也是被公牛挑死的小何塞帮过场的，在福尔诺斯酒店对菲尼托讲到这件事，菲尼托就问胡安·路易斯·德拉罗萨，可他什么也不愿说。他只点点头，表示这是真的。这件事发生的时候我在场。所以，英国人，看来你对有些事就是不愿听一听，就像奇昆洛、马西亚尔·拉兰达以及他们所有的短标枪手和长矛手，像胡安·路易斯和马诺洛·格兰纳罗手下的全体人手，那天就是不愿听一听这些事。但胡安·路易斯和布兰克特可不是这样。我对这种事也是听信的。”

“该用鼻子的事，你干吗说愿听不愿听呢?”费尔南多问。

“他奶奶的!”比拉尔说。“你可以代替英国人当教授啦。但我可以给你讲些别的情况，英国人，别怀疑你自己压根儿没法见到或没法听到的事情。你没法听到狗听到的声音。你也没法闻到狗嗅到的气味。但是你已经多少体会到人可能碰到的意外了。”

玛丽亚把一只手搁在罗伯特·乔丹肩上，就没再移开，他突然想，让我们结束这一切废话，好好利用现有的时间吧。但现在还早。我们不得不消磨傍晚的这段时间。所以他对巴勃罗说，“你，你也相信这种巫术?”

“不知道，”巴勃罗说。“我比较赞成你的看法。我从没遇到过超自然的奇迹。但是恐惧，是啊，当然有。非常厉害。但我相信比拉尔能看手相算命。如果她不是有意骗人，也许她真的闻到了这种气味。”

“什么话，我倒有意骗人啦，”比拉尔说。“这种事不是我胡诌出来的。布兰克特这人极其认真，而且非常虔诚。他不是吉卜赛人，而是巴伦西亚的资产阶级。你从没见过他?”

“见过，”罗伯特·乔丹说。“我见过他好多次。他个子矮小，脸色灰白，谁也比不上他摆弄斗牛士红披风的功夫。他脚步灵活得像兔子。”

“一点也不错，”比拉尔说。“他害过心脏病，所以脸色灰白，但吉卜赛人都说死神附在他身上了，但他能用红披风把死神掸掉，就像掸掉桌上的灰尘似的。他不是吉卜赛人，然而他在塔拉韦拉斗牛的时候，在小何塞身上闻到了死的气味。虽然当时雪利酒酒气冲天，我不明白他怎么还能闻到这气味。布兰克特后来十分谨慎地谈到这件事，可是那些听他谈的人都说那是瞎想出来的，还说他闻到的是小何塞当时所过的生活随着汗水从胳肢窝发出的气味。但是后来，发生了马诺洛·格兰纳罗这件事，胡安·路易斯·德拉罗萨也闻到了。胡安·路易斯名声明摆着很不好，但做事利索，还是个跟女人睡觉的好手。但布兰克特认认真真，非常文静，根本不会讲假话。我可以肯定，我闻到了你那个同行在这儿时身上的死的气味。”

“我不相信这个，”罗伯特·乔丹说。“你刚才还说，布兰克特在举行出场式之前就闻到了这气味。就在开始斗牛之前。而你和卡希金在这儿炸火车，干得很成功。炸火车时他没有给打死。那当时你怎么闻得到呢?”

“这压根儿不相干，”比拉尔解释。“伊格纳西奥·桑切斯·梅希亚斯在他最后一个斗牛季节中死的气味那么浓，弄得咖啡馆里很多人都不愿和他坐一起。吉卜赛人都知道这事。”

“人死后，人家才虚构出这种情形，”罗伯特·乔丹争辩说。“人人都知道，桑切斯·梅希亚斯很久不练功，他的斗牛架势笨拙而犯险，而且腿力衰退，不灵活，反应也不及以前快，所以早晚会挨上牛角的。”

“当然，”比拉尔对他说。“这一切都是确实的。但是所有的吉卜赛人还都知道他身上有死的气味，他一走进玫瑰酒店，你就会看到里卡多、费利佩·冈萨雷斯这些人就从酒吧后面的小门溜走。”

“没准他们欠了他债，”罗伯特·乔丹说。

“这可能，”比拉尔说。“很可能。但他们也闻到这气味，人人都知道这回事。”

“她的话不假，英国人，”吉卜赛人拉斐尔说。“这件事在我们中间是大家都知道的。”

“我一点儿也不信，”罗伯特·乔丹说。

“听着，英国人，”安塞尔莫开口说。“这些巫术我全不赞成。但是这位比拉尔在这方面很有一手倒是有名的。”

“但是这种气味像什么呢?”费尔南多问。“这是什么气味呢?要是有气味的话，一定是可以辨别的。”

“你想知道吗，小费尔南多?”比拉尔对他笑笑。“你以为你能闻到吗?”

“要是真有这气味，我干吗不可以和别人一样闻到?”

“干吗不?”比拉尔在取笑他，两只大手交叉着搁在双膝上。“你乘过船吗，费尔南多?”

“没有。也不想乘。”

“那么你恐怕辨不出来。因为它有点儿像暴风雨来时关上舷窗后船里的气味。把你的鼻子贴在拧紧舷窗的铜把手上，那开航着的船在你脚下颠簸着，叫你感到快要昏倒，胃里空落落的，那你就闻到一点儿这种气味了。”

“我不可能辨出，因为我不打算乘船，”费尔南多说。

“我乘过几回船，”比拉尔说。“去墨西哥和委内瑞拉两地，都是乘船的。”

“此外还有什么气味?”罗伯特·乔丹问。比拉尔这时骄傲地想起了她的旅行，嘲弄地望着他。

“好吧，英国人。学学吧。这就对了。学学吧。好吧。你在船上闻到这气味之后，该一清早在马德里下山，去托莱多大桥边的屠宰场，站在那湿漉漉的石板地上，那时曼萨纳雷斯河上升起了雾，去等待那些天没亮就去喝宰了的牲口的鲜血的老太婆。她们脖子上裹着披肩，脸色灰白，眼睛凹陷，下巴和脸颊上的老年须长在蜡黄泛白的脸上，就像豆种上长出的芽须，不是硬毛，而是她死灰色脸上长出的灰白的芽须；等这样一个老太婆从屠宰场走出来，你伸出双臂去紧紧搂住她吧，英国人，把她紧贴在你身上，亲她的嘴，你就知道合成这气味的第二种成分了。”

“这话叫我倒胃口，”吉卜赛人说。“关于芽须的话叫人太受不了啦。”

“你还要听点儿?”比拉尔问罗伯特·乔丹。

“当然，”他说。“如果有必要学学，就让我们学学吧。”

“关于老太婆脸上的芽须的话叫我恶心，”吉卜赛人说。“老太婆的脸上为什么会长出这东西，比拉尔？我们可不这样。”

“可不，”比拉尔取笑他。“我们老太婆呢，年轻时可苗条啰，当然，可惜老是腆着个大肚子，那是她丈夫宠爱的标志，以致每个吉卜赛女人老是身前顶着个——”

“别说这种话，”拉斐尔说。“说得不光彩。”

“原来你受不了啦，”比拉尔说。“吉卜赛女人不是快生孩子，就是刚生孩子，你可见过哪个吉卜赛女人不是这样的?”

“你。”

“住嘴，”比拉尔说。“人都难免会受不了的。我说的意思是，人老了，自有一副丑相，大家都一样。没有必要细谈。不过要是英国人一定要知道他巴不得想辨别的那气味，他必须大清早去屠宰场。”

“我准去，”罗伯特·乔丹说。“但是我想等她们路过的时候闻闻这气味就行了，不想亲嘴。我也和拉斐尔一样，怕这芽须。”

“亲一个老太婆吧，”比拉尔说。“英国人，你要知道，就得亲一个，然后鼻孔里带着这股气味，走回城里，看到垃圾桶里有凋谢的花朵，就把鼻子深深地探到桶内，吸口气，让鼻孔里已有的气味和桶里的气味混在一起。”

“好，我就算这么干了吧，”罗伯特·乔丹说。“你说的是什么花呢?”

“菊花。”

“接着说吧，”罗伯特·乔丹说。“我闻到了。”

“然后，”比拉尔接着说，“重要的是在秋天下雨的日子，或者至少要有些雾，或者甚至在初冬，那时你该在城里一股劲地走，然后顺着康乐大街，等那些妓院里清扫出垃圾、往阴沟倒污水桶的时候，有什么气味就闻什么，而这种劳而无功的风流事的气味和肥皂水、香烟屁股的气味美美地混在一起，只是淡淡地飘进你的鼻孔，你还得带着它继续向植物园走，在那儿，没法再在妓院接客的姑娘们夜间背靠在公园的铁门和铁栅栏上干，就在人行道上干。正是在那儿，她们在树荫下背靠着铁栏杆干起了男人想要干的一切；从花一毛钱满足最简单的要求，到花一块钱干一次我们天生注定得干的大好事，在那儿的还没清除死花、重新栽上的花坛上干，这一来把泥土搞得松软，比人行道要松软得多，你会发现一只被扔掉的黄麻袋，上面带着湿土、枯花和那夜干了好事留下的气味。这麻袋含有全部精华，既有死土、枯萎的花梗和腐烂的花朵的气味，也有人的死和生两者的气味。你把这麻袋套在头上，在里面呼吸呼吸试试看。”

“不。”

“要，”比拉尔说。“你要把这麻袋套在头上，在里面呼吸呼吸试试看，然后，如果你深呼吸的时候先前的那些气味还没散去，你就会闻到我们所知道的死到临头的气味了。”

“好吧，”罗伯特·乔丹说。“你是说卡希金在这儿的时候，身上有这种气味？”

“是的。”

“得了，”罗伯特·乔丹认真地说。“要是真有这种事，我毙了他倒是好事。”

“说得好呀，”吉卜赛人说。其他人都笑了。

“好极了，”普里米蒂伏表示赞许。“这下子该让她闭一会儿嘴了吧。”

“但是比拉尔，”费尔南多说。“你当然不会指望像堂罗伯托这样知书识理的人会干出这种恶劣的事来。”

“对，”比拉尔同意。

“这一切叫人恶心到极点。”

“是的，”比拉尔同意。

“你不会指望他当真干出这样降低人格的行为吧？”

“对，”比拉尔说。“去睡吧，好吗？”

“不过，比拉尔——”费尔南多继续说。

“闭嘴，好吗？”比拉尔突然恶狠狠地对他说。“你别犯傻了，我也尽量不犯傻，跟这种根本听不懂人家的话的人说话了。”

“我承认，我不懂，”费尔南多又开口说。

“别承认，也别想弄懂了，”比拉尔说。“外面还在下雪吗？”

罗伯特·乔丹走到洞口，撩起毯子，望望外面。洞外，夜色晴朗，天气寒冷，没在下雪。他透过树干之间望去，那里一片白茫茫，再抬眼从林间望去，只见这时天色明净。他呼吸时，空气进入肺部，寒冷彻骨。

“如果聋子今晚去偷了马儿，会留下很多足迹的，”他想。

他放下毯子，返身进入烟雾弥漫的山洞。“天晴了，”他说。“暴风雪过去了。”

第二十章

他这时躺在黑夜里，等待姑娘到他这里来。这时没有风，松树在夜色中都一动不动。松树干兀立在遍地覆盖的积雪中，他躺在睡袋里，感到他铺在身下的东西软绵绵的，两腿长长地伸着，感觉到睡袋的温暖，脑袋上接触到的和鼻孔中吸进的空气寒冷彻骨。他侧身躺着，脑袋下是他用裤子和外衣卷在鞋子上做成的圆鼓鼓的枕头，贴在腰侧的是他脱衣时从枪套里取出的大自动手枪的冰冷的金属枪身，手枪由枪上的带子系在右手腕上。他挪开手枪，身体往睡袋里更缩进了一些，一边注视着雪地对面山岩上的黑黑的缺口，那就是山洞洞口。天色明净，雪光的反射亮得足以看到山洞那里的一根根树干和大块山岩。

临近黄昏的时分，他曾拿了把斧头，走出山洞，踏过新下的雪，来到林间空地的边缘，砍下一棵小云杉。黑暗中，他握着树的根端，把它拖到山崖的背风处。他挨近山崖，一手把稳树干，把树竖直，一手握住斧头柄上靠近斧头的地方，砍下了所有的树枝，直到聚成一堆。然后，他搁下那堆树枝，把光树干放在雪地上，走进山洞去拿一块他早先见到靠在洞壁上的厚木板。他用这木板沿着山崖把一片地上的雪全刮掉，然后拣起树枝，抖掉上面的雪，一行行地排列在地上，就像鸟身上叠盖着的羽毛，直到做成一张床铺。他把那根树干横在用这些树枝做成的床铺的一头，使树枝固定，并从那块木板边上劈下两个尖楔，打进地里，牢固地卡住树干。

然后他一低头从毯子下钻进山洞，把木板和斧头拿回去，把它们都靠在洞壁上。

“你在外面干什么?”比拉尔问。

“做了一张床。”

“可别劈我那新搁板上的料做你的床。”

“请原谅。”

“没什么大不了的，”她说。“锯木厂还有木板呢。你做了张什么样的床?”

“就像我家乡的那样。”

“那就在上面好好睡吧，”她说，罗伯特·乔丹就打开一只背包，从里面抽出睡袋，把包在里面的东西放回背包，然后拿着睡袋再在毯子下一低头走出山洞，把睡袋铺在树枝上，让睡袋那封闭的一头抵住那根横钉在床脚处的树干。睡袋口有峻峭的石壁遮挡。然后他再进山洞去拿背包，但比拉尔说，“就像昨晚一样，背包跟我睡行了。”

“你不打算派人放哨?”他问。“今夜天晴，风雪停了。”

“由费尔南多去，”比拉尔说。

玛丽亚正在山洞的后部，罗伯特·乔丹没法看到她。

“大家晚安，”他说。“我打算去睡了。”

大家正在把板桌和蒙着生皮的凳子往后推，空出睡觉的地方，在炉灶前的地上摊开毯子和铺盖，他们之中的普里米蒂伏和安德烈斯抬起头来说，“晚安。”

安塞尔莫已在角落里睡熟了，全身裹在毯子和披风里，连鼻子也不外露。巴勃罗坐在椅子里睡熟了。

“你铺上要张羊皮吗?”比拉尔低声问罗伯特·乔丹。

“不，”他说。“谢谢你。我不需要。”

“好好睡吧，”她说。“你的东西我负责。”

费尔南多跟他一起来到洞外，在罗伯特·乔丹铺睡袋的地方站了一会儿。

“你这主意很古怪，睡在露天，堂罗伯托，”他站在黑暗中说，身上裹着毯子式披风，卡宾枪挎在肩上。

“我习惯了。晚安。”

“你习惯了就行。”

“你什么时候换班?”

“四点。”

“从现在到四点这段时间很冷。”

“我习惯了，”费尔南多说。

“原来这样，你习惯了——”罗伯特·乔丹客气地说。

“是的，”费尔南多附和说。“我现在得上山去那儿了。晚安，堂罗伯托。”

“晚安，费尔南多。”

然后他把脱下的衣服做了个枕头，钻进睡袋，然后躺着等待，感到这暖和的法兰绒衬里的羽绒睡袋底下的那些树枝富有弹性，注视着雪地对面的山洞口；感到等待时心脏在跳动。

夜晚明净，他感到头脑和那空气一样明净而寒冷。他闻到身体下面松枝的气味、压碎的松针的香味和树枝断口渗出的较浓烈的树脂香味。比拉尔，他想。比拉尔和她扯的死的气味。我爱闻的却是这种气味。这种气味和新割的苜蓿的气味、你骑马赶牛时踩碎的鼠尾草的气味、柴火的烟味和秋天烧树叶的气味。那准是勾起乡愁的气味，秋天在故乡米苏拉的街上耙成堆的树叶燃烧时的烟火味。你情愿闻哪一种气味呢？印第安人编篮子用的香草的气味？熏皮张的气味？春雨后土地的气味？你在加利西亚一地岬上走在金雀花丛中闻到的海洋味？还是你在黑夜驶近古巴时陆地上吹来的风的气味？那是仙人掌花、含羞草和马尾藻丛的气味。要不，你情愿在饥饿时闻闻早晨的煎熏咸肉的香味？还是早晨的咖啡香？还是把一只秋熟的红苹果一口咬下去时闻到的香味？还是苹果酒作坊碾碎苹果的香味，或者刚出炉的面包的香味呢？你一定饿了，他想，侧身躺着，借着照在雪上的星光望着那山洞的入口。

有人从毯子后钻出来，他不知道这是谁，只看见那人站在那用来进进出出的山岩的缺口前。他接着听到在雪地里滑行的声音，接着，就是这人一低头，回到洞里去了。

看来她要等大家都睡熟了才会来，他想。真是浪费时间啊。夜晚过去一半了。啊，玛丽亚。现在快来吧，玛丽亚，因为时间不多啊。他听到一根树枝上的积雪轻轻地掉在雪地上的声音。微风正在吹起。他感到风拂在脸上。突然他感到慌张，说不定她不会来了。这时起风，使他想到早晨不久就要来临。他听到这时微风吹动树梢的声音，树枝上又有雪落下来了。

快来吧，玛丽亚。请你现在快到我身边来，他想。啊，快到我身边来。别等了。你要等他们睡熟，这实在对你再也没关系了。

接着，他看到她从那蒙在山洞口的毯子后面钻出来了。她在那里站了一会儿，他知道正是她，但没法看到她在做什么。他低声吹了一声口哨，但她还在洞口山岩的黑影里做着什么。接着，她两手拿着什么东西奔过来，他看到她在雪地里奔跑，两条腿长长的。接着她跪在睡袋边，头紧挨着他，拍掉脚上的雪。她吻了他一下，递给他一包东西。

"把这个和你那枕头放在一起，"她说。"我在洞口脱下了，好省时间。"

"你光着脚从雪地里来的?"

"是啊，"她说，"而且只穿着我的结婚衬衫。"

他把她紧紧地搂在怀里，她把头磨蹭着他的下巴。

"别碰脚，"她说。"脚很冷，罗伯托。"

"把脚伸到这儿来，暖和暖和。"

"不，"她说。"很快就会暖和的。可现在快说你爱我。"

"我爱你。"

"好。好。好。"

"我爱你，小兔子。"

"爱我的结婚衬衫吗?"

"永远就这一件。"

"对。跟昨夜一样。这是我的结婚衬衫。"

“把脚放在这儿。”

“不，这不像话。脚自会暖和的。我不觉得脚冷。只因为踩过雪，你才觉得它们冷。再说一遍。”

“我爱你，我的小兔子。”

“我也爱你，我是你妻子。”

“他们都睡了?”

“不，”她说。“可我再也忍不住了。那有什么关系?”

“一点也没有，”他说，感到她贴在自己身上，苗条而颀长的身子温暖喜人。“其他什么事都没关系。”

“把手放在我头上，”她说，“然后我来试试能不能吻你。”

“这样可好?”她问。

“好，”他说。“把结婚衬衫脱了。”

“你说我该脱?”

“该，不冷就脱。”

“什么话，冷。我像着了火哪。”

“我也是。可过后你不会觉得冷吗?”

“不会。过后我俩会变成森林里的一头野兽，紧挨在一起，彼此都分不出你是你，我是我。你不觉得我的心就是你的?”

“觉得。没分别了。”

“快摸摸。我就是你，你就是我，你我完全成了一个人。我爱你，啊，我多么爱你。我们不真成了一个人? 你不觉得这样?”

“觉得，”他说。“的确是这样。”

“快摸摸。你除了我的心，没别的心。”

“也没别的腿、别的脚或别的身体。”

“可我俩不一样，”她说。“我们完全一样就好啦。”

“你不是这意思。”

“我就是这意思。是这意思。我非要这样对你说不可。”

“你不是这意思。”

“也许不是，”她温柔地说，嘴唇贴在他肩上。“可我巴不得这样说。既然我俩不一样，我庆幸你是罗伯托，我是玛丽亚。但要是你想变，我也乐意变。我愿意变成你，因为我太爱你了。”

“我不愿变。还不如你是原来的你，我是原来的我。”

“可现在我们要变成一个人，就此不会再分开了。”她接着说，“等你不在身边时，我也就是你。啊，我多么爱你，我一定要好好疼你。”

“玛丽亚。”

“嗯。”

“玛丽亚。”

“嗯。”

“玛丽亚。”

“噢，嗳。请吧。”

“你不觉得冷?”

“噢，不。把睡袋口拉起，遮住你的肩。”

“玛丽亚。”

“我说不出话来了。”

“啊，玛丽亚。玛丽亚。玛丽亚。”

到后来，紧挨在一起，外面夜晚冷冷的，睡袋里绵绵暖意，她头贴在他脸颊上，宁静而愉快地挨着他躺着，接着温柔地说，“你呢?”

“跟你一样，”他说。

“好，”她说。“但跟今天下午不一样。”

“是的。”

“但我更喜欢这样。不一定要死过去的。”

“但愿不，”他说。

“我不是这个意思。”

“知道。我知道你的意思。我们是一个意思。”

“那你干吗说这话而不照我的意思说?”

“对男人来说不一样。”

“既然这样，我高兴我们不一样。”

“我也是，”他说。“但我懂得这死过去的感觉。我只是男人说男人话，习惯了。我和你的感觉一样。”

“不管你怎样，不管你怎么说，都正合我的心意。”

“我爱你，还爱你的名字，玛丽亚。”

“那是个普通的名字。”

“不，”他说。“并不普通。”

“我们现在睡吧?”她说。“我会容容易易地睡去。”

“我们睡吧，”他说，感到那颀长而轻盈的身体温暖地挨着他，使她舒适地挨着他，排除孤独地挨着他，就凭胁腹的接触，肩膀和双脚的接触，奇妙地跟他结成了对抗死亡的联盟，于是他说，“好好睡吧，长脚小兔子。”

她说，“我这就入睡了。”

“我就要入睡了，”他说。“好好睡吧，亲爱的。”然后他入睡了，快乐地入睡了。

但是他夜间醒来，把她紧紧搂着，仿佛她就是生命中的一切，正要从他身边被夺走似的。他搂着她，觉得她就是生命中存在着的一切，而且这是确实的。但她正睡得又香又甜，没有醒来。因此他翻了个身，侧卧在一边，拉起睡袋蒙住她的头，在睡袋里吻了一下她的脖子，然后拉起手枪上的绳子，把手枪放在随手拿得到的身旁，然后躺在夜色中思量。

第二十一章

黎明带来一阵和风，他能听到树上的积雪在融化，沉甸甸地掉下的声音。那是个暮春的早晨。他根据吸入的第一口空气就知道，这场暴风雪只是山区的反常现象，雪到中午就会化掉。他接着听到有匹马来近了，马蹄沾着团团湿雪，随着骑手策马小跑而响起重浊的得得声。他听到松垂的卡宾枪套的拍打声和皮鞍的咯吱声。

“玛丽亚，”他说着，摇摇姑娘的肩膀，要她醒来。“躲在睡袋里，”接着他一手扣衬衫纽扣，一手握住自动手枪，用大拇指松开保险。他看到姑娘头发剪得短短的脑袋猛的缩进睡袋，接着看到那骑手从树林里过来了。他这时匍匐在睡袋里，两手握住枪，瞄准朝他骑来的人。他以前从没见过这人。

这时骑手几乎就在他对面了。他骑着一匹灰色大阉马，头戴卡其贝雷帽，身穿毯子式的披风，就像南美人穿的那种，脚上是笨重的黑色靴子。马鞍右面的枪套里撅出一支短自动步枪的枪托和狭长的子弹夹。他长着一张年轻而冷酷的脸，这时他看到了罗伯特·乔丹。

他一手朝下伸向枪套，当他弯腰转身从枪套里猛地拔枪的时候，罗伯特·乔丹看到他卡其披风的左胸前佩戴着大红色的规定的标记①。

罗伯特·乔丹瞄准他这标记的稍下方，当胸就是一枪。

积雪的树林中响起了手枪的一声呼啸。

马儿仿佛被马刺踢了一下，向前猛地一冲，那年轻人还在拉扯着枪套，就翻身朝地面下滑，右脚被钩在马镫内。马儿离开了原来的路线，拖着脸朝下的骑手磕磕撞撞地穿过树林，这时罗伯特·乔丹一手握枪，站起身来。

大灰马在松林中奔驰着。那人的身子在雪地上拖出了一条宽阔的道道，沿边有一道深红色的血迹。大家都从山洞口向外跑。罗伯特·乔丹伸下手去，摊开卷成枕头的裤子，动手穿上。

---

① 指天主教会内崇拜耶稣基督圣心的信徒们所佩的标记。该崇拜由法国修女玛格丽特·玛丽·阿拉科克于 17 世纪倡议，在信奉天主教的国家中传播甚广。

“把衣服穿上，”他对玛丽亚说。

他听到头顶上空一架飞得很高的飞机的声音。他透过树林看见那灰马不跑了，正站在那里，那骑手仍旧脸朝下地身子挂在马镫上。

“去把那匹马拉住，”他朝正向他拔脚走来的普里米蒂伏大声说。他接着问，“山顶上谁在放哨?”

“拉斐尔，”比拉尔从洞口说。她站在那里，头发仍旧分梳着两股发辫，披在背上。

“骑兵来了，”罗伯特·乔丹说。“把你那挺天杀的机枪架在山上吧。”

他听到比拉尔对山洞里面叫，“奥古斯丁”。接着她走进山洞，接着有两个人跑着出来，一个拿着自动步枪，三脚架搭在肩上；一个拿着一袋子弹盘。

“跟他们一起上山，”罗伯特·乔丹对安塞尔莫说。“你伏在枪边，抓住枪架，别让它跳动，”他说。

他们三人顺着山路，穿过树林，奔上山去。

太阳还没在群山的顶峰后升起来，罗伯特·乔丹站直了身子，扣上裤子，收紧腰带，手腕上的带子上挂着那支大手枪。他把手枪插进腰带上的枪套，把带子上的活结移到下端，还把绳圈套上自己的脖子。

改天人家会用这个绳圈把你勒死，他想。得了，这一来解决了问题。他从枪套里拔出手枪，抽出子弹夹，把枪套旁边那排子弹中的一颗塞进子弹夹，再把子弹夹推入枪托。

他朝树林中普里米蒂伏那里望去，只见他抓住了马缰，正把那骑手的脚从马镫里拔出来。尸体脸朝下伏在雪地上，他望着普里米蒂伏正在一一搜他的口袋。

“过来，”他大声说。“把马儿带来。”

罗伯特·乔丹跪着穿绳底鞋时，感觉得到玛丽亚靠着他膝头，正在睡袋里穿衣服。这时对他来说，她这人等于不存在了。

这骑兵没料到会发生意外，他在想。他没有循着马蹄印走，甚至没有好好地保持警惕，更不用说意识到危险了。他甚至没顺着通向那岗哨的脚印走。他准是散开在这些山里的一名巡逻队员。但是巡逻队一发现他失踪，就会循着他的马蹄印找到这里来。除非雪先化掉，他想。除非巡逻队遇到了什么。

“你最好到下面去，”他对巴勃罗说。

这时大家都走出了山洞，提着卡宾枪站在那里，腰带里插着手榴弹。比拉尔把一皮袋手榴弹递给罗伯特·乔丹，他拿了三枚，放在衣袋里。他低头钻进山洞，找到他那两只背包，打开里面有手提机枪的那一只，取出枪管枪托，将枪托滑溜地接上枪身前截，在枪内推进一个子弹夹，衣袋里藏了三个。他锁上这背包，走向山洞口。我两只口袋里都装满了弹药，他想。但愿口袋的线缝别绽开。他走出山洞，对巴勃罗说，“我要上山去。奥古斯丁会使那挺机枪吗?”

“会，”巴勃罗说。他正望着牵马前来的普里米蒂伏。

“瞧，好一匹马儿，”他说。

大灰马渗着汗，微微战栗，罗伯特·乔丹就拍拍马肩隆。

“我要把它和别的马儿放在一起，”巴勃罗说。

“不，”罗伯特·乔丹说。“它留下了来这儿的蹄印。还得让它踩一条出去的蹄印。”

“说得对，”巴勃罗同意。“我骑它出去，把它藏起来，等化了雪再带它回来。你今天很有头脑，英国人。”

“派个人下山去，”罗伯特·乔丹说。“我们得上山了。”

“没这必要，”巴勃罗说。“骑马的没法从那条路来。但我们从那条路和别的两条路都可以撤走。如果有飞机来，还是别留下足迹好。给我皮酒袋，比拉尔。”

“想走开了喝个醉啦，”比拉尔说。“还是把这些拿去吧。”他伸过手去，把两枚手榴弹藏进衣袋。

“什么话，去喝个醉，”巴勃罗说。“情况严重啊。但还是把酒袋给我吧。我可不喜欢靠喝水来干这一切。”

他抬起双臂，抓住缰绳，跃身跨上马鞍。他露齿笑笑，拍拍那紧张不安的马儿。罗伯特·乔丹看到他亲切地用一条腿磨蹭着马侧腹。

“没有比这更棒的马儿了，”他说着，又拍拍大灰马。“没有比这更美的马儿了。走吧。这家伙离开这儿越早越好。”

他垂下手去从枪套里拔出那枪筒上有散热孔的轻自动步枪，它实际上是挺改装成可以用九毫米手枪子弹的手提机枪，他对它望望。“瞧他们的装备多好，”他说。“瞧这现代化的骑兵。”

“有个现代化的骑兵扑倒在那儿哪，”罗伯特·乔丹说。“我们走吧。”

“你，安德烈斯，把那些马儿备好鞍，作好准备。要是听到枪声，就带它们去山隘后的树林。带上你的武器来接应，让妇女们看管马儿。费尔南多，注意把我的背包也带上。最主要的，要小心带着我的背包。你也得看好我的背包，”他对比拉尔说。“你要保证它们跟马儿一起走。我们走吧，”他说。

“由这个玛丽亚和我来包办撤走工作，”比拉尔说。她接着对罗伯特·乔丹说，“瞧他，”一边朝骑着灰马的巴勃罗的方向点点头，他像牧人一样，一屁股沉沉地骑跨在马背上，给自动步枪换子弹夹时，马儿张大了鼻孔。“瞧，一匹马儿使他多精神。”

“但愿我有两匹马儿，”罗伯特·乔丹劲头十足地说。

“你的马儿会出纰漏。”

“那么给我头骡子吧，”罗伯特·乔丹露齿笑笑。

“给我把那家伙身上的衣服剥下，”他对比拉尔说，朝那扑倒在雪地上的骑兵歪了歪头。“把每一件东西，所有的信件和证件都拿来，把它们藏在我背包的外口袋里。每一件东西，懂吗?”

“是。”

“我们走吧，”他说。

巴勃罗一马当先，后面二人单行相随，免得在雪上留下痕迹。罗伯特·乔丹提着手提机枪的前把手，枪口朝下。但愿它用的子弹和那家伙的马鞍枪①的是同样的，他想。但是不一样。这是支德国制造的枪。就是卡希金留下的那支。

这时，太阳正从山后升起，和风吹拂着，雪在融化。真是个可爱的暮春早晨。

罗伯特·乔丹回头来望，看见玛丽亚这时和比拉尔一起站着。接着她从山路上跑来。他放慢了步子，落在普里米蒂伏的后面，来跟她说话。

“你，”她说。“我可以跟你一起去吗?”

“不。帮比拉尔做事吧。”

她在他后面走着，一只手搭在他胳膊上。

“我要去。”

“不行。”

她还是紧跟他走着。

“我可以按住枪的腿儿，按照你吩咐安塞尔莫做的那样。”

“不要你按住腿儿。不管是枪的还是别的，什么也不要。”

她走在他身边，朝前伸出一手，插进他的口袋。

“别，”他说。“但要好好保护你的结婚衬衫。”

“如果你要走，”她说，“吻我吧。”

“你真不知害臊，”他说。

“对，”她说。“一点也不。”

“你马上回去。有很多事要做。如果他们循着这些马蹄印来，我们可能要在这儿开火。”

---

① 泛指骑兵插在马鞍上的枪套里的枪支，此处为自动步枪，较一般的略短。

“你，”她说。“你看到了他胸前佩戴着什么吗?”

“看到了。怎么会看不到?”

“那是圣心。”

“对。所有的纳瓦拉人都佩戴圣心。”

“可你就瞄着它开枪?”

“不。瞄着圣心下面。你快回去。”

“你，”她说。“我全看到了。”

“你什么也没看到。一个男人。一个从马背上翻下来的男人。你回去吧。”

“说你爱我。”

“不。现在不行。”

“现在不爱我了?”

“我们别谈了。你回去。不能同时打枪和谈恋爱呀。”

“我要去按住枪脚架，在枪声响的同时全心全意爱你。”

“你疯了。你快回去。”

“我不疯，”她说。“我爱你。”

“那就回去。”

“好。我走。你要是不爱我，我对你的爱也够得上我俩消受啦。”

他望着她，想了想就笑了。

“你听到了枪声，”他说，“就跟那几匹马一起走。帮比拉尔背我的背包。说不定太平无事。但愿这样。”

“我走，”她说。“瞧，巴勃罗骑的马儿多棒。”

大灰马在山路上一直跑在前面。

“对。可是快走吧。”

“我走。”

她把手在他口袋里紧握成拳头，狠狠地捶了一下他的大腿。他对她看看，看到她眼睛里噙着泪水。她从他口袋里抽出拳头，张开双臂，紧紧搂住了他的脖子吻他。

“我走，”她说。“我走。”

他回过头来，看到她站在那里，早晨刚开始时的阳光正照在她那褐色的脸和那一头金光闪闪的剪短的褐发上。她向他举举拳头，在小路上转身往回走，垂着头。

普里米蒂伏转过身来，望着她的背影。

“要是头发不剪得这么短，她准是个漂亮的姑娘，”他说。

“是的，”罗伯特·乔丹说。他正在想别的事。

“她的床上功夫怎么样?”普里米蒂伏问。

“什么?”

“床上功夫。”

“小心你的嘴。”

“不该听了这话就生气，因为——”

“别谈这个了，”罗伯特·乔丹说。他在察看地形。

第二十二章

“给我砍些松枝，”罗伯特·乔丹对普里米蒂伏说，“把它们快拿来。”

“我不想把枪架在那儿，”他对奥古斯丁说。

“为什么?”

“把它挪到那边去，”罗伯特·乔丹指点着。“我以后告诉你。”

“架在这儿，这样。我来帮你搬。这儿，”他说着就蹲下。

他眺望着对面一块狭长地带，打量着两边岩石的高度。

“还得放远些，”他说，“再远些。好。架在这儿。这样行了，以后可以再适当调整。那儿。把石块放在那儿。这儿放一块。边上再放一块。给枪口留些转动的地方。这石头还得朝这边挪过些。安塞尔莫。到下面山洞去，给我拿把斧头来。快。”

“难道你们从来没有给这挺枪找到过适当的位置?”他对奥古斯丁说。

“我们总是把它放在这儿的。”

“卡希金从没说过应该把枪架在那儿?”

“没有。这挺枪是他走后送来的。”

“送枪来的人没人会使枪?”

“没有。枪是几个搬运工捎来的。”

“办事怎么能这样，”罗伯特·乔丹说。“没有说明就把枪给你们了?”

“是啊，就像送礼一样。一挺给我们，一挺给聋子。送枪来的人有四个。安塞尔莫给他们带路。”

“四个人越过火线而没把枪丢了，倒是怪事。”

“我那时也这么想，”奥古斯丁说。“我想打发他们来的人就是打算丢掉的。但是安塞尔莫好好儿把他们带来了。”

“你会使这枪?”

“会。我试过。我会。巴勃罗会。普里米蒂伏会。费尔南多也会。我们在山洞里研究过，在桌上把它拆了又装上。有次拆开后，装了两天才装好。我们从此没再拆过。”

“枪现在能打吗?”

“能。但是我们不让吉卜赛人和别人摆弄它。”

“你懂吗? 枪架在那儿毫无用处，”他说。“瞧。那些岩石原该用来掩护你的两侧，却给向你进攻的敌人当了掩护。有了这种枪，你该找块开阔的平地来发挥火力。你还得斜着打。懂吗? 现在看好。前面都在你火力控制之下啦。”

“我懂了，”奥古斯丁说。“但是我们从没打过保卫战，除了我们那镇子被占领的那回。炸火车的时候当兵的有机枪。”

“那我们一起来学吧，”罗伯特·乔丹说。“有些情况要注意。吉卜赛人该来了，可哪儿去啦?”

“不知道。”

“他可能在哪儿呢?”

“不知道。”

巴勃罗已策马驰出山口，拐了一个弯，绕着山顶上那块平地转了个圈子，那里是自动步枪的火力范围。罗伯特·乔丹这时注视着他顺着这匹马刚才踩出来的那道蹄印，驰下山坡。他向左驰去，消失在树林里。

“但愿他别迎面碰上骑兵，”罗伯特·乔丹想。“就怕他刚好在我们的火力范围内给我们打中。”

普里米蒂伏拿来了松枝，罗伯特·乔丹把它们弯成拱形，遮在枪上，在枪的两边插进积雪下没冻结的泥土。

“再弄些来，”他说。“必须掩护那两个打枪的人。这不管什么用，但是在拿来斧头之前能凑合。听着，”他说，“如果你们听到飞机声，要在岩石堆的阴影里就地卧倒。我在这儿守住枪。”

太阳这时已经升起，和风吹拂，待在岩石被阳光照到的那一面让人挺舒适。四匹马儿，罗伯特·乔丹想。两个女的和我、安塞尔莫、普里米蒂伏、费尔南多、奥古斯丁，两兄弟中的另一个到底叫什么来着？一共八个。吉卜赛人还没算进去。一共是九个。加上骑了匹马儿离去的巴勃罗是十个。另外那个兄弟，他名叫安德烈斯。加上另外那一个，埃拉迪奥。一共十一个。这就是说两个人还分不到一匹马儿。三个男的可以守在这里，四个可以走。加上巴勃罗是五个。剩下两个。加上埃拉迪奥是三个。真见鬼，他上哪儿去啦?

如果他们在雪地里发现了那些马蹄印，天知道聋子会碰上什么遭遇。真够呛；雪就那么停了。但今天化了雪，情况还可弥补。但对聋子来说可不是这样。恐怕对聋子来说已来不及弥补了。

要是我们能拖过今天而不用开火，就能凭我们现有的力量在明天扭转整个局面。我知道我们能行。不出色，也许。不够理想，不能做到万无一失，不能称我们的心来干；但是把每个人都用上的话，我们就能扭转局面。但愿今天不用开火就好啦。要是今天非打不可，上帝保佑我们吧。

我不知道眼前躲在什么地方比在这里更安全。现在走，只会留下脚印。这里可算是最好的地方了，如果情况糟得不能再糟，这里有三条退路。接着天就要黑下来了，不管我们在这一带山区的什么地方，我都能在黎明时赶到桥头把它炸掉。我不知道我先前为什么为此发愁。现在看来这件事相当容易。我希望这一次我们的飞机总算能准时起飞。我确实希望这样。明天公路上将会热闹起来了。

噢，今天可能会十分有趣，也可能十分乏味。感谢上帝，我们把骑兵的那匹马从这儿远远地引开了。我想即使他们骑马一直到了这里，也不见得会循着现在的那些马蹄印走。他们会以为他停了下来，转个圈子，他们就会循着巴勃罗的马蹄印走。我不知道这老畜生会去什么地方。他也许会像头老公麋那样惊慌地落荒而逃，一路向上爬，留下蹄印，然后等雪化了，抄山下的路兜圈子回来。那匹马确实使他来了劲。当然，他也可能有了这匹马反而把事情搞糟。噢，他是应该能照顾自己的。他好久以来都这么着。然而我不信任他，就像我根本不相信你能推倒埃弗勒斯峰①一样。

我看，聪明一点的办法是利用这些岩石给这挺枪搞一个良好的屏障，而不是筑一个正式的掩体。如果来了敌人或来了飞机，而你正在挖掘，就会给弄得措手不及。只要在这里坚守下去有好处，凭比拉尔的情况看，她是能坚守下去的，而我反正没法留下作战。我得带了炸药离开这里，而且要带安塞尔莫一起走。如果我们非在这里作战不可，那么我

① 即珠穆朗玛峰。

们撤离的时候，谁留下掩护我们呢？

正在他极目眺望那一带山野时，看到那吉卜赛人穿过山岩之间从左边来了。他撅着屁股，漫不经心而喝醉了似的，一摇一摆地走来，卡宾枪挎在背上，褐色的脸上咧嘴笑着，两手各提一只大兔子。他提着兔脚，那两颗脑袋摇晃着。

"喂，罗伯托，"他兴冲冲地大声说。

罗伯特·乔丹把手按在嘴上，吉卜赛人显得怔了一下。他一溜烟闪到山岩后面，来到伏在有树枝掩蔽着的自动步枪边的罗伯特·乔丹身旁。他蹲下身来，把兔子放在雪地上。罗伯特·乔丹抬头望着他。

"你这大婊子养的！"他低声说。"你他奶奶的去哪儿啦？"

"盯兔子的梢，"吉卜赛人说。"我把两只都逮住了。它们在雪地里做爱。"

"那你的岗哨怎么办？"

"捉兔子要不了多久，"吉卜赛人悄声说。"出了什么事？有警报吗？"

"骑兵出动了。"

"老天爷啊！"吉卜赛人说。"你看到他们了？"

"有一个现在在营地，"罗伯特·乔丹说。"他来吃早饭的。"

"我原想听到一声枪响什么的，"吉卜赛人说。"我操他奶奶的！是从这儿过来的？"

"这儿。你那岗哨。"

"我的妈呀！"吉卜赛人说。"我这可怜的倒霉鬼。"

"你要不是吉卜赛人的话，我会毙了你。"

"别，罗伯托。别这么说。对不起。那是因为兔子。天亮前我听到雪地里有公兔发出的跶跶声。你哪想得到它们干得有多放荡。我朝声响走去，它们却溜啦。我沿着脚印在雪地里走去，发现两只一起都在山上，就把它们都宰了。摸摸看，这时令这两只兔子多肥啊。想想比拉尔能拿来做什么吃的吧。我很难受，罗伯托，跟你一样难受。那个骑兵给打死了?”

“是的。”

“被你打死的?”

“是的。”

“好样的!”吉卜赛人公开拍马屁。“你确是个了不起的人。”

“去你妈的!”罗伯特·乔丹说。他禁不住对吉卜赛人苦笑。“把兔子带回营去，给我们弄点早点来。”

他伸手摸摸放在雪地上的兔子，兔子软绵绵的，身体又长又沉，毛厚，长脚长耳朵，深色的圆眼睛睁着。

“的确很肥，”他说。

“肥啊!”吉卜赛人说。“每只兔子的肋骨上都可刮下一木盆油。我这辈子做梦也没见过这样的兔子。”

“行了，走吧，”罗伯特·乔丹说，“快去拿早点来，那保皇派①骑兵的证明文件也给我带来。向比拉尔要。”

“你不生我的气吧，罗伯托?”

“不生气。气愤的是你离开了岗位。要是来了一队骑兵呢?”

“老天爷啊，”吉卜赛人说。“你这人说得有理。”

“听我说。再不能这样离开岗位了。绝对不行。我不是轻易说枪毙不枪毙的。”

“这当然。有句话还得说。决不会再碰上两只兔子自动跑来的这种

---

① 19世纪中叶，关于西班牙王位的继承问题，出现了一批拥护堂卡洛斯及其后裔即位的王室正统论者，他们发动叛乱，挑起内战，自后来成为一股政治势力。1931年推翻君主制后，这股势力抬头，站在教会、大地主、大资产阶级的一边，并有自己的武装组织，在意大利受训，配合佛朗哥手下的摩尔人部队及摩洛哥的雇佣兵组织外籍军团作为叛军的急先锋。本书中这支骑兵部队就是这种保皇派武装力量，思想极端保守，胸前都佩有圣心标记。

好机会啦。谁都一辈子也难碰上。”

“快走！”罗伯特·乔丹说。“但是要马上赶回来。”

吉卜赛人提起两只兔子，返身在岩石之间溜走了，罗伯特·乔丹眺望着前面那平坦的林中空地和下面的各个山坡。两只乌鸦在头顶上空盘旋，接着降落在下面的一棵松树上。又飞来了一只，和它们待在一起，罗伯特·乔丹望着乌鸦想：这就是我的哨兵。只要这些鸟儿没动静，就表示树林中没人来。

这个吉卜赛人哪，他想。真是个废物。他政治觉悟没有进展，也不守纪律，你什么也不能信赖他。但我明天需要他。明天我用得着他。吉卜赛人参加战争很少见。他们应当得到豁免，就像出于信仰的原因而拒服兵役的人那样。或者当他们是体力和智力上不适合的人。他们是废物。但是在这场战争中，这些拒服兵役的人没有得到豁免。谁也不能得到豁免。战争同样地降临到每个人的头上。得了，它如今在这里降临到这帮懒散的人的头上了。他们现在遇上啦。

奥古斯丁和普里米蒂伏带着砍下的树枝来了，罗伯特·乔丹就给自动步枪筑了个很好的屏障，它可以使飞机望不到而从树林那里望来却显得不怎么异样。他指给他们看，该在右边山岩顶上什么地方布置一人，能望到下面的整片山野和右方，另外再布置一人来控制住左侧山崖唯一可以爬上来的要道。

“要是看到有人从那儿来，别开枪，”罗伯特·乔丹说。“抛块石头，一块小石头下来告警，再用步枪给我们打信号，这样。”他提起步枪，举过头，好像在保护自己的脑瓜似的。“有几个敌人就举几次，”他上下举枪。“要是他们下了马，把枪口朝地面。这样。要听到了自动步枪枪响，才能从那儿打枪。从这样高的地方打枪，要瞄准对方的膝盖。如果听到我用这哨子吹两遍，你就下山，一路注意掩护自己，跑到架自动步枪的这些岩石边来。”

普里米蒂伏举起了步枪。

“我懂了，”他说。“这很简单。”

“先抛下小石头告警，指明方向和人数。注意你自己别被人发现。”

“是，”普里米蒂伏说。“我可以扔个手榴弹吗?”

“要等到自动步枪响了才行。也许骑兵队会来找他们的同伙，而并不打算深入。他们可能会循着巴勃罗留下的蹄印走。能避免的话，我们就不打算打。最重要的是应该避免交火。现在上山到那边去吧。”

“我走啦，”普里米蒂伏说着，背起卡宾枪，上坡走进高高的山岩之间。

“你，奥古斯丁，”罗伯特·乔丹说。“你会使这挺枪吗?”

奥古斯丁蹲在那里，个儿又高又黑，下巴上满是胡子茬，长着一双凹陷的眼睛、薄薄的嘴唇和两只干过粗活的大手。

“行啊，上子弹。瞄准。射击。就这些。”

“你得等他们来到五十米以内，而且只有当你看准他们要走进通山洞的那个山口时才开枪，”罗伯特·乔丹说。

“是。五十米有多远?”

“到那块岩石那儿。如果有军官来，先毙了他。然后转过枪口扫射别人。要转动得很慢。幅度要小。我要教费尔南多怎样打枪。要握紧枪，免得枪身跳动，小心瞄准了，每次打枪尽可能不超过六发子弹。因为连发的话，射线会向上弹跳。但每次只瞄准一人打，然后调头打别人。骑马的，打他的腹部。”

“是。”

“一人得按稳三脚架，免得枪身弹跳。像这样。他可以给你上子弹。”

“那么你待在哪儿?”

“我待在这儿，左边。居高临下，我可以照顾全局，而且要用这支小手提机枪掩护你的左翼。在这儿。他们要来的话，很可能会来一次大屠杀。但一定要等他们非常临近的时候才打枪。”

“我相信我们可以来一次大屠杀。”

“可是但愿他们别来。”

“要不是为了你的桥，我们满可以在这儿来一次大屠杀后再撤走。”

“这不会有什么用处。这么干达不到目的。炸桥是打赢这场战争的计划的一部分。在这儿干算不上什么。这无非是桩偶发事件。算不上什么。”

“什么话。算不上什么。法西斯分子死一个少一个。”

“对。但是炸了这座桥，我们就能拿下塞哥维亚。那是省会。要想到这一点。那将是我们要攻占的第一个省会。”

“你当真以为是这样？以为我们能拿下塞哥维亚？”

“是的。正确无误地炸桥就有可能。”

“我愿意在这儿来一次大屠杀，还把桥也炸掉。”

“你的胃口真不小，”罗伯特·乔丹对他说。

他始终在留神乌鸦的动静。这时他看到有一只在张望着什么。它哇的一声飞走了。但另一只仍待在树上。罗伯特·乔丹抬头望望石壁高处的普里米蒂伏。他看到普里米蒂伏正在瞭望山下的地段，但没有打信号。罗伯特·乔丹俯身向前，拉开自动步枪的枪机，看到弹膛里有一发子弹，就把枪机推上。那只乌鸦仍在树上。另一只在雪地上空转了个大圈子，随即又落在树上。阳光下，暖风中，沉甸甸的积雪不断从松枝上掉下。

“明天早晨我让你来一次大屠杀，”罗伯特·乔丹说。“必须端掉锯木厂边的哨所。”

“我准备好了，”奥古斯丁说。

“还有桥下养路工小屋那儿的哨所，也得端掉。”

“端掉这个或那个都行，”奥古斯丁说。“两个都端掉也行。”

“不是一个个地端掉。要同时端掉，”罗伯特·乔丹说。

“那么随便干哪个吧，”奥古斯丁说。“在这次战争中，我好久以来都盼着战斗。巴勃罗按兵不动，在这儿把我们拖垮啦。”

安塞尔莫拿着斧头来了。

“你还要树枝吗?”他问。“我看掩护得不错了。”

“不要树枝，”罗伯特·乔丹说。“要两棵小树，可以这儿插一棵，那儿插一棵，使得看起来较自然。这儿要显得真的很自然，树还不够呢。”

“我去砍来。”

“要好好儿齐根砍，这样不会留下树桩给人发现。”

罗伯特·乔丹听到身后树林里响起了斧劈声。他抬头望望岩石顶上的普里米蒂伏，又低头望望山下空地对面的松林。那只乌鸦仍在那里。接着他听到高空中传来一架飞机飞来时的第一阵低微的震响。他抬头一望，只见阳光中飞机飞得高高的，一丁点大，银光闪亮，在高空中好像动也不动。

“飞机上望不到我们，”他对奥古斯丁说。“但是卧倒的好。这是今天的第二架侦察机。”

“还有昨天的那些飞机怎么样?”奥古斯丁问。

“现在想起来真像一场恶梦，”罗伯特·乔丹说。

“他们准是驻在塞哥维亚的。恶梦明摆着要在那儿变成事实啦。”

飞机这时飞过山岭消失了，但马达声仍然在空中响个不停。

罗伯特·乔丹一望，发现那只乌鸦飞了起来。它穿过树林，笔直地飞走了，叫都没叫。

第二十三章

“卧倒，”罗伯特·乔丹对奥古斯丁低声说，并转过头来，对安塞尔莫急速地摆手，示意他卧倒，卧倒，这老头儿正把一棵松树像圣诞树似的背在肩上，从山岩间的缺口处走来。他看到这老头儿把松树搁在一块岩石后面，接着躲在岩石后面不见了，罗伯特·乔丹望着开阔的空地对面的树林。他什么也没看到，什么也没听到，但能感觉到他的心在怦怦地跳，接着他听到石头和石头的碰撞声，那是一块小石头跳跳蹦蹦地滚下的嗒嗒声。他扭头向右，抬眼一望，看见普里米蒂伏把步枪一上一下地平举了四次。那时他只见到面前白茫茫的一片雪地、上面的那圈马蹄印和远处的松林，没有别的什么。

“骑兵，”他对奥古斯丁低声说。

奥古斯丁望着他，龇牙笑着，那黑黝黝的凹陷的双颊下部就显得更宽阔了。罗伯特·乔丹发觉他在冒汗。他伸出手去，按在他肩上。他还没有拿掉他的手，他们就看到树林里跑出四名骑兵来，他感到奥古斯丁背上的肌肉在他按着的手下抽动着。

一个骑兵领先，三个策马随后。领先的那个正循着马蹄印走。他一边骑马，一边低头察看。其他三个跟在他后面，成扇形穿出树林。他们都在仔细观察。罗伯特·乔丹俯伏着，觉得他的心抵着雪地在怦怦地搏动，他把两肘宽宽地撑开，通过自动步枪的瞄准装置注视着他们。

带头的那个沿着蹄印骑到巴勃罗打圈子的地方，止了步。其他几个向他靠拢，他们都止了步。

罗伯特·乔丹顺着自动步枪发蓝的钢枪筒，清楚地看到了他们。他看到他们的脸、身上挂着的马刀、被汗沾湿得黑黑的马腹、圆锥形的卡其披风以及纳瓦拉人惯常歪戴着的卡其贝雷帽。领先的那个拨转马头，正对着架枪的岩石之间的缺口，于是罗伯特·乔丹看清了他那年轻的经风吹日晒而变黑的脸、两只相距很近的眼睛、鹰钩鼻和过长的楔形下巴。

那头儿在那里骑在马上，马胸脯朝着罗伯特·乔丹，马头高昂，马鞍右侧的枪套里撅出了轻自动步枪的枪托。他指着那架枪的缺口。

罗伯特·乔丹把胳膊肘紧贴在地上，顺着枪筒向那四个停留在雪地里的骑兵望去。其中三个已拔出了自动步枪。两个把枪横搁在马鞍的鞍头上。另一个安坐在马上，步枪斜着搁在右侧，枪托贴着屁股。

你难得见到靠得这么近的敌人，他想。顺着这种机枪的枪筒这样近地观望敌人，你可从来没有过。通常是把后表尺抬高，敌人就成了微型人似的，你很难把子弹打中那么远的目标；要不，他们向你奔来，卧倒，再跑，你呢，用机枪火力扫射山坡，或者封锁某一条街道，或者朝着窗户射击；要不，在远处望着他们在公路上行军。只有在袭击火车时看到过这样近的敌人。只有在那时候他们才像现在这样，而一起有了四个，你就能打得他们四处逃窜。距离这样近，通过枪的表尺和准星来看，这些人显得比他们本来的个子大一倍。

你啊，他想，望着这时稳定在后表尺豁口内的楔形准星，准星顶端对准了那头儿的胸膛中央，对准了那卡其披风上在晨曦中分外鲜明的大红标记稍稍偏右的地方。你啊，他想，这时用西班牙语在想，手指朝前抵住扳机护圈，免得这自动步枪一触即发，猛的嘟嘟嘟一梭子打出去。你啊，他又想，你现在年纪轻轻就要死啦。你呀，他想，你呀，你。可是但愿别发生这种事。别发生这种事吧。

他发觉奥古斯丁在他身边突然要咳嗽，发觉他忍住了，弄得透不过气来，咽下一口口水。这时他顺着擦过油的蓝色枪管，透过树枝的间隙望去，手指仍然朝前抵住了扳机护圈，看到那头儿调转马身，指指巴勃罗在树林里走过的路线。他们四个策马向树林里骑去，奥古斯丁就低声说，“王八蛋！”

罗伯特·乔丹回过头来望望安塞尔莫刚才把松树撂下的地方。

吉卜赛人拉斐尔正从岩石之间向他们走来，拿着一副布制的马褡裢，背上挎着步枪。罗伯特·乔丹挥挥手叫他卧倒，吉卜赛人就低下身去，不见了。

“我们满可以把四个都干掉，”奥古斯丁悄悄地说。他仍然汗淋淋的。

“是的，”罗伯特·乔丹悄声说。“可是开了枪，谁知道会出现什么后果?”

正在这时，他听到又有一块石头滚下的声音，立刻就朝四周扫了一眼。可是吉卜赛人和安塞尔莫两人都不见了踪影。他看看手表，然后抬头朝普里米蒂伏那里望望，只见他正把步枪急促地上下举着，举了无数次。巴勃罗已走了四十五分钟，罗伯特·乔丹想，接着听到有一队骑兵在开来的声音。

“别担心，”他对奥古斯丁低声说。“他们会像刚才几个那样骑过去的。”

树林边缘出现了二十个骑马的敌军，两个一排，一路小跑，佩着和刚才那四个人一样的武器，身穿一样的军装，马刀晃动着，枪套里插着卡宾枪；和先前那几个一样，他们一直朝树林中骑去。

“你看到了?”罗伯特·乔丹对奥古斯丁说。

“人数不少啊，”奥古斯丁说。

“如果我们干掉了先前的几个，就不得不对付这些个了，”罗伯特·乔丹说，声音放得很低。这时他心情平静了，衬衣前胸被融雪弄得湿漉漉的。胸口感到空落落的。

太阳灿烂地照耀在雪地上，雪正在迅速融化。他能看到树干上的积雪逐渐变得空缺而消失，眼前，就在枪的前面，阳光的热力融化着雪面，泥土的暖气向覆盖在上面的积雪暖洋洋地蒸腾，这一来，积雪的表面变得湿漉漉的，像稀稀拉拉的花边，一碰就碎。

罗伯特·乔丹抬头望着普里米蒂伏的岗哨，看到他交叉双手，手掌向下，表示“没有人影”。

安塞尔莫的脑袋从一块岩石后探出来，罗伯特·乔丹招手示意，要他过来。老头儿从一块岩石后面闪到另一块后面，最后爬近了，卧倒在自动步枪旁边。

“人不少呀，”他说。“人不少呀！”

“我不需要树了，”罗伯特·乔丹对他说。“不需要再拿树来改善这伪装了。”

安塞尔莫和奥古斯丁俩都咧嘴笑了。

“这已经经过了仔细查看的考验，没有露馅，而现在插树会有风险，因为这些人会回来，再说，也许他们并不蠢。”

他觉得有必要说说话，对他来说，这表示刚经历了很大的危险。情况有多糟，他总是能根据事后想谈它的劲头有多大来判断。

“这个屏障不错吧，呃？”他说。

“不错，”奥古斯丁说。“操他的法西斯不错。我们原可以把那四个一起干掉。你看到了吗？”他对安塞尔莫说。

“看到了。”

“你，”罗伯特·乔丹对安塞尔莫说。“你得再到昨天的岗哨上去，或者自己另找个好地方，去观察公路，跟昨天一样，报告所有的动静。这件事我们已经做得迟了。要一直待到天黑。然后回来，我们换个人去。”

“但是我会留下的脚印怎么办？”

“等雪一化掉就从下面走。公路上会被雪水弄得一片泥泞。注意来往的卡车是否很多，公路松软，是否有坦克开过的痕迹。我们眼前只能说这一些，要等你到那儿观察了才知道。”

“我可以说句话吗？”老头儿问。

“当然可以。”

“如果你同意，我到拉格兰哈去打听一下昨晚的情况，并且找个人照你教我的办法今天去守望公路，这样不是更好吗？找来的人可以今晚把情报送来，或者，更好的办法是，我可以再去拉格兰哈取情报。”

“你不怕碰到骑兵？”

“雪一化掉，就不怕了。”

“拉格兰哈有人能干这事吗?”

“有。干这个的，有。去个女的得了。拉格兰哈有几个可靠的妇女。”

“这我相信，”奥古斯丁说。“我还知道，有几个附带还可干别的行当。你不打算叫我去吗?”

“让老头子去。你会使这挺枪，今天还没有结束哪。”

“雪化了我就走，”安塞尔莫说。“雪化得很快。”

“你认为他们有可能抓住巴勃罗吗?”罗伯特·乔丹问奥古斯丁。

“巴勃罗很机灵，”奥古斯丁说。“没有猎狗，人能逮住灵敏的公鹿吗?”

“有时候能，”罗伯特·乔丹说。

“巴勃罗可不会叫人逮住，”奥古斯丁说。“和原来相比，明摆着他现在只是个废物。但是他在这一带山里活着，而且舒舒服服的，还拼命喝酒，而很多人倒毙在墙脚下，这不是没有道理的。”

“他有人家说的那么机灵吗?”

“比人家说的要机灵得多。”

“他在这儿看来并不十分能干。”

“怎么不? 他要不十分能干，昨天晚上就送命了。依我看，你不懂政治，英国人，也不懂游击战。在政治上和在游击战中，首要问题是能继续活下去。瞧他昨晚就这样继续活下来了。我和你讲了那么多难听的话，他始终忍气吞声。”

巴勃罗现在重新跟大家一起干了，罗伯特·乔丹就不想说什么对他不利的话，所以刚才一说出关于巴勃罗不能干的话，立刻就觉得后悔。他自己也明白巴勃罗有多机灵。正是巴勃罗，一眼就全看出了炸掉桥的命令有不对头的地方。他刚才说这话只是出于厌恶，但一出口就知道不该说。这多少是情绪紧张之余，废话讲得太多才造成的。所以他现在撇开这个话题，对安塞尔莫说，“大白天去拉格兰哈?”

“这主意不坏呀，”老头儿说。“我可不要带了军乐队一起去啊。”

“也不脖子上挂上铃铛，”奥古斯丁说。“也不扛着大旗。”

“你怎么走呢?”

“上了山再下山穿林子里走。”

“可是，如果他们抓到了你呢?”

“我有证件。”

“这我们大家也都有，可是你得及时把露马脚的证件吞下。”

安塞尔莫摇摇头，拍了一下罩衣的前胸口袋。

“这件事我考虑过好多回了，”他说。“可我从来也不爱吞纸片。”

“我想过，我们该在所有的证件上都洒上些芥末，”罗伯特·乔丹说。“我把我方的证件藏在左胸口袋。右胸口袋藏法西斯证件。这样，遇到紧急情况就不会搞错了。”

那第一支骑兵巡逻队的头儿指指那缺口时，情况准该是够糟的，因为他们当时都在喋喋不休地说着话。话讲得太多啦，罗伯特·乔丹想。

“但是听着，罗伯托，”奥古斯丁说。“据说政府变得一天比一天右倾了。还说什么在共和国大家不再称呼同志，而是称呼先生和太太。你那两只口袋也能变换一下吗?”

“等到右倾得够厉害的时候，我就把证件藏在后裤袋，”罗伯特·乔丹说，“并且在正中缝上一道。”

“但愿它们仍旧待在你的衬衫里，”奥古斯丁说。“难道我们会打赢这场战争而革命却失败吗?”

“不，”罗伯特·乔丹说。“但是如果我们打不赢这场战争，就不会有革命，不会有什么共和国，也不会有你有我，什么也不会有，而是全玩儿完。”

“我也是这么说，”安塞尔莫说。“但愿我们打赢这场战争。”

“胜利以后，除了拥护共和国的好人之外，要把无政府主义者、共产党员和所有这帮流氓混蛋统统枪毙掉，”奥古斯丁说。

“但愿我们打赢这场战争，一个人也不枪毙，”安塞尔莫说。“但愿我们公正地治理国家，出一分力量的都得一分好处，大家有福共享。让反对过我们的人受教育，好认识错误。”

“我们非得枪毙许多人不可，”奥古斯丁说。“许多，许多，许多人。”

他用紧握的右拳狠狠捶了一下左手手掌。

“但愿我们一个也不枪毙。哪怕是那些带头的。要让他们在劳动中得到改造。”

“我知道我要叫他们干什么活，”奥古斯丁说着，捞了些雪，放在嘴里。

“什么活，苦活?”罗伯特·乔丹问。

“两种最最出色的行当。”

“那是什么?”

奥古斯丁又放了些雪在嘴里，望着对面骑兵队刚经过的林间空地。接着他一口吐出雪水。“瞧这个。多好的早点，”他说。“这个臭吉卜赛人哪儿去了?”

“是什么行当?”罗伯特·乔丹问他。“说啊，臭嘴。”

“不用降落伞，从飞机上跳下去，”奥古斯丁说着，眼睛都亮了。“我们器重的人，就这么办。其余的人，钉在栅栏柱子顶上，再把它向后推倒。”

“这话说来也羞人，”安塞尔莫说。“这一来，我们永远不会有共和国了。”

“我恨不得用他们大家的鸡巴蛋熬了浓汤在里头游上三十英里，”奥古斯丁说。“我看到那儿的四个人、满以为能杀掉他们的时候，我真像马栏里的雌马在等着种马哩。”

“不过，你可知道我们干吗不杀死他们?”罗伯特·乔丹平静地说。

“知道，”奥古斯丁说。“知道。可我真牙痒痒的，就像匹发情的雌马。你没这感觉，不会知道是什么滋味。”

“你那时出的汗也够多的，”罗伯特·乔丹说。“我还以为是害怕了。”

“害怕，不错，”奥古斯丁说。“害怕而又不害怕。我这辈子再没有更大胆的想法了。”

是啊，罗伯特·乔丹想。我们冷漠地行事，他们却不是这样，从来不这样。因为他们有额外的神圣的东西。从地中海遥远的另一头传来新的宗教以前，他们早就有了古老的信仰，始终没有抛弃过，而仅仅把它压抑、深藏在心里，在战争和宗教裁判中才暴露出来。他们是执行过宗教裁判和火刑①的民族。杀人是不可避免的事，但我们杀人的方式和他们的不同。而你呢，他想，你从没被残酷的杀人方式败坏过心术?你在瓜达拉马山区从没杀过人?在乌塞拉从没杀过?在埃斯特雷马杜拉整个时期中也没杀过?从来没杀过?哪儿的话，他对自己说。每次炸火车都杀过呢。

别再模棱两可地拿柏柏尔人②和古伊比利亚人做文章啦，要承认自己喜欢过杀人，就和所有那些自愿当兵的军人一样，有时杀人取乐，不管他们是不是说假话来为自己辩护。安塞尔莫厌恶杀人，因为他是猎人，不是军人。可也不必去美化他。猎人杀野兽，军人杀人。你别欺骗自己啦，他想。也别为杀人虚构一套辩护词啦。如今你被感染，由来已

---

① 西班牙人的祖先为伊比利亚人和凯尔特人，有着他们自己的原始文化和信仰，随着罗马人的入侵，带来了在地中海东端新兴的基督教信仰。16世纪起，在中欧和西欧兴起了宗教改革运动，但西班牙始终信奉以罗马教皇为主的罗马正教(我国通译为天主教)。在中世纪，天主教会对异教徒倍加迫害，西班牙的宗教法庭尤其残酷。乔丹以为这是由于他们祖先遗传下来的原始蛮性所致。下文又否定了这种看法。

② 柏柏尔人为北非古老民族，后来受到从亚洲来的阿拉伯人的影响，接受了其文化、语言及伊斯兰教。8世纪初从摩洛哥进入西班牙，其后裔称为摩尔人，今散居于北非。部分柏柏尔人至今仍保留原有语言及生活方式，仍称柏柏尔人。

久。可也别把安塞尔莫当坏人看待。他是基督徒。在天主教国家，这是罕见的事。

然而我原以为奥古斯丁是害怕了，他想。这是作战前天生的害怕。原来他也有相反的情绪呢。当然，现在他可能在吹牛。当时可害怕得很。我按在他肩上的手掌感到了他的害怕。噢，是到了停止谈话的时候了。

“瞧吉卜赛人把吃的拿来了没有，”他对安塞尔莫说。“别让他爬上来了。他是个笨蛋。你亲自把吃的拿来吧。不管他拿来多少，叫人再去拿些来。我饿了。”

第二十四章

这时是五月下旬的一个早晨，天高气爽，风儿吹在罗伯特·乔丹的背上，暖洋洋的。雪在迅速地融化，他们正在吃早饭。每人吃两大块夹肉和羊奶干酪的三明治，罗伯特·乔丹还用折刀切了几厚片洋葱，夹在两厚片面包里的肉和干酪的每一边。

“你嘴里的洋葱味，要在树林里一直飘到法西斯分子那儿去了，”奥古斯丁说，自己的嘴里塞得满满的。

“把酒袋给我，我要漱漱口，”罗伯特·乔丹说，他满嘴是肉、干酪、洋葱和嚼烂的面包。

他从没这样饿过，嘴里灌满了略带皮酒袋上的柏油味的酒，一口咽下。他接着举起酒袋，让喷出的酒直灌进嗓子眼，又喝了一大口，他抬手时，酒袋碰到了掩护自动步枪的松枝的针叶，他昂起头来，让酒灌下嗓子眼，脑袋仰靠在松枝上。

“你要这块三明治吗?”奥古斯丁问他，把它越过枪身递给他。

“不要。谢谢你。你吃吧。”

"我吃不下了。我早晨不习惯吃东西。"

"你不要了，真的?"

"不要了。你吃吧。"

罗伯特·乔丹接过三明治，放在膝上，从藏手榴弹的外套一边的口袋里掏出一只洋葱，打开折刀切片。他把洋葱上被口袋弄脏的那一边削去一薄片，然后切了一厚片。外层有一圈掉了下来，他拣起一折，塞进三明治。

"你早饭老是吃洋葱?"奥古斯丁问。

"有，就吃。"

"你们美国人都这样?"

"不，"罗伯特·乔丹说。"这东西在我们那儿不受欢迎。"

"这敢情好，"奥古斯丁说。"我一向就认为美国是个文明国家。"

"你凭什么反对吃洋葱?"

"臭。没别的原因。要不然，洋葱就像玫瑰了。"

罗伯特·乔丹嘴里塞满了吃的，对他咧嘴笑了。

"像玫瑰，"他说。"真像玫瑰。一朵玫瑰就是一朵玫瑰就是一只洋葱。"

"洋葱把你的头脑弄糊涂了，"奥古斯丁说。"留心啊。"

"一只洋葱就是一只洋葱就是一只洋葱，"罗伯特·乔丹兴致勃勃地说，他还想，一块石头就是一块 stein① 就是一块岩石就是一块圆石就

---

① 美国女作家格特鲁德·斯坦(1874—1946)从 1903 年起长期定居巴黎，20 年代中，主持一个文艺沙龙，美国作家舍伍德·安德森、司科特·菲茨杰拉德及海明威本人都是其成员，在文风上都受到她的影响。她在写作中作了一系列的试验，摆脱传统的造句法，强调词句的音调及节奏。海明威在此处拿她的名句"一朵玫瑰就是一朵玫瑰就是一朵玫瑰就是一朵玫瑰"开玩笑，并引申到石头，用了一连串同义词，其中这个 stein 和她的姓同出德语，意为"石头"。

是一块卵石。

“用酒漱漱口吧，”奥古斯丁说。“你很怪，英国人。你和上次跟我们一起干的爆破手大不相同。”

“有一方面大不相同。”

“跟我说说。”

“我活着，他死了，”罗伯特·乔丹说。接着他想：你这人怎么啦？能这样说话吗？你吃得忘乎所以了？你怎么啦，被洋葱弄得晕头转向？难道你现在活着就是为了这么着？生活从来就没有多大意义，他真诚地对自己说。你想使它有点儿意义，但从来没有做到。在剩下的这点儿时间里，没必要说假话啦。

“不，”他这时认真地说。“那是个受过大苦的人。”

“你呢？你没受过苦？”

“没有，”罗伯特·乔丹说。“有些人没受过多大的苦，我是一个。”

“我也没受过什么苦，”奥古斯丁对他说。“有人受过苦，有人没有。我没受过什么苦。”

“这倒不坏，”罗伯特·乔丹又侧起了酒袋喝酒。“有了这个，就更不坏。”

“我为别人难过。”

“好人都应该如此。”

“为我自己倒很少难过。”

“你有老婆吗？”

“没有。”

“我也没有。”

“可你现在有玛丽亚。”

“是的。”

“有件事很怪，”奥古斯丁说。“自从炸火车以后，她到了我们这儿，比拉尔就恶狠狠地不准大家碰她，好像她是在加尔默罗会白衣修士的修道院里。你没法想象她多么恶狠狠地保护着玛丽亚。你来了，她却把她当礼物那样给了你。这你怎么看?”

“情况并不是这样。”

“那么是怎样呢?”

“她把玛丽亚交给我照顾。”

“而你的照顾是整夜和她睡觉?”

“我运气好。”

“好一个照顾人家的办法呀。”

“你不懂得可以用这种方式给人好好照顾吗?”

“对，但这样的照顾我们每个人都能提供。”

“我们别再谈这个了，”罗伯特·乔丹说。“我是真心在乎她。”

“真心?”

“世界上再没有比我更真心的了。”

“以后怎么办？这次炸桥以后?”

“她跟我一起走。”

“要这样，”奥古斯丁说，“谁也不会再有什么可说的了，还得祝你们俩一路顺风。”

他举起皮酒袋，喝了一大口，然后递给罗伯特·乔丹。

“还有一句话，英国人，”他说。

“说就是了。”

“我也曾非常在乎她。”

罗伯特·乔丹伸出一手，搁在他肩上。

“非常，”奥古斯丁说，“非常在乎她。这不是人家能想象的。”

“我能想象。”

“她给我的印象没法打消。”

“我能想象。”

“听着。我对你说这话十分认真。”

“说吧。”

“我从没碰过她，跟她也没有过任何关系，可我非常在乎她。英国人，对待她别随随便便。别因为她和你睡觉，她就是婊子。”

“我会好好照顾她的。”

“我相信你。但是还有。你不明白，如果没有革命，这样的姑娘会怎么样。你的责任非常重大。这个姑娘真是受了大苦。她和我们不一样。”

“我要和她结婚。”

“不。不是这意思。革命期间没这个必要。但是——”他点点头——“那样可能好些。”

“我要和她结婚，”罗伯特·乔丹说，他一边说，一边觉得喉咙哽塞起来。“我非常在乎她。”

“以后再说吧，”奥古斯丁说。“等到方便的时候。主要的是要有这个打算。”

“我有这打算。”

“听着，”奥古斯丁说。“我对于自己无权过问的这事讲得太多了，但你和这个国家的很多女人有过来往吗?”

“有几个。”

“婊子?”

“有的不是。”

“有多少?”

“有几个。”

“你和她们睡过?”

“没有。”

“你明白了?”

“对。”

“我的意思是，这个玛丽亚并不轻率地做这种事。”

“我也不。”

“要是我认为你是轻率的话，就会趁昨晚你和她睡觉时把你毙了。为了这种事，我们这儿常常杀人。”

“听着，老弟，”罗伯特·乔丹说。“那是因为时间不够，就不拘形式了。我们缺乏的是时间。明天我们就必须打仗。对我来说，这没什么。但是对玛丽亚和我二人来说，就必须把这段时间当作我们俩的一辈子。”

“一天一夜算不上多少时间，”奥古斯丁说。

“就是。但是已经过了昨天、前天一夜和昨天一夜。”

“听着，”奥古斯丁说。“我是不是可以帮你的忙。”

“不用。我们俩没问题。”

“如果我能为你，或者为这短发姑娘出力的话——”

“不用。”

“说实在的，一个人可以帮助别人的地方也不多。”

“不。很多。”

“什么呢?”

“说到战斗，不管今明两天发生什么，你可以信任我，哪怕命令看来是错误的，也要服从。”

“我信任你。自从骑兵队的事和把马儿引走的事发生以来。”

“那算不上什么。你知道，我们在为同一个目标奋斗。要打赢这场战争。我们不取胜，其他一切就都完蛋了。明天的事极重要。真的非常重要。我们还会有战斗。战斗中没纪律不行。因为很多事情跟表面现象不一样。必须有了信任和信心，才能有纪律。”

奥古斯丁朝地上啐了一口。

“这个玛丽亚和这些事全不相干，”他说。“但愿你和玛丽亚像两夫妻那样好好利用现有的时间。只要我能帮忙，吩咐得了。至于明天的事，不管怎么样我都一定服从你。如果为了明天的事一定要牺牲，一个人就该高高兴兴、心情轻松地去牺牲。”

“我觉得就是这样，”罗伯特·乔丹说。“但是听你说这话，真叫人高兴。”

“还有，”奥古斯丁说。“上面那个，”他朝普里米蒂伏的方向指指，“是个可靠有用的人。这个比拉尔可靠得远远超出你的想象。安塞尔莫这老头子也一样。埃拉迪奥也一样。话不多，但是个可靠的角色。还有费尔南多。我不知道你对他怎么看。不错，他比水银还沉。他比公路上拖车的小公牛还乏味。但是叫他打，他就打，叫他干，他就干。是条汉子！你等着瞧吧。”

“我们很走运。”

“不。我们有两个不得力的家伙。吉卜赛人和巴勃罗。聋子一伙可比我们强多了，就像我们比羊粪强。”

“这么说，问题都不大啰。”

“是的，”奥古斯丁说。“可是，今天打就好啦。”

“我也这么想。干掉算了。但是不行。”

“你看情况会变糟吗?”

“有可能。”

“可你现在兴致很好，英国人。”

“是的。”

“我也是。尽管有玛丽亚这件事和种种问题。”

“你知道为什么?”

“不。”

“我也不知道。也许是白天的关系。白天真好。”

“谁知道？也许是因为我们要战斗了。”

“我看就是，”罗伯特·乔丹说。“但不是在今天。不管发生什么情况，最重要的是我们必须避免今天行动。”

他说话时听到了什么声音。这声音远远传来，盖过了暖风吹过树林的声音。他没法听真切，就张开了嘴倾听，同时抬头向普里米蒂伏那里瞥了一眼。他自以为听到了这声音，但接着它就消失了。松林里，风在吹，这时罗伯特·乔丹聚精会神来细听。接着他听到了这随风飘来的微弱的声响。

"我觉得没什么可伤心的，"他听到奥古斯丁在说。"我永远得不到玛丽亚，这没有什么。我可以仍旧和以前一样去找婊子。"

"住口，"他说，并不在听人说话，而是伏在奥古斯丁身边，头向着别处。奥古斯丁突然朝他望着。

"怎么回事?"奥古斯丁问。

罗伯特·乔丹把一只手捂在嘴上，继续倾听。这时这声音又出现了。它低弱而模糊，单调而遥远。但这一回不会听错了。正是自动步枪射击时的一连串清脆的噼啪声。那枪声就像在远得几乎听不到的地方成串成串地在放小型爆竹。

罗伯特·乔丹抬眼望着普里米蒂伏，只见他这时抬起了头，脸朝着枪声的方向，一手握成杯形拢着耳朵。罗伯特·乔丹望着的时候，普里米蒂伏抬手朝那边地形最高的山峦指指。

"敌人在向聋子一伙开火了，"罗伯特·乔丹说。

"那我们去支援他们吧，"奥古斯丁说。"大家集合。走。"

"不，"罗伯特，乔丹说。"我们待在这儿。"

第二十五章

罗伯特·乔丹仰望着这时站在监视岗上握着步枪、正在指指点点的普里米蒂伏。他点点头，但普里米蒂伏仍旧指点着，把一手搁在耳朵后，接着又一股劲地指着，好像人家没法明白他的意思似的。

“你守住这挺枪，除非可以确信，确信，确信敌人正在开来，否则别开枪。即使开枪，也要等他们到了那树丛，”罗伯特·乔丹指了指。“明白吗？”

“明白。但是——”

“没有什么但是。往后我跟你解释。我去普里米蒂伏那儿。”

安塞尔莫正在他身边，他就对这老头儿说：

“老头子，跟奥古斯丁一起在这儿守住枪，”他缓慢而从容地说。“除非骑兵真的入侵，他千万不可开枪。要是他们仅仅露露面，千万别理会他们，就像我们刚才那样。要是他不得不开枪，你帮他牢牢按住三脚架，打完了弹药盘，就递给他满的。”

“好，”老头儿说。“那么拉格兰哈呢？”

“回头再说。”

罗伯特·乔丹往山上爬去，绕过那些灰色的大圆石，在往上爬的时候，双手摸到的大圆石这时都是湿漉漉的。阳光正在把上面的积雪迅速晒化。大圆石的顶面干燥起来了，他一边爬山，一边望望对面的山野，看到了松林、一长片空地和远方高高的群山前面的斜坡。后来，他在两块大圆石后面的凹陷处站在普里米蒂伏身边，这个褐色脸膛的矮个子对他说，“他们正在攻打聋子。我们怎么办？”

“没办法，”罗伯特·乔丹说。

他在这里清楚地听到了枪声，他向对面的山野望去，看见遥远的山谷那边地势又陡起的地方，有一队骑兵策马驰出树林，在积雪的山坡上朝着枪声响处向上坡骑行。他看到两行人马像个长方形，斜着向山上强行前进，在雪地的映照下显得黑森森的。他望着这两行人马登上山脊，驰入更远处的树林。

“我们该支援他们，”普里米蒂伏说。他的音调干巴而平板。

“这不可能，”罗伯特·乔丹对他说。“整个早晨我一直在料想会发生这事。”

“怎么会呢?”

“他们昨夜去偷马。雪停了，人家就跟着足迹追踪到那儿。”

“但我们不得不支援他们啊，”普里米蒂伏说。“我们不能让他们这样孤军作战。这些人是我们的同志啊。”

罗伯特·乔丹伸出一只手搁在对方的肩上。

“我们无能为力，”他说。“我们有办法的话，我会干的。”

“上面有条山路通那儿。我们可以骑马走那条路去，带上两挺机枪。就是下面那挺和你的那挺。我们可以就这样支援他们。”

“听——”罗伯特·乔丹说。

“我在听的就是这声音，”普里米蒂伏说。

枪声一阵接一阵地砰砰响着。接着，他们听到自动步枪干巴巴的连发声中响起了手榴弹沉重而呆钝的爆炸声。

“他们完了，”罗伯特·乔丹说。“雪停止了，他们就完了。我们去的话，也要完。我们现有的力量不可能分散了。”

普里米蒂伏的下巴、嘴唇四周和脖子上密密点点的都是一片花白的胡子茬。脸庞的其余部分全是暗褐色的，配着有裂口的塌鼻子和深陷的灰色眼睛，罗伯特·乔丹望着他，看见他嘴角和脖子的肌腱上的胡子茬在抽动。

“听这枪声，”他说。“在屠杀啦。”

“如果他们把那洼地包围了，就是这样，”罗伯特·乔丹说。“有些人可能逃得出来。”

“我们现在去袭击他们，可以从后面向他们开火，”普里米蒂伏说。“让我们四个骑马去。”

“去了又怎么样?等你们从后面向他们开火之后，又能怎么样?”

“我们跟聋子并肩作战。”

“到那儿去送命?瞧太阳。白天还长着哪。”

天空高阔无云，阳光照在他们背上热辣辣的。他们下面那片开阔的空地南边的山坡这时已露出大片大片的泥土，松树上的积雪都已掉下。他们下面被融雪沾湿的大圆石，这时在炎热的阳光下微微冒着热气。

“你必须沉得住气，”罗伯特·乔丹说。“战争中有的是这类事。”

“我们难道一点办法也没有？真这样吗?”普里米蒂伏望着他，但罗伯特·乔丹知道他信任自己。“你不能派我和另一个人带着这挺小机枪去?”

“这不会有用，”罗伯特·乔丹说。

他自以为看到了正在寻找的什么东西，但那不过是只苍鹰，迎风而下，接着又腾起飞到最远的那排松树上空去了。“即使我们一起去也没用，”他说。

正在这时，打枪的火力倍增，枪声中夹杂着手榴弹沉重的爆炸声。

“哼，操他们，”普里米蒂伏说，那亵渎的口气认真到了极点，两眼噙着眼泪，双颊抽搐着。“天主和圣母啊，操他们奶奶的狗东西。”

“你平静一些，”罗伯特·乔丹说。“要不了多久，你就要向他们开火啦。大嫂来了。”

比拉尔踩着沉重的步子，正从大圆石之间向他们爬上来。

“操他们。天主和圣母啊，操他们。”每次风送来阵阵枪声，普里米蒂伏就不断地骂着，罗伯特·乔丹爬下去扶比拉尔上来。

“怎么啦，大嫂，”他说，在她费力地登上最后一块大圆石的时候，他握住了她的两只手腕，把她往上拉。

“你的望远镜，”她说着，把望远镜上的带子从脖子上脱下来。“原来聋子遇上啦?”

“就是。”

“真可怜，”她同情地说。“可怜的聋子。”

她爬了山，给弄得气喘吁吁，抓住了罗伯特·乔丹的一只手，一边眺望着山野的对面，一边紧紧地把这手握在自己手中。

“估计打得怎么样?”

“糟。很糟。”

“他遭殃了?”

“我看是这样。”

“真可怜，”她说。“肯定是偷马引起的?”

“可能。”

“真可怜，”比拉尔说。接着她又说，“来了骑兵，拉斐尔把这糟糕的事当小说一样原原本本地告诉了我。来的是哪路人?”

“一队巡逻兵和骑兵中队的部分人员。”

“他们靠近到什么地方?”

罗伯特·乔丹指出了巡逻队停过的地方，还指给她看隐蔽枪的地方。他们从站着的地方，只能望到奥古斯丁的一只靴子撅在伪装的屏障后面。

“吉卜赛人说他们拍马而来，带队的马儿的胸部差一点顶到了机枪口，”比拉尔说。“这种人哪！你的望远镜一直在山洞里。”

“东西都收拾了?”

“能带的都收拾了。有巴勃罗的消息吗?”

“他比骑兵队早走四十分钟。他们跟上了他踩出的足迹。”

比拉尔朝他露齿笑了。她仍旧握着他的手。这时她才放开。“他们绝对找不到他，”她说。“现在谈聋子吧。我们有什么办法吗?”

“没办法。”

“真可怜，”她说。“我很喜欢聋子。你肯定，肯定他遭殃了?”

“就是。我看到了很多骑兵。”

“比来这儿的还多?”

“还有一整队在上山呢。”

“听枪声，”比拉尔说。“真可怜，可怜的聋子。”

他们倾听枪声。

“普里米蒂伏刚才要到那边去，”罗伯特·乔丹说。

“你疯了?”比拉尔朝这个扁脸汉子说。“我们这儿正在冒出什么样的疯子啊?”

“我想支援他们。”

“什么话，”比拉尔说。“又是个异想天开的家伙。你难道不相信，你不用白跑一趟，就能在这儿够快地死去?”

罗伯特·乔丹望着她，望着她那厚实的褐色脸盘、脸上印第安人的那种高颧骨、分得很开的黑眼睛、嘲笑的嘴和带着怨意的厚上唇。

“你干事得像个男子汉，”她对普里米蒂伏说。“成年的男子汉。瞧你，连头发也花白了。”

“别取笑我，”普里米蒂伏阴沉沉地说。“一个人只要有一点儿心肠和一点儿想象——”

“那他就该学会克制这些个，”比拉尔说。“你不久就会跟我们一起死去。没必要跟外人一起去找死。说到你的想象嘛。吉卜赛人可最会想象。他跟我讲的真像部小说。”

“你要是见到了那情形，就不会把它说成小说了，”普里米蒂伏说。“那时候真是个严重关头。”

“什么话，”比拉尔说。“有些个骑兵到这儿来了，又走了。而你们全都自以为英勇无比。正因为我们那么无所作为，才弄到了这步田地。”

“那么聋子目前的情况不算严重?”普里米蒂伏这时轻蔑地说。每次风声传来枪声，都可以看出他很难受，他希望要么去战斗，要么让比拉尔走开，别打扰他。

“即使全搭上去又怎么样?”比拉尔说。“出事了，就这么回事。人家碰到了不幸，你可不能把鸡巴蛋都急坏了。”

“你自己去玩吧，”普里米蒂伏说。“有些女人又蠢又狠，真叫人受不了。”

“为的是支援和帮助那些生殖条件不够格的男人，”比拉尔说。“要是没什么可看的，我要走了。”

正在这时，罗伯特·乔丹听到高高的上空的飞机声。他抬眼一望，看来高空中那架飞机似乎就是他一清早看到的那架侦察机。它这时正从前线的方向飞回来，朝着聋子被围攻的高地的方向飞去。

“来了不祥鸟啦，”比拉尔说。“它能看到那边发生的情况吗?”

“当然，”罗伯特·乔丹说。“要是人家的眼睛不瞎的话。”

他们注视着这飞机在阳光中飞得高高的，银光闪闪，而且很稳。它正从左边飞来，他们能看到两个螺旋桨转成两面光亮的圆盘儿。

“卧倒，”罗伯特·乔丹说。

飞机这时飞到了头顶上空，影子掠过林间开阔的空地，震颤声响得凶险极了。接着飞机一掠而过，朝山谷的顶端飞去。他们望着它稳稳地一路飞去，刚要消失，就看到它朝下绕了个大圈子又飞回来，在高地上空转了两圈，最后朝塞哥维亚方向飞去，不见了。

罗伯特·乔丹望着比拉尔。她前额上渗着汗，摇摇头。她牙齿一直咬着下唇。

“每个人都有克星，”她说。“我就怕那些飞机。”

“我的恐惧没有传染给你吧?”普里米蒂伏讥嘲地说。

“没有，”她把一手按在他肩上。“你没有恐惧可传染的。这我知道。原谅我跟你开玩笑，讲得太粗俗了。我们全都处在同样的煎熬中。”她接着对罗伯特·乔丹说，“我就把吃的和酒送上山来。还要些什么?”

“这一刻不要什么。其他人在哪儿?”

“你的后备军完好无损，在下面跟马儿在一起，”她露齿笑笑。“每件东西都藏了起来。每件要带走的都已经理好了。玛丽亚带着你的器材。”

“万一飞机再来，叫她待在山洞里。”

“是，我的英国老爷，”比拉尔说。“你的吉卜赛人（我把他交给你），我已派去采蘑菇来跟兔肉一起煮了。现在蘑菇多的是，我看还是把兔子吃了，虽说最好明后天吃。”

“我看吃了最好，”罗伯特·乔丹说，比拉尔就把一只大手按在他斜挂着手提机枪皮带的肩膀上，接着举起手来，用手指把他的头发弄得乱蓬蓬的。“好一个英国人，”比拉尔说。“等杂烩煮好了，我叫玛丽亚端来。”

远处高地上的枪声差不多消失了，这时只偶尔还有一两声。

“你看战斗结束了吧？”比拉尔问。

“没有，”罗伯特·乔丹说。“从我们听到的枪声来看，他们发动了进攻而被打退了。现在我看敌人已把他们包围了。敌人隐蔽了起来，在等飞机。”

比拉尔对普里米蒂伏说，“你。明白我不是有意奚落你吧？”

“明白了，”普里米蒂伏说。“你讲过更难听的话我都忍受了。你这条舌头太可恶。说话注意些，大嫂。聋子是我的好同志。”

“那么不是我的好同志？”比拉尔问他。“听着，扁脸。在打仗，就不能说什么感情。不谈聋子，我们自己的问题就够受的了。”

普里米蒂伏仍然郁郁不乐。

“你该吃药治一治，”比拉尔对他说。“我现在去准备吃的。”

“你把那个保皇派骑兵的证明文件带来了？”罗伯特·乔丹问她。

“我真蠢，”她说。“我忘了这个。我叫玛丽亚送来。”

第二十六章

等到下午三点，飞机才飞来。早在中午，雪就都化了，岩石这时被阳光晒得热热的。晴空无云，罗伯特·乔丹坐在岩石间，脱掉了衬衫，让阳光把背脊晒得黑黝黝的，他正在看那个死去的骑兵衣袋里的信件。他不时放下信来，望望宽阔的斜坡对面那排树木，望望上面的高地，接着继续看信。再没有出现骑兵。聋子营地那方向偶尔传来一声枪响。但枪声零落。

他仔细看了死者的军人证，知道这青年是纳瓦拉省塔法利亚人，二十一岁，未婚，是铁匠的儿子。他所属的团队是N骑兵团，这使罗伯特·乔丹很诧异，因为他原以为这支部队在北方。此人是个保皇派，战争初期曾在夺取伊伦的战斗中负过伤。

说不定在潘普洛纳过节的时候，我见过他在街上赶在公牛前面奔跑躲避①，罗伯特·乔丹想。在战争中，你杀的任何人总不是你想杀的人，他对自己说。唉，差不多都不是的，他修正了自己的想法，继续看信。

他看的头几封信十分合乎规范，写得十分仔细，谈的几乎全是当地新闻。信都是他姐姐写来的，罗伯特·乔丹了解到在塔法利亚一切平安，父亲健朗，母亲还是老样子，只是有些背脊痛，她祝他平安，希望他的处境不太危险，她高兴的是他正在消灭赤色分子，使西班牙从马克思主义匪帮的统治下解放出来。另外是一张罗列塔法利亚的那些青年的名单，自从她上次写信以来，这些人有的阵亡了，要不受了重伤。她提到了十个死者的名字。对塔法利亚这样大小的城市来说，死的人真不算少呢，罗伯特·乔丹想。

这封信宗教味道很重，她祈求圣安东尼，祈求比拉尔的圣母，还祈求其他圣母②保佑他，她要他永远别忘掉那颗她相信他始终佩戴在他自

---

① 潘普洛纳为西班牙一古城，当时为纳瓦拉省省会，在这骑兵家乡塔法利亚以北。每年7月圣费尔明节期间，有盛大的斗牛赛，人们事先把公牛在大街上一直赶到斗牛场去，一路上喝醉了酒的居民们任意逗弄公牛，有的甚至被牛角挑伤，但在那如醉如狂的欢乐气氛中，人们不以为意。

② 天主教各大教堂、圣地及神龛往往有圣母马利亚像，各有各的名称。此处的比拉尔为地名。

己胸前的耶稣基督圣心也在保佑着他，这种圣心经过无数次的证明——“无数次”三字下面划了道道——证明具有阻挡枪弹的威力。她永远是爱着他的孔查姐姐。

这封信的信纸四周有些脏，罗伯特·乔丹小心地重新把它和那些军人证件放在一起，拆开一封字迹没那么端正的信。那是这青年的未婚妻写给他的，信中语气温和地、一本正经地、十足神经质地为他的安全担心。罗伯特·乔丹把它看了一遍，就把所有的信件和证件一起放进他的后裤袋。他不想看其他的信了。

看来我把今天该干的好事都干了，他对自己说。看来你确实如此，他又对自己说。

“你在看的是些什么东西?”普里米蒂伏问他。

“证件和信，今天早晨我们毙掉的那个保皇派的。你想看看吗?”

“我不识字，”普里米蒂伏说。“有什么有趣的消息?”

“没有，”罗伯特·乔丹对他说。“是些私人信件。”

“他家乡情况怎么样？从信上能看出来?”

“看来那儿情况不错，”罗伯特·乔丹说。“他家乡的人伤亡很多。”他低头望望掩护自动步枪的地方，化雪后有些变样，变得完善了。看起来没有什么疑点。他转过头去眺望对面的山野。

“他老家在什么地方?”普里米蒂伏问。

“塔法利亚，”罗伯特·乔丹告诉他。

好吧，他对自己说。我感到遗憾，要是这样说了有什么好处的话。

没什么好处啊，他对自己说。

那么好吧，就别想它了，他对自己说。

好啦，就此不想了。

但是要不想可不那么容易。你杀掉的人有多少？他问自己。不知道。你以为你有权杀任何人？不。可是我不得不杀人呀。你杀掉的人有几个是真正的法西斯分子呢？很少。但他们都是敌人，我们用武力对付他们的武力。可是你对纳瓦拉人比对西班牙任何地方的人都有好感。对。可是你杀他们。对。如果你不相信这是真的，那么下山回营地去看看吧。难道你不知道杀人是不道德的吗？知道。可是你还是干？对。而你仍然绝对相信你的动机是正确的？对。

是正确的，他对自己说，这不是在给自己打气，而是自豪地说的。我相信人民，相信他们有权按照自己的愿望管理自己。但是你千万别相信杀人是好事，他对自己说。你只能在万不得已的时候才这么干，但千万别相信杀人是好事。如果你相信杀人是好事，那就全盘错了。

但是依你看你已经杀了多少人？不知道，因为我不想记录下来。可是你知道？对。有多少？你就说不准有多少。炸火车时你杀了很多。很多很多。可是你说不准。那你说得准的有多少呢？二十个以上。而其中有几个是真正的法西斯分子呢？我敢肯定的有两个。因为当我们在乌塞拉俘虏他们的时候，我不得不毙了他们。这你不放在心上？对。而你也并不喜欢这么干？对。我决心不再这么干。我避免这么干。我避免杀害那些手无寸铁的人。

听着，他对自己说。你还是别想这个问题了。这对你和你的工作很不利。他的自我接着回答说，你听着，知道吗？因为你正在做一件十分严肃的事，所以我得使你时刻记在心上。我必须使你保持头脑清醒。因为，如果你的头脑不是绝对清醒，你就没权做你在做的事，因为这一切都是犯罪，谁也没权夺取别人的生命，除非为了防止其他人遭到更大的不幸。所以头脑要清醒，别骗你自己啦。

但是我不愿把我杀掉的人当战利品那样作记录，或者干出在枪托上刻痕计数这种叫人恶心的事，他对自己说。我有权不计算杀了多少人，我有权忘掉他们。

不，他的自我说。你没权把什么都忘掉。没权对其中的任何事情闭眼不看，没权忘掉其中的任何事情，也不该把话说得轻描淡写或者随意更改。

住口，他对自己说。你变得夸夸其谈起来了。

关于这件事，也千万别骗自己啦，他的自我接着说。

好吧，他对自己说。谢谢所有的忠告，那么我爱玛丽亚行不行呢？

行，他的自我说。

根据纯粹的唯物主义社会观，爱情这种东西不该存在，那么即使这样也行？

你从什么时候开始有这种观念的？他的自我问。从来没有。你从来就不可能有。你不是真正的马克思主义者，这你知道。你信仰“自由、平等、博爱”。你信仰“生命、自由和对幸福的追求”①。别用太多的辩证法来作弄你自己了。那是给有些人应用的，可不是给你的。你必须知道那一套，以免成为容易上当的傻瓜。为了打赢这场战争，你把很多事情搁在一边了。如果这场战争失败的话，这些事情就都办不成。

然而往后你可以摒弃你不相信的那些事情。你不相信的事情很多，而你真心相信的事情也不少。

还有一点。千万别取笑你自己爱上了什么人。问题仅仅在于大多数人命运欠佳，得不到爱情。你以往从没得到过爱情，现在可得到了。你跟玛丽亚一起得到的爱情，不管它只能持续今天一天和明天的部分时间，或者能持续长久的一辈子，都是一个人能遇到的最重大的事情。有人总是会说，爱情并不存在，原因是他们得不到它。可是我可以肯定地说，爱情是真实的，而且你得到了它，哪怕你明天就死去，也是幸运的。

别谈死亡这种事情了，他对自己说。我们不该说这样的话。那是我们的朋友无政府主义者的口吻。每当情况真恶化了，他们就想到什么地方去放把火，去送死。他们这种思想方法是十分古怪的。十分古怪。

---

① 前者是法国大革命时提出的口号，后者引自美国革命时的《独立宣言》，后来写进了美国宪法，作为公民的基本权利。两者都属于资产阶级民主革命思想范畴。

得，我们快度过今天了，老伙计，他对自己说。现在快三点了，迟早会有什么吃食给送来。敌人仍在聋子那边不顾一切地开火，那就是说，他们把他包围了，并且正在等待增援，也许是这样吧。尽管他们必须在断黑前结束这场战斗。

我不知道聋子那边的情况怎么样了。到了一定的时候，我们大家也都得思想准备会遇到这种事。想来在聋子的山头上情绪不会太愉快。我们叫他们去搞些马儿来，当然使他陷入了不妙的困境。“困境”这词儿在西班牙语中怎么说？Un callejón sin salida。一条死胡同。看来我能顺利地度过这一关。这事只消干上一次，很快就完事了。但是如果有一天在战斗中你被包围了却可以投降的话，那么打仗不就成了莫大的享受吗？Estamos copados。我们被包围了。这是这次战争中令人十分惊慌的呼叫声。其次就是遭到枪杀；如果走运的话，在这之前就没有什么别的不幸了。聋子可不会这么走运。轮到我们的时候，也不会走运。

三点钟了。这时他听到来自远方的远远的隆隆声，抬头一望，看到了飞机。

第二十七章

聋子在小山顶上作战。他不喜欢这座小山，见到它时，觉得它的形状像下疳。但是除了这座山之外没有其他选择，他极目望去，看到了这座山，就选中了它，朝它策马奔驰而去，背上的自动步枪沉甸甸的，马儿费力地爬着坡，身子在他胯下颠簸着，一袋手榴弹在他身体的一边晃荡着，一袋自动步枪的弹药盘碰撞着他身体的另一边，而华金和伊格纳西奥停一会儿，开几枪，停一会儿，开几枪，好让他有时间把自动步枪装配好。

那时还有雪，使他们遭殃的雪，而聋子的马儿被打中了，因此它呼哧呼哧地喘着气，正缓慢、痉挛而蹒跚地爬上通向山顶的最后一段路，搏动地喷出一股鲜红的血，洒在雪地上，聋子就拉着马笼头，肩上搭着马缰绳，使劲拉着它一起爬山。枪弹啪啪地射在岩石上，他肩上挎着两袋沉重的弹药，拼命爬山，接着就在他认为最合适的地方，抓住马鬃，利索、熟练而同情地对着马儿就是一枪，马儿因此向前一冲，一头栽倒下去，堵住了两块岩石之间的缺口。他把枪架在马背上射击，发射了两盘子弹，枪声哒哒作响，空弹壳砸进雪地，架在马身上的灼热的枪筒烫焦了马皮，散发出马鬃的焦糊味，他正在向冲上山来的敌人射击，迫使他们散开去找掩护，而同时呢，他总觉得背上发冷，因为不知道背后会出现什么情况。等他们五个人中的最后一个一到达山顶，他背上才不觉得发冷，他保留了剩下的那几盘子弹，以备不时之需。

山坡上还有两匹死马，这里的山顶上也有三匹。昨晚他偷马，只到手三匹，而有一匹一听到第一阵枪声开始打响，趁他们在营地的马栏里想不用马鞍就跳上马背的时候，脱缰逃跑了。

到达山顶的五人，有三个负了伤。聋子腿肚上受了伤，左臂上伤了两处。他非常渴，伤口麻木发硬，左臂上有个伤口非常痛。他还头痛得厉害，一边躺着等待飞机飞来，一边想起了一句西班牙俏皮话。那就是“Hay que tomar la muerte como si fuera aspirina”，意思是“你应当像服用阿司匹林那样地接受死亡。”但是他没有把这句俏皮话说出声来。每当他挪动那条胳臂、扭头望望周围那伙剩下的弟兄时，差不多接着就是一阵头痛，一阵恶心，他只能苦笑。

五个人分散开，像五角星的五只角尖。他们用双手双膝挖掘，用泥土和一堆堆石块在脑袋和肩膀前筑起了土墩。利用这些土墩当掩护，他们正在用石块和泥土连通各个土墩。华金十八岁，他有一顶钢盔，就把它用来挖掘并传送泥土。

他这顶头盔是在炸火车时搞到的。头盔上有个洞穿的子弹窟窿，大家总是取笑他保存它。但他敲平了窟窿的毛边，在窟窿中打了个木塞，然后把里面的木塞头削掉，锉得和头盔的钢皮一样平。

枪声初起时，他哐啷一声把钢盔套在头上，劲头大得好像头上给菜锅砸了一下，而他的马儿被打死以后，他肺部剧痛，两脚麻木，嘴里干渴，在子弹纷飞、子弹噼啪、子弹吱叫的声响中冲上山坡最后一段路时，这头盔仿佛变得重极了，像一道铁箍似的箍住了他那要炸裂的前额。但他没有丢掉它。他现在就用它不停地、简直像台机器似的拼命挖掘。他还没有中弹。

"它总算还有点儿用处，"聋子用低沉的喉音对他说。

"Resistir y fortificar es vencer，"华金说，由于恐惧，他口唇干得超过了战斗时常有的干渴，不听使唤了。那是共产党的一句口号，意思是，"继续抵抗，加强防御，就是胜利。"

聋子转过头去，望着山坡下有个骑兵正躲在一块大圆石后打冷枪。他很喜欢华金这小伙子，但没心情欣赏口号。

"你说什么?"

他们中间有个人从他正在垒筑的工事面前转过头来。这人紧贴地面匍匐着，下巴紧贴在地面上，小心翼翼地抬起双手，放好一块岩石。

华金用那干巴巴的青少年嗓音把口号又说了一遍，一刻也没停止挖掘。

"最后一个词儿是什么?"下巴抵住地面的人问。

"胜利，"小伙子说。

"狗屁，"下巴抵住地面的那个说。

"还有一句，这儿正用得上，"华金说，当这口号是护身符似的一个个字地说出口来，"'热情之花'①说，宁愿站着死，不愿跪着活。"

---

① "热情之花"是西班牙共产党创始人之一伊芭露丽早年为革命报刊撰文时用的笔名。她曾屡次被捕入狱。1936 年 2 月当选为议会代表。内战期间始终留在马德里撰写文章为共和国政府作宣传。1939 年 3 月首都陷落后，她出国到苏联流亡，并到欧洲和美国参加反佛朗哥政权的活动。上面引的一句话是她的名言。

“又是狗屁，”那人说，而另一个扭过头来说，“我们正趴着，可不是跪着。”

“你。共产党员。你可知道，你那个‘热情之花’有个儿子和你同年，运动开始以来就去了俄国?”

“那是胡扯，”华金说。

“什么胡扯，”对方说。“那个名字古怪的爆破手跟我讲过。他也是你的同党。他干吗胡扯?”

“就是胡扯，”华金说。“她不会干把儿子藏在俄国、逃避战争的这码事。”

“我在俄国就好了，”聋子一伙里又一个说。“你的‘热情之花’现在不会把我从这儿送到俄国去吧，共产党员?”

“要是你这样信赖你的‘热情之花’，那么叫她帮我们离开这个山头吧，”大腿上绑着绑带的那个说。

“法西斯分子会这么干的，”下巴抵在泥土里的那个说。

“别说这种话，”华金对他说。

“把你嘴上你娘的奶水擦干了，给我一头盔泥巴吧，”下巴抵住地面的那个说。“今晚我们谁也看不到太阳下山啰。”

聋子在想：这座山的样子像下疳。要不，像大姑娘没有奶头的乳房。要不，像圆锥形的火山顶。你从来没见过火山，他想。你永远也见不到了。而这座山真像下疳。别想火山了。现在想看火山可太迟啦。

他从死马的肩隆边万分小心地朝外望了一眼，山坡下较远处一块大圆石后面立刻砰砰地射来一梭子弹，他听到手提机枪子弹射入马身的噗噗声。他在马尸后面匍匐爬去，从马臀部和一块岩石之间的缺口朝外望去。就在他下面的山坡上有三具尸体，那是法西斯分子在自动步枪和手提机枪的火力掩护下向山顶冲锋时倒下的，而他和其他人当时靠扔手榴弹和把手榴弹从山坡上滚下去的办法，粉碎了这次进攻。山顶的其他各边还有些尸体，他没法看到。敌人没有可以借以冲上山顶的射击死角，而聋子知道，只要他的弹药和手榴弹够用，他的一伙还有四个人，敌人就没法把他从这里赶跑，除非拉来迫击炮。他不知道他们是否派人到拉格兰哈去要迫击炮。也许没去，因为当然，飞机快要来了。侦察机从他们上空飞过已有四个小时了。

这座山真像下疳，聋子想，而我们就是上面的脓。但是我们杀了他们很多人，因为他们干得那么蠢。他们怎么会以为就这样可以干掉我们呢？他们有了这样新式的武器，竟然就过分自信，昏了头。他们半弯着腰冲上山的时候，他扔了个手榴弹，一蹦一跳地滚下山坡，把那带头强攻的年轻军官炸死了。他在一片黄色的闪光和轰隆的声响和灰色的烟雾中看到这军官身子朝前一冲，栽倒在他这时躺着的地方，像很沉的一堆破烂的旧衣服，标志出他们进攻所达到的最远的地方。聋子望望这具尸体，然后望着山坡下方的其他尸体。

这帮家伙有勇无谋，他想。但是他们现在头脑清醒了，在飞机到来之前不会再进攻我们。当然啦，除非他们派来一尊迫击炮。有了迫击炮就容易办了。迫击炮是正规的家伙，他知道，迫击炮一来他们就会完蛋，但是他一想到飞机要出现，就觉得自己在山顶上一无遮蔽，好像赤身裸体，甚至连皮都被扒了。我觉得没有比这更赤裸裸的了，他想。相比之下，一只剥了皮的兔子倒像一头熊那样有遮盖的了。可是他们干吗要派飞机来？他们用一尊迫击炮就可以轻而易举地把我们从山上轰走。然而他们认为他们的飞机了不起，说不定会派飞机来。正像他们认为他们的自动武器了不起，就干出了那种蠢事。可是不用说，他们一定也去调迫击炮了。

他们中有人开了一枪。随即猛地一拉枪栓，马上又是一枪。

“要节省子弹，”聋子说。

“有一个老婊子养的想冲到那块大圆石那儿，”那人指着。

“你打中他了?”聋子困难地转过头来问。

“没有，”那人说。“那杂种把乌龟头缩回去了。”

“比拉尔是头号婊子，”下巴抵在泥土里的那人说。“这婊子知道我们在这儿要完蛋呢。”

“她帮不了忙，”聋子说。那人刚才是在他那只正常的耳朵边说的，聋子不用回头就听到了。“她有什么办法?”

“从背后袭击这些母狗养的。”

“什么话，”聋子说。“他们布满了整个山坡。她怎么下手打他们?他们有一百五十人。现在说不定更多。”

“但要是我们能坚持到天黑的话，”华金说。

“要是圣诞节在复活节那天来临的话，”下巴抵在泥土里的那个说。

“要是你大婶有鸡巴蛋的话，她就成了你大伯了，”另一个对他说。“叫你的‘热情之花’来吧。只有她能保佑我们了。”

“我不相信关于她儿子的说法，”华金说。“如果他在那儿，准在受训，可以将来当飞行员什么的。”

“人家叫他躲在那儿求安全呢，”那人对他说。

“他正在学辩证法。你的‘热情之花’到那儿去过。利斯特和莫德斯托那帮人都去过。那个名字古怪的家伙跟我讲过的。”

“他们应该到那边去学好了回来帮助我们，”华金说。

“他们应该现在就来帮助我们，”另一个说。“那伙可恶的乳臭未干的俄国骗子手现在都该来帮助我们。”他打了一枪，说，“我操他的；又没打中。”

“要节省子弹，话别太多，要不然会口渴得很，”聋子说。“这山上没水啊。”

“喝这个吧，”那人说着，侧身一滚，从头上退下挎在肩上的皮酒袋，递给聋子。“漱漱口，老伙计。你受了几处伤，一定很口渴。”

“大家喝，”聋子说。

“那我先来喝点儿，”有酒袋的那个说，挤了一大股酒在嘴里，这才把它递给大家。

“聋子，你看飞机什么时候来?”下巴抵在泥里的那个问。

“随时都会来，”聋子说。“他们早该来了。”

“你看这些老婊子养的会再进攻吗?”

“要是飞机不来才会进攻。”

他觉得没必要提迫击炮。迫击炮一来，他们马上会明白的。

“天哪，拿我们昨天看到的来说，他们的飞机是够多的呢。”

“太多啦，”聋子说。

他头痛得很厉害，一条胳膊越来越僵硬，因此一动就痛得简直受不了。他用那条没受伤的胳膊举起皮酒袋的时候，抬头望望那明亮、高阔、蔚蓝的初夏的天空。他五十二岁，相信这准是他最后一次能看到那样的天空了。

他一点也不怕死，但气愤的是给困在这座只能当作葬身之地的小山上。如果我们能够脱身就好，他想。如果我们能迫使他们从那长长的山谷中前来，或者我们能突围出去，穿过那公路，那就没问题了。可是这座下疳似的山哪。我们必须尽可能好好利用这座山的地形，到目前为止，我们利用得蛮不错。

如果他知道历史上有多少人不得不用一座小山作为葬身之地，他的情绪也不会因此而高一些，因为在他当时经历的情况下，人们不会关心别人在相同情况下的遭遇，正如一个新寡不会由于得知别人心爱的丈夫去世了而平添慰藉。不管一个人怕不怕死，死亡是难以接受的。聋子接受了，但尽管他年已五十二，身上三处伤，被困在山上，死亡还是没有丝毫可爱的地方。

他以此打趣自己，但他望望天空，望望远处的山岭，喝了口酒，却并不想死。要是人非死不可，他想，而显然人是非死不可的，那么我可以去死。只是我憎恨死呢。

死没什么了不起，他心中没有死的图景，也没有对死的惧怕。但是活在世上，就像山坡上一片麦浪在风中荡漾。活在世上，就像一只苍鹰在天空中飞翔。活在世上，就像打麦时麦粒和秣屑飞扬中喝一陶罐水。活在世上，就像两腿夹着一匹马儿，一条腿下夹着一支卡宾枪，经过一个山冈、一个河谷、一条两岸长着树木的小溪，奔向河谷的另一头以及远方的山冈。

聋子交还皮酒袋，点头致谢。他向前欠身，拍拍被自动步枪枪筒烫焦皮的死马的肩头。他仍能闻到马鬃的焦味。他想到刚才怎样把这战栗的马儿牵到这里，子弹在他们头顶上空和四周嘘嘘而过，密集得像道帷幕，而他仔细对准马儿两眼和两耳之间的连结线的交叉点打了一枪。然后，趁马栽倒的时候，他立刻伏在那暖和而潮湿的马背后面，架好枪射击冲上山来的敌人。

“Eras mucho caballo，”他说，意思是，“你这匹马儿真不赖。”

聋子这时把身上没受伤的一侧贴在地上，抬头望着天空。他正躺在一堆空弹壳上，但他的头有岩石遮掩，身体伏在马尸背后。他的伤口僵硬极了，他痛苦得很，还觉得疲乏得没法动弹。

“你怎么啦，老伙计?”他身边的那个问。

“没什么。我休息一会儿。”

“睡吧，”对方说。“他们来的时候会惊醒我们的。”

就在这时，山坡下有人叫喊了。

“听着，土匪!”声音来自岩石后面，那里架着离他们最近的自动步枪。“现在就投降吧，别等飞机来把你们炸得粉身碎骨。”

“他说的是什么?”聋子问。

华金告诉了他。聋子侧身一滚，抬起一点身子，这样又蹲伏在枪后面了。

“也许飞机不会就来，”他说。“别答理他们，也别开枪。说不定我们可以叫他们再来攻打。”

“我们骂他们几句怎么样?”跟华金谈起“热情之花”的儿子在俄国

的那个问。

“不行，”聋子说。“把你的大手枪给我。谁有大手枪?”

“这儿。”

“把枪给我。”他双膝跪着，接过九毫米口径的星牌大手枪，朝死马旁边的地面打了一枪，等了等，接着又断断续续地打了四枪。接着，他等到数到六十的时候，对准马尸打了最后的一枪。他露齿笑笑，交还手枪。

“再上子弹，”他低声说，“大家别开口，谁也别开枪。”

“土匪!”岩石后大声喊着。

山上没人吭声。

“土匪！还是现在投降吧，别等把你们炸得粉身碎骨啦。”

“他们快上钩了，”聋子高兴地低声说。

他望着望着，有人从岩石顶上探出头来。山顶上一弹不发，那颗脑袋就缩回去了。聋子等着，张望着，但再没出现什么动静。他转过头，看到其他的人都在观察各人下面的那一段山坡。他望着他们，只见他们都摇摇头。

“谁也别动，”他低声说。

“老婊子养的，”岩石后面又传来了骂声。

“共匪。嫖娘的。咂你们爸爸鸡巴的。”

聋子露齿笑了。他侧过那只正常的耳朵，才勉强听到这大声臭骂。这可比阿司匹林片妙，他想。我们能打死几个呢？他们会那样蠢吗?

骂声又停了，他们有三分钟没听到什么声音，也没见到什么动静。接着，山坡下一百码远的那块大圆石后面的伏击者探出头来，打了一枪。子弹打中了岩石，发出一声尖厉的呼啸，飞弹开去。接着，聋子看到有人弯着腰从给自动步枪当掩护的岩石后面奔出来，穿过空旷的地面，朝躲在那块大圆石后的伏击者跑去。他几乎是纵身一跳扑到这大圆石后边去的。

聋子朝四周望望。他们对他打手势，表示其他各山坡上没有动静。聋子高兴地咧嘴笑笑，摇摇头。这可比阿司匹林片妙十倍，他想，于是他等着，这股高兴劲儿只有猎人才有。

山坡下段，从岩石堆奔到大圆石那里去藏身的那人正在对伏击者说话。

“你看对头吗?”

“说不上，”伏击者说。

“看来合乎情理，”这个身任指挥官的人说。“他们被包围了。他们没指望了，只有去死了。”

伏击者没说什么。

“你看怎么样?”指挥官问。

“没名堂，”伏击者说。

“几声枪响以后，你可察觉到什么动静?”

“一点儿动静也没有。”

指挥官看看手表。时间是三点缺十分。

“飞机早一小时就该来了，”他说。正在这时，另一个军官突然冲到这大圆石后面。伏击者挪过一点儿身体，给他让出些地方。

“你，帕科，”第一个军官说。“你看是怎么回事?”

第二个军官刚从自动步枪枪位那里上坡猛冲过来，正在沉重地喘气。

“我看这里头有鬼，”他说。

“要是没有鬼呢? 我们在这儿傻等着，包围着一些死人，不是闹出大笑话吗?”

“我们已经干下的事，岂止闹笑话呢，”第二个军官说。“瞧这山坡。”

他抬头望望山坡，那里尸体东一具，西一具，都靠近山顶。从他那里望去，看得见山顶上一片凌乱的山石、聋子的死马的肚子、伸出的马腿、撅出的打上蹄铁的马蹄，还有经挖掘新翻起的泥土。

“迫击炮怎么搞的?”第二个军官问。

“应该隔一小时就来。如果不会早到的话。”

“那就等迫击炮吧。蠢事干得已经够多啦。”

“土匪!”第一个军官突然站起身来大喊，脑袋从大圆石后直探出来，他这样挺直了身子站着，山顶就显得近多了。“下流的赤色分子!怕死鬼!”

第二个军官望着伏击者，摇摇头。伏击者转过头去，但抿紧了嘴唇。

第一个军官站在那里，一手按在手枪柄上，脑袋完全暴露在岩石上方。他对着山顶恶骂、诅咒。一点儿动静也没有。接着他从大圆石后面完全走出来，站在那里仰望山顶。

“没死的话，开枪吧，怕死鬼，”他喊着。“开枪打我这个不怕任何从老婊子肚里钻出来的赤色分子的人吧。”

最后这句话喊起来很长，这军官喊罢，脸部充血，变得通红。

第二个军官又摇摇头，他长得瘦削，给晒得黑黑的，眼神温和，嘴阔唇薄，凹陷的双颊上布满了胡子茬。下令发动第一次进攻的就是这个在大叫大喊的军官。死在山坡上的青年中尉是这个名叫帕科·贝仑多中尉的最亲密的朋友，而帕科正在听那显然处于狂热状态的上尉的叫喊。

“杀我姐姐和娘的就是这帮畜生，”上尉说。他长着一张红脸，留着两撇金黄色的英国式小胡子，眼睛有点毛病。这双眼睛是浅蓝色的，睫毛也是浅色的。你望着他的眼睛，会发现那目光似乎不会一下子就对准目的物。“赤色分子，”他接着喊着。“怕死鬼!”他又骂开了。

他这时站着完全没有掩护，用手枪仔细瞄准了，朝山顶上出现的唯一目标，曾属于聋子的那匹死马，打了一枪。枪弹在死马下方十五码的地方溅起了一股泥土。上尉又开了一枪。枪弹射在山石上，嗖的一声弹开去。

上尉站在那里望着山顶。贝仑多中尉望着就在山峰下方的另一个中尉的尸体。伏击者望着眼前的地面。他接着抬头望望上尉。

“上面没有活人了，”上尉说。“你，”他对伏击者说，“去上面看看。”

伏击者垂下了头。他一声不吭。

“你没听到我的话?”上尉对他大喝一声。

“听到了，我的上尉，”伏击者说，没朝他看。

“那就站起来走啊。”上尉依旧手枪在握。“你听到我的话吗?”

“听到了，我的上尉。”

“那干吗不走?”

“我不想去，我的上尉。”

“你不想去?”上尉用手枪抵住他的后腰。“你不想去?”

“我怕，我的上尉，”士兵理直气壮地说。

贝仑多中尉望着上尉的脸和他异样的眼睛，以为他要就地枪毙这个士兵了。

“莫拉上尉，”他说。

“贝仑多中尉?”

“这个兄弟也许没错。”

“他说怕，没错？他说不想服从命令，没错?”

“不。他说里面有鬼，没错。”

“他们全都死了，”上尉说。“你没听到我说，他们全都死了?”

“你是指躺在山坡上的我们的伙伴们?”贝仑多问他。“我同意你的话。”

“帕科，”上尉说，“别犯傻了。你以为对胡利安中尉有感情的只有你一人？我可以肯定地说，这帮赤色分子都死了。瞧!”

他站起身来，接着双手按在大圆石顶上，引体上升，别扭地跪在上面，接着站直了身子。

“开枪吧，”他站在这灰色的花岗岩大圆石上挥舞着双臂大喊。“开枪打我吧！毙了我吧！”

山顶上，聋子伏在死马后面，咧嘴笑了。

这种人啊，他想。他放声笑了，竭力想忍住，因为笑得直颤，胳膊就疼痛。

“赤色分子，”喊声从下面传来。“赤色流氓。开枪打我吧！毙了我吧！”

聋子笑得胸口直颤，从马屁股旁只稍稍偷看一眼，看到这上尉站在大圆石上挥舞着两臂。另一个军官站在大圆石旁。伏击者站在另一边。聋子目不转睛地望着这目标，高兴地摆着头。

“开枪打我吧，”聋子低声自言自语。“毙了我吧！”这时他的肩膀又颤动起来。他笑得胳膊发痛，他一笑就觉得脑袋要裂开似的。但是他又笑得发急惊风似的全身打颤。

莫拉上尉从大圆石上下来了。

“现在相信我了吧，帕科？”他质问贝仑多中尉。

“不，”贝仑多中尉说。

“王八蛋！”上尉说。“这儿只有白痴和怕死鬼。”

伏击者小心翼翼地又躲到大圆石后面，贝仑多中尉正蹲在他旁边。

上尉站在大圆石旁毫无遮蔽，开始朝山顶大讲脏话。在所有的语言中，西班牙语最脏。英语里有的脏话它都有，另外还有一些词儿和说法却只在渎神和敬神不相上下的国家①里才应用。贝仑多中尉是个非常虔诚的天主教徒。伏击者也是。他们是纳瓦拉的保皇派，尽管他们俩在恼怒时都诅咒、讲渎神的话，却认为这是罪孽，他们都定期作忏悔。

他们俩如今蹲在大圆石后望着上尉、听着他正在大声嚷嚷的时候，都认为他这人和他的咒骂都跟他们无关。他们在这生死莫测的日子，不

---

① 指信奉天主教的国家。

愿说这种话来使良心感到内疚。这样的谩骂不会带来好运，伏击者想。这样提到圣母，不是好兆。这家伙骂得比赤色分子还恶毒。

胡利安死啦，贝仑多中尉在想。就这样，在这样一个日子，死在山坡上了。而这个臭嘴站在那里恶骂，会带来更坏的运气。

上尉这时不再大声嚷嚷，转身朝着贝仑多中尉。他的眼神显得空前古怪。

“帕科，”他高兴地说，“你和我一起上山吧。”

“我不。”

“什么?”上尉又拔出手枪。

我讨厌这些挥舞手枪的家伙，贝仑多在想。他们不拔手枪就下不了命令。也许他们上厕所也要拔出手枪来下令才拉得出屎。

“我可以去，如果你下命令的话，但我持有异议，”贝仑多中尉对上尉说。

“那我就一个人去，”上尉说。“这儿胆小鬼的臭气太浓了。”

他右手握着枪，不慌不忙地大步登上山坡。贝仑多和伏击者望着他。上尉无意找任何掩护，径直望着他面前的那些岩石、马尸和山顶上新挖出的泥土。

聋子伏在马尸后面，在岩石的一角，注视着上尉大步登上山坡。

只有一个，他想。我们只捞到一个。但听他的口气，他是个大猎物。瞧他走路的德性。瞧，真是头畜生。瞧他大步向前走来。这家伙归我了。我带这家伙上路啦。这个现在走过来的人跟我是同路。来吧，同路人同志。大步前来吧。笔直过来吧。过来领教领教。来啊。一直走啊。别放慢步子。笔直过来吧。就像这样走来吧。别停下来看那些死人啦。这就对了。连低头看一下也不必。眼睛朝前，继续走。瞧，他留着小胡子。你觉得这小胡子怎么样？他喜欢留小胡子，这位同路人同志。他是个上尉。瞧他的袖章。我说过，他是个大猎物嘛。他的脸像英国人的。瞧。长着红脸，黄头发，蓝眼睛。没戴军帽，小胡子黄黄的。长着蓝眼睛。淡蓝色的眼睛。有点儿毛病的淡蓝色的眼睛。目光难以对准目的物的淡蓝色的眼睛。离我够近啦。太近啦。好，同路人同志。挨一下子吧，同路人同志。

他轻轻一扣自动步枪的扳机，这种装有三脚架的自动武器的后坐力产生了打滑的震动，枪托在他肩头连撞了三下。

上尉扑倒在山坡上。他的左臂给压在身下。握手枪的右臂伸出在脑袋的前方。山坡下又一齐向山顶开枪了。

贝仑多中尉伏在大圆石后面，心想现在非得冒着挨枪的危险冲过这没遮掩的地带了，这时听到山顶传来聋子低沉而嘶哑的声音。

“土匪!”声音传来。“土匪！开枪打死我吧！毙了我吧!”

山顶上，聋子伏在自动步枪后面，笑得胸部发痛，笑得自以为天灵盖要裂开了。

“土匪，”他又愉快地喊着。“毙了我吧，土匪!”然后他愉快地摇摇头。我们同路的旅伴可不少哪，他想。

他打算等另一个军官离开大圆石的掩护的时候，用自动步枪结果他。他迟早得离开那里。聋子知道他躲在那里没法指挥，并认为时机非常好，能把他干掉。

正在这时，山上的其他人听到了飞机飞来的开头的声音。

聋子没听到飞机声。他正在用自动步枪瞄准大圆石朝下坡的那一边，他在想：等我见到他的时候，他一定已经在奔跑，如果不留神，就不会打中他。他跑这段路时我可以向他射击。我应当用这挺枪向他扫射，并打在他前面。或者让他拔脚逃，然后朝他打，并打在他前面。我要在那块岩石边开始打他，并对准他前面扫射。接着他觉得自己肩上给碰了一下，就扭过头来，看到华金那灰白而惊恐的脸，他朝这小伙子在指的方向一看，见到三架飞机正在飞来。

正在这时，贝仑多中尉突然从大圆石后面冲出来，低着头，撒开两腿冲下去，越过山坡，奔到当掩护的岩石后架着自动步枪的地方。

聋子正在注视飞机，一点也没看到他溜了。

"帮我把这家伙抽出来，"他对华金说，这小伙子就把架在马尸和岩石间的自动步枪一把拖了出来。

飞机持续地在飞来。它们排成梯队飞行，形体和声音一秒钟又一秒钟地变得越来越大。

"朝天卧倒，射击飞机，"聋子说。"等它们飞来，朝它们前面打。"

他始终在注视着飞机。"王八蛋！婊子养的！"他连珠炮地说。

"伊格纳西奥！"他说。"把枪架在小伙子肩上。""你！"他对华金说，"坐在那儿别动。蹲下。蹲低些。不行。再低些。"

他仰卧着，用自动步枪瞄着笔直飞来的飞机。

"你，伊格纳西奥，给我按住那枪架的三只脚。"枪脚在华金背上耷拉着，枪筒在他不能自制地震颤的身上跳动着，而他蹲伏着，低着头，听着飞机飞近的隆隆轰响。

伊格纳西奥匍匐在地，抬头望着天空，注视着飞机在飞来，用双手把枪架的三只脚一起握住，稳住了枪身。

"头别抬起来，"他对华金说。"头朝前别动。"

"'热情之花'说：'宁愿站着死——'"在隆隆声越来越近的同时，华金在对自己这样说。接着，他突然改口念"满被圣宠的马利亚啊，天主与你同在；你是女人中有福的，你儿子耶稣也是有福的。天主圣母马利亚，在我们临死的时刻，为我等罪人祈祷吧。阿门。[①]天主圣母马利亚，"他开头这样祈祷，接着，一听到飞机声这时响得使人难以忍受，就突然想起来了，马上在飞机声中赶忙做起痛悔来，"我的天主啊，我衷心忏悔，得罪了值得我全心敬爱的您——"

他这时耳边响起了锤击似的砰砰枪声，枪筒灼热地压在他肩上。这

---

① 以上是《圣母经》的全文，译文参照天主教会常用的文本。

锤击似的枪声这时又响了，枪口火力的气浪把他的耳朵都快震聋了。伊格纳西奥拼命把三脚枪架朝下拉，枪身烤灼着他的背部。飞机的隆隆声中这时响着锤击似的枪声，他想不起痛悔该怎么做了。

他想得起的只是，在我们临死的时刻。阿门。在我们临死的时刻。阿门。在这时刻。在这时刻。阿门。其他人都在射击。现在，在我们临死的时刻。阿门。

接着，在锤击似的枪声中，一声呼啸划破长空，接着轰隆一声，他眼前出现一片又红又黑的景象，膝下的土地翻动起来，接着掀起泥土，打在他的脸上，泥土和碎石劈头盖脑地落下来，伊格纳西奥的躯体压在他身上，枪也压在他身上。但是他没死，因为听见呼啸声又响了，随着一声轰响，他身下的土地又翻动起来。接着又是一声轰响，他肚子下面的土地突然倾斜，山顶的一边腾空升起，接着泥土缓慢地掉落在他们就地躺着的身子上。

飞机又飞来了三次，轰炸山顶，但是山顶上没人知道这情况了。接着，飞机用机枪扫射山顶之后飞走了。当这些飞机最后一次向山头俯冲、机枪砰砰扫射时，第一架飞机拉起机头，一个鹞子翻身，跟着每架飞机依样行事，队形由梯形变为V形，在空中朝塞哥维亚方向飞去。

贝仑多中尉用密集的火力压住了山顶，命令一队侦察兵向上爬到一个可以向山顶扔手榴弹的炸弹坑。他唯恐还有人活着，正守在残破的山顶等着他们，于是向那一片混乱之中的马尸、炸得四分五裂的岩石、被火药熏得又黄又臭的被翻起的泥土扔了四颗手榴弹，这才从弹坑里爬出来，走上山顶去察看。

山顶上除了华金这小伙子之外，没有活人了，他被压在伊格纳西奥的尸体下面，失去了知觉。华金的鼻孔和耳朵都在淌血。他什么也不知道，什么也感觉不到，因为一颗炸弹掉落得离他那么近，他一下子刚好处在爆炸的中心，顿时透不过气来，而贝仑多中尉呢，在胸口划了个十字，接着对准他后脑勺就是一枪，动作那么利索，那么斯文（如果这种暴戾的行动说得上斯文的话），就像聋子开枪打死那匹受伤的马儿一样。

贝仑多中尉站在山顶上，低头望着山坡上他同伙的尸体，然后眺望对面的山野，看到了聋子在这里作困兽之斗之前他们拍马追逐的地方。他看到了自己的部队奉命所作的一切部署，然后命令把死去的那些人的马儿牵来，把尸体横捆在马鞍上，以便运往拉格兰哈。

"把那一个也带走，"他说。"抱着自动步枪的那个。那准是聋子。他年纪最大，掌枪的就是他。不。把脑袋砍下，包在披风里。"他考虑了一会儿。"你们还是把他们的脑袋都砍下吧。还有山坡下段的那几个，我们一开始就发现的那几个。把步枪和手枪收起来，把那挺自动步枪捆在马背上。"

他然后下坡走到第一次进攻时被打死的中尉躺着的地方。他低头望着他，但没有碰他。

"Qué cosa más mala es la guerra，"他对自己说，这句话的意思是，"还有什么事比战争更坏呢。"

然后他又在胸口划了个十字，一路走下山坡，为死去的伙伴的灵魂得到安息念了五遍《天主经》和五遍《圣母经》①。他不想待下去看他的命令如何被执行了。

第二十八章

飞机离去以后，罗伯特·乔丹和普里米蒂伏听到枪声开始响了，他的心似乎又随着枪响而猛跳。一片烟雾飘过他能望到的高地上最远的山脊，飞机在空中变成了三个稳定的越来越模糊的斑点。

"他们可能狂轰滥炸了自己的骑兵，根本没触及聋子一伙，"罗伯

① 两者都是天主教徒常用的祷文。

特·乔丹对自己说。“这些该死的飞机吓得你要死，却并没有把你炸死。”

“还在打哪，”普里米蒂伏听到猛烈的枪声，说。炸弹每次砰地一声爆炸都使他皱眉蹙额，他这时舔舔干燥的嘴唇。

“干吗不打?”罗伯特·乔丹说。“这些东西根本杀害不了谁。”

接着射击完全停止了，他再也听不到一声枪响。贝仑多中尉开手枪的声音没传得那么远。

枪声初停时，他倒不觉得什么。然而寂静的时间一拖长，他心里感到空洞洞的。接着，他听到那些手榴弹的爆炸声，心情顿时激动起来。接着又是一片寂静，而且再没声音了，因此他知道，战斗结束了。

玛丽亚从营地带来一铁皮提桶汤汁很浓的蘑菇炖兔肉、一袋面包、一皮袋酒、四只铁皮盘子、两只杯子和四把汤匙。她在枪边停下脚步，给奥古斯丁和埃拉迪奥舀了两盘兔肉，埃拉迪奥替下了安塞尔莫在看守机枪，她还给他们面包，旋开角质的酒袋塞子，斟了两杯酒。

罗伯特·乔丹望着她轻捷地朝他的观察哨爬上来，肩上挎着面包袋，一手提着提桶，一头短发在阳光下闪亮。他往下爬去，接过提桶，扶她爬上最后一块大圆石。

“飞机干什么来着?”她眼神惊恐地问。

“轰炸聋子。”

他揭开桶盖，舀出炖兔肉装在一只盘子里。

“他们还在打?”

“不。结束了。”

“啊，”她说，咬咬嘴唇，望着对面的山野。

“我没胃口，”普里米蒂伏说。

“怎么也得吃呀，”罗伯特·乔丹对他说。

“我没法下咽。”

“喝一点这个，伙计，”罗伯特·乔丹说着，把酒袋递给他。“然后再吃。”

“聋子这么着叫我没有食欲了，”普里米蒂伏说。“你吃。我不想吃。”

玛丽亚走到他身边，两臂搂住他的脖子，吻他。

“吃吧，老朋友，”她说。“每人都得保养自己的体力。”

普里米蒂伏转过身去避开她。他接过酒袋，仰起头来，挤出一股酒直灌进嗓子眼，一个劲地咽下去。然后他从桶里舀了一满盘，就吃起来。

罗伯特·乔丹望着玛丽亚，摇摇头。她在他身边坐下，伸出一臂挽住他的肩膀。两人都知道彼此的感受，他们坐在那里，但罗伯特·乔丹吃着炖菜，从容不迫地畅怀品尝蘑菇，他还喝酒，而大家不说话。

“要是愿意的话，美人儿，你可以待在这儿，”东西都吃完后，过了一会儿，他说。

“不，”她说。“我得去比拉尔那儿。”

“待在这儿没问题。我看现在不会出什么事了。”

“不。我得去比拉尔那儿。她要给我指点。”

“她给你什么?”

“指点。”她对他微笑，接着吻了他一下。“难道你从没听说过信教人的指点吗?”她脸红了。“差不多就是那回事。”她又脸红了。“可又不一样。”

“去领教指点吧，”他说，轻轻拍拍她的头。她又对他笑笑，接着对普里米蒂伏说，“下面有什么东西你需要的?”

“没有，闺女，”他说。罗伯特·乔丹和玛丽亚都看出他的情绪仍旧没有恢复正常。

“保重，老朋友，”她对他说。

“听着，”普里米蒂伏说。“我并不怕死，可是像这样不顾他们——”他说不下去了。

“没别的办法，”罗伯特·乔丹对他说。

“我知道。但是还是同样——”

“没别的办法，”罗伯特·乔丹又说了一遍。“现在还是别提它了。”

“是的。但是得不到我们一点儿支援，在那儿单独——”

“别提它要好得多，”罗伯特·乔丹说。“你，美人儿，领教指点去吧。”

他望着她在岩山之间爬下去。然后他在那里坐了很久，思量着，并望着那片高地。

普里米蒂伏对他说话，但他不回答。太阳下很热，但他感觉不到热，只顾坐着眺望山上各块坡地和延伸到最高的山坡上的那一长片一长片的松林。一小时过去了，太阳这时远远落在他的左边，然后他看到有队人马翻过山坡的顶端，就拿起望远镜。

头两个骑马的人出现在那高山的一长片绿坡上时，马匹显得很细小。接着有四个骑马的散开在宽阔的山坡上，跑下山来，接着他在望远镜里轮廓分明地看到有两行人马进入他的视野。他望着他们时，觉得胳肢窝里的汗水顺着腰际淌下来。这纵队人马的前面有个人骑着马儿。接着来了些骑马的。接着是一些没骑人的马匹，鞍上横捆着东西。接着是两个骑马的。接着是骑马的伤兵，旁边有步行的人伴随着。接着又是一些骑兵，在这纵队人马的末位。

罗伯特·乔丹望着他们驰下山坡，消失在树林里。距离这么远，他没法看到有一副马鞍上驮着个用披风卷成的长包裹，它两头扎紧，中间捆了几道，因此在每道捆扎之间都鼓了起来，就像内含豆子的豆荚那样鼓鼓的。这包裹被横捆在马鞍上，两头结在马镫的皮带上。聋子用的自动步枪和这包裹并排捆在马鞍顶端，显得威风凛凛。

贝仑多中尉骑在这队人马前面，两翼各派出了护卫，前有尖兵队，在老远的地方，但他并不觉得威风。他只感到战斗之后的空虚。他在想：取人首级是野蛮行为。但是验明正身是必要的手续。我实际上将为此碰到相当多的麻烦，谁说得准呢？这次把首级带回去，可能会使他们高兴。他们中间有些人喜欢这一套。说不定他们会把这些首级都送到布尔戈斯去。这是野蛮行为。用飞机太过分了。太过分了。太过分。而我们原可以用一门斯多克斯迫击炮[①]就完全解决这一仗的，而且几乎一点伤亡也不会有。两头骡子驮炮弹，一头骡子驮两门迫击炮，驮鞍两边各一门。那就成一支像样的军队啦！加上所有这些自动武器的火力。再来一头骡子。不，两头骡子来驮弹药。别想下去啦，他对自己说。这样可不再像一支骑兵队啦。别想下去啦。你在为自己编制军队啦。你下一步就会要一门过山炮了。

他接着想到死在山上的胡利安，如今死了，在第一队人马中被横捆在马背上，接着他撇下身后阳光普照的小山，下坡进入幽暗的松林，这时在林中静悄悄的暮色中骑着马，又为胡利安念起祷文来。

“万福，慈悲的圣母，”他开始祷告。“我们的生命，我们的欢乐，我们的希望。在这眼泪之谷，我们向你叹息、哀悼、哭泣——”

他不停地祷告，马蹄轻轻踩着落在地上的松针，阳光从树身和树身之间投下斑斑光影，就像从大教堂的一根根柱子间射下那样，他一边祷告，一边望着前面，注意到两翼的部下在树林中骑行。

他一马驶出树林，来到通往拉格兰哈的黄色的公路上，他们一路骑去，马蹄扬起尘土，笼罩着他们。尘土撒在横捆在马鞍上、脸面朝下的死者和那些伤兵身上，那些在旁边步行的伙伴也身在弥漫的尘埃中。

安塞尔莫就是在这里看到他们风尘仆仆地骑马经过的。

他数了数死者和伤员，认出了聋子的自动步枪。他不知道那捆用披风包成的包裹是什么玩意儿，它随着马镫皮带的晃动而碰撞着带头的马

---

① 斯多克斯迫击炮最早由英国制造，口径 3 英寸，炮弹仅 10 磅重，为轻型迫击炮，使用方便。

儿的两侧腹，可是等他在回营的路上摸黑走上聋子战斗过的山头，就立刻明白这一长卷东西里面藏的是什么。他在暮色中分辨不出山上躺着的是谁。但是他数了数倒卧在那里的人，就越过山岭回巴勃罗的营地去了。

他独自走在暮色中，那些弹坑给他的感触，那些尸体、还有小山上发现的情况给他的感触，都使他恐惧，仿佛心都凝固了起来，在心里就一点儿也不考虑第二天的事情了。他只顾尽量加快脚步回去报告。他一边走，一边给聋子一伙的灵魂祷告。自从运动开始以来，他做祷告还是第一次。

“最善良、最亲爱、最仁慈的圣母啊，”他祷告。

但他最后还是不禁想到第二天的事情。他这样想：我要完全按照英国人说的去做，照他说的去做这件事。但是让我跟他靠得近近的吧，主啊，愿他把指示讲明确，因为在飞机的轰炸下，我看自己会没法控制住自己的。保佑我，主啊，明天让我像个男子汉在他生命最后的时刻那样行动吧。保佑我，主啊，让我弄清楚那一天该干什么吧。保佑我，主啊，让我的两条腿听从使唤，免得到了不利的时刻逃跑。保佑我，主啊，明天打仗的时候让我像个男子汉那样行动吧。既然我祈求您赐恩，就请您给予我吧，因为您知道，不是万不得已我是不会向您祈求的，而我也不再会有别的祈求了。

他独自在暮色中行走，觉得祷告之后舒坦多了，他这时深信自己会表现得很好。他这时从高地走下来，又给聋子一伙做了一次祷告，不一会儿，他到了营地上面的哨岗，费尔南多在那里向他查问口令。

“是我，”他回答，“安塞尔莫。”

“好，”费尔南多说。

“你知道聋子的情况吗，老弟?”安塞尔莫问费尔南多，他们俩在暮色中站在大岩石之间的口子上。

“怎么会不知道?”费尔南多说。“巴勃罗告诉我们了。”

“他到过山上?”

“怎么会没到过?”费尔南多不动感情地说。“骑兵一走，他就上山去看了。”

“他告诉了你们——”

“他全告诉了我们，”费尔南多说。“这帮法西斯分子真野蛮！我们一定要在西班牙把这样的野蛮家伙全消灭掉。”他停了一下，接着沉痛地说，“他们心里缺少的就是人的全部尊严观念。”

安塞尔莫在暮色中咧嘴笑了。一小时以前，他没法设想自己竟能再笑。真是个角色，这个费尔南多呀，他想。

“对，”他对费尔南多说。“我们一定要教训他们。我们一定要夺走他们的飞机、自动武器、坦克、大炮，教训教训他们该怎样尊重人。”

“一点不错，”费尔南多说。“我高兴你有同样的想法。”

安塞尔莫撇下他独自怀着尊严感站在那里，就下坡朝山洞走去。

第二十九章

安塞尔莫发现罗伯特·乔丹在山洞里和巴勃罗面对面坐在板桌旁。他们斟满了一缸酒，放在两人之间，各自面前放着一杯酒。罗伯特·乔丹拿出了笔记本，手里正握着一支铅笔。比拉尔和玛丽亚在山洞后部看不见的地方。安塞尔莫没法知道那女人让玛丽亚待在后边是为了不让她听到谈话，但他觉得奇怪，比拉尔竟不在桌边。

安塞尔莫从挂在洞口的毯子外钻进来的时候，罗伯特·乔丹抬头望了一眼。巴勃罗直瞪着桌子。他的眼光集中在酒缸上，但是视而不见。

“我从山上来，”安塞尔莫对罗伯特·乔丹说。

“巴勃罗告诉我们了，”罗伯特·乔丹说。

“山上有六个死人，敌人把脑袋都砍掉了，”安塞尔莫说。“我摸黑到那儿去过。”

罗伯特·乔丹点点头。巴勃罗坐在那里望着酒缸，一句话也没有。他脸上毫无表情，猪眼般的小眼睛望着酒缸，仿佛他从没见过酒缸似的。

“坐下吧，”罗伯特·乔丹对安塞尔莫说。

老头儿在桌边一只蒙着生皮的凳子上坐下，罗伯特·乔丹伸手到桌子下，取出聋子送的那瓶瓶上有凹痕的威士忌。瓶里约摸有半瓶酒。罗伯特·乔丹伸手在桌上拿了只杯子，斟了些威士忌在里面，顺着桌面把它推向安塞尔莫。

“喝这个吧，老头子，”他说。

安塞尔莫喝酒的时候，巴勃罗的目光从酒缸上移到他脸上，接着又回过来望着酒缸。

安塞尔莫一口咽下威士忌，感到鼻子、眼睛和嘴里都火辣辣的，接着胃里也暖和得叫人愉快而舒适了。他用手背抹抹嘴。

他然后望着罗伯特·乔丹说，“可以再来一杯吗?”

“干吗不可以?”罗伯特·乔丹说，又从瓶里斟了一杯，这次是递过去，而不是推给他。

这次喝下可没有火辣辣的感觉了，但加倍地暖和而舒适。他精神一振，就像一个大出血的人给注射了一次盐水。

老头儿又朝酒瓶望望。

“剩下的留给明天喝，”罗伯特·乔丹说。“公路上有什么情况，老头子?”

“情况不少，”安塞尔莫说。“我照你跟我讲的，都记下了。我找了个人现在在替我守望、做记录。往后我去向她要情报。”

“你见到反坦克炮吗? 那种有橡皮轮胎和长炮筒的家伙?”

“见到了，”安塞尔莫说。“公路上开过四辆军用卡车。每辆都有一门这种炮，上面的炮筒由松枝铺着。普通卡车上每门炮有六个人。”

“你说有四门炮?”罗伯特·乔丹问他。

“四门,”安塞尔莫说。他没看记录。

“跟我谈谈路上还有什么情况。”

安塞尔莫把他所看到的公路上经过的一切告诉罗伯特·乔丹,罗伯特·乔丹作着笔记。他以不识字不会写的人所特有的那种惊人的记忆力从头说起,讲得井井有条,他讲的时候,巴勃罗两次伸手从缸里添酒。

“还有一队进入拉格兰哈的骑兵,是从聋子作战的高地上来的,”安塞尔莫继续说。

他接着讲了他见到的伤兵的人数和横架在马鞍上的死者的人数。

“有一捆我弄不懂的东西横架在一具马鞍上,”他说。“但现在我知道了,是脑袋。”他不停地说下去。“那是一个骑兵中队。他们只剩了一个军官。他不是今天一早你守在机枪边时来过的那个。死者中准有他。从袖章上看来,死者中有两个是军官。他们被捆在马鞍上,脸面朝下,手臂耷拉着。还有,敌人把聋子的自动步枪系在驮脑袋的马鞍上。枪筒弯了。就这些,”他最后说。

“够了,”罗伯特·乔丹说,用杯子从酒缸里舀酒。“除了你,还有谁越过火线到共和国那边去过?”

“安德烈斯和埃拉迪奥。”

“这两人哪个好些?”

“安德烈斯。”

“他从这儿到纳瓦塞拉达去,要多少时间?”

“不背背包,小心留神,运气好,要三个小时。我们回来走的是一条比较长而安全的路线,因为带着情报。”

“他肯定能到达目的地?”

“不知道,哪有什么能肯定的事。”

“你也不能肯定?”

“是啊。”

就这样决定吧，罗伯特·乔丹心想。如果他说这人肯定能到达目的地，我肯定会派他去的。

“安德烈斯能像你一样到达那儿?”

“一样，或许更有把握。他年轻些。”

“可是这情报非送到那儿不可呀。”

“要是不出事故，他能到达那儿。如果出事故，那是谁都免不了的。”

“我来写份急件派他送去，”罗伯特·乔丹说。“我来跟他讲一讲，什么地方能找到将军。他惯常在师参谋部。”

“他不会明白师啊什么的，”安塞尔莫说。“这种事情老是弄得我也稀里糊涂。得告诉他将军叫什么名字，在什么地方能找到他。”

“可正是在师参谋部才能找到他呀。”

“师参谋部可是个地方?”

“当然是个地方，老头子，”罗伯特·乔丹耐心地解释。“但这是由将军来挑选的地方。那地方也就是他要设置作战司令部的地点。”

“那么这个地点在哪儿呢?”安塞尔莫感到疲乏，而疲乏正在使他脑筋迟钝。再说，像旅呀、师呀、军团呀这种名称也叫他摸不着头脑。起先只有纵队，后来有团了，后来有旅了。现在是有旅又有师了。他弄不懂。地方就是地方嘛。

“慢慢儿来，老头子，”罗伯特·乔丹说。他知道如果没法使安塞尔莫明白，也就根本没法向安德烈斯交待清楚。“师参谋部是将军挑选来作为指挥机构的地方。他指挥一个师，那就等于两个旅。我不知道那地方在哪儿，因为选择地点的时候我不在场。很可能是个山洞，或者地下掩蔽部，一个隐蔽的地方吧，有电话线通到那儿。安德烈斯得打听将军和师参谋部在什么地方。他得把这份情报交给将军或者师参谋长，或者另一个人，我会把他的名字写下的。即使他们外出视察进攻的准备工作了，肯定会有一个留守在那儿的。现在明白了?”

“明白了。”

“那么去叫安德烈斯来吧，我马上就写，盖上这个公章。”他把随身备带在口袋里的一个圆形的木底板小橡皮图章给他看，上面有 S. I. M. 三个字母，还有一个不比五角硬币大多少的铁壳圆形小印台。“这个公章他们一定会承认。现在去叫安德烈斯来，我来跟他交待。他得快走，但先要弄懂。”

“我懂他也会懂。可你非交待得清清楚楚不可。参谋部啦，师啦，这些名堂，我莫名其妙。我去过的地方总是像房子那样，有确切的地点。纳瓦塞拉达的指挥所在一家老客栈。瓜达拉马的指挥所在一幢花园洋房内。”

“这位将军的指挥所，”罗伯特·乔丹说，“该在靠火线很近的什么地方。为了防飞机，会设在地下。安德烈斯知道了要打听什么，一问就找得到。他只消拿出我写的东西就行。现在去叫他来吧，因为马上得送去。”

安塞尔莫一低头，从挂着的毯子下面钻出去了。罗伯特·乔丹开始在他的笔记本上写着。

“听着，英国人，”巴勃罗说，仍然望着那只酒缸。

“我在写哪，”罗伯特·乔丹说，头也不抬。

“听着，英国人，”巴勃罗直对着酒缸说。“这件事你不用灰心丧气。没有了聋子，我们人手还多的是，能攻下哨所，把你的桥炸掉。”

“好，”罗伯特·乔丹说，仍旧不停地写。

“多的是啊，”巴勃罗说。“今天我很佩服你的判断力，英国人，”巴勃罗对着酒缸说。“我以为你很有两下子。你比我机灵。我信得过你。”

罗伯特·乔丹正在集中注意力给戈尔兹写报告，试图用最简洁的字句，但仍能完全令人信服，试图写得使对方把这次进攻完全取消，但又要使他们相信，他之所以主张取消这次进攻，并非由于害怕在执行他自己的使命时可能遇到危险，而只是希望他们了解所有的情况，所以他几乎根本不在听巴勃罗的话。

“英国人，”巴勃罗说。

“我在写哪，”罗伯特·乔丹对他说，头也没抬。

也许我应该分送两份，他想。然而要这样做而又必须炸桥的话，我们炸桥的人手就不够了。关于发动这次进攻的原因，我知道些什么呢？也许这只是一次牵制性攻势。也许他们是存心吸引其他地方的军队。也许他们这么干是为了吸引北方的飞机。也许就是为了这个吧。也许他们并不指望这次进攻获得成功。有关这次进攻，我知道些什么呢？这是我给戈尔兹的报告。我要等到进攻开始才炸桥。我接到的命令是清楚的，要是取消这次进攻，我就什么也不炸。但是我必须在这里保持足够的人手，以防万一必须执行那命令。

“你说什么？”他问巴勃罗。

“我有信心了，英国人，”巴勃罗仍然对着酒缸说。

好家伙，但愿我有信心，罗伯特·乔丹想。他继续写着。

第三十章

这样，那天晚上该做的事情这时都落实了。命令全部下达了。人人都知道了自己在早晨的确切任务。安德烈斯已走了三个小时。天亮时不发动进攻的话，就不会发动了。罗伯特·乔丹到上面的岗哨跟普里米蒂伏说话之后，在回来的路上对自己说：我相信会发动的。

戈尔兹部署了这次进攻，但他无权撤销。要撤销必须得到马德里的批准。他们很可能没法叫醒那里的什么人，即使叫得醒，那些人也会昏昏欲睡，不会认真考虑。我应该把敌人为了对付进攻所作的准备的情况及早报告戈尔兹，但是事情还没有发生，我怎能事先就打报告呢？天一断黑敌人才调动那些武器。他们不希望公路上的任何活动被我们的飞机发现。但是他们所有的那些飞机又怎么说呢？法西斯分子的这些飞机又怎么说呢？

当然啦，我们的人一定看到了这些飞机而引起了警惕。可是，法西斯分子也许想用这些飞机来假装向瓜达拉哈拉发动另一次进攻。据说意大利军队已在索里亚集结，除了那些在北方活动的以外，又在西昆萨集结①。然而他们没有足够的部队和物资同时发动两次大进攻。这是不可能的；所以肯定不过是虚张声势而已。

但是我们都知道，整个上个月和前一个月在加的斯②登陆的意大利军队有多少。他们想再进攻瓜达拉哈拉的可能性始终存在，不会像上一次那么愚蠢，而是会用三股主力军朝南直插，扩大突破点，沿着铁路线向高原的西部进军。他们有一个满可以采用的好办法。汉斯跟他讲过。第一次他们犯了很多错误。那整个设想就不对头。他们进攻阿甘达企图切断马德里和巴伦西亚之间的公路时③，没有动用他们进攻瓜达拉哈拉时用的任何部队。他们当时为什么不双管齐下？为什么？为什么？我们什么时候才能知道为什么？

然而我们两次都是用同样的那些部队挡住了他们。要是他们双管齐下，我们就绝对挡不住他们。别愁，他对自己说。想想这以前出现过的那些奇迹吧。你要就必须在早上炸这座桥，要就不必炸。但是别接着欺骗自己，以为可以不必炸桥。总有一天你得把它炸掉，要不，另炸一座。换句话说，不是这座桥，就是另一座。决定要干些什么，由不得你。你服从命令。服从命令吧，别劳神想开去了。

---

① 这一年3月，叛军就是从西昆萨朝西南进攻瓜达拉哈拉的，目的在攻占该城，进而从东北方向威胁马德里，结果在瓜达拉哈拉东北的布里乌埃加遭到了大败。

② 加的斯为西班牙南端滨大西洋的大海港，内战一开始即陷入叛军之手，成为从西属摩洛哥及德意法西斯输送武装人员及军用物资的补给港。

③ 阿甘达在马德里东南，在通往巴伦西亚的公路干线上。

炸这座桥的命令非常明确。太明确了。可是你不能愁，也不能怕。害怕固然正常，可是如果你听任自己一味害怕，这种害怕的心情就会感染那些必须跟你一起干的人。

可是砍头的行径还是太过分，他对自己说。老头儿独自在山顶上发现了那些尸体。要是你也那样发现它们，会有什么感觉？这件事震动了你，不是吗？是啊，这震动了你，乔丹。今天使你大受震动的事可不止一件。可是你的表现还可以。到目前为止，你的表现没问题。

作为蒙大拿大学的一名西班牙语讲师，你干得蛮不错啊，他取笑自己。这方面你干得很不错。但是别进一步以为自己是什么特殊人物。在眼下这方面，你还没有做出多大的成绩。且想想杜兰吧，他从没受过军事训练，运动前是个作曲家、游手好闲的浪荡子，现在却成了一位了不起的将军，指挥着一个旅。对杜兰来说，要学习要理解这一切是那么简单、容易，就像一个象棋神童对象棋一样。你从小就阅读并研究有关战略战术的书籍，你祖父启发了你对美国南北战争的兴趣。但是祖父总是把南北战争说成是叛乱战争。但是你和杜兰相比，就像一个稳健的象棋好手和一个神童对局。老杜兰啊。再见见杜兰倒不错。等这次行动结束之后，他要在盖洛德饭店见见杜兰。对。等这次行动结束之后。看看他的表现有多好，是吧？

等这次行动结束之后，他又对自己说，我将在盖洛德饭店见到他。别哄骗自己啦，他说。你干得完全对头。要冷静。别哄骗自己。你不会再见到杜兰了，但这也无关紧要。也别这样想了，他对自己说。一点也不要抱着这种奢望啦。

但也不必过分自暴自弃。在这一带山区，我们不需要任何充满过分自暴自弃精神的公民。你祖父在祖国的内战中打了四年仗，而你在这次战争中才快打满一年。你今后还有一段漫长的时间要经历，而你是十分适合做这项工作的。再说，你现在还有了玛丽亚。噢，你什么都不缺啦。你不该发愁。一支游击队和一个骑兵中队之间的一场小小遭遇战，算得了什么？这算不了什么。他们砍了头又怎样呢？那有什么关系呢？毫无关系。

内战后祖父在卡尼堡的时候，印第安人经常剥人头皮。你父亲办公室里有一只柜子，柜架上摊满了箭头，挂在墙上的头饰上斜插着苍鹰羽翎，皮绑腿和衬衣上有一股熏制的鹿皮的味儿，缀有珠子的鹿皮鞋摸上去很柔软，这一切你还记得吗？靠在柜子一角的野牛骨制的大弓，两箭筒打猎和打仗用的箭，你用手紧紧地握住那一把箭杆的感觉，这一切你还记得吗？

要想想这一类事情。要想想具体而实际的什么东西。要想想祖父的马刀，亮晃晃的，擦遍了油，插在有齿纹的刀鞘里，祖父还给你看经过多次打磨已经变薄的刀刃。要想想祖父的史密斯—韦森手枪。那是支军官用的.32口径单发式手枪，没有扳机护圈。枪上的扳机是你触摸到的最轻巧、最顺手的，手枪总是擦遍了油，枪膛干干净净，虽然枪身上的装饰花纹全磨损了，褐色的金属枪筒和旋转弹膛被皮枪套磨得滑溜溜的。这支枪插在盖口上有U.S.字样的枪套里，跟擦枪工具和两百发子弹一起放在柜子的抽屉里。放子弹的纸板盒用蜡线捆扎得整整齐齐。

你可以从抽屉里把这手枪拿出来，握着它。“随意摸弄，”这是祖父的说法。但是你不能拿它要着玩，因为这是件“不能闹着玩的武器”。

你有一次问祖父，他可曾用这支枪杀过人，他说，“是的。”

于是你说，“什么时候，爷爷?”他就说，“叛乱战争期间，和战后。”

你说，“你跟我讲讲好吗，爷爷?”

而他说，“我不想讲，罗伯特。”

后来，你父亲用这支枪自杀了，你就从学校回家，他们举行了葬礼，法医验尸后发还了手枪，说，“鲍勃[1]，我看你很想保存这支枪吧。

---

① 鲍勃为罗伯特的爱称。

按例我可以把它扣下来，但知道你爸爸很看重这支枪，因为他的爸爸第一次随骑兵出征就用它，而且整个内战期间也一直随身带着，现在这支枪仍然好得很。我今天下午把它拿出来试了试。它发射起来不怎么样了，但用它能命中目标。”

他把枪放回原来的柜子抽屉里，但是第二天就把它拿出来，和查布一起骑马直赶到红棚屋城北面的高地的顶端，人们如今从那里筑了一条穿过山口、横跨熊齿高原、通往库克城的公路①，高地的顶端那里不大有风，整个夏天山上也有积雪，他们就在湖边停了停，据说这湖有八百英尺深，湖水一片深绿色，查布牵着那两匹马，他呢，爬上一块岩石，探出身子，在静静的水面看到了自己的脸，看到了自己握着枪的身形，接着握住了枪口，撒手让枪掉下去，看它在清澈的水里冒着气泡，直沉到变成表链上的小饰物那么大小，然后消失了踪影。他接着从岩石上返身下来，翻身跳上马鞍，用马刺狠刺了一下老贝斯，它就像只旧弹簧木马般弹跳起来。他沿着湖岸策马狂奔，一等它恢复了神志，他们就沿着山路返回。

“我明白你为什么这样处理这支旧枪，鲍勃，”查布说。

“好吧，往后我们就不用再谈它啦，”他说。

他们再也没谈过这支枪，这就是祖父的随身武器的结局，除了那把马刀之外，就是这样。他把那把马刀和他自己的其他物品仍然一起放在米苏拉的箱子里。

我不知道祖父会怎样看待眼前这情况，他想。祖父是个了不起的军人，人人都这样说。他们说，要是那天他跟卡斯特在一起，就决不会让卡斯特像那样陷入包围。他怎么竟会没看见小巨角河边洼地上那些印第安人棚屋的炊烟，也没看见扬起的尘土呢？除非那天早晨一定有浓雾。

---

① 红棚屋城在蒙大拿州南部，该公路一直朝西南，通过州界上的熊齿山口，往西通到美国风景区黄石公园东北角的库克城。

可是并没有雾呀。①

但愿在这里的是我祖父，而不是我。噢，也许等到明天晚上我们可以都在一起了。如果真有所谓来世这种鬼玩意儿，但我肯定这是没有的，他想，我就当然想跟他谈谈。因为有很多事情我想知道一下。我现在有资格问他了，因为我自己也必须做同样的事了。我看他现在不会计较我发问了。我从前没有资格问他。我理解他不肯告诉我，因为他不了解我。然而现在我想，我们会谈得拢的，没错。我希望现在能跟他谈谈，听听他的意见。见鬼，即使不征求他的意见，我也巴不得跟他谈谈的啊。真遗憾，在我们这样二人之间竟隔着这种时间的距离。

接着，他一边想，一边认识到，如果真能这样见面，他和他祖父俩都会为他父亲在场而感到极其难堪。任何人都有权自杀，他想。但是这样做可不好。我理解这种行为，但是并不赞成。这就叫 lache。②可是你真的理解它吗？当然，我理解，但是。是啊，但是。一个人得极度地想不开才会干出这种事情来。

唉，真要命，祖父在这里就好了，他想。哪怕来个把小时也行。我仅有的那点儿气质也许是他通过那个滥用手枪的人传给我的。也许那就是我们三代之间唯一的共通之点。不过，真该死。真真该死，不过这时间间隔如果不是那么长就好了，这样我就能从他那里学到父亲决不会教给我的东西。但是假定在四年的南北战争和后来对印第安人的战争中他所必须经受、主宰并最终完全摆脱的恐惧，虽说这多半不可能是什么了不得的恐惧，使我父亲成了 cobarde③，正如斗牛士的儿子几乎都是懦夫

---

① 乔治·卡斯特(1839—1876)在内战中为北军立下了出色战功。内战后经常率领部队在密西西比河西向夏延族和苏族印第安人的区域进犯。1876 年 6 月 25 日，他在蒙大拿州南部边界小巨角河边发现有个印第安营地，没有觉察对方人数众多，就贸然分兵三路出击，结果他自己率领的二百多人全部在一坡地上被杀。

② 西班牙土语：窝囊。

③ 西班牙语：懦夫。

呢？假定是这样呢？也许那些好的气质只有通过了父亲这一关才能直接发扬吧？

我决不会忘记，当我第一次知道父亲是个 cobarde 时，我感到多么懊丧。说下去吧，用英语来说。懦夫。说了出来就轻松些了，而用外国话来骂一个狗娘养的是毫无意义的。然而他不是什么狗娘养的。他仅仅是个懦夫，这是男人的最大不幸。因为如果他不是懦夫，他就会挺身反抗那个女人，不让她欺侮他。我不知道如果他娶了另一个女人，我会是个什么样的人？那是你永远无法知道的，他想，并露齿笑笑。也许她身上的蛮横劲儿有助于补充父亲所不足的地方。而你呀。别太激动吧。等你干完了明天的事，再提什么好气质那一套吧。别过早地自高自大呀。再说，根本不能自高自大。我们要瞧瞧你明天能表现出什么气质。

他可又开始想起祖父来了。

"乔治 · 卡斯特不是个聪明的骑兵领袖，罗伯特，"他祖父曾说。"甚至谈不上是个聪明人。"

他想起红棚屋城他家弹子房墙上挂的那张旧的安海斯—步希酿酒公司印发的石版画，画上就是穿着鹿皮衫的这位卡斯特，黄黄的鬈发在风中飘拂，手握军用左轮枪站在山上，苏族印第安人正在包围拢来；当祖父说这话的时候，他感到愤慨，居然有人对这样一位英雄说坏话。

"他就是有陷入困境再摆脱困境的极大本领，"祖父接着说，"但在小巨角河他陷入了困境，却无法脱身了。"

"而菲尔 · 谢里登却是个聪明人，杰布 · 斯图尔特也是。但约翰 · 莫斯比才是历来最出色的骑兵领袖。"

他在米苏拉的箱子里的物品中有一封菲尔 · 谢里登将军写给"累死马"老基尔帕特里克①的信，信上说他祖父是个非正规骑兵队的领袖，

① 基尔帕特里克(1836—1881)为北军将领，在 1864 年谢尔曼将军从亚特兰大向萨凡纳港的进军中，担任骑兵司令。

比约翰·莫斯比更出色。

我应该跟戈尔兹谈谈我的祖父，他想。然而他也许从没听人说起过他。也许连约翰·莫斯比也从没听说过。然而英国人都听说过他们，因为他们不得不比欧洲大陆上的人们更多地研究我们的南北战争。卡可夫说过，在这次行动结束之后，要是我愿意，可以进莫斯科的列宁学院。他说，要是我愿意那么干的话，还可以进红军学院。我不知道祖父对此会有什么想法？祖父嘛，一辈子从没有意识地和民主党人同坐一桌。

得了，我不想当军人，他想。这我知道。所以这个问题不存在。我只希望我方打赢这场战争。我看，真正的好军人真正擅长的，除了打仗以外，别无所长，他想。这看法显然是不对的。瞧拿破仑和威灵顿。你今天晚上多蠢啊，他想。

他的思想通常是个非常好的伴侣，今夜对他祖父的回忆就是如此。接着他对父亲的回忆使他困窘。他理解父亲，原谅他的一切，可怜他，但为他感到羞愧。

你最好什么也别想，他对自己说。你不久就要和玛丽亚在一起，就不必想了。如今事事都落实了，最好的办法就是什么也别去想。你集中注意力竭力思考一件事，就停不下来，脑子像失去了负重的飞轮开始越转越快。你最好还是别想吧。

但是就假设一下吧，他想。就假设一下飞机投弹的时候，炸毁了那些反坦克炮，把阵地干脆炸得稀巴烂，那些老坦克车，不管是什么山，这下子才能稳稳地爬上去，而老戈尔兹把组成十四旅的那批酒鬼、流浪汉、乞丐、狂热分子和蛮汉向前驱赶，并且我知道戈尔兹另一个旅里的杜兰的部下都是好样的，那我们明天晚上就能进入塞哥维亚了。

对。就假设一下吧，他对自己说。我能到拉格兰哈也就心满意足了，他对自己说。可是你得把那座桥炸掉呀，他忽然心里完全明白。这计划绝对不会取消。因为你刚才一时的设想正是那些发号施令的人对这次进攻的可能性的看法。对，你必须炸掉这座桥，他知道确是这样。不管安德烈斯遇到什么情况，都无足轻重。

他独自怀着愉快的心情在黑暗中从山路上走下来，因为今后四小时里该做的事都安排好了，并且由于回想到具体的细节后产生了信心，因此这时想起他肯定非炸桥不可，使他简直感到舒坦。

那种犹豫，那种扩大的犹豫情绪，就像一个人由于搞错了具体的日期，不知道客人是否真的会来参加晚会一样，这种情绪从他打发安德烈斯给戈尔兹送报告后一直存在，现在可完全消失了。他现在确信这个可喜可贺的时刻不会被取消。能确信就好办得多，他想。能确信总是好办得多。

第三十一章

就那样，他俩这时又一起躺在睡袋里，这是最后一夜的深夜了。玛丽亚紧偎着他躺着，他感觉到她的大腿颀长而光滑，贴在他的大腿上，她的乳房像两座小山，屹立在有个泉眼的长长的平原上，小山的远处是她那幽谷般的咽喉，他的嘴唇就贴在它上面。他静静地躺着，什么也不想，她用一手抚摸着他的头。

“罗伯托，”玛丽亚非常轻柔地说，并且吻他。“真惭愧。我不愿让你失望，可是总是觉得痛，痛得厉害。看来我对你没多大用处了。”

“总是会痛的，而且痛得厉害，”他说。“不，兔子。没什么。我们不做任何会引起痛苦的事。”

“我不是指那回事。是这样，我不能好好迎合你了，尽管很想做到。”

“这绝对没关系。就会过去的。我们躺在一起，就结合在一起了。”

“是啊，可是我感到惭愧。我想这是因为人家糟蹋了我才引起的。

不是你我的关系。”

“我们别谈这个了。”

“我也不愿谈。我想说的是，我受不了今夜这时候使你失望，因此想为自己找借口。”

“听着，兔子，”他说。“这些情况都会过去的，之后就没问题了。”但是他想了想：这最后一夜运气真是不好。

接着他感到害臊了，就说，“紧挨着我睡吧，兔子。我喜欢你在这儿黑暗里挨着我的感觉，就像我喜欢和你做爱一样。”

“我真惭愧，因为原以为今夜又会和那次从聋子那儿下山后在高地上那样的。”

“什么话，”他对她说。“那可不会每天都如此的。这次和上一次那样，我都喜欢。”他撇开失望的情绪，撒了个谎。“我们可以静静地一起待在这儿，我们可以入睡。我们一起聊聊吧。我从谈话中知道你的情况极少。”

“我们谈谈明天和你的工作好吗？我希望对你的工作有所了解。”

“不，”他说着，彻底放松筋骨，两脚直伸到睡袋的另一端，这时静静地躺着，脸颊贴在她肩上，左臂枕在她头下。“最聪明的办法是不谈明天，也不谈今天发生过的事。在这儿，我们不谈伤亡事故，而明天非干不可的事，到时候干就是了。你不觉得害怕吗？”

“哪儿的话，”她说。“我老是害怕。可现在尽替你害怕，所以想不到自己了。”

“你不能这样，兔子。我的经历可多啦。有的比这次更糟，”他撒了个谎。

接着，他突然情不自禁，听任自己沉溺在幻想中，就说，“我们谈谈马德里，谈谈我们以后在马德里的情景吧。”

“好，”她说。接着她又说，“噢，罗伯托，我让你失望，真对不起。没什么别的事我可以为你做吗？”

他抚摸着她的头，吻了吻她，然后紧挨着躺着，在她身边放松了筋骨，注意到夜里寂静无声。

“你可以跟我谈谈马德里，”他说，并想：我要为明天养精蓄锐。明天我需要全部的精力。现在松针地上不会像我明天那样地需要精力。《圣经》上说谁把它遗在地上了？俄南。俄南结果怎么样？他想。我想不起还听说过关于俄南的别的情况。①他在黑暗中微笑。

接着他又情不自禁，听任自己沉溺在幻想中，感到这样做的逸乐，就像夜间迷迷糊糊地接受性爱，只感到接受的快感。

“我亲爱的，”他说着，吻她。“听着。有天晚上我在想马德里，想我怎样到了那儿，把你留在旅馆内，而我呢，赶到俄国人住的饭店去看朋友。不过那是骗骗人的。我可不会把你留在旅馆内的。”

“干吗不?”

“因为我要照顾你。永远也不离开你。我要跟你一起去民政局领证明。然后陪你一起去买需要的衣服。”

“不需要多少衣服，我能买。”

“不，要很多，我们要一起去，买些好衣服，你穿了一定很漂亮。”

“我宁愿我们待在旅馆的房间里，打发别人去买。旅馆开在哪儿呀?”

“在加雅奥广场。我们在那家旅馆的房间里一定会很有意思。有一张宽阔的床和干净的床单，澡盆里有热的自来水，还有两口壁柜，一口放我的东西，一口归你用。敞开的窗子又高又宽，窗外街上处处有春意。我还认得几家挺好的饭店，是非法的，但饭菜好，我还认得几家商

① 俄南的哥哥死去了，他父亲“犹大对俄南说，你当与你哥哥的妻子同房，向他尽你为弟的本分，为你哥哥生子立后。俄南知道生子不归自己，所以同房的时候，便遗在地，免得给他哥哥留后。俄南所作的，在耶和华眼中看为恶，耶和华也就叫他死了。”（《圣经·创世记》第38章第8到10节）

店，那里依旧可买到葡萄酒和威士忌。我们要在屋里放些吃的，饿了就吃，还有威士忌，我想喝就喝，我还要给你买雪利酒。”

“我想尝尝威士忌。”

“不过威士忌不容易搞到，如果你喜欢，还是喝雪利酒吧。”

“留着你的威士忌吧，罗伯托，”她说。“噢，我真爱你。爱你，爱我喝不到的威士忌。你真是个贪吃鬼。”

“好，你就尝一点儿吧。不过女人喝这种酒不合适。”

“我只吃喝过以前认为对女人合适的东西，”玛丽亚说。“那么我在床上仍旧穿结婚衬衫?”

“不。我还要给你买各式各样的睡衣、睡裤，要是这些衣裤你比较喜欢的话。”

“我要买七件结婚衬衫，”她说。“一星期每天换一件。我还要给你买一件干干净净的结婚衬衫。你洗过自己的衬衫吗?”

“有时候洗。”

“我什么都要洗得干干净净，我要像在聋子那儿那样，给你斟威士忌，在里面兑水。我要给你搞些橄榄、咸鳕鱼和榛子，让你下酒，我们要在房间里住一个月，寸步不离。如果我养好了，能够配合你，”她说着，突然不高兴了。

“这没关系，”罗伯特·乔丹对她说。“真的没关系。可能是你那个地方以前受过伤，现在结了疤，又碰伤了。这样的情况是可能的。这一类情况都会好转的。再说，要是真有问题，马德里这地方有的是好医生。”

“可开头的时候蛮好的嘛，”她恳求地说。

“那就说明会完全康复的。”

“那我们再谈谈马德里吧。”她把两腿曲在他的两腿之间，用头顶摩擦他的肩头。“可是我这样一头短发，在那儿不会显得丑死了，让你为我害臊?”

“不会。你很可爱。你有一张可爱的脸，漂亮的身材修长而轻盈，金红色的皮肤很光滑，人人都会打主意把你从我身边夺走。”

“什么话，把我从你身边夺走，”她说。“我这辈子，别的哪个男人也休想碰我。把我从你身边夺走！什么话。”

“不过很多人会试一试。你等着瞧吧。”

“他们会看到我多么爱你，这样他们就会知道，要碰我，就像把手伸进一锅熔化的铅那样危险。可你呢？见了跟你一样有文化的漂亮女人呢？不会为我害臊吗？”

“决不会。而且我要跟你结婚。”

“我听你的，”她说。“不过我们不再有教堂了，我看结不结婚关系不大。”

“我希望我们结婚。”

“我听你的。可是听着。要是我们到了外国，那儿还有教堂，也许可以在那儿的教堂里结婚。”

“我国还有教堂，”他告诉她。“我们可以在那儿的教堂里结婚，要是你觉得有意思的话。我从没结过婚。没有问题。”

“我很高兴你从没结过婚，”她说。“不过我还很高兴你见多识广，告诉了我那些事，这说明你跟很多女人有过关系，这个比拉尔呀，曾对我说过，只有这种男人才配做丈夫。你现在可不会跟别的女人来往了吧？因为这会叫我活不下去。”

“我从没跟很多女人来往过，”他说，这是实话。“在遇到你之前，我觉得自己不会深爱一个女人。”

她抚摸他的脸颊，接着双手搂在他脑后。“你一定跟很多女人有过密切关系。”

“没有爱过她们。”

“听着。这个比拉尔跟我讲过一件事——”

“说吧。”

“不。还是不说的好。我们再谈谈马德里吧。”

“你想说的是什么事?”

“不想说了。”

“说不定是要紧事,也许还是说的好。”

“你认为要紧吗?”

“对。”

“可你还不知道是什么事,怎么知道要紧呢?”

“从你的态度看得出来。”

“那我就不瞒你了。这个比拉尔对我说过,我们明天都要死去,还说你跟她一样清楚,可是你不把它当一回事。她说这话的意思不是批评,而是钦佩你。”

“她这样说的吗?”他说。这个疯婊子,他想,然后说,“又是她那套吉卜赛鬼名堂。那是市场摆摊的老婆子和泡咖啡馆的胆小鬼的胡话。她奶奶的鬼话。”他觉得夹肢窝下在出汗,汗水从胳膊和腰间淌下,但他心里嘀咕着,“敢情你害怕了,呃?”然后出声地说,“她这满口喷粪的迷信婊子。我们再谈谈马德里吧。”

“这么说你不知道这回事?”

“当然不。别谈这种糟糕透顶的废话了,”他说,用了个更强烈的难听词儿。

但是这次他谈起马德里,却不再陷入幻想境界了。现在他只不过是在对他的女朋友、对自己撒谎,来消磨这临战的前夜,这他明白。他喜欢这么做,但是接受了这一点却一点儿也得不到乐趣。然而他又讲开了。

“我想过你的头发,”他说。“还想过我们要拿它怎么办。你瞧现在已经满头都长出来了,像动物的皮毛一样长,摸着很可爱,我真喜欢这头发,瞧它多漂亮,用手一捋,头发平伏之后又竖起,像风中的麦浪。”

“用手捋一捋吧。”

他捋了一下，就让手留在头发上，继续对着她的脖子说话，觉得自己的喉咙哽塞起来了。“但是我想过，我们在马德里可以一起上理发店，理发师可以照我的发型把你两边和脑后的头发修得整整齐齐，这样，头发在长长，在城里看起来就比较像样了。”

“我的模样就像你啦，”她说着，紧紧抱着他。“那我就一定不再改变发型了。”

“不。头发会不断地长，而那种发型只不过是为了在头发长长的时候一开头显得整齐些。头发长长要多少时间?”

“真个长长吗?”

“不。我是说长到齐肩。我就要你留这样的发型。”

“像电影里的嘉宝那样?”

“对，”他嗓音哽塞着说。

这时，那种幻想境界又一下子兜上心头，他要尽情地享受这境界。它这时控制了他，他又沉溺其中了，接着说下去。“像这样，头发会直垂到肩上，下端鬈曲，好像一环一环的海浪，颜色会像成熟的麦子，你的脸是金红色的，有了你那金色的头发和金色的皮肤，你的眼睛也只能是金色的，里面有黑色的斑点，我要把你的头朝后推，凝视着你的眼睛，把你紧紧贴在我身上——”

“在哪儿?”

“在任何地方。不管我们在什么地方。你的头发长长要多少时间?”

“不知道，因为以前从没剪过。不过我想六个月后会长长了，满可以垂到耳朵下面，而一年后才能长到你喜欢的那样。可你知道我们要先做些什么?”

“跟我讲讲。”

“我们要在我们那家了不起的旅馆，在你说的那了不起的房间里干干净净的大床上，一起坐在那了不起的床上照着大柜子上的镜上，镜子里有你，有我，跟着我要这样对着你，胳膊这样搂着你，跟着这样吻你。”

这时，他们在夜色里静静地躺着，紧偎在一起，火热地、一动不动地紧偎在一起，罗伯特·乔丹抱着她，心里还坚信着他明知道决不会发生的一切，故意继续发挥想象，说，“兔子，我们不要老是住那家旅馆吧。”

“干吗不?”

“我们可以在马德里静安公园沿街那一带租一套公寓。我认识一个运动前出租陈设齐备的公寓的美国女房东，我有办法租到这样的公寓，租金只按运动前的价。那儿有的房间面对公园，从窗口能望到公园的全景；望到铁栅栏、一片片园地、砂砾小路和路边的绿草地，还有树阴很深的树木和很多喷水池，而现在栗树就要开花了。在马德里，我们可以在公园里散步，要是现在湖里又有了水，可以在湖上划船。”

“湖里怎么会没有水?”

“人家在十一月把水抽掉了，因为飞机来轰炸时会暴露目标。不过我想现在湖里又有水了。我不能肯定。不过即使湖里没有水，我们也可以在公园里别的地方到处走走，公园的有一部分像森林，世界各地的树木都有，树上标着标签，注明树木的名称和产地。”

“我实在宁可上电影院，”玛丽亚说。“不过这些树木听起来很有意思，如果能记住的话，我要跟你一起把树名全记下来。”

“那儿可跟博物院里的情形不一样。”罗伯特·乔丹说。“树木是自然成长的，公园里有些小山，有一部分像原始森林。公园南面有一个书市，那儿人行道旁有成百个卖旧书的书摊，运动开始以来书籍很多，都是在掠夺挨到轰炸的住家和法西斯分子家的时候偷来、就由那些偷书人拿到书市上来卖的。我在马德里只要有时间，可以每天整天都泡在这些书摊上，就像运动前有一度那样。”

“你去逛书市的时候，我可以在公寓里忙我的事，”玛丽亚说。

“我们有钱雇得起佣人吗?”

“当然。我可以找旅馆里的佩特拉，要是你喜欢她的话。她菜做得不坏，人又干净。她替几个新闻记者做饭，我在他们那儿吃过。他们房间里都有电炉。”

“你要她就行，”玛丽亚说。“要不，我可以去找一个。但你不是为了工作要常常出去吗？人家可不会让我陪你一起去干这种工作的。”

“说不定我能在马德里找到工作。这种工作我已做了很久，运动一开始我就参加战斗。有可能他们现在会让我在马德里工作了。我从没提过要求。我一直在前线，或者就干眼前这工作。”

“在遇到你之前，我从来没有提过什么要求，也不需要什么，除了参加运动和赢得这场战争以外，也没考虑过别的，这些，你可知道？说真的，我的志向历来非常纯正。我干了很多工作，现在爱上了你，并且，”他这时说这话，把一切不会发生的事都信以为真了，“我爱你，就像我爱我们为之奋斗的一切。我爱你，就像我爱自由、尊严和所有的人都有工作而不致挨饿的权利。我爱你，就像我爱我们所保卫的马德里，就像我爱所有那些已牺牲的同志。很多同志牺牲啦。很多。很多。你没法想象有多少。但是我爱你，就像我爱世界上我最爱的东西，而我爱你超过了这一切。我是多么的爱你啊，兔子。我无法用语言来向你表达。但我现在说的话，仅仅告诉了你一点儿。我从没娶过妻子，现在有你做我的妻子，我很幸福。”

“我要尽力做好你的妻子，”玛丽亚说。“我明摆着没受过良好的教育，但是我一定要弥补这个缺点。如果我们住在马德里，很好。我们不得不住在别的地方呢，也好。如果我们没有一个定居的地方，而我可以跟你一起走，更好。要是我们到你的祖国去，我要学会讲英语，讲得跟那儿的大多数英国人一样好。我要仔细观察他们的举止，他们怎么做，我也怎么做。”

“你会变得非常可笑。”

“当然啦。我会出差错，但是你可以指点我，我就不会犯第二遍，也许就只犯第二遍吧。那时到了你的祖国，如果你想吃我们的饭菜，我可以给你做。我要到学校去学如何当妻子，如果有这种学校的话，还要下功夫学呢。”

“有这种学校的，但是你用不着这样的学校教育。”

“比拉尔对我说过，她认为你的祖国有这种学校的。她在杂志上看到过。她还对我说，我一定要学会讲英语，而且必须讲得地道，这样你就不会觉得丢脸了。”

“她什么时候跟你说这话的?”

“今天我们在包扎东西的时候。她经常跟我讲做你的妻子该做些什么。”

看来她也打算去马德里，罗伯特·乔丹想了想，就说，“她还说了些什么?”

“她说，我应该保养自己的身体，保持身材的线条，把自己当做斗牛士似的。她说这是很要紧的事。”

“就是，”罗伯特·乔丹说。“但你在今后很多年里不用为这个担心。”

“不。她说，我们这个种族的人必须一直注意，因为会有突如其来的情况。她对我说，她以前跟我一样苗条，但那时候妇女不锻炼身体。她告诉我说该锻炼些什么，不能吃得太多。她告诉了我不该吃的东西。可我忘啦，得再问问她了。”

“马铃薯，”他说。

“对了，”她接着说。“正是马铃薯，还有油炸的东西。我还跟她讲到疼痛的事，她就说，千万不能对你说，只能忍住痛，不让你知道。可是我对你说了，因为我永远不愿对你撒谎，但我也很害怕，你可能会以为我们再不能双方都快活了，以为在高地上那回事没有真的发生过。”

“告诉我是对的。”

“真的？因为我感到惭愧，而只要你乐意的，我为你做什么都行。比拉尔跟我讲了该为自己丈夫做些什么。”

“什么也不用做。我们享有的一切都是我们一起分享的，我们要保持它、保护它。我爱你，这样躺在你身边，摸着你，知道你真的在我身边，而且等你复元了，我们什么都可以做。”

“可难道你没什么需要做的事可以由我来照料的吗？这个她跟我解释过。”

“没有。我们的需要该是共同的。我没有跟你不相干的需要。”

“这样说我觉得好多了。不过你始终该明白，我一定做你喜欢的事。可你一定要告诉我，因为我很不懂事，她对我讲的话有很多我都弄不明白呢。因为我不好意思问，而她见多识广。”

“兔子，”他说。“你真逗。”

“什么话呀，”她说。“可是一天之内要学会做妻子该做的一切，多不寻常啊，何况我们正在拔营，打行李，准备战斗，而另一场战斗正在山上进行，所以要是我出了大差错，你一定要对我说，因为我爱你。很可能我会记错一些事情，而她跟我讲的很多事情复杂得很哪。”

“她还跟你说了些什么？”

“讲的事情很多，我都记不清了。她说，我可以把我受到糟蹋的事告诉你，要是我又想起来的话，因为你是个好人，已经了解了全部情况。但是最好还是永远别提，除非这件事又跟以前那样像魔鬼附上了我的身，那么跟你讲讲也许能使我抛开这件心事。”

“现在还使你心事重重吗？”

“不。自从我们第一次在一起以来，就好像从没发生过这件事了。我一直在为我爹妈难受。但这种心情是永远抹不掉的。可是既然我要做你的妻子，就应该为了你的自尊心，让你知道你应该知道的事。我从来也没屈从过任何人。我总是挣扎，他们总是要两个或更多的人才能糟蹋我。一个骑在我头上，抓住了我。我把这告诉你，是为了你的自尊心。”

“你就是我的自尊心。别说了。”

“不，我说的是你为你妻子应有的自尊心。还有一件事。我父亲原是当地的村长，是个受人尊敬的人。我母亲也是个受人尊敬的人，是个好天主教徒，他们因为我父亲是个共和党人，为了他的政治观点而把母亲跟父亲一起枪毙了。我眼看着他们俩被枪毙，父亲站在村里的屠宰场墙边，临刑前说，‘共和国万岁。’

“我母亲也靠着那堵墙站着，说，‘我丈夫，本村前任村长万岁，’我希望他们把我也枪毙了，打算说‘共和国万岁，爹妈万岁，’可是他们倒是没开枪，倒是干出了伤天害理的事。

“听着。我要告诉你一件事，因为它跟我们有关系。在屠宰场枪杀之后，他们把我们这些看到枪毙而没被枪毙的亲属又从屠宰场带到一座陡峭的小山上，来到镇上的大广场。几乎所有的人都在哭，但是有些人面对着眼前的景象看呆了，眼眶里已没了眼泪。我也哭不出来。我没注意到发生的其他情况，因为只看到临刑的那一刻的父亲和母亲，我母亲在说，‘我丈夫，本村前任村长万岁，’而这句话在我头脑里像一声不会消失而不断地响着、响着的号叫。我母亲不是共和党，所以不会说‘共和国万岁’，而只是说我父亲，我那扑倒在她脚边的父亲，万岁。

“但是她说这话的声音很大，像一声尖叫，他们接着就开枪，她倒下了，我想离开那行人去她身边，可是我们全都被绑住了。这次枪杀是民防军干的，他们仍在那里等着，还要枪毙人，这时，长枪党党徒们把我们像牲口那样赶上山去，撇下了那些弯身拄着步枪的民防军，撇下了所有那些墙脚下的尸体。我们这些姑娘和妇女的手腕被缚着，连成一长串，他们把我们赶上了山，穿过街道来到广场，在广场上镇公所对面的理发店门口停下。

“那时有两个人望着我们，一个说，‘她就是村长的女儿，’另一

个说，‘拿她开头。’

“接着他们割断了缚在我每只手腕上的绳子，有一个对其他人说，‘紧紧拴住这行人’，这两人就抓住了我的胳膊把我拖进理发店，把我提起来，按在理发椅上不让动。

“我在理发店的镜子里看到了自己的脸、那些抓住我的人的脸和另外三个俯在我身上的人的脸，这些脸我一张也不认得，但是在镜子里我看到了我自己和他们，而他们只看到我。那情形就像牙科诊所的椅子上坐了个人，有很多牙科医生，而且都是发了疯的。我自己的脸我几乎没法认出来，因为我伤心得脸都变了样，但我望着它，知道正是自己的脸。然而我伤心得不觉得害怕了，也没什么感觉了，只是伤心。

“那时我是梳两条辫子的，我注视着镜子，看到有个人提起一根猛拉，这样使我在伤心之中突然觉得痛，接着他用剃刀把辫子齐头发根割下了。我看到自己只剩了一条辫子和另一条辫子所在的地方的一把辫子根。接着他没再拉，就把这条辫子也割了，剃刀在我耳朵上划破了一道小口子，我见到上面在出血。你用指头能摸到伤疤吗？”

“能。不过还是别谈这个了，好吗？”

“这没什么。我不想谈那特别恶劣的事。他就这样用剃刀把我的两条辫子齐发根都割了，其他人哈哈大笑，而我简直没感觉到耳朵上有伤口，接着他站在我面前，用辫子抽打我的脸，而另外那两个人抓住了我，他说，‘这就是我们造就赤色尼姑的方法。这就叫你明白，怎样跟你的无产阶级兄弟们联合起来。赤色基督的新娘子嘛！’

“他用我原来的辫子一遍又一遍地抽打我的脸，然后用这两条辫子勒住了我的嘴，紧紧圈住我的脖子，在脑后打了个结来塞住我的嘴，那两个按住我的人哈哈大笑。

“看到这情景的人都哈哈大笑，我在镜子里看到他们笑，就哭起来，因为直到那时为止，枪杀使我麻木得哭不出来。

“接着，那个堵我嘴的人用理发推子在我头上到处推；先从前额开始，直推到后脑脖子根，然后在头顶上横推过去，然后满头都推到，紧贴耳朵后的地方也没放过，他们抓住了我不让动，所以我在理发店的镜子里看到他们这么干的全部经过，我看到了头给剃成这副模样，没法相信是真的，我哭了又哭，但没法不看自己的脸变成了一副可怕的模样，嘴张着，勒着辫子，推子推过的地方，头发全光了。

“拿推子的人干成后，从理发师的架子上拿了瓶碘酒(他们把这个理发师也枪毙了，因为他是工会会员，他就躺在店门口，他们把我一把提起，跨过他的身体，带到里面)，用碘酒瓶里的玻璃棒擦我耳朵上开着的口子，在我的伤心和惊恐之中，透出这微痛的感觉。

“接着他站在我面前，拿碘酒在我前额上写上U.H.P.，[①]用印刷体字母仔细地慢慢描着，像个美术家似的，而我在镜子里看到了当时所发生的一切，不再哭了，因为我父亲和母亲的遭遇使我的心都麻木了，自己在这时的遭遇就说不上什么，我知道是这样。

“当时那个长枪党描完字母后，后退一步，望着我，想检查一下他的活嘛，接着放下碘酒瓶，拿起推子说，‘下一个，’于是他们紧紧拽住我的两条胳膊，把我拖出理发店，我在脸色灰白、还仰天躺在门口的理发师身上绊了一跤，接着差一点跟我最要好的朋友孔塞西昂·格拉西亚撞个满怀，当时有两个家伙正在把她拖进来，可是她看见了我，却不认得我了，后来认出是我，就尖声大叫，接着他们推推搡搡地把我带到广场对面，拖进镇公所大门，一直上楼进入我父亲的办公室，把我按在长沙发上，这一路上我始终听到她的尖叫声。他们就是在那儿干下那伤天害理的事来的。”

“我的兔子，”罗伯特·乔丹说着，尽量亲密、尽量温柔地搂着她。可是他满腔仇恨，怒不可遏。“别再谈它了。别再跟我说了，因为我

---

① 这是当时各工人组织的联盟常用的口号“Uníos，hermanos proletarios”(无产阶级兄弟们，联合起来)的首字母缩写。

现在恨得受不了啦。”

她在他怀里变得僵硬、冰冷，她说，“好。我再不谈这事了。可他们是坏人，我恨不得有可能跟你一起杀他们几个。不过我告诉你这情况，只是为了你的自尊心，因为我要做你的妻子。这么一说，你会理解的。”

“很高兴你告诉了我，”他说。“明天走运的话，我们可以杀很多敌人。”

“我们可要杀长枪党吗？这件事是他们干的啊。”

“他们不打仗，”他阴郁地说。“他们在后方杀人。和我们交锋的不是他们。”

“难道我们没办法杀他们吗？我恨不得亲手杀几个呢。”

“这种人我杀过，”他说。“今后我们还要杀。炸火车的时候我们杀过。”

“我想跟你一起去炸火车，”玛丽亚说。“那次炸了火车，比拉尔把我带走时，我有点儿疯疯癫癫。她跟你讲过我那时的情形吗？”

“讲过。别谈这事了。”

“我当时麻木得脑筋不管用，只会哭。可是我还有件事得告诉你。这个不说不行。说了你也许不会娶我了。可是，罗伯托，要是你不愿娶我，那么我们能不能还是一直在一起呢？”

“我要跟你结婚。”

“不。这件事我忘了。也许你不该娶我。可能我永远不会给你生儿育女了，因为比拉尔说，要是会生育，他们糟蹋我之后我就会生了。这件事我不能不告诉你。噢，真不知道我怎么会把这件事给忘了。”

“这没有关系，兔子，”他说。“首先，情况可能不是这样。这得由医生来断定。其次我也不希望把儿女带到如今这样的世界上来。何况我要把我的爱全部给你。”

“我希望给你生儿育女，”她对他说。“要是没有我们的子女跟法西斯打仗，这世界怎么会变好呢？”

“你啊，”他说。“我爱你。听到了吗？我们现在得睡了，兔子。因为我得天亮前一早就起身，这个月份，天亮得很早。”

“那么我说的最后一件事并不碍事？我们仍旧可以结婚？”

“我们现在已经是夫妻啦。我现在和你结婚。你是我的妻子。可是就睡吧，我的兔子，因为现在没多少时间了。”

“那么我们真的要结婚？不只是说说的？”

“真的。”

“那我就睡了，醒来再想这件事吧。”

“我也这样。”

“晚安，我的丈夫。”

“晚安，”他说。“晚安，妻子。”

他这时听到她平稳而有规律地呼吸着，知道她睡熟了，但他躺着没入睡，一动不动，怕一动惊醒她。他想着所有她没有对他讲到的那部分情事，躺在那里，心怀仇恨，而高兴的是明天早晨就要杀敌了。可是我自己千万别参加杀人啊，他想。

然而我怎能不杀人呢？我知道我们对他们也干下了可怕的事。但那是因为我们缺乏教养，不知道还有更好的办法。可他们是有意而深思熟虑地干的。那些为非作歹的人是他们的教育所产生的最后一批尖子。那些人是西班牙骑士精神的精华。西班牙人曾经是多了不起的民族啊。从科尔特斯、皮萨罗、梅嫩德斯·德阿维拉①一直到恩里克·利斯特，到巴勃罗，这批狗娘养的东西呀。可又是多了不起的家伙啊。世界上再没有更出色而又更邪恶的人了。再没有更善良而又更残暴的人了。可谁理

① 科尔特斯和皮萨罗为西班牙殖民者，于16世纪分别以残酷的方式征服在今墨西哥的阿兹特克人的印第安人的帝国和在今秘鲁的印加帝国。梅嫩德斯·德阿维拉应为梅嫩德斯·德阿维莱斯，也是西班牙殖民者，于1565年被任命为古巴和佛罗里达总督，率舰队赴新大陆，在今美国东南部开辟殖民地。

解他们呢？我可不理解，因为如果我理解，就会宽恕他们的一切了。理解就是宽恕。这话不对。宽恕的精神被夸大了。宽恕是基督教的观念，而西班牙从来不是基督教国家。他们的教会里一直有其独特的偶像崇拜，崇拜另一个圣处女。我看正是为了这个原因，他们才要糟蹋他们敌人的处女。当然，这跟他们、跟西班牙宗教狂热分子的关系要比跟人民的关系更深。人民已跟教会疏远，因为教会和政府合而为一，而政府一直是腐败的。这是宗教改革运动从未波及过的唯一的国家。现在他们正在为他们的宗教审判付出代价啦，错不了。

噢，这是个值得思考的问题。思考这个问题可以使你不为你的任务担心。这比装聋作哑好。天哪，今晚他装聋作哑得也够呛啦。而比拉尔整天都在装聋作哑。没错。如果他们明天被打死又怎么样呢？只要他们把炸桥的事办妥，死去又有什么关系？那才是他们明天要干的全部事情。

死没有关系。你不可能无限期地干炸桥的事啊。不过你也不会长生不死。也许我这三天就好算我的一生啦，他想。如果真是这样，但愿这最后一夜不这样过就好了。但是最后的一夜从来都是不好的。最后的事都是不好的。对啦，有时最后的话可是好的。“我丈夫，本村前任村长万岁”就是好的。

他知道这是好的，因为他在心里说这话时浑身感到激动。他探过身子，吻吻玛丽亚，她没有醒过来。他用英语悄没声儿地说，“我要和你结婚，兔子。我为你的家庭感到非常自豪。”

第三十二章

同一天晚上在马德里，盖洛德饭店里有很多人。一辆汽车开到饭店的停车门廊下停下，汽车前灯上涂着蓝色涂料，车里走出一个小个子男人，穿着黑马靴、灰马裤和一件胸前纽扣一直扣到领口的灰色上衣，他开门时给两个哨兵还了礼，向坐在门警桌边的那个秘密警察点了点头，就跨进电梯。大理石门厅的大门里两边各有一把椅子，两个哨兵各坐一把，小个子在电梯门口走过他们身边时，他们只抬眼望望。他们的任务就是顺着每个陌生人的身体两侧摸到夹肢窝下，再摸到后裤袋上，看有没有人夹带着手枪，如有带枪的就交给门警寄存。但他们很熟悉这个穿马靴的矮个子，所以他走过时他们简直头都没抬。

他走进他在盖洛德饭店下榻的房间时，里面挤满了人。大家坐的坐、站的站、聚谈的聚谈，就像在什么客厅里似的，男男女女都在喝伏特加、威士忌苏打，还有从大酒罐里斟到小玻璃杯里的啤酒。其中四个男人穿着制服。其他人有的穿风衣，有的穿皮夹克，四个女的中有三个是普通的外出装束，另一个穿着款式朴素的女民兵制服和裙子，脚上是高统靴，她形容枯槁，又瘦又黑。

卡可夫一进房间就立刻向这个穿制服的女人走去，向她鞠躬，跟她握手。那是他妻子，他用俄语对她说了几句谁也听不清的话，他进房间时两眼所流露的那种傲慢神色一时消失了。然而当他看到一个身材匀称的姑娘，他的情妇的赤褐色头发和慵困多情的表情时，那种眼神又流露出来了，他迈开短促、果断的步子走到她跟前，鞠躬又握手，那模样谁都不会弄错正是在模仿向他自己妻子打招呼的方式。他走到房间的另一边去时，他妻子的目光并没有跟着他转。她正跟一位漂亮的高个儿西班牙军官站在一起，这时用俄语交谈着。

“你那位了不起的情人有些发福了，”卡可夫在对那姑娘说。“战争快进入第二个年头，我们的英雄们现在全都发起福来啦。”他并不望着他正在提到的那个男人。

“你丑死了，连癞蛤蟆都要忌妒，”姑娘兴冲冲地对他说。她操的是德语。“明天我可以跟你一起去参加进攻吗?”

“不。再说，也没有这回事。”

“人人都知道了，”姑娘说。“别那么神秘嘛。多洛雷斯[①]打算去。我要跟她，或者卡门一起去。很多人都要去。”

“谁愿意带你去，就跟谁去吧，”卡可夫说。“我可不行。”

接着他转身对着这姑娘，严肃地问，“这是谁告诉你的？把话讲确切。”

“理查德，”她同样严肃地说。

卡可夫耸耸肩走开了，由她站着。

“卡可夫，”一个中等身材的男人，一张灰脸厚实而松垂，眼袋浮肿，下唇耷拉着，用一种没好气的声音招呼他说。“你听到好消息了吗?”

卡可夫走到他身边，那人就说，“我还是刚听说的。不到十分钟呢。妙不可言。法西斯分子在塞哥维亚附近整天在自相残杀。他们不得不用自动步枪和机枪的火力来镇压叛乱。他们下午在用飞机轰炸自己的部队。”

“是吗?”卡可夫问。

“不假，”那个眼袋浮肿的人说。“这个消息是多洛雷斯亲自带来的。她带着这个消息到这儿来，那容光焕发的高兴劲头，我可从没见过。消息的真实性可以从她脸上看出来。那张伟大的脸——”他乐呵呵地说。

“那张伟大的脸，”卡可夫说，那声调一点儿高低都没有。

“你听到她的话就好了，”眼袋浮肿的人说。“这消息本身使她脸上发出一种人间所没有的光彩。你从她的说话声能断定她讲的是事实。我根据这个在给《消息报》写文章。当我听到这个交织着怜悯、同情和真理的伟大声音作报道时，觉得这是这次战争中最伟大的时刻之一。她像个真正的人民的圣徒，身上闪耀着善与真的光辉。人们称她为‘热情

① 即西班牙共产党领导人伊芭露丽，多洛雷斯为她的名字。

之花’①不是无缘无故的。”

“不是无缘无故的，”卡可夫说，声音含含糊糊。“你还是现在就给《消息报》写吧，免得把你刚才说的漂亮的导语忘了。”

“这不是个可以拿来取笑的女人。哪怕像你那样玩世不恭的人也不行，”眼袋浮肿的人说。“要是你在这儿听到她的声音，看到她的脸儿就好了。”

“那个伟大的声音，”卡可夫说。“那张伟大的脸儿。写吧，”他说。“别跟我说这个了。别在我这儿浪费你的大块文章了。现在就去写吧。”

“眼下可不行。”

“我看你还是去写的好，”卡可夫说着，望了他一眼，然后望着别处。眼袋浮肿的人拿着一杯伏特加在那里又站了两三分钟，尽管眼袋浮肿，但目光全神贯注于他所看到并听到的妙处，接着他离开房间去写文章了。

卡可夫走到另一个约摸四十八岁的男子身边，此人矮而粗壮，喜气洋洋，长着淡蓝色的眼睛、稀疏的金发，毛茸茸的黄色八字须下是一张笑嘻嘻的嘴。他身穿制服。他是师长，是个匈牙利人。

“多洛雷斯来这儿的时候你在吗?”卡可夫问这个人。

“在。”

“都扯了些什么?”

“有关法西斯分子自相残杀的消息。是真的才妙啊。”

“你听到了很多有关明天的流言。”

“真不像话。所有的新闻记者和这房里大部分人都该枪毙，当然还有那个不值一提的诡计多端的德国佬理查德。不管是谁，让这个市井负贩当上旅长的人都该枪毙。也许你我也该枪毙。这有可能，”这位将军

---

① 伊芭露丽早年用的这个笔名后来成为大家对她的尊称。

大笑着说。“可是别提醒别人啊。”

“这是我从来不愿谈的一件事，”卡可夫说。“那个有时上这儿来的美国人正在那边。你认得那个人的，乔丹嘛，他正跟游击队在一起。他就在他们传说要发生情况的那个地点。”

“噢，那么今夜他该送一份有关这件事的报告来，”将军说。“他们不喜欢我到那儿去，要不然，我可以前去给你打听打听。他是跟戈尔兹一起干这件事的，不是吗？你明天将见到戈尔兹。”

“明天清早。”

“事情顺利进行之前，别打扰他，”将军说。“他跟我一样讨厌你们这帮狗杂种。尽管他的脾气要好得多。”

“但是关于这次——”

“也许是法西斯分子在调动吧，”将军露齿笑笑。“好吧，让我们瞧瞧戈尔兹能不能稍稍调动他们一下。让戈尔兹露一手吧。我们在瓜达拉哈拉调动过他们啊。”

“听说你也要出门，”卡可夫微笑着说，露出了坏牙齿。将军突然发怒了。

“我也要出门。现在议论到我头上来啦。老是议论到我们大家头上来。这伙卑劣的长舌妇。一个守口如瓶的人，只要有信心，就能救国。”

“你的朋友普列托能守口如瓶。”

“但是他不相信能胜利①。如果不相信人民，你怎能胜利？”

“这由你去考虑吧，”卡可夫说。“我要去睡一会儿了。”

他离开了烟雾弥漫、人们说东道西的房间，走进后面的卧室，在床

---

① 社会党领袖普列托这时正在政府中任国防部长，1938 年 4 月调任不管部部长。1939 年失败后成为西班牙流亡政府的一员，1947 年到法国，成为西班牙社会党右翼领袖。本书故事发生时他已对共和国的前途失去信心。

沿上坐下，脱掉靴子。他仍能听到他们在谈话，所以就关上门，打开窗子。他懒得脱衣服了，因为两点钟就要动身坐车取道科尔梅那尔、塞尔赛达和纳瓦塞拉达到前线去，早晨戈尔兹将在那里发动进攻。

第三十三章

比拉尔叫醒他的时候是早晨两点钟。她的手碰到他身上，他起先还以为是玛丽亚，就侧过身来对她说，“兔子。”接着那妇人的大手摇摇他的肩膀，他才突然、完全、彻底地清醒过来，就一手握住放在赤裸的右腿旁的手枪的柄，扳下保险栓，全身也像那已扳起击铁的手枪准备射击一样。

黑暗中，他一看原来是比拉尔，就望望手表，表面上两根闪光的指针夹成很小的锐角靠近上方，一看才两点，就说，“你怎么啦，大嫂?”

“巴勃罗走啦，”这大个子女人对他说。

罗伯特·乔丹穿上了裤子和鞋子。玛丽亚没醒来。

“什么时候?”他问。

“准有一小时了。”

“还有什么情况?”

“他拿走了你的一些东西，”妇人苦恼地说。

“原来这样。什么东西?”

“不知道，”她对他说。“去看看吧。”

他们在黑暗中走到洞口，弯身从毯子下面进了山洞。山洞里满是熄灭了的炉灰、恶浊的空气和睡着的人们的鼻息的气味，罗伯特·乔丹跟着她走，亮起手电，免得踩在睡在地上的人们身上。安塞尔莫醒过来，说，“到时间了?”

“不，”罗伯特·乔丹低声说。“睡吧，老头子。”

两只背包放在比拉尔的床头，床前挂着一条毯子，和山洞的其余部分隔开。罗伯特·乔丹跪在床上，把手电光射在两只背包上，闻到一股印第安人床上特有的那种隔宿的、叫人作呕的干掉的汗的酸臭味儿。每只背包上从上到下有一条长长的裂缝。罗伯特·乔丹左手拿着手电，右手在第一只背包里摸索。这背包是他装睡袋的，本来就不很满。现在仍旧不很满。里面的一些电线还在，但是装引爆器的方木盒不见了。被拿走的还有那只装着仔细包扎好的雷管的雪茄盒。还有那只放导火线和火帽的有螺旋盖的铁罐。

罗伯特·乔丹在另一只背包里摸索。里面仍装满了炸药。也许少了一包。

他站起来，转身向着妇人。一个人在早晨被叫醒得太早，就会有一种空空落落的感觉，几乎就像大祸临头似的，他现在的这种感觉却要大一千倍。

“这就是你所谓的给人看管东西，”他说。

“我睡的时候头抵着包，一条手臂还放在上面，”比拉尔对他说。

“你睡得很香啊。”

“听着，”那妇人说。“他夜间起床，我说，‘你去哪儿，巴勃罗?’‘去撒尿，太太，’他对我说，我就又睡了。等我再醒来，不知道已过了多少时间，可是我想，他人不在那儿，准是按老规矩到下面去看马了。后来，”她苦恼地最后说，“不见他回来，我就担起心来，一担心就摸摸背包有没有出乱子，于是发现上面有了裂口，就来找你啦。”

“跟我来吧，”罗伯特·乔丹说。

这时他们到了外面，半夜过了还不很久，所以感觉不到早晨即将来临。

“除了有人放哨的那条路之外，还有几条路他可以带马出走的?”

“两条。”

“谁在山顶上?”

“埃拉迪奥。”

他们走到拴马放牧的草地之前，罗伯特·乔丹再没说什么。草地上有三匹马在吃草。枣红大马和灰马不见了。

“你认为他离开你有多久了?”

“准有一小时了。”

“那就这样吧，”罗伯特·乔丹说。“我去拿了背包里剩下的东西，就回去睡觉。”

“我来看管吧。”

“什么话，你来看管。你已经看管过一次啦。”

“英国人，”妇人说，“对于这件事，我跟你一样感到难受。只要能把你的东西找回来，我什么都肯干。你不用损我。我们俩都被巴勃罗骗了。”

经她这么一说，罗伯特·乔丹认识到不能放纵自己感到忿怒，不能跟这女人争吵。这一天，他必须跟这个女人合作，而这天已经过了两个多小时。

他把一手按在她肩上。“没什么，比拉尔，”他对她说。“丢掉的东西关系不大。我们临时凑合一些材料就能行了。”

“可是他拿走了什么?”

“没什么，大嫂。一些个人难免要用的奢侈品。”

“其中有你爆破要用的机械装置吗?”

“有。不过还有别的引爆办法。告诉我，巴勃罗自己没有雷管和导火线吗?以前人家肯定给他配备过这些东西。”

“他拿走了，”她苦恼地说。“刚才我马上找过。也都不见啦。”

他们返身穿过树林，走到山洞口。

“去睡一会儿吧，”他说。“巴勃罗走了，我们反而更好办些。”

“我去看看埃拉迪奥。”

“他大概会走别的路的。”

“我反正得去。我不够机灵，所以失信于你。”

“不，”他说。“去睡一会儿吧，大嫂。我们四点钟得出发。”

他跟她一起走进山洞，把两只背包一起抱在怀里拿出去，这样包里的东西不会从裂缝中漏出来。

“我来把它们缝上。”

“我们出发之前缝吧，”他柔声说。“我把背包拿走不是跟你过不去，是为了这样我才能安睡。”

“我得一早拿来缝上。”

“你会一早拿到手的，”他对她说。“去睡一会儿吧，大嫂。”

“不，”她说。“我使你失望了，使共和国失望了。”

“去睡一会儿吧，大嫂，”他温和地对她说。“去睡一会儿吧。”

第三十四章

法西斯分子占领着这里的这些山头。那时有个未被任何一方占领的山谷，那里只有一家带外屋和牲口棚的农舍，由法西斯分子筑了工事，当作哨所。安德烈斯带着罗伯特·乔丹的信件一路去找戈尔兹，在黑夜中兜了个大圈子，绕过这个哨所。他知道什么地方设有绊索，会引发预先安好的一支枪，他在黑暗中找到了它的位置，一步跨了过去，然后沿着一条小河拔脚就走，岸边栽有白杨，树叶随着夜风飘动着。一只公鸡在法西斯分子当作哨所的农舍里啼叫，他沿河走着，回头望了一下，从白杨树干间看见这农舍有扇窗子的下边露出灯光。夜寂静而明净，安德烈斯离开小河，开始穿过草地走去。

草地上有四堆尖顶草垛，上一年七月打仗以来就堆在那里。没人把草料搬走，四个季节已过去，垛尖都坍下去了，草料成了废料。

安德烈斯跨过拉在两堆草垛间的绊索时想，真是糟蹋呀。但是共和分子却不得不把草料背上位于草地另一边的陡峭的瓜达拉马山坡，而我看法西斯分子倒并不需要草料，他想。

他们具备自己所需要的一切草料和一切粮食。他们有的是，他想。但是明天早晨我们要干他们一下子。明天早晨我们要给聋子报一下仇。他们真是野蛮人！早晨公路上可要热闹啦。

他要完成这次送信任务，赶回去参加早晨对哨所的袭击。然而他是真的想回去，还是只不过假装想回去？英国人通知他去送信时他所产生的那种暂时得到解救的感觉，他还能体会到。他平静地正视早晨就要发生的事。这就是他该干的事呀。他赞成并且愿意这样干。聋子的毁灭使他十分感动。然而那毕竟是聋子。可不是他们。他们还得干他们不得不干的事。

但是当英国人向他交待那信件时，他心里产生了他小时候常有的那种感觉，当时他在村里过节那天早晨醒来，听到在下大雨，因而知道地上太湿，广场上的纵狗逗牛戏不能举行啦。

他小时候就很喜欢这种逗牛戏，他盼望它，盼望自己来到炎日下、尘土中的广场上的时刻，那时一辆辆大车排成一圈，堵住了条条出口，形成一个封闭的场子，等到把活动牛棚一头的栅门拉起时，公牛总是企图用四脚刹住身子，从里面慢慢地溜下来。他怀着激动、喜悦而又叫人吓得冒汗的心情盼望着这一时刻，那时在广场上，他能听到牛角撞击着活动牛棚的板壁的哒哒声，接着，看它企图用脚刹住身子，慢慢地溜到场子上，脑袋昂起，鼻孔大张，耳朵抽搐着，光亮的黑牛皮上蒙着尘土，两边侧腹上溅满了已干的粪便，他望着它那双间距很大的眼睛，一眨不眨的眼睛，两眼上方一对张得很开的牛角，既光滑又坚实，好像被沙子磨光的海上浮木，锋利的角尖翘起，因此那模样叫人看了有点胆战心惊。

他整年盼望着那天公牛入场的那一刻，那时你望着它的眼睛，只见它在广场上选择攻击对象，脑袋突然垂下，竖起双角，像猫那样迅速飞跑，因此在发动时使你的心简直完全停止跳动。他小时候就整年盼望着那一刻；但是英国人吩咐送信时所引起的感觉，就像你当初醒来听到雨水落在石板屋顶、石墙和村里泥泞的街道上的水潭里所引起的那种暂时得到解救的感觉一样。

他在村里那些逗牛的场合总是非常勇敢，勇敢得跟本村或那些邻村的任何人都不相上下，因此他说什么也不愿错过哪一年的逗牛戏，虽说他并不到邻村去参加。他能镇静地等待着公牛冲来，到最后一刻才跳开。当公牛把别人撞倒时，他在它嘴下挥动一只麻袋来引开它，有许多次，当公牛把别人撞倒在地时他抓住了牛角用力拉扯，把牛角向一边使劲拖拉，在牛脸上揍啊踢的，直到它撇开那倒地的人而去攻击别人。

他曾抓住了牛尾巴用力拉紧，拖着，绞着，想把公牛从一个栽倒的人身边拖开。有一次，他一手拉着牛尾巴打转，直转到另一只手能抓住一只牛角，而等到公牛昂起头来攻击他的时候，他就一手抓住牛尾巴，一手抓住牛角，身子迅速向后倒退着走，跟公牛一起打着转，直转到大伙儿握着刀子蜂拥而上，扑在牛身上戳。场子上尘土飞扬，热气腾腾，你喊我叫，弥漫着公牛、人和酒的气味，在向公牛扑过去的人群中，他是第一个，他还熟悉这种感觉，那时公牛在他身下摇摇晃晃，猛地弓背跃起，而他伏在牛肩隆上，一条胳膊紧紧勾住牛角根部，一手抓紧另一只牛角，身体被拱起来、被扭甩时紧扣着手指，觉得左臂好像要脱臼似的，而他伏在那热乎乎、灰蓬蓬、毛茸茸的颠簸着的肌肉丰满的牛背上，牙齿紧紧咬住一只牛耳，全身挂在那高高的牛肩隆上，砰砰地连连猛撞牛脖子，一刀又一刀、一刀又一刀地扎进那上下颠簸着的胀大的脖子根，这时脖子中的热血喷在他拳头上。

他第一次像这样咬牛耳朵、咬住了不放的时候，他的脖子和牙床被颠簸得发僵了，大家过后都开他的玩笑。但是他们尽管拿这个来取笑他，却非常钦佩他。此后他每年都必须再这么来一下子。他们称他为维利亚康纳霍斯的斗牛狗，还取笑他吃生牛肉。但是村里人人盼着看他要牛，他知道每年总是先由公牛露面，然后是朝人冲击并用角挑，然后大伙儿叫嚷着要有人冲上去把公牛杀死的时候，他就拉开架式，从其他攻击的人们中冲出去，一跃而上，去抓住公牛。接着，等到逗牛戏结束，公牛终于在大伙儿身体的重压下动弹不了，倒毙完蛋，他就站起来走开去，为咬耳朵的那一幕害臊，但也得意得不能再得意了。然后他就穿过一辆辆大车到石砌的喷水池边去洗手，而人们会拍拍他的背，把一只只皮酒袋递给他，说，“你真棒，斗牛狗。祝你母亲长命百岁。”

要不，他们会说，“这才不枉为有种的！连年都是有种的！”

安德烈斯会觉得害臊，有一种空虚的感觉，骄傲而快乐，于是他撇开大家，洗他的双手和右臂，还把刀子洗干净，然后拿起其中一只酒袋，漱漱口，去除那一年嘴里的牛耳味，把酒吐在广场的石板地上，然后高高举起酒袋，把酒直灌进嗓子眼。

没错儿。他是维利亚康纳霍斯的斗牛狗，无论如何也不愿错过村里每年举行的纵狗逗牛戏。但是他知道，什么也比不上雨声所产生的感觉更美好，因为那时他明白可以不必干啦。

可是我必须回去，他对自己说。毫无疑问，我必须回去袭击哨所，参加炸桥。我的兄弟埃拉迪奥在那儿，他是我的亲骨肉。还有安塞尔莫、普里米蒂伏、费尔南多、奥古斯丁、拉斐尔，尽管拉斐尔显然是个轻浮的人，还有两个女的，还有巴勃罗和英国人，尽管这英国人不能算数，因为他是外国人，是奉命来的。他们大家都要参加在内。我不可能由于这偶然性的送信任务而逃避这场考验。我现在必须好好地赶快把这信送去，然后尽快赶回去及时袭击哨所。由于这偶然性的送信任务而不参加这次战斗，我就会丢脸。这是再清楚也没有的。还有，就像一直只考虑交战中艰险的那些方面的人一样，他突然想起了其中也会有乐趣，便对自己说，还有，我会觉得杀它几个法西斯分子很痛快的。自从我们上次歼灭敌人以来，时间不短了。明天这一天可以大见功效地干一下子。明天这一天可以真枪实弹地干一下子。明天这一天可有意思呢。明天就来吧，让我也到场吧。

正在这时候，他在齐膝深的金雀花丛中顺着通往共和国防线的陡坡向上爬，有只鹧鸪从他脚边下方飞起，黑暗中猛响起一阵翅膀急速扑打的呼呼声，他突然吓得气都透不过来。这是突如其来的缘故，他想。它们的翅膀怎么能拍打得这么快？它现在准在孵蛋。我刚才也许踩着了离这些蛋不远的地方。要不是在进行这次战争，我要在这矮树上缚一条手绢，等到白天回来找鸟窝，我可以把蛋拿来放在孵小鸡的母鸡身下，等到孵出来了，我们的鸡圈里就会有小鹧鸪，我要看它们日长夜大，等它们长大了，拿它们来招诱别的鹧鸪。我可不想弄瞎它们的眼睛，因为这东西能驯养。难道你以为它们会飞走？说不定吧。如果那样的话，我就只得把它们的眼睛弄瞎啦。

不过我饲养了之后，可不喜欢这么干了。我用鹧鸪做诱鸟的时候，可以剪掉它们的翅膀，或者拴住一只脚。要是不打仗，我要和埃拉迪奥一起到法西斯哨所后面的小河去摸小龙虾。我们有次在那小河里一天摸到了四五十只。要是我们这次炸桥后去格雷多斯山区的话，那儿有几条出色的小河，也可以弄到鳟鱼和小龙虾。但愿我们去格雷多斯山区，他想。我们在夏天和秋天都可以在格雷多斯山区把日子过得蛮不错，不过冬天冷得不得了。不过到了冬天我们也许已经打赢这场战争了。

要是我们的父亲不是共和党，埃拉迪奥和我现在都会替法西斯分子当兵，而一个人要是替他们当了兵，那就没有问题可想的了。人得服从命令，人得生，也得死，结果怎样也就只能是这样了。在一个政权下过日子要比向它作斗争容易些。

但是这种非正规战争是一件要担当起很大的责任的事。要是你是个会发愁的人，那么可以发愁的事多着呢。埃拉迪奥考虑得比我多。他还爱发愁。我真心相信了这事业，就不发愁。但是这样过日子责任是很重大的。

我看，我们生在一个十分艰难的时世，他想。我看，任何别的时世可能都要安逸些。我们大家都组织了起来顶住苦难，就觉得受到的苦难不大。那些遭殃的人适应不了这个潮流。但这是个叫人难下决断的时世啊。法西斯分子发动进攻，替我们作了决断。我们打仗是为了活命。但是我希望有一个办法让我能在原来那地方的矮树上缚一条手绢，等到白天去拿蛋，放在母鸡身下，就能在自己的院子里看到小鹧鸪。我就喜欢这种寻常的小东西。

但是你没有家，没有家，哪来院子呢，他想。你只有一个亲人，那个明天要去打仗的兄弟，而且你什么也没有，只有风、太阳和一个空肚子。眼前风不大，他想，也没有太阳。你衣袋里有四颗手榴弹，但是除了扔出去之外没有别的用处。你背上有一支卡宾枪，但是除了把子弹打出去之外没有别的用处。你有一份信件得送出去。你有一肚子的屎可以拉在地上，他在黑暗中露齿笑了。你还可以在上面撒泡尿哪。你有的每件东西都是准备拿出去的。你是个了不起的哲学家加倒霉蛋，他对自己说，又露齿笑了。

但是尽管刚才那一会儿他脑海里闪现着崇高的思想，他心里还是怀着那种在村里随着节日早晨的雨声同来的暂时得到解救的情绪。他面前的山脊顶端这时出现了政府军的阵地，他知道在那里要受到盘问。

第三十五章

罗伯特·乔丹躺在睡袋里，挨着仍在睡梦中的玛丽亚。他侧身背对着姑娘，感到她颀长的身体贴在他的背上，这时的接触仅仅成了一种嘲弄。你啊，你，他跟自己大发脾气。是啊，你。你第一次见到巴勃罗时就对自己说，当他表示要友好的时候，就是要背叛的时候。你这该死的笨蛋。你这十足的该死透顶的笨蛋。什么也别谈啦。现在你该做的可不是抱怨。

他可能把这些东西藏了起来，还是扔掉了呢？情况不大妙。还有，你在黑暗中哪里找得到呢。他大概把东西藏起来了。他还拿走了一些达纳炸药。嘿，这个卑鄙、恶劣、奸诈的家伙。这个卑鄙、可恶的窝囊废。他滚蛋就滚蛋嘛，干吗定要带走引爆器和雷管呢？真该死，我怎么成了个十足的笨蛋，竟把那东西交给那个混账女人看管呢？狡猾、奸诈、可恶的杂种呀。这个卑鄙的王八蛋。

别发牢骚了，宽心些吧，他对自己说。你只得听天由命，充其量只能这样。你就是被人害苦了，他对自己说。你彻头彻尾地被人害苦了，晕头转向得到了家。你那该死的脑袋别发昏，消了这口气吧，别这样毫无价值地怨天尤人，好像这样能给自己什么安慰似的。东西没啦。你这该死的，东西没啦。嘿，这卑鄙的畜生见鬼去吧。你可以闯过这一关的。你非这样不可，你知道非炸桥不可，如果你要在那里站稳脚跟并且——也别想这事了。你为什么不请教你的祖父呢？

嘿，我的祖父、这整个奸诈的混账之又混账的国家、交战双方的每个该死的西班牙人都统统见鬼去，永世不得翻身。统统都给我见鬼去，拉尔戈、普列托、阿森西奥、米亚哈、罗霍，他们每一个人。每一个人都给我见鬼去吧。这到处是奸诈的国家见鬼去吧。他们那利己主义和自私心理，他们那自私心理和利己主义，自负和奸诈。统统都永远见鬼去吧。在我们为他们送死之前，先让他们见鬼去。在我们为他们送死之后，也让他们见鬼去。让他们见鬼去吧。上帝啊，让巴勃罗见鬼去。巴勃罗是他们的总和。上帝怜悯西班牙人民吧。他们的任何领袖都将使他们倒霉。两千年来只出了一个好人巴勃罗·伊格莱西亚斯[①]，别的人都使他们倒霉。我们哪能知道他在这次战争中会怎样坚持下去呢？我记

---

① 巴勃罗·伊格莱西亚斯(1850—1925)为西班牙社会主义运动的先驱，于1885年创办《社会主义者报》，进而筹组工人大同盟。1910年成为被选入议会的第一个社会党人。为了爱戴他，人们称他为“老爷爷”。

得，当初我还以为拉尔戈[1]蛮不错呢。杜鲁蒂是个好人，但他的自己人在法国人桥上把他枪杀了。枪杀他，是因为他要他们朝前进攻。根据光荣的无纪律的纪律枪杀了他。这胆小的畜生。嘿，让这些该死的都见鬼去吧。还有那个刚偷走我的引爆器和我那盒雷管的巴勃罗。嘿，把他打入地狱的最底层吧。可是，不。倒是他坑了我们。从科尔特斯、阿维拉的梅嫩德斯一直到米亚哈，倒总是他们坑了我们。瞧米亚哈是怎样对待克莱伯的。这个自高自大的秃顶畜生。这个愚蠢的自以为有大学问的杂种。让那些个疯狂、自私、奸诈、一贯统治着西班牙和她的军队的畜生全都见鬼去吧。除了老百姓，人人都见鬼去，而且千万得留神这帮人一旦掌了权会变成什么模样啊。

他越骂越过分，蔑视和嘲笑的面越来越广，越来越不公正，连他自己也不再相信，而他的怒火倒随着开始平息了。如果你说的是事实，那你在这里干什么？不是事实嘛，这你知道。瞧瞧所有那些好人吧。瞧瞧所有那些优秀人物。他无法忍受待人不公正。他憎恨不公正，就像他憎恨残暴一样，他躺着丧失理智地大发雷霆，直到这股怒火渐渐平息，那炽烈、凶恶、盲目、没命的怒火完全消失，他的心情才变得平静、空虚、冷静、敏锐、抱着冷眼旁观的态度，就像和一个自己所不爱的女人性交后的感觉一样。

“你啊，你这可怜的兔子，”他侧过身来，对玛丽亚说，她在睡梦中微笑着，向他挨近，贴在他身上。“要是你刚才开口说了话，我会在这儿打你一下的。人在发脾气的时候多像畜生啊。”

他这时紧偎在姑娘身边，双臂搂着她，下巴搁在她肩上，躺在那里，严谨地计划着他得干些什么，得怎么干。

---

① 拉尔戈(1869—1946)为矿工出身的社会党人，1931 年推翻君主制后，他出任劳动部部长。内战爆发后，他担任总理，1937 年 5 月被内格林所替代。他曾领导“工人部队”在瓜达拉马山区作战。

情况可并不那么糟，他想。事实上一点儿也不那么糟。我不知道以前别人是否干过这种事。但是今后遇到类似的困境，总会有人去干的。如果我们干了这事而人们也听说了呢。如果人们听说了，那行。如果人们偏偏不想知道我们是怎样干成的呢。我们人手太少了，不过为此而发愁是没意思的。我要用我们现有的手段来炸桥。上帝啊，还好我从愤怒中恢复过来啦。人发了怒，就像在暴风雨中似的透不过气来。发怒是你担当不起的又一该死的享受呀。

“全都计划好了，美人儿，”他凑在玛丽亚的肩上温柔地说。“你一点儿也没为这事烦恼过。你一点儿也不知情。我们会被杀，但是我们会把桥炸掉。你还没有不得不为此发过愁。这可说不上是什么结婚礼物。然而不是人说一夜安眠可贵无比吗？你享受了一夜安眠。看你能不能把它当作指环戴在手指上。睡吧，美人儿。好好睡吧，我亲爱的。我不来弄醒你。我现在能为你做的只有如此而已。”

他躺在那里，十分轻柔地抱着她，感觉到她的呼吸，感觉到她的心跳，注视着手表上流逝的时间。

第三十六章

安德烈斯在政府军阵地前喊了口令。那是说，他伏在三重铁丝网下地面陡峭地朝下倾斜的地方，抬头朝着用石块和土坯垒成的胸墙大声呼喊。这里没有绵延不断的防线，他本可以容易地摸黑绕过这个阵地，进一步深入政府军地区，而不致撞见有可能盘问他口令的人。但是在这里过关看来较安全、较简单。

“你们好！”他喊道。“你们好，民兵们！”

他听到枪栓往后扳的卡嗒一声。接着，在胸墙后更远一点的地方，有人用步枪打了一枪。枪声砰地一响，黑暗中倏的出现一道向下窜的黄光。安德烈斯听到枪栓声，立刻卧倒，头顶狠狠地抵住地面。

“别开枪，同志们，”安德烈斯喊道。“别开枪！我要过去。”

“你们几个人?”胸墙后有人喊话了。

“一个。我。只一个。”

“你是谁?”

“维利亚康纳霍斯人安德烈斯·洛佩斯。巴勃罗队里的。带着份信件。”

“你带着步枪和配备?”

“带着，老兄。”

“我们一个也不能放带着步枪和配备的人进来，”那声音说。“团体的也不得超过三人。”

“我只一个，”安德烈斯大叫道。“有要紧事情。让我过去吧。”

他能听到他们在胸墙后面说话，但听不清在说些什么。接着那声音又喊道，“你们是几个人?”

“一个。我。只一个。看在天主的分上。”

他们又在胸墙后面说话了。接着那声音说，“听着，法西斯。”

“我不是法西斯，”安德烈斯喊道。“我是巴勃罗游击队的队员。我来带信给总参谋部。”

“他疯了，”他听到有人说。“给他扔个手雷。”

“听着，”安德烈斯说。“我只一个。光杆儿一个。我操他妈的就是一个，别疑神疑鬼啦。放我过去吧。”

“他说话像个基督徒，”他听到有人说着，并出声笑了。

接着另外有人说，“最好还是往下给他扔个手雷。”

“别，”安德烈斯喊道。“那就会犯大错。是要紧事情啊。放我过去吧。”

正是为了这种原因，他一直不喜欢出入火线。偶尔有一次情况还好。但情况总是很糟糕。

"你只一个?"那声音又朝下大声说。

"我操他奶奶的，"安德烈斯喊道，"我得跟你们说多少回？**我只一个。**"

"是一个就站起来，把枪举过头。"

安德烈斯站起来，双手握着卡宾枪，举过了头。

"现在过铁丝网吧。我们用机枪对着你哪，"那声音大声说。

安德烈斯进入了第一道之字形铁丝网。"钻铁丝网得用手啊，"他喊道。

"别把手放下，"那声音命令说。

"我给铁丝网牢牢勾住啦，"安德烈斯大声说。

"给他扔个手雷要简单些吧，"有声音说。

"让他把枪背上，"另一个声音说。"他举着双手是没法过铁丝网的。讲点儿道理吧。"

"法西斯分子都是一路货，"另一个声音说。"他们得寸进尺。"

"听着，"安德烈斯喊道。"我不是法西斯，是巴勃罗游击队里的队员罢了。我们干掉的法西斯比斑疹伤寒害死的人还多。"

"我从没听说过巴勃罗的游击队，"那个显然指挥这个据点的长官说。"也没听说过什么彼得、保罗还有其他的圣徒或门徒。①也没听说过他们的游击队。把枪背在肩上，借着双手钻铁丝网吧。"

"快，别等我们向你扫机枪，"另一个喊道。

"你们真不够朋友!"安德烈斯说。

他费劲地钻着铁丝网。

---

① 彼得是耶稣十二门徒之一。保罗原名扫罗，在公元 1 世纪中，曾着力迫害早期的基督徒。据说有次在去大马士革的路上，耶稣向他显灵，他才皈依基督教，到小亚细亚、希腊、罗马等地热情宣传基督教，最后被罗马人所捕，于公元 67 年左右被杀。后来教会尊他为圣保罗。保罗这名字在西班牙语中为巴勃罗，此处那长官因听到巴勃罗的名字而开玩笑地提起彼得等其他圣徒及门徒。

“够朋友，”有人向他大叫。“我们在打仗哪，伙计。”

“开始有这个意思啦，”安德烈斯说。

“他说什么?”

安德烈斯又听到扳枪栓时的咔嗒一声。

“没什么，”他喊道。“我没说什么。别开枪，等我钻过了这狗日的铁丝网再说。”

“别拿我们的铁丝网讲难听的话，”有人喊道。“要不然，我们要给你扔个手雷。”

“我是想说，多好的铁丝网啊，”安德烈斯叫道。“天主掉进茅坑啦。多可爱的铁丝网啊。我快和你们在一起啦，弟兄们。”

“朝他扔个手雷，”他又听到那个声音说。“我敢说，对付这一整套把戏，这是最可靠的办法。”

“弟兄们，”安德烈斯说。他大汗淋漓，知道这个提倡扔手雷的人完全会随时扔一枚手榴弹下来。“我没什么了不起。”

“这我相信，”提倡扔手雷的人说。

“你说对了，”安德烈斯说。他正在小心翼翼地钻第三重铁丝网，离胸墙很近了。“我怎么说也没什么了不起。但是这件事很重要。非常、非常重要。”

“没有比自由更重要的事了，”提倡扔手雷的人喊道。“你以为有什么事比自由更重要吗?”他挑衅地问。

“不，伙计，”安德烈斯说，松了口气。他知道现在正面临一帮狂热分子：那些佩戴红黑围巾的家伙。“自由万岁!”

“伊比利亚无政府主义者联合会万岁，全国劳工联合会万岁，”他们从胸墙上向他大声呼应。“无政府—工团主义和自由万岁。”

“咱们大伙儿万岁，”安德烈斯高呼。

“他是我们一派的，”提倡扔手雷的人说。“我差一点用这东西叫他丧命。”

他望着手里的手榴弹，看到安德烈斯翻过胸墙，深深感动。这个提倡扔手雷的人双臂搂住他，一手仍握着手榴弹，因此当他拥抱安德烈斯的时候，这手榴弹搁在安德烈斯的肩胛上，他呢，吻安德烈斯的双颊。

“我很满意你没出事，兄弟，”他说。“我非常满意。”

“你们的长官在哪儿?”安德烈斯问。

“这儿我指挥，”有一个说。“让我看看你的证件。”

他把证件拿进掩体，就着烛光看。那是一小方折叠起来的绸子，中央印着共和国国旗，并盖有军事情报部的公章。还有一张是罗伯特·乔丹在笔记本的一页上写的列具他姓名、年龄、身高、出生地和这次任务的安全通行证，上面盖着军事情报部的橡皮图章，还有一份给戈尔兹的急件，一共四张折好的纸，用一根绳子扎好，火漆加封，盖有军事情报部橡皮图章木柄顶端上的钢印。

“这个我见过，”指挥这据点的长官说着，交还那块绸子。“这个你们大家都有，我知道。不过有了它还不说明什么问题，还得有这个。”他拿起通行证，又从头到尾看了一遍。“你生在什么地方?”

“维利亚康纳霍斯，”安德烈斯说。

“那儿种些什么庄稼?”

“甜瓜，”安德烈斯说。“那是世界闻名的。”

“那儿你认识什么人?”

“干吗？你是那儿的人吗?”

“不。但我到过那儿。我是阿兰胡埃斯①人。”

“问我哪个人都行。”

“讲讲何塞·林贡的模样吧。”

“开酒店的那个?”

“自然啦。”

---

① 阿兰胡埃斯在马德里正南，位于肥沃平原上，盛产水果蔬菜，供应马德里市场。

“剃着光头，腆着个大肚子，一只眼有点儿斜视。”

“这么说这是靠得住的，”那人说着，把证件交还给他。“可你在那边是干什么的?”

“运动前我父亲在维利亚卡斯丁定居，”安德烈斯说。“在山脉另一边的平原上。正是在那儿我们措手不及地碰上了这场运动。自此以后，我就随着巴勃罗的游击队打仗。不过我很着急呢，伙计，得送那份急件。”

“法西斯占区的情况怎么样?”那指挥官问。他可不着急。

“我们今天很热乎，”安德烈斯骄傲地说。“今天公路上整天繁忙。今天他们把聋子的游击队彻底干掉啦。”

“聋子是谁?”对方轻蔑地问。

“山里一支最了不起的游击队的头头。”

“你们大家都该到共和国来参军，”那长官说。“这种愚蠢的游击队活动闹得太过分啦。你们大家都该到这儿来，服从我们自由派的纪律。这样，等我们想派出游击队的时候，就可以根据需要来调派。”

安德烈斯生来耐心好，简直好到了极点。他心平气和地对待这次过铁丝网的事。这样的盘问一点也没使他着慌。他认为这人竟然不理解他们、也不理解他们正在做些什么，是完全正常的，而且这人说了蠢话也是意料之中的。至于进行得慢条斯理，也是意料之中的；但是这时他希望马上就走。

“听着，好朋友，”他说。“你的话很可能是有道理的。可是我受命要给指挥三十五师的将军送这份急件，这支部队天亮时要在这一带山区发动进攻，现在已经是深夜，我得走啦。”

“什么进攻?你知道什么进攻的消息?”

“不。我什么也不知道。可是我得马上去纳瓦塞拉达，再从那儿上路。请带我到你的指挥官那儿去，让他派交通工具给我再从那儿上路，好吗?马上派个人和我一起去向他回话，免得耽搁啦。”

“我对这一切非常怀疑，”他说。“你刚才走近铁丝网的时候毙了你就好了。”

“你看过了我的证件，同志，我也解释了我的任务，”安德烈斯耐心地对他说。

“证件可以伪造的，”那长官说。“哪个法西斯分子都能编造这样的任务。我要亲自带你见指挥官去。”

“好，”安德烈斯说。“你去就好。不过我们该快去。”

“你，桑切斯。你代我指挥，”那长官说。“你跟我一样明白自己的职责。我带这位所谓的同志去见指挥官。”

他们俩开始顺着山顶背后的浅战壕朝下走，安德烈斯在黑暗中闻到防守山顶的这些士兵在长着羊齿植物的山坡上到处拉下的屎尿的臭气。他不喜欢这些好惹是生非的大孩子；他们肮脏，可恶，不受管束，亲切，可爱，愚蠢而无知，然而有着武器，因此总是危险的。他，安德烈斯，除了拥护共和国之外，没有别的政见。他多次听到这些人说话，认为他们所说的往往听来很美，讲得很漂亮，但是他不喜欢他们。拉了屎尿不掩埋，不能说就是自由，他想。没有比猫更自由的动物啦；而猫掩埋自己拉的屎尿。猫是最好的无政府主义者。要等到他们向猫学会了掩埋屎尿，我才能尊敬他们。

那长官在他前面突然站住了。

“你还带着卡宾枪，”他说。

“对，”安德烈斯说。“干吗不?”

“把它给我，”长官说。“你可以用枪在我背后把我干掉。”

“干吗?”安德烈斯问他。“我干吗要从背后把你干掉?”

“哪里说得准啊，”长官说。“我谁也不信。把卡宾枪给我。”

安德烈斯解下枪来，递给他。

“你高兴拿枪就拿着吧，”他说。

“这样好些，”长官说。“这样我们安全些。”

他们继续摸黑向山下走去。

第三十七章

罗伯特·乔丹这时和姑娘一起躺着，注视着时间在他手腕上的表上在流逝。时间缓慢地、几乎难以觉察地在过去，因为那是只小表，他看不清秒针。但是他注视着分针时发现，集中了注意力，就能几乎看到它在走动。姑娘的头依在他下巴下，他转过头来看表，感觉到她短发的头靠着他的脸颊，这短发柔软而有活力，滑溜地起伏，正如你松开捕兽器的夹片，把貂一把提出来，抱着它，抚平它的皮毛，轻抚之下又翘起来。他的脸颊一挨到玛丽亚的头发，喉咙就哽塞起来，而双臂搂着她，喉头跟着产生一种落寞的痛楚之感，贯穿全身；他低下头来，眼睛凑近手表，只见尖细的矛形夜光指针在表面的左半部朝上缓缓移动。他这时清楚地看到它不断地走动着，这时搂紧了玛丽亚，想延缓时光的飞逝。他不想弄醒她，但又不能在这最后一刻不去碰她，于是把嘴唇凑在她耳后，顺着她的脖子朝上吻去，感到肌肤滑溜，上面的汗毛很柔软。他看到手表上的指针在走动，于是更紧地搂着她，舌尖沿着她的脸颊吻去，吻到她的耳垂，再沿着那曲线优美的耳轮吻到那可爱而饱满的顶部边缘，他的舌头在颤抖。他感觉到这阵颤抖贯穿在那落寞的痛楚之中，他看到表上的分针这时在朝上走动，和时针构成锐角，快到点了。这时她仍没醒来，他就转过她的头，吻她的双唇。他的嘴唇贴在她嘴唇上，只是轻轻地吻着她在睡梦中的丰满的嘴，温柔地在上面来回吻着，感到嘴唇跟嘴唇轻轻地摩擦着。他转身向着她，感到她那颀长、轻盈而可爱的身体在颤抖，接着她在睡梦中喘了口气，接着还在睡梦中，也搂住了他，接着她醒来了，双唇使劲、用力而热切地贴上他的双唇，于是他说，“可是那疼痛。”

而她说，“不，不痛了。”

“兔子。”

“不，别说话。”

“我的兔子。”

“别说话。别说话。”

于是他们合而为一了，这样，尽管表上的指针还在走动，这时已未受注意，他们却知道凡是发生在一个人身上的事也一定会发生在另一个人身上，而除此以外再不会发生别的事了；这就是一切，是永恒；这是过去、现在和将来会发生的一切。他们正在享受的这事，他们将不能再享受。他们现在享有，过去享有，一直享有，而现在，现在，现在。啊，现在，现在，现在，这唯一的现在，首要的现在，除了你这个现在，没有别的现在，而现在是你的先知。①现在，永远是现在。现在来吧，现在，因为除了现在没有现在了。是啊，现在。现在，请吧，现在，只有现在，除了目下的现在什么都不存在，而你在这儿，我在这儿，另一个也就在这儿，而且没有为什么，永远没有什么为什么，只有目下的现在；并且一直下去，永远是现在，请吧，永远是现在，永远是现在，因为现在永远只有一个现在；一个唯一的一个，除了现在的一个没有别的一个，一个，现在在进行，现在在升腾，现在在漂流，现在在离去，现在在盘旋，现在在翱翔，现在在消失，现在一直在消失，现在一切都在不停地消失；一个和一个结为一个，结为一个，结为一个，结为一个，还是结为一个，还是结为一个，下沉地结为一个，温柔地结为一个，渴望地结为一个，亲切地结为一个，幸福地结为一个，美满中结为一个，宠爱地结为一个，现在结为一个伏在地上，胳膊肘支在砍下来当床睡的松树枝上，散发着松枝和夜晚的气息；现在终于回到了大地上，而当天的早晨

---

① 作者在这里套用了伊斯兰教创始人穆罕默德的名言：“除了安拉没有别的神，而穆罕默德是他的先知。”

即将来临。这时他说，“啊，玛丽亚，我爱你，我为这感谢你，”因为那些其他想法只在他头脑里，一点也没有说出来。

玛丽亚说，“别说话。我们还是别说话好。”

“我必须跟你说，因为这太美了。”

“不。”

“兔子——”

但是她紧紧搂住了他，扭过头去，他就温柔地问，“痛吗，兔子?”

“不，”她说。“是这样，我又进入了神妙的境界，对此也很感激。”

事后，他俩静静地并排躺着，脚踝、大腿、臀部和肩膀都挨在一起，罗伯特·乔丹这时的位置又看得到表了，于是玛丽亚说，“我们的运气真好。”

“是呀，”他说，“我们是很幸运的人。”

“没时间睡觉了?”

“对，”他说，“马上要开始行动了。”

“那么如果非起身不可，我们去搞些吃的吧。”

“好吧。”

“你呀。你不为什么发愁吧?”

“不愁。”

“真的?”

“不愁。现在不愁。”

“可你刚才在发愁吧?”

“有一会儿。”

“我能帮点儿忙吗?”

“不，”他说。“你帮的忙已经够多了。”

“是指那个吗? 那是为了我呀。”

“那是为了我们俩，”他说。“这不是一个人的事。来，兔子，我们穿衣服吧。”

但是他的心，那是他最好的伴侣，正思量着那神妙的境界。她说过神妙的境界。这和英语中的光荣和法国人所写所说的光荣毫无共同之处①。这是西班牙民歌②和唱经③里的东西。这种境界当然存在在画家格列柯和诗人圣胡安·德·拉·克鲁斯以及其他作家的作品中。我不是神秘主义者，但否认它的存在，就等于像否认电话或者地球绕太阳旋转或者宇宙间还有别的行星一样无知。

我们对于该知道的东西知道得真少。但愿我能活一个长时期，而不是今天就快死去，因为我在这四天中对人生有了很多认识；超过了，我看，往日里所有的认识。我愿做个老人，具有真知灼见。我不知道你是否能不断地学下去，还是每个人只能理解一定数量的问题。我原以为我知道的东西很多，现在发现却一无所知。但愿我有更多的时间就好了。

“你教了我很多东西，美人儿，”他用英语说。

“你说什么?”

“我从你那儿学到很多东西。”

“哪儿话，”她说，“你才是受过教育的人。”

受过教育，他想。我受过的教育才微乎其微地开了个头。才微微开了个头。要是我今天就死去，那就等于是白活一世，因为我现在懂得了一些事理。不知道是不是由于时间短促，你变得过于敏感，现在才明白了这些事理？然而并没有所谓时间短促这回事。你应该懂得道理，也明白这一点。我到这儿以来，一直生活在这一带山区。安塞尔莫是我最熟

---

① 这个词在英语和法语中跟西班牙语中一样，都源出同样的拉丁词gloria，因此也可以作“神妙的境界、极乐世界”的解释。这里作者用的西班牙语词儿是大写的，专门意味着“神妙的境界”。

② 原文为Cante Hondo，特指西班牙南部安达卢西亚地区的民歌，节奏单调，音调忧郁深沉，带有吉卜赛风味。

③ 原文为Saetas，为安达卢西亚地区在复活节前一周中宗教行列路过时信徒们诵吟的祷文。

的朋友。我熟识查尔斯、我熟识查布、我熟识盖伊、我熟识迈克[1]，这些人我都熟识，但我和安塞尔莫最相熟。满嘴脏话的奥古斯丁是我的弟弟，而我本来没有弟弟。玛丽亚是我真正的爱人，我的妻子。我本来没有真正的爱人。我本来没有妻子。她也是我的妹妹，而我本来没有妹妹，也是我的女儿，而我永远不会有女儿啦。我不愿意离开这样美好的环境。他缚好了绳底鞋。

“我发现生活非常有意思，”他对玛丽亚说。她在他身边坐在睡袋上，双手抱着脚踝。有人撩开山洞口的毯子，他们俩都看到了灯光。这时仍是黑夜，还没有天亮的意思，只是他抬头透过松林望去，看到星星已低悬到什么地方。在这个月份，黎明在这时很快会来临。

“罗伯托，”玛丽亚说。

“嗯，美人儿。”

“今天行动起来，我们可以在一起，对吗?”

“开始以后，可以的。”

“开始的时候不行吗?”

“不行。你得跟那几匹马儿在一起。”

“不能跟你在一起吗?”

“不能。我的工作只能由我自己来干，有你在身边，我放心不下。”

“但事情一结束你就会快快回来吧?”

“非常快，”他说着，在黑暗中咧嘴笑了。“走，美人儿，我们去吃东西吧。”

“你的睡袋呢?”

“你高兴，就把它卷起来。”

“我高兴，”她说。

---

① 这些都是乔丹在家乡的青年朋友。

“我来帮你。”

“不。让我一个人来。”

她跪下摊开睡袋又卷起，接着改变了主意，站起身来把它抖抖，弄得啪啪的响。然后她再跪下，铺平了再卷拢。罗伯特·乔丹提起那两只背包，小心地拿着，免得包里的东西从裂缝中漏出来，接着穿过松林来到那挂着毯子的冒烟的山洞口。他用胳膊肘推开毯子，进入山洞的时候，他表上是三点缺十分。

第三十八章

他们都在山洞里，那些男的站在炉灶前，玛丽亚在扇火。比拉尔已经煮好了一壶咖啡。他叫醒罗伯特·乔丹以后回去根本没睡过，这时正在这烟雾腾腾的山洞里坐在凳上，缝着乔丹的一只背包上的裂口。另一只已经缝好。炉火照亮了她的脸。

“再来些炖肉吧，”她对费尔南多说。“即使肚子胀得难受，有什么关系？给牛角挑了，就没医生动手术啦。”

“别这么说，大嫂，”奥古斯丁说。“你长着条老婊子的舌头。”

他身子支着自动步枪，折起的枪脚架紧贴着有些长方形散热孔的枪筒，他的几只口袋里都塞满了手榴弹，一肩背着一袋子弹盘，一肩背着满满一条子弹带。他正在抽烟，一手拿着一碗咖啡，把碗举到了唇边，在咖啡面上喷了口烟。

“你成了会走路的五金店啦，”比拉尔对他说。“你把这些东西全带上了，会走不到一百码。”

“什么话，大嫂，”奥古斯丁说。“一路都是下坡嘛。”

“到哨所那儿有一段是上坡，”费尔南多说。“在开始下坡之前。”

“我能像山羊似的爬上去，”奥古斯丁说。

“你的兄弟呢?”他问埃拉迪奥。“你那了不起的兄弟溜号了?”

埃拉迪奥正靠墙站着。

“住口，”他说。

他神经很紧张，明白大家都知道这一点。临战前他总是神经紧张而焦躁不安。他从墙边走到桌边，动手从一只包着生皮的驮篮里拿出手榴弹往自己衣袋里装，这些驮篮没加盖，靠放在一只桌脚上。

罗伯特·乔丹挨着驮篮蹲在他身边。他伸手到篮里捡了四颗手榴弹。三枚是椭圆形的、有棋盘格凹纹的米尔斯型手雷①，厚实的铁壳上端有一根用开尾销扣住的弹簧杆和一只拉环。

“这些东西是从哪儿来的?”他问埃拉迪奥。

“这些吗? 是从共和国搞来的。老头子捎来的。”

“东西好吗?”

“分量挺重，不过价值更大，”埃拉迪奥说。“每枚都值好大一笔钱呢。”

“是我捎来的，”安塞尔莫说。“六十枚一袋。九十磅重，英国人。”

“你们用过这些吗?”罗伯特·乔丹问比拉尔。

“什么话，我们没有用过?”妇人说。“巴勃罗就是用这种手榴弹干掉了在奥特罗的哨兵。”

她一提到巴勃罗，奥古斯丁就破口大骂。罗伯特·乔丹在炉灶的火光中看到了比拉尔脸上的表情。

“别谈这个了，”她对奥古斯丁厉声说。“挂在嘴上没用。”

“手榴弹每次都炸响吗?”罗伯特·乔丹一手握着一枚漆成灰色的

---

① 因发明者英国人威廉·米尔斯爵士而得名，1915 年由协约国军队在第一次世界大战中首次使用。

手榴弹，用大拇指甲按了一下开尾销的弯管。

“每次，”埃拉迪奥说。“我们用过的那批，没一枚是哑的。”

“那么炸响得怎么快?”

“扔得到多远，就在那儿炸响。快。够快的。”

“那么这些呢?”

他举起一枚菜汤罐头形状的手榴弹，拉环用一条带子绑着。

“这些是废物，”埃拉迪奥对他说。“会炸响。不错。但是只有火光，没弹片。”

“可是每次都炸响吗?”

“哪有每次都炸响的，”比拉尔说。“我们的军火也好，他们的也好，没有十拿九稳的。”

“可是你刚才说，另外那一种每次都炸响。”

“我没说过，”比拉尔对他说。“你问的是别人，不是我。我没见过这种货有什么十拿九稳的。”

“这些全都炸响过，”埃拉迪奥坚持说。“说实话吧，大嫂。”

“你怎么知道全都炸响了?”比拉尔问他。“扔这些手榴弹的是巴勃罗。你在奥特罗一个敌人也没干掉。”

“那老婊子养的，”奥古斯丁开口说。

“别说了，”比拉尔厉声说。接着她继续说，“这些手榴弹都差不多，英国人。但有纹槽的那些使起来简单些。”

我还是在每一组里把每一种都用上一枚，罗伯特·乔丹想。不过那有凹纹的扎起来容易些，稳当些。

“你打算扔手雷吗，英国人?”奥古斯丁问。

“干吗不?”罗伯特·乔丹说。

但是，他蹲在那里，分拣着手榴弹，想的却是：这不行啊。我怎么可以在这事情上骗自已呢，这我不明白。敌人攻打聋子，我们就完蛋，就像雪一停，聋子就完蛋了。这就是你所不愿承认的。你不得不干下去，并且制订一个自己明知没法完成的计划。你制订了个计划，而现在明白这是没用的。唉，在现在，在这早晨是没用的。你能用这里现有的力量攻占两个哨所的哪一个都行，绝对不成问题。可是你没法把两个都攻占。我是说，你对此没把握。别骗自己啦。黎明快来临了，别骗自己啦。

想把那两个哨所都攻占是根本行不通的。巴勃罗始终明白这一点。我看他是一直在打算开小差，但是当聋子遭到攻击的时候，他明白我们完蛋了。你不能把行动计划建筑在可能出现奇迹的假想基础上。如果你没有比现在更好的条件，你会使他们全都牺牲，甚至你那桥也炸不成。你会使比拉尔、安塞尔莫、奥古斯丁、普里米蒂伏、这个神经质的埃拉迪奥、废物吉卜赛人以及老费尔南多全都牺牲，而你的桥还是炸不掉。难道你以为将出现奇迹，戈尔兹会收到了安德烈斯的信件而停止进攻吗？如果不出现奇迹的话，你将因为这些命令而叫他们全都送命。玛丽亚也在内。你将因为这些命令而叫她也送命。你连她也解救不了吗？该死的巴勃罗，见鬼去吧，他想。

不。别发脾气。发脾气就像给吓唬住一样有害。不过你原不该和你的情人睡觉，而应该跟那妇人一起骑了马整夜到这山区各地去物色足够的人马来实施这计划。是啊，他想。如果我这一来遭到不测，就别想在这儿炸桥了。是啊。就是这个问题。这就是你不出去物色的原因。你也不能派别人出去，因为你不能冒损失人手的危险，再短缺一个人了。你必须保持现有的力量，并以此制订行动计划。

可是你的计划糟透了。糟透了，我可以肯定地说。这是夜间制订的计划，而现在已是早晨。夜间制订的计划在早晨一点也没用。你在夜间的想法在早晨用不上。你现在可明白这是没有用的。

约翰·莫斯比曾经办成过跟这事几乎同样不可能办成的事情①，那

---

① 见第 255 页注①。

又怎么样呢？他当然办成了。困难要大得多呢。记住了，别低估突然袭击的作用。记住这一点。记住了，如果你能使袭击坚持到底，那不算蠢。可是这不是你应该采用的方法。你应该使它不仅成为可能，而且万无一失。可是瞧瞧情况都已发展到了什么地步吧。唉，这件事一开头就错了，而这种情况加重了灾难，就像湿雪地上滚雪球。

他蹲在桌边，抬头望去，望见了玛丽亚，她就对他笑笑。他也对她露齿笑笑，但这是皮笑肉不笑，他又挑了四枚手榴弹，放进各只口袋。我可以扭下手榴弹上的雷管，拿它来引爆就是了，他想。但我想弹壳爆裂不会引起什么不良的后果。炸药一引爆，弹壳立刻就会爆裂，不会使炸药包飞散。至少我认为不会飞散。我肯定它不会。[①]要有点儿信心，他对自己说。你啊，昨夜还在想你和你祖父多么了不起，而你父亲却是个懦夫。现在显出一点儿信心来吧。

他又对玛丽亚露齿笑笑，但这一笑仅仅绷紧了颧骨上和嘴边的皮肤，还是皮笑肉不笑。

她认为你了不起呢，他想。我看你糟透了。还有那神妙的境界跟你那一派胡扯，全都糟透了。你有着了不起的想法，是不？你算彻底了解这个世界了，是不？这一切都见鬼去吧。

别发怒，他对自己说。别大发脾气。发脾气无非也是一种出路。出路总是有的。你现在不得不解决最棘手的事啦。没有必要只因为你快要失去现有的一切而否定这一切。别像条断了脊梁的该死的蛇那样噬啮自己；再说，你的脊梁也没有断，你这条猎狗。等你受了伤再哀叫吧。等战斗打响了再发怒吧。战斗中发怒的时间有的是。这在战斗中对你倒有

① 因为背包里的引爆器、雷管和火帽等物都被巴勃罗偷掉了，乔丹只能考虑把手榴弹扎在安在桥面下关键地点的炸药包上，然后把一大卷电线的一端系在手榴弹的拉环上，从桥面上朝桥堍走，一路上放出电线，到离桥相当距离的地点，到时候只消一拉，就能使手榴弹引爆炸药包。但他又怕弹壳炸裂时，把炸药包一起炸飞了，掉在河里，不能把桥一炸两段。

点儿用处。

比拉尔拿着那只背包走到他跟前。

“现在结实了，”她说。“那些手榴弹很好，英国人。你可以信得过。”

“你觉得怎么样，大嫂?”

她望着他，摇摇头，笑笑。他不知道她这微笑有多深。看来是够深的。

“好，”她说。“还能凑合。”

接着她蹲在他身旁，说，“现在真要动手了，你觉得怎么样?”

“我们的人手太少，”罗伯特·乔丹马上对她说。

“我也这样想，”她说。“太少了。”

这时她仍只对他一人说，“玛丽亚能独个儿管住马儿。不用我管这个了。我们可以把马脚拴住。这些是骑兵队的马儿，听到枪声不会受惊。我去对付下面的那个哨所，去担当起巴勃罗的任务。这样我们就多一个人啦。”

“好，”他说。“我原想你会有这打算的。”

“可不，英国人，”比拉尔目不转睛地望着他说。“别发愁。一切都会顺利的。记住，他们不会料到会碰上这一下子的。”

“对，”罗伯特·乔丹说。

“还有一件事，英国人，”比拉尔说，她那粗哑的嗓音温和得没法更温和地小声说。“至于手的事——”

“什么手的事?”他恼怒地说。

“不，听着。别生气，小兄弟。关于那手相的事。那全是吉卜赛人的胡扯，为的是使我显得了不起。没这种事的。”

“别谈这个了，”他冷冰冰地说。

“不，”她粗哑而亲切地说。“这只是我编造出来骗骗人的胡扯。我不想使你在打仗的当天发愁。”

“我不愁，”罗伯特·乔丹说。

“不对，英国人，”她说。“你很愁，这不是没道理的。不过一切都会顺利的，英国人。我们生来就是为了干这个的啊。”

“我不需要政治委员，”罗伯特·乔丹对她说。

她又对他笑笑，那难看的嘴唇和咧开的大嘴露出了好看而真挚的笑容，她说，“我非常喜欢你，英国人。”

“我现在不需要这个，”他说。“不需要你，也不需要上帝。”

“需要，”比拉尔用粗哑的声音小声说。“我知道。我只不过想跟你说说罢了。别发愁啦。我们一切都会干得十分顺利的。”

“为什么不顺利?”罗伯特·乔丹说，微微牵动了一下脸皮，算是笑容了。“我们当然会这样的。一切都会顺利的。”

“我们什么时候出发?”比拉尔问。

罗伯特·乔丹看了看表。

“随时都可以，”他说。

他把一只背包递给安塞尔莫。

“你准备得怎么样了，老头子?”他问。

老头儿根据罗伯特·乔丹给他的样品，削了一堆木楔，即将削好最后一个。这些是额外的木楔，以防万一不够用。

“好，”老头儿说着，点点头。“到现在为止，都很好。”他伸出一只手。“瞧，”他说着笑了笑。他的手一点也不抖。

“好，那又怎么样?”罗伯特·乔丹对他说。“我每次都能保持整个手不抖。你伸出一个指头。”

安塞尔莫伸出一个指头。指头在抖着。他望着罗伯特·乔丹，摇摇头。

“我也这样，”罗伯特·乔丹做给他看。“每次都这样。这是正常的。”

“我可不一样，”费尔南多说。他伸出右手的食指，做给他们看。

然后伸出左手食指。

“你能啐出唾沫吗?”奥古斯丁问他，并对罗伯特·乔丹眨眨眼。

费尔南多咳了一声，神气地朝山洞的地上啐了一口，然后在泥地上把它一脚踩去。

“你这头脏骡，”比拉尔对他说。“你定要逞英雄的话，往炉火里啐嘛。”

“如果我们不打算离开这儿，比拉尔，我就不会啐在地上了，”费尔南多一本正经地说。

“留神你今天啐唾沫的地方，”比拉尔对他说。“说不定这正是你离不开的地方。”

“这个人说话不吉利，”奥古斯丁说。他紧张不安得不得不说笑一句，这正是他们大伙儿别具一格的共同心情。

“我是说说笑笑，”比拉尔说。

“我也是，”奥古斯丁说。“可操他奶奶的，要等到动了手我才觉得满意。”

“吉卜赛人在哪儿?”罗伯特·乔丹问埃拉迪奥。

“跟马儿在一起，”埃拉迪奥说。“你可以从洞口望到他。”

“他的情况怎么样?”

埃拉迪奥露齿笑笑。“害怕得很，”他说。谈到别人的害怕，使他自己感到安心。

“听，英国人——”比拉尔开口说。罗伯特·乔丹朝她望去，只见她张开了嘴，脸上露出诧异的神色，就伸手去拔手枪，一转身对着洞口。那边有人一手撩开毯子，肩上撅出着短自动步枪的锥形枪口，正是巴勃罗，身材又矮又宽，满脸胡子，一双眼睑发红的小眼睛并不望着哪一个人。

“你——”比拉尔诧异地对他说。“你。”

“我，”巴勃罗声调平稳地说。他走进山洞。

“喂，英国人，”他说。“我把埃利亚斯和亚历杭德罗两队里的五个弟兄跟他们的马儿带来了，都在山上。”

“那么引爆器和雷管呢?”罗伯特·乔丹说。“还有别的材料呢?”

“我扔到峡谷中的河里去了，”巴勃罗说，还是并不望着哪一个人。“不过我想到了一个用手榴弹引爆的办法。”

“我也想到了，”罗伯特·乔丹说。

“你有什么酒吗?”巴勃罗疲倦地问。

罗伯特·乔丹递给他那只扁瓶子，他就急急地喝着，然后用手背抹抹嘴。

“你是怎么回事?”比拉尔问。

“没什么，”巴勃罗说，又抹了一下嘴。“我回来了。”

“可到底是怎么回事?”

“没什么。我一时软弱。走了，不过回来啦。”

他转身面对罗伯特·乔丹。“我在心底里可不是个胆小鬼，”他说。

可你何止是个胆小鬼呢，罗伯特·乔丹想。不是才见鬼哪。可是我很高兴见到你，你这狗娘养的。

“从埃利亚斯和亚历杭德罗那儿我只能搞到五个人，”巴勃罗说。“我当时离开了这儿，一直骑着马奔走。你们九个人是绝对应付不了的。绝对不行。英国人昨晚谈问题的时候我就明白。绝对不行。下面的哨所里有七个士兵和一个班长。要是他们有警报器，或者抵抗呢?”

他这时打量着罗伯特·乔丹。“我走的时候想，你会明白这是不行的，就会撒手不干。后来我扔了你的器材后，对这件事倒另有想法了。”

“我见到你很高兴，”罗伯特·乔丹说。他走到了他身边。“我们有手榴弹就没问题。这就行了。别的东西现在不要紧。”

“不，”巴勃罗说。“我什么也不愿为你干。你是个恶兆头。问题全都出在你身上。聋子送命也是由于你。可我扔掉你的器材后，觉得自己太孤单了。”

“你的妈——”比拉尔说。

“所以我骑了马儿去找人，使这次袭击有可能搞成。我把能找到的最棒的人带来了。我把他们留在山头上，这样我可以先来跟你谈谈。他们以为我是头头哪。”

“是头头，”比拉尔说。“要是你想当的话。”巴勃罗望着她，没说什么。他接着直率而平静地说，“聋子出事以后，我想得很多。我看，如果我们不得不完蛋的话，就在一起完蛋吧。可是你啊，英国人。我恨你给我们带来这恶运。”

“不过，巴勃罗——”费尔南多开口说，他衣袋里都装满了手榴弹，肩上背着一条子弹带，他还在用一片面包抹他盘子里的肉汁。“你认为这一仗不会打赢吗？可前天晚上你说过你相信一定会打赢的。”

“再给他些炖肉，”比拉尔恶狠狠地对玛丽亚说。然后对着巴勃罗，目光变得温柔了。“这么说，你回来了，呃？”

“是啊，太太，”巴勃罗说。

“好，欢迎你，”比拉尔对他说。“我原想你还不至于垮到那种地步。”

“我这么干了，感到孤单得叫我受不了，”巴勃罗悄悄地对她说。

“叫你受不了，”她学着他的腔调取笑他。“十五分钟就叫你受不了啦。”

“别学着我的话取笑我，太太。我回来啦。”

“欢迎你，”她说。“没听我开头就说了？喝了咖啡，我们走。这么做作叫我厌烦。”

“那是咖啡吗？”巴勃罗问。

“当然，”费尔南多说。

“给我一些，玛丽亚，”巴勃罗说。“你好吗？”他没对她看。

“好，”玛丽亚对他说，端给他一碗咖啡。“要炖肉吗?”巴勃罗摇摇头。

“独个儿真不是滋味，”巴勃罗继续向比拉尔解释，好像没旁人在场似的。“我不喜欢孤单单的。明白吗？昨儿一整天我为大家的利益做事，就不觉得孤单。可是昨儿晚上哪。好家伙！时光真难挨啊!”

“加略人犹大，你那个臭名昭著的老祖宗，最后上吊自尽了①，”比拉尔说。

“别这样跟我说话，太太，”巴勃罗说。“难道你没看见？我回来了。别讲犹大什么的了。我回来了。”

“你带来的这些人怎么样?”比拉尔问他。“带来了些值得带来的人吗?”

“都是好汉，”巴勃罗说。他趁机对她直勾勾地望了一眼，就望着别处。

“好汉加傻子。准备去死的就是了。配你口味的。你喜欢的就是这种人。”

巴勃罗又朝她的眼睛望着，这次不再往别处看了。他那双眼睑通红的猪眼般的小眼睛直勾勾地对她望个不停。

“你呀，”她说，粗哑的嗓音又变得亲热了。“你呀。我看男人有过一点骨气的话，是永远多少会留下一点的。”

“准备好啦，”巴勃罗说，这时直勾勾地正面望着她。“不论明天会发生什么，我都准备好啦。”

“我相信你回心转意了，”比拉尔对他说。“我相信是这样。不过

① 耶稣十二门徒之一犹大为了30块银洋，把耶稣出卖给罗马统治者。等到耶稣被定了死罪，犹大后悔了。他“把那三十块钱，拿回来给祭司长和长老说，我卖了无辜之人的血，是有罪了。他们说，那与我们有什么相干，你自己承当吧。犹大就把那银钱丢在殿里，出去吊死了”。（见《圣经 · 马太福音》第27章第3到5节）

你这人呀，出走的时间可不短啊。”

“让我再喝口你瓶里的东西，”巴勃罗对罗伯特·乔丹说。“然后我们动身吧。”

第三十九章

他们摸黑穿过树林爬上山坡，来到山顶上一条狭窄的山口。他们全都背着沉重的装备，缓缓地爬山。马儿也驮着东西，堆放在马鞍上。

“必要的时候我们可以割断绳子，卸掉装备，”比拉尔曾说。“不过如果能保存下来，我们可以用来再扎个营地。”

“那么其他的弹药呢?”他们用绳子捆扎包裹的时候，罗伯特·乔丹问。

“在那些马褡子里。”

罗伯特·乔丹感到身上沉甸甸的背包的分量，感到口袋里装满了手榴弹的上衣的拉力牵勒着他的脖子，感到手枪贴在大腿上的分量，感到装着手提机枪子弹夹的裤袋饱鼓鼓的。他嘴里有着咖啡味，右手提着手提机枪，伸出左手，把上衣领子拉起，来松一松背包带子的牵勒。

“英国人，”巴勃罗对他说，在黑暗中紧靠在他身边走着。

“什么事，伙计?”

“我带来的这些人以为这一回事情准干得成，因为是我把他们带来的，”巴勃罗说。“别说什么叫他们泄气的话。”

“好，”罗伯特·乔丹说。“就让我们来把事情干成了吧。”

“他们有五匹马儿，知道吗?”巴勃罗谨慎地说。

“好，”罗伯特·乔丹说。“我们该把所有的马儿都集中在一起。”

“好，”巴勃罗应了一声，不再说什么。

老巴勃罗啊，看来你不像在去塔尔苏斯路上的圣保罗那样彻底的回心转意吧，[①]罗伯特·乔丹想。不。你回来就是个够大的奇迹。看来把你奉为圣徒是没有什么问题的。

“我带那五个人去对付下面的哨所，就像聋子会干的那样，”巴勃罗说。“我去割断了电线，向桥头靠拢，照我们协议的办法干。”

这问题在十分钟之前我们全部讨论过啦，罗伯特·乔丹想。不知道为什么现在这一点——

“我们是有可能转移到格雷多斯山区去的，”巴勃罗说。“说真的，我很看重这一点。”

我看你在这最后几分钟内脑子里又闪出了什么念头，罗伯特·乔丹对自己说。你又看到启示了[②]。但是你别打算使我相信你欢迎我一起去。不，巴勃罗。别指望我对你具有太多的信任。

巴勃罗进山洞来说他带来了五个人以来，罗伯特·乔丹的心情变得越来越好。巴勃罗的再次出现打破了下雪以来整个行动计划显得要搁浅的悲剧格局，而自从巴勃罗回来后，罗伯特·乔丹并不以为自己的运气好转了，因为他不相信运气，而是感到整个情况有了好转，现在事情可能办得成了。他感到的不再是肯定会失败，而是鼓起了信心，就像气泵使车胎慢慢地开始充气一样。就像气泵开始打气后橡皮轮胎的表面有点儿蠕动，起先没有多大的差别，虽然有了明显的苗头，可是现在这信心像上涨的潮水或树身内升起的汁液，不断涌起，直到他开始感到疑惧的情绪走向反面，袭上心头，而这种心情常会转化成临战前的具体喜悦。

这是他所具备的最大天赋，这种才能使他适宜参加战争；这就是蔑视而不是忽视可能出现的坏结局的能力。如果对别人怀着过多的责任

---

① 塔尔苏斯在今土耳其南部，滨东地中海，为保罗的诞生地。第 403 页注①中曾提到他是在去大马士革的路上被耶稣显灵所感化的，此处显系作者笔误。

② 乔丹这时又在把巴勃罗比作圣保罗。

感，或者不得不执行计划不周或设想不当的什么任务，这种能力就会被抵消。因为在这些事情上坏结局和失败是不应忽视的。这还不单是可能损害自己的问题，这倒是可以忽视的。他知道他个人无足轻重，他知道死亡无足轻重。他确实认识到这一点，就像他确实知道别的事情一样。在这最后的不多几天里，他懂得了他自己和另外一个人一起可能就等于一切。但是他心里知道这是个例外。我们经历过了，他想。就这方面来说，我是最幸运的。我被给予这一切，也许就是因为我从没争取过吧。这是无法被夺走，也不会丢失的。但是在今天早晨，这一切都过去了，结束了，现在马上要干的是完成我们的任务。

你啊，他对自己说，我高兴见到你重新得到了一点儿一度非常缺乏的东西。可是你[①]在那边表现得真糟。[②]我真为你羞愧了一阵子。不过我就是你啊。我没有资格来评判你。我们俩的处境都很糟。你和我，我们俩都这样。得啦。别像得了精神分裂症似的胡思乱想啦。现在把问题一个个地考虑吧。现在你又正常了。可是听着，你决不能再整天惦念着那姑娘了。你现在要保护她，除了别让她卷入战斗以外，别无他法，而你现在正在这样做。如果种种迹象靠得住，显然会有很多马儿。你为她所能做得最好的事情，就是又好又快地完成这任务，并且撤出去，而惦念她只会妨碍你干这件事。所以别再想她了。

得出了这个结论，他就等着，直到玛丽亚跟比拉尔和拉斐尔牵着马儿一起走来。

“喂，美人儿，”他在黑暗中对她说，“你好吗?”

“很好，罗伯托，”她说。

“什么也别愁，”他对她说，把机枪移到左手里，伸出右手放在她

---

① 这里的“你”和下面几句中的“你”都指乔丹自己。这是他在内心中和另一自我说话。

② 指清晨和玛丽亚一起在睡袋中时思前想后，独自发愁。现在恢复了信心，应该摆脱一切杂念，执行任务。

肩上。

"我不愁，"她说。

"一切都安排得很好，"他对她说。"拉斐尔会跟你一起看管马儿的。"

"我宁愿跟你在一起。"

"不行。最用得着你的地方是看管马儿。"

"好吧，"她说。"我这就去。"

正在这时，有匹马儿嘶叫了一声，下面的空旷地段有匹马儿应了一声，叫声穿过岩石的缺口传来，响成一阵尖厉的断续的震颤声。

罗伯特·乔丹在黑暗中看到前面那些新来的马儿的巨大的身影。他赶紧走上前去，跟巴勃罗一起来到马群前。那些人正站在他们的坐骑边。

"你们好，"罗伯特·乔丹说。

"你好，"他们在黑暗中回答。他看不清他们的脸。

"这就是跟我们一起来的英国人，"巴勃罗说。"爆破手。"

对此谁也不答话。也许他们在黑暗中点头吧。

"我们动身走吧，巴勃罗，"有一个说。"天快亮了，我们会暴露的。"

"你们多带来了些手榴弹吗?"另一个问。

"多得很，"巴勃罗说。"等我们撇下了马儿，你们自己取用吧。"

"那我们走吧，"另一个说。"我们已在这儿等了半夜啦。"

"喂，比拉尔，"那妇人走上前来的时候，另一个说。

"啊哟哟，那不是佩贝吗，"比拉尔声音嘶哑地说。"你好吗，放羊的?"

"好，"那人说。"还能凑合。"

"你骑的是什么马儿?"比拉尔问他。

“巴勃罗的灰马，”那人说。“这马儿真带劲。”

“得啦，”另一个说。“我们走吧。在这儿扯淡可不行。”

“你好吗，埃利西奥？”比拉尔对这正要上马的人说。

“我会好到哪儿去？”他粗鲁地说。“走吧，大嫂，我们忙着呢。”

巴勃罗跨上了那匹枣红大马。

“你们把嘴闭上，跟着我走，”他说。“我来带你们到该下马步行的地方去。”

第四十章

当罗伯特·乔丹睡觉的时候，当他计划炸桥的时候，当他和玛丽亚在一起的时候，安德烈斯进展缓慢。他以一个体格强壮、熟悉地形的乡下人在黑夜所能赶路的速度，越过田野，穿过法西斯防线，最后来到共和国的防线。不过，一旦进入了共和国的防线，进程就很慢了。

从情理上说，他只要出示罗伯特·乔丹给他的盖有军事情报部公章的通行证和盖有同样公章的急件，然后获准用最快的速度向目的地进发就行了。但是他一开头就在前沿阵地遇上了那个连长，此人像只猫头鹰似的对这整个使命疑虑重重。

他跟随这位连长来到他所属的营部，营长在运动前是名理发师，听了他谈到的使命后热情满怀。这位营长姓戈麦斯，他骂连长愚蠢，拍拍安德烈斯的背，请他喝了杯次货白兰地，还告诉他说，他以前是理发师，一直想当游击队员。他接着叫醒了他的副官，把营的工作移交给他，并派勤务兵去叫醒他的摩托车司机，把他带来。戈麦斯并没有要摩托车司机送安德烈斯到旅部，而是决定亲自带他去那里把事情赶快了结，于是在那两边栽着两行大树、布满炮弹坑的山路上，安德烈斯抓紧了他身前的坐垫，他们一路颠簸着，轰隆隆地前进，摩托车的前灯照亮了刷白的树脚，照亮了运动开始后第一个夏季在这里沿路作战时树身上被弹片和子弹刮掉白粉和炸裂树皮的地方。他们拐进一个山间的旅游小镇，那里的房屋被炸坏了屋顶，旅部就设在那里，戈麦斯像个煤渣跑道上的赛车运动员那样刹住了摩托车，把它靠在屋墙边，那儿有个睡意蒙眬的门岗对他一个立正，戈麦斯把他推开，走进一个大房间，房里四壁挂着地图，有个昏昏欲睡的军官戴着一顶绿色护目鸭舌帽坐在写字台旁，台上有盏台灯、两架电话机和一份《工人世界报》。

这位军官抬头望望戈麦斯，说，“你到这儿来干什么？从没听说过有电话这东西吗?”

“我必须见中校，”戈麦斯说。

“他在睡觉，”军官说。“我在一英里外就见到你亮着车灯在路上开来。想把炮弹招来吗?”

“去叫中校吧，”戈麦斯说。“有件非常重要的事。”

“他在睡觉，我跟你说了嘛，”军官说。“跟你在一起的是哪一路土匪啊?”他朝安德烈斯那方向点点头。

“他是火线另一边来的游击队员，带来一份极端重要的急件，要给指挥黎明时就要在纳瓦塞拉达再过去的地方发动进攻的戈尔兹将军，”戈麦斯激动而焦急地说。“看在天主份上，把中校叫醒吧。”

军官用罩着绿色赛璐珞帽舌的眼睑松垂的眼睛望着他。

“你们全都疯了，”他说。“我不知道什么戈尔兹将军，什么进攻。带这个运动员回你营部去。”

“叫醒中校，我说，”戈麦斯说，安德烈斯看见他的嘴在绷紧。

“去操你自己吧，”军官懒洋洋地对他说着，转过头去。

戈麦斯从枪套里拔出他那沉重的九毫米口径的星牌手枪，猛地抵在军官肩上。

“叫醒他，你这法西斯杂种，”他说。“叫醒他，否则我要你的命。”

"冷静一点，"军官说。"你们这些剃头的都动不动就发火。"

安德烈斯在台灯光中见到戈麦斯恨得脸儿变了样。但是他说的只是，"叫醒他。"

"勤务兵，"军官用轻蔑的声音喊了一声。

一个士兵来到门口，敬了个礼，就走出去了。

"他的未婚妻跟他在一起，"军官说，又看起报来。"他准会乐意见你的。"

"妨碍人们努力打赢这场战争的就是像你这种家伙，"戈麦斯对这个参谋说。

军官不答理他。他接着一边看报，一边仿佛在自言自语，"这份刊物好不古怪!"

"那你为什么不看《辩论报》呢？那才是你们的报纸，"戈麦斯对他说，提起了运动前在马德里出版的那份天主教保守党的主要机关报。

"别忘了我是你的上级军官，由我打个告你的报告是有分量的，"军官说，头也不抬。"我从来不看《辩论报》。别血口喷人。"

"对。你看的是《阿贝赛报》①，"戈麦斯说。"军队依然因为有了你这样的家伙而腐败。因为有了你这样的职业军人。但情况不会总是这样。我们受到了愚昧无知的和冷嘲热讽的这两种人的困扰。但是我们要教育前一种人，消灭后一种人。"

"你想用的词儿该是'清洗'吧，"军官说，仍然头也没抬。"这上面报道说，你的了不起的俄国人又被清洗了一些。在当今这个时代，他们正在清洗的劲头比泻盐还凶。"

"不论用什么词儿，"戈麦斯情绪激昂地说。"不论用什么词儿，只要把你这号人肃清就行。"

"肃清，"军官傲慢地说，仿佛在自言自语。"又是一个没多少地

---

① 《阿贝赛报》为西班牙一大报，创刊于 1904 年，采取保守的保皇派观点。

道西班牙语味道的新词儿。”

“那就说枪毙吧，”戈麦斯说。“这是地道西班牙语啦。这你懂了?”

“懂，伙计，可是别这么大声嚷嚷。在这个旅参谋部入睡的，除了中校还有别人嘛，而你的激情叫我厌烦。就为了这个原因，我总是自己刮脸的。我一直讨厌跟剃头的交谈。”

戈麦斯望了望安德烈斯，摇摇头。他眼睛里闪着由于狂怒和憎恨而激起的泪光。但是他摇摇头，没说什么，同时忍住了满眶的眼泪，留到将来的某一时刻应用。在他晋升为那一山区的营长的这一年半里，他忍住了多少眼泪啊，这时穿着一身睡衣的中校来到屋里，他就死板板地站起，来一个敬礼。

米兰达中校是个脸色灰白的矮个子，一生都在军界，在摩洛哥得消化不良症期间失去了在马德里的妻子的爱情，等他发现没法和妻子离婚(要恢复他的消化机能却不成问题)，才成为共和党人，以中校身份参加内战。他只有一个抱负，就是结束战争时保持同样的军衔。他出色地守卫山区，希望单独留在那里，每当山区遭受攻击时加以保卫。大概是由于被迫缩减吃肉的次数的原因，他在战争中觉得健康多了，他储存了大量小苏打，晚上喝威士忌，他那位二十三岁的情妇怀孕了，就像差不多所有那些从去年七月开始当民兵的其他姑娘一样，这时他来到房间里，点点头回答戈麦斯的敬礼，并伸出一手。

“什么风把你吹来了，戈麦斯?”他问，接着对写字台边的军官，他的作战科长，说，“请给我支烟，佩贝。”

戈麦斯给他看安德烈斯的证件和那份急件。中校对通行证倏地看了一眼，就望着安德烈斯，点点头，笑了笑，然后如饥似渴地看急件。他摸摸印记，用食指检验一下，然后把通行证和急件一起交还给安德烈斯。

“山里生活很艰苦吗?”他问。

“不，我的中校，”安德烈斯说。

“他们跟你说了在什么最近的地方能找到戈尔兹将军的参谋部吗?”

“纳瓦塞拉达，我的中校，”安德烈斯说。“英国人说这地方该在火线后，靠近纳瓦塞拉达的东面。”

“什么英国人?”中校静静地问。

“跟我们在一起的英国人，是个爆破手。”

中校点点头。这不过是这次战争中又一个出人意外的无法解释的罕见现象。“跟我们在一起的英国人，是个爆破手。”

“戈麦斯，你还是用摩托车把他送去吧，”中校说。“给他们开一张去戈尔兹将军参谋部的极有分量的通行证，我来签字，”他对那戴着绿色赛璐珞护目帽的军官说。“用打字机打，佩贝。这是他的详细情况，”他示意安德烈斯把通行证交给他，“盖上两个章。”他转身对戈麦斯。“你今晚需要些有分量的证件。这是理所当然的。人们在计划发动进攻的时候，必须多加小心。我要尽我能力，给你些最有分量的证件。”他接着十分亲切地对安德烈斯说，“想来点儿什么?吃的，还是喝的?”

“不要，我的中校，”安德烈斯说。“我不饿。在最后那个指挥所，他们给我喝了干邑白兰地，再喝要叫我头晕了。”

“你一路过来，见到我的防线对面有什么军事活动吗?”中校客气地问安德烈斯。

“还是老样子，我的中校。一无动静。一无动静。”

“大约三个月前在塞尔赛迪利亚，我是不是曾见过你?”中校问。

“是的，我的中校。”

“我也是这样想的，”中校拍拍他的肩膀。“那时你跟安塞尔莫老头在一块。他好吗?”

“他好，我的中校，”安德烈斯对他说。

“好。我听了很高兴，”中校说。那军官给他看打好的证件，他看了一遍，签了名。“你们现在必须马上就走，”他对戈麦斯和安德烈斯说。“开车要多加小心，”他对戈麦斯说。“要把车灯打亮。单独一辆摩托车不会引起什么麻烦，可你们必须多加小心。代我向戈尔兹将军同志问好。在佩格里诺斯战役后我们碰过头。”他和他们两人都握了手。“把证件扣在衬衣里面，”他说。“摩托车上风很大。”

他们走出去后，他走到食柜边，拿出酒杯酒瓶，斟了些威士忌，从一把靠墙放在地上的瓦壶里掺了点清水在酒里。接着，他握着酒杯十分缓慢地呷着，站着面对挂在墙上的那张大地图，研究在纳瓦塞拉达以北地区发动进攻的种种可能性。

“我庆幸这事由戈尔兹去对付而不是我，”他临了对坐在桌子边的军官说。军官没回话，中校的目光离开了地图来望军官，只见他脑袋伏在手臂上，已睡着了。中校走到桌边，把两架电话机推近在一起，使得紧挨那军官脑袋两旁各有一架。他接着走到食柜边，又斟了些威士忌，在里面掺了水，回到地图前。

安德烈斯紧紧抓住戈麦斯叉开双臂驾着的摩托车上的座位，低头顶着风，随着摩托车一路噗噗噗地行驶在乡间公路上，车灯灯光劈开了黑夜，前面的路面在路边两排黑黑的高大的白杨树中间显得很分明，在公路朝下穿过小河河床边的迷雾时显得模糊而昏黄，等到路面升高时，又显得分明起来，驶到前面的交叉路口，车灯照亮了从山上开来的一行灰扑扑的空卡车。

第四十一章

巴勃罗在黑暗中停下来，跨下马背。罗伯特·乔丹听到他们大家下马时咯吱咯吱的声音、粗重的呼吸声和有一匹马儿把头一甩时马勒发出的叮当声。他闻到马儿身上的气味，新来的人没水洗沐、和衣而睡而身上带着的酸臭，以及待在山洞里那些人身上隔宿的烟火味。巴勃罗正站在近旁，罗伯特·乔丹闻到他身上发出的铜腥的酒酸味，仿佛嘴里含着铜币的感觉。他一手握成杯形，护着火光点了支烟，深深地吸了一口，听到巴勃罗声音放得很低地说，“我们去拴马脚的时候，比拉尔，你把装手榴弹的口袋卸下来。”

“奥古斯丁，”罗伯特·乔丹低声说，“你和安塞尔莫现在跟我到桥头去。装机枪子弹盘的口袋在你那儿吗?”

“在，”奥古斯丁说。“怎么会不在?”

罗伯特·乔丹向比拉尔那里走去，她正在把东西从一匹马上卸下来，普里米蒂伏帮衬着。

“听着，大嫂，”他低声说。

“现在怎么啦?”她沙哑地小声说，把一只肚带钩从马腹下甩到另一边去。

“你要听到了炮弹落地的爆炸声才能袭击哨所，明白吗?”

“你得跟我说多少回啊?”比拉尔说。“英国人，你越来越像个老太婆啦。”

“只想落实一下罢了，”罗伯特·乔丹说。“端掉了哨所，你就向桥头靠拢，从上面和我的左翼用火力封锁公路。”

“你第一次交待要点的时候，我就明白了，再跟我说也是一个样，”比拉尔对他低声说。“干你自己的事去吧。”

“在听到炮击声之前，谁也不准动一动，打一枪，或者扔个手雷，”罗伯特·乔丹低声说。

“别再烦我啦，”比拉尔恼火地小声说。“我们去聋子那儿以来，我就明白了。”

罗伯特·乔丹走到巴勃罗正在拴马的地方。“我只把那些容易受惊的马儿拴住脚，”巴勃罗说。“我把这些马这样拴住了，只要一拉绳子，就能把它们松开，明白吗?”

“好。”

“我来跟姑娘和吉卜赛人讲一讲怎样看管马儿，”巴勃罗说。他那伙新来的弟兄正单独聚在一起站着，身子拄着卡宾枪。

“一切都明白了?”罗伯特·乔丹问。

“怎么不明白?”巴勃罗说。“端掉哨所。割断电线。向桥头靠拢。封锁桥面，等你炸桥。”

“轰炸开始之前不准有任何行动。”

“就是这样。”

“那就行，祝你顺利。”

巴勃罗咕噜了一声。他接着说，“我们回头赶来的时候，你会用机枪和你那挺小机枪好好掩护我们吧，英国人，嗯?”

“一开始就会这样干的，”罗伯特·乔丹说。“全力以赴。”

“既然这样，”巴勃罗说。“再没说的了。不过到那时你必须十分小心，英国人。这掩护的事儿不简单，除非你十分小心。”

“我会亲自掌握机枪的，”罗伯特·乔丹对他说。

“你很有经验吗?因为我可不愿意让奥古斯丁把我毙了，尽管他有一肚子好意。”

“我很有经验。没错。要是奥古斯丁使那两挺机枪之一的话，我会叫他注意高高地越过你的头射击。高高地、高高地、高高地越过你的头。”

“那就再没说的了，”巴勃罗说。他接着推心置腹地低声说，“马儿还是不够哪。”

这狗娘养的，罗伯特·乔丹想。难道他以为我没听懂他一开头就说的话吗?

“我步行，”他说。“马儿是你的事。”

“不，会有匹马儿给你的，英国人，”巴勃罗低声说。“会有马儿给我们大家骑的。”

“这是你的问题，”罗伯特·乔丹说。“你不用把我算在里面。你那挺新机枪的弹药够吗?”

“够，”巴勃罗说。“那骑兵身上的弹药全部都在。我只打了四发试试枪。我昨天在高山间试了试枪。”

“我们马上走，”罗伯特·乔丹说。“我们必须一早就赶到那儿，好好隐蔽起来。”

“我们马上都走，”巴勃罗说。“祝你顺利，英国人。”

我想知道这杂种现在在打什么主意，罗伯特·乔丹想。但是我十分肯定我是知道的。得了，这是他的事，和我不相干。感谢上帝我不认识这些新来的人。

他伸出一手，说，“祝你顺利，巴勃罗。”黑暗中，他们的两只手紧紧握在一起。

罗伯特·乔丹伸出手来的时候，以为会握住什么像爬虫的东西，或者触摸到麻风病患者似的。他不知道握住了巴勃罗的手会有什么感觉。但是在黑暗中，巴勃罗有力地握住了他的手，坦率地紧握着，他就报以同样的紧握。巴勃罗的手在黑暗中显得很有力，握着它使罗伯特·乔丹产生了那天早晨最离奇的感觉。我们现在必须做盟友，他想。盟友间总是多多握手言欢的。且不提授勋或吻两边脸颊那一套，他想。很高兴我们不用这样做。看来所有的盟友都是这么回事吧。实质上他们总是彼此憎恨的。这个巴勃罗可是个怪人。

“祝你顺利，巴勃罗，”他说着，紧握了一下这只陌生、结实、果断的手。“我会好好掩护你的。别担心。”

“对不起，我拿走了你的爆破器材，”巴勃罗说。“我当时耍了两面派。”

“可是你带来了我们需要的人马。”

“我并不是用炸桥这件事来反对你，英国人，”巴勃罗说。“我估计是能圆满成功的。”

“你们两个在干什么？搞同性恋?”黑暗中，比拉尔突然在他们身旁说。“你短缺的就是这一个了，”她对巴勃罗说。“走吧，英国人，别唠唠叨叨地说再见啦，免得这家伙把你剩下的炸药偷了。”

“你并不理解我，太太，”巴勃罗说。“英国人和我可彼此理解。”

“没人理解你。天主和你的妈都不理解你，”比拉尔说。“我也不理解你。走吧，英国人。跟你那短毛丫头说声再见就走吧。去你爹的，不过我开始想，你害怕看到公牛出场。”

“去你娘的，”罗伯特·乔丹说。

“你从来没娘，”比拉尔兴冲冲地低声说。“快走吧，因为我巴不得马上就开始干，把事情了结。跟你的那帮人一起走吧，”她对巴勃罗说。“谁知道他们的坚定决心能维持多久？其中有两三个，我可不愿拿你跟他们交换呢。带他们走吧。”

罗伯特·乔丹把背包甩到背上，走到马儿那儿去找玛丽亚。

“再见，美人儿，”他说。“不久就要和你见面的。”

这时，他对这一次分手产生了一种虚幻的感觉，好像这些话他以前全说过，又好像有一列火车正要开出去，尤其像有一列火车而他正站在车站的月台上。

“再见，罗伯托，”她说。“多加小心。”

“当然，”他说。他低下头去吻她，背上的包向前一滚，撞在他后脑勺上，因而使他的前额重重地砸了一下她的前额。这样砸的时候，他想起这情形以前也碰到过。

“别哭，”他局促地说，倒不仅仅是因为背着东西。

“我不哭，”她说。“可你快回来啊。”

“听到枪声别担心。必然会大打其枪的。”

“不担心。可是你快回来。”

“再见，美人儿，”他局促地说。

“再见，罗伯托。”

自从罗伯特·乔丹第一次离家，从红棚屋城乘火车到比林斯，再从那里转车去上学以来，他还没有感到过像现在这样不像个大人。他当初怕离家，不愿让任何人知道他怕，在车站上，就在列车长搬起踏脚箱让他能踏上普通客车的踏板时，他父亲跟他吻别，并说，“在我们分居两地的时候，愿主保佑我们俩。”他父亲是个笃信宗教的人，这句话说得坦率而真挚。但他的胡子湿漉漉的，他激动得眼眶都润湿了，因此那消沉而虔诚的祝祷声，他父亲跟他的吻别，都使罗伯特·乔丹非常窘，以致他突然间觉得比他父亲老成得多，并替他父亲感到难受，因为他竟然忍受不了这别离的哀愁。

火车开动后，他站在车厢的后平台上，望着车站和水塔变得越来越小，在那正在把他送往远方的不断的咔嗒咔嗒声中，只见中间横着一根根枕木的两条铁轨变得狭窄，最后在远处聚成一点，旁边的车站和水塔这时显得精致而微小。

那司闸员说，“看来你爸爸为你离家感到有点儿难受呢，鲍勃。”

“是的，”他说，望着路基边的艾草，这片艾草从那里穿过在眼前飞掠过的一根根电线杆之间，直长到蜿蜒地掠过的布满尘土的路边。他在看有没有艾草榛鸡。

“离家去上学，你无所谓？”

“无所谓，”他说，这是真心话。

这在以前可能并不是真的，而在那一刻却是真的，并且也只有在现在，在这次分手的时候，他才像当初火车开动前那样感到稚气。他这时感到非常稚气，非常局促，他局促地说再见，就像做学生时跟年轻的女同学说再见，在大门口说着再见，但不知道是吻她好，还是不吻好，局促得不得了。再一想，他明白他这时感到局促的不是道别。而是马上要来到的跟敌人的交锋。他对这次交锋感到非常局促，道别给他的局促的感觉仅仅是这种心情的一部分而已。

你又来这一套了，他对自己说。但是我看谁都会感到自己过于年轻无知而干不了的。他不想说这种心情是什么。得了，他对自己说。得了。你的第二个童年①不会就来，还早着呢。

“再见，美人儿，”他说。“再见，兔子。”

“再见，我的罗伯托，”她说，他就走到安塞尔莫和奥古斯丁站着的地方，说，“我们走吧。”

安塞尔莫把沉重的背包甩上肩。奥古斯丁离山洞时全身都背着东西，这时身子靠在一棵树上，自动步枪戳出在背包顶上。

“好，”他说。“我们走。”

他们三人开始下山。

“祝你顺利，堂罗伯托，”当他们三人排成单行在树林中行进，经过费尔南多身边时，费尔南多说。他在离他们不远的地方蹲着，但说话的口气十分庄重。

“祝你也顺利，费尔南多，”罗伯特·乔丹说。

“祝你一切顺利，”奥古斯丁说。

“谢谢你，堂罗伯托，”费尔南多不顾奥古斯丁打岔，说。

“他真是个怪人，英国人，”奥古斯丁低声说。

“你说得不错，”罗伯特·乔丹说。“我能帮你一把吗？你背这么多东西，像匹马儿了。”

“我能行，”奥古斯丁说。“老兄，可我很满意我们行动起来了。”

“小点儿声，”安塞尔莫说。“从现在开始，少说话，声音放低些。”

他们小心翼翼地走下山去，安塞尔莫领头，第二个是奥古斯丁，罗

① 指人老了，智力衰退而行动幼稚，好像回复到童年时期。

伯特·乔丹小心翼翼地一步步踩着，免得滑跤，感到绳底鞋踩在枯萎的松针上，一只脚在松树根上狠狠绊了一下，就伸出一手，摸摸自动步枪枪筒上冷冷的钢枪尖和三脚架上折起的脚，接着打着斜下山，脚上的鞋在打滑，在林地上留下一道道凹痕，又伸出左手，摸到一根树干上粗糙的树皮，接着挺起身来，手上摸到一块光溜溜的、树皮被割开的地方，就把手缩回去，手掌根上沾到了黏糊糊的树脂；他们从树木丛生的陡坡上一路下来，来到桥上方罗伯特·乔丹和安塞尔莫第一天在那里观察过的地点。

这时安塞尔莫在黑暗中被一棵松树挡住了去路，就握住了罗伯特·乔丹的手腕，低声说，“瞧。那家伙的火盆里有火，”声音低得罗伯特·乔丹几乎听不到。

这一点火光所在的下面，罗伯特·乔丹知道，就是公路与桥堍相接之处。

“我们上次就是在这儿观察的，”安塞尔莫说。他抓住罗伯特·乔丹的手往下按，去摸一根树干下端新割去了一小块树皮的地方。“这是你观察时我做的记号。右面那儿，就是你打算架机枪的地方。”

“我们就把它架在那儿吧。”

“好。”

他们把背包放在几棵松树的树脚后，其他两人跟着安塞尔莫向一块长着一簇小松树的平地走去。

“这儿，”安塞尔莫说。“就是这儿。”

“天一亮，从这儿望去，”罗伯特·乔丹蹲在小树丛后对奥古斯丁低声说，“你可以看到这边一小段公路和桥堍。还可以看到桥身和另一边一小段公路，再过去，公路就拐弯隐没在岩石后了。”

奥古斯丁不作声。

“我们准备爆破时，你得伏在这儿，上面或下面有敌人来，你就射击。”

“那火光是什么地方?”奥古斯丁问。

“是这边岗亭里的,”罗伯特·乔丹低声说。

“谁对付这些哨兵?”

“老头子和我,我跟你讲过啦。但是,如果我们来不及对付他们,你必须向岗亭里打枪,看到人就打枪。”

“是。这个你跟我说过了。”

“爆炸之后,等巴勃罗一伙从那边拐角上转过来的时候,要是有人追赶他们,你必须越过他们的头打枪。他们露面的时候,你必须高高地越过他们的头打枪,无论如何不能让敌人追过来。你懂吗?”

“怎么不懂?你昨天晚上就这么讲过。”

“有问题吗?”

“没有。我带着两只麻袋。我可以在上面隐蔽的地方把袋里装满了泥土,搬到这儿来当沙袋。”

“可别在这儿挖土。你必须像我们上次在山顶上那样好好隐蔽起来。”

“不妨事。我会摸黑把装上泥土的麻袋搬来。你回头瞧吧。我会弄妥帖,不会露馅儿。”

“你太接近了。明白吗?天一亮,下面就能清清楚楚地望到这簇小树。”

“别担心,英国人。你去哪儿呢?”

“我带着我这小机枪就到这儿下面去。老头子会马上越过峡谷,去准备对付另一头的岗亭。那岗亭和我们反方向。”

“那么这就行了,”奥古斯丁说。“祝你顺利,英国人。你有烟吗?”

“你不能抽烟。离敌人太近了。”

“不抽。只叼在嘴上。以后抽。”

罗伯特·乔丹把他的烟盒给他,奥古斯丁拿了三支,插在他那平顶牧人帽的前帽檐里。他拉开机枪的三脚架，把枪筒架在矮松树丛中，开始摸索着解开他背的包，把东西放在顺手的地方。

“好了，没别的了，”他说。

安塞尔莫和罗伯特·乔丹把他留在那里，就回到放背包的地方。

“我们把它们放在哪儿好?”罗伯特·乔丹低声说。

“我看就在这儿吧。可是你有把握用手提机枪从这儿干掉那个哨兵吗?”

“这儿确是那天我们来过的地方吗?”

“就是那棵树，”安塞尔莫说，声音低得罗伯特·乔丹几乎听不到，他知道对方就像第一天那样，说话时嘴唇动都没动。“我用刀子做了个记号。”

罗伯特·乔丹又感到好像这一切以前全发生过，但这次是由于他自己重复提问和安塞尔莫的回答而产生的。奥古斯丁刚才也是这样，他提出了一个有关哨兵的问题，尽管他明知道回答是什么。

“够近啦。简直太近了，”他低声说。“不过天亮后我们背对着阳光。在这儿没问题。”

“那我现在就到峡谷对面去，在那一头作好准备，”安塞尔莫说。他接着说，“请你再说一遍，英国人。免得出差错。我兴许会傻了眼。”

“什么?”罗伯特·乔丹小声说，嗓门放得很低。

“就再说一遍吧，好让我照做不误。”

“等我开枪，你就开枪。消灭了你的对手之后，过桥到我这边来。我会把背包带到那边去的，你得根据我叮嘱你的那样安炸药。我每一件事情都会叮嘱你的。要是我碰到了什么麻烦，就根据我教你的办法自己干。别慌张，好好干，木楔都要塞牢靠，把手榴弹捆结实。”

“我全清楚了，”安塞尔莫说。“全记住啦。马上就走。英国人，天一亮你就要好好隐蔽自己。”

“打枪的时候，”罗伯特·乔丹说，“把枪支好，要稳扎稳打。别把他们当人看待，只当他们是枪靶子，行吗？别对整个儿人打，要瞄准一点。瞄准腹部正中央打——如果他脸朝着你。如果他脸朝别处，对着他背脊中央打。听着，老头子。我开枪打坐着的人，总是乘他站起来还没拔脚奔跑或蹲下的时候。就在这个时候打枪。如果他还是坐着，也就打枪。别等。但要瞄准。要在五十码之内打。你是猎人。不会有问题的。”

“我一定照你的命令干，”安塞尔莫说。

“对。我的命令就是这样，”罗伯特·乔丹说。

还好，我没有忘记把这些话当作命令，他想。这会帮助他解决困难。这样可以减少些灾祸。反正我希望如此。减少一些灾祸。我记不起他第一天跟我谈到杀人不杀人的那些话了。

“这就是我下的命令，”他说。“现在走吧。”

“我走，”安塞尔莫说。“马上再碰头吧，英国人。”

“马上再碰头吧，老头子，”罗伯特·乔丹说。

他想起了他父亲在车站上的模样和那次分别时的眼泪，因此没有说平安、再见或祝你顺利之类的话。

“把枪筒里的油擦掉了吗，老头子？”他低声说。“这样不至于把子弹打飞。”

“在山洞里，”安塞尔莫说，“我就用通枪绳全擦过了。”

“那么马上再碰头吧，”罗伯特·乔丹说，老头儿就迈开矫健的大步在树林里走开去，绳底鞋踩在地上没一点声音。

罗伯特·乔丹伏在树林的松针地上，倾听着随着黎明而来的晨风初拂松树枝头的嗦嗦声。他把手提机枪的子弹夹抽出来，前后推动了一下枪机。他接着把枪调过头来，扳开枪机，在黑暗中把枪口凑在嘴唇上，往枪筒里吹气，舌头触及枪筒边时觉得滑腻腻的金属。他把枪横搁在一条前臂上，枪机朝上，免得松针或其他东西掉在里面，接着他用大拇指把所有的子弹从子弹夹中退出来，放在一块摊在面前的手帕上。然后他在黑暗中摸到每颗子弹，在手指间转弄一下，再按住了把它一颗颗地推进子弹夹。这时，他觉得手里的子弹夹又是沉甸甸的，他就把它推进手提机枪，咔嗒一声上准了。他匍匐在一棵松树树身的后面，机枪横架在他左前臂上，注视着下面的那点火光。有时他看不见这火光，明白这是因为岗亭里的哨兵走到了火盆的前面。罗伯特 · 乔丹伏在那里等天亮。

第四十二章

从巴勃罗打山间骑马回山洞，到那一队人马下山到达他们安放马匹的地方的这一期间，安德烈斯正向戈尔兹的司令部飞速进发。他们来到通向纳瓦塞拉达的公路干线上，那里有个关卡，这时一辆辆卡车正从山上一路开下来。但是当戈麦斯向关卡哨兵出示米兰达中校签发的通行证时，哨兵用手电照了一下通行证，给跟他一起的另一个哨兵过目，然后交还证件，行了个礼。

“往前走吧，”他说。“可不准开灯。”

摩托车又噗噗噗地响起来，安德烈斯紧紧抓住了前座，戈麦斯在来往的车辆中间小心地开着车，他们沿着公路驶去。没有一辆卡车开着灯，车辆成一长列车队在路上迎面开来。路上也有些满载的卡车向山区驶去，每一辆都掀起了一片尘土，安德烈斯在那样的黑暗中看不见，只觉得烟雾似的尘土扑在脸上，弄得牙缝中都是。

他们这时正紧跟着一辆卡车的后挡板，摩托车噗噗作响，接着戈麦斯加快速度，超过了这辆卡车，接着超过了一辆又一辆，而对面开来的其他卡车在他们的左侧隆隆地驶过去。这时他们后面来了一辆汽车，喇叭声一阵又一阵，在卡车的噪声和飞扬的尘土中响成一片；接着倏地亮起了车灯，把尘土照成一团凝固的黄云，在换挡加速的嘎嘎声中，在咄咄逼人、威胁恫吓的喇叭声中，这辆汽车在他们身边一掠而过。

接着，前面的所有车辆都被阻住，他们继续朝前夺路驶去，越过了几辆救护车、几辆参谋部用车和一辆装甲车，接着一辆又一辆，全被挡住，在那尚未落定的尘土中，好像一只只笨重的、身上撅出着枪炮的金属海龟，他们发现前面发生过撞车事故的地方又有一个关卡。有一辆卡车停了停，后面跟着的一辆没有发觉，就撞了上去，撞瘪了前车的尾部，使几箱轻武器弹药在路上散落一地。有一箱落地时摔开了，当戈麦斯和安德烈斯停下来把车子推向前去，穿过那些被拦住的车辆，向关卡出示通行证的时候，安德烈斯踩着散落在路面尘土中的成千上万铜子弹壳。第二辆卡车的散热器全被撞瘪了。后面还有一辆紧顶着它的后挡板。一百多辆车子在后面连环撞车，一个穿套靴的军官在路上往回奔着，大声喝令司机们打倒车，以便把那辆被撞毁的卡车从公路上拖开。

卡车多得没法打倒车，除非那军官跑到这越来越长的车队尽头，阻止后面的车子驶上前来，免得队伍变得更长，而安德烈斯看到他打亮了手电，跌跌撞撞地奔着，又叫又骂，但卡车在黑暗中还是不断地驶上前来。

关卡上的哨兵不肯交还通行证。哨兵一起两个，背上背着步枪，手里拿了手电，他们也在叫喊。手拿通行证的那个跨过公路，朝一辆从山上驶下的卡车走去，命令车子朝前开到下一个关卡去通知他们在那里截住所有的卡车，直到交通畅通为止。卡车司机听完就继续开车。这时，这个巡逻中的哨兵手里仍拿着通行证，大声嚷嚷，走到那个车上东西被撞落在地的卡车司机身边。

“别管它了，看在天主份上，往前开，让我们可以打通道路！”他冲着司机叫喊。

“我车上的传动器撞坏了，”司机俯身在卡车车尾边，说。

“我操你的传动器。往前开，听到没有。”

“差动齿轮撞坏了，就没法往前开啦，”司机对他说，又俯下身去。

“那么叫人把你的车拖走，往前去，好让我们把他奶奶的另一辆从路上弄走。”

这关卡人员把手电直射在卡车被撞毁的车尾上，司机阴沉沉地望着他。

“往前开。往前开，”那人手里仍拿着通行证，大声说。

“可我的证件，”戈麦斯对他说。“我的通行证。我们要赶路。”

“拿着你的通行证见鬼去吧，”那人说着，把证件交还了他，就横穿公路，奔去阻挡一辆下行的卡车。

“在十字路口调头，回到这里把这辆破车拖走，”他对司机说。

“我接到的命令是——”

“操你的命令。照我说的办。”

司机扳上排挡，在公路上笔直向前驶去，就在尘雾里消失了。

戈麦斯发动了摩托车，越过那辆破车，朝前开上这时没有车辆行驶的公路右侧，安德烈斯又抓紧前座，看见关卡上的这个看守又拦住了一辆卡车，那司机从驾驶室里探出身来听他说话。

这时他们飞速行驶，顺着朝山上一步步升高的公路进发。当摩托车这时迅速地往山上持续开去，直到开始赶上早在关卡交通堵塞前就驶过去的登山车辆时，所有上行的车辆都被阻在关卡上，只有下行的卡车在他们左边不断地不断地不断地开过去。

他们仍没开灯，又超过了四辆装甲车，接着超过了一长列运载士兵的卡车。士兵们在黑暗中默不作声，他们经过时，安德烈斯起初只觉得在尘埃飞扬中，卡车车身上方有些人形巍然出现在他眼前。接着，他们后面又开来了一辆参谋部用车，喇叭嘟嘟地叫，车灯一明一暗，每次亮灯，安德烈斯就看到这些士兵头戴钢盔，直握着步枪，他们的机枪直指着黑色的天空，轮廓分明地呈现在黑夜中，等灯光一熄灭，就倏地消失在黑夜中。有一次，他们驶近一辆装载士兵的卡车时，后面亮起了灯，他在这突然的闪光中看到了他们死板而悲伤的脸庞。他们头戴钢盔，坐在卡车里，在黑暗中驶向他们只知道要发动一场进攻的鬼地方，各自心事重重地在黑暗中绷紧着脸，灯光显示了由于羞于给彼此看到而在白天不会流露的神情，要等到轰炸和攻击开始的时候，那时就谁也顾不上自己的脸色了。

安德烈斯坐在车上，这时驶过一辆又一辆满载士兵的卡车，戈麦斯仍旧顺当地把摩托车赶在尾随着的参谋部用车的前面，可一点也没有想到他们的脸色问题。他想到的只是，“多了不起的军队。多了不起的装备。多了不起的机械化啊。瞧啊！瞧这些人。这儿是我们共和国的军队。瞧他们。军用卡车一辆又一辆。全是一式的制服。全都头上戴着钢盔。瞧这些卡车上撅出的机枪，准备对付敌机来犯。瞧我们已经建立起的军队！”

这些高高的灰色卡车满载着士兵，车上有高高的方形驾驶室和难看的方形散热器，摩托车超过它们，在尘土中不停地顺着公路朝山上行驶，紧跟在后面的参谋部用车的灯光时明时灭，部队的红星标志在摩托车经过卡车后挡板时在亮光中闪现出来，在车灯照上沾着尘土的卡车车身一侧时闪现出来，他们这时不停地向山上行驶，空气更寒冷了，那条公路这时开始常常拐弯，呈“之”字形，卡车艰难地嘎吱嘎吱地爬行，在车灯的闪光中可以看到有的卡车的水箱冒着气雾，摩托车这时也在艰难地爬行，安德烈斯紧紧抓住了前座，感到这次乘摩托车的时间太长，太长啦。他从没乘过摩托车，现在他们俩正在即将举行进攻的部队调动中驱车登山，当他们向上行驶的时候，他明白现在要及时赶回去袭击哨所是根本不可能了。在这种调动和混乱中，他第二天晚上能赶回去就算幸运了。他以前一次也没见过进攻或什么进攻的准备工作，他们在公路上一路上行，共和国所建立的这支军队的规模和力量使他惊讶不已。

他们这时驶上了斜贯山坡的一长段又陡又斜的山路，驶近山顶的时候，坡度更陡了，戈麦斯只得叫安德烈斯下车，两人一起把摩托车推上通山口的最后一段陡坡。越过山顶，只见左面有一条汽车可以调头的回车道，夜空中巍然显现出一幢宽长而漆黑的石头大厦，大门前闪烁着灯光。

“我们到那儿去问问司令部在什么地方吧，”戈麦斯对安德烈斯说，他们就把摩托车推向那石头大厦，那儿关闭的大门前站着两个警卫。戈麦斯把车子斜靠在墙上，这时大门开了，从里面透露出来的灯光衬出一个身穿皮衣皮裤的摩托车司机，他肩背公文包，腰际晃着一支木壳毛瑟枪走出来。就在灯光消失的时候，他在门口摸黑找到了他的摩托车，把它一直推得引擎突突地发动起来，接着就在公路上噗噗地驶去。

戈麦斯在门口跟那两个警卫中的一个说话。“第六十五旅戈麦斯上尉，”他说。“请问，哪儿能找到指挥第三十五师的戈尔兹将军的司令部?”

“不在这儿，”警卫说。

“这儿是什么地方?”

“指挥部。”

“什么指挥部?”

“哎，指挥部嘛。”

“是什么指挥部啊?”

“你是什么人，问这么多的问题?”警卫在黑暗中对戈麦斯说。这里，山口的最高处的上空，星星都露面了，天色非常明净，这时没有了尘雾，安德烈斯在黑暗中能看得很清楚。他们下面，公路向右转弯处，他能清楚地看到卡车和汽车行驶到那里时被天空衬托出来的轮廓。

“我是第六十五旅第一营的罗赫略·戈麦斯上尉，要打听一下戈尔兹将军的司令部在哪儿，”戈麦斯说。

那警卫把大门推开一点。“叫警卫班长来一下，”他朝里面喊了声。

正在这时，一辆参谋部的大汽车在公路的拐角处一个大转弯，朝这石头大厦驶来，安德烈斯和戈麦斯正站在那里等待警卫班长。车子朝他们开来，在大门外停下。

一个年老体沉的大个子和另外两个身穿国际纵队制服的人从汽车后座下来，他头戴一顶过大的卡其贝雷帽，就像法国军队里轻步兵戴的那种，还身穿大衣，拎着一只地图包，他那军用厚大衣拦腰系着一支手枪。

他用法语对司机说话，吩咐他把车子从大门口开到车棚里去，这法语安德烈斯可听不懂，而戈麦斯当过理发师，只能听懂一点儿。

他和其他两位军官走进门，戈麦斯在灯光中清楚地看到他的脸，认出了他是谁。他曾在几次群众大会上见到过他，并且经常在《工人世界报》上看到从法文翻译过来的他的文章。他认出他那毛茸茸的眉毛、水汪汪的灰眼睛、一层衬一层的双下巴，知道他是当代法国伟大的革命者之一，曾领导过在黑海的法国海军起义。戈麦斯知道此人在国际纵队的重要的政治地位，知道此人一定知道戈尔兹的司令部在哪里，并且能够指引他到那里去。他不知道岁月的流逝、失望、家庭和政治那两方面的怨恨、挫伤了的抱负在这个人身上产生了什么变化，也不知道向他问讯极可能是最最危险的事情之一。他一点也不知道这情况，就径直朝这个人走去，握紧拳头敬了个礼，说，“马蒂①同志，我们带有一份给戈尔兹将军的急件。你能指引我们到他司令部去吗？事情很紧急。”

这个身高体沉的老人探出了脑袋望着戈麦斯，一双水汪汪的眼睛仔细打量着他。即使在这里前线，在这没有灯罩的灯泡的光线下，他在凉爽的夜晚乘了敞篷汽车刚回来，他那张灰脸上还是露出了一副枯衰的神色。他的脸使你觉得像是用一头十分衰老的狮子爪下吃剩的动物残骸加

---

① 法国共产党领导人安德烈·马蒂生于1886年。1919年，他领导法国水兵在黑海起义，失败后被捕，至1923年才被释放。1924和1936年，两度当选为法国国民议会议员，他是国际纵队的主要领导人之一，但革命意志逐渐衰退，于1953年初被正式开除出党。

工而成的。

“你带着什么，同志？”他问戈麦斯，说的是带有很重的加泰隆语① 口音的西班牙语。他向安德烈斯斜视了一眼，那目光就掠过他，回头望着戈麦斯。

“到戈尔兹将军的司令部给他送一份急件，马蒂同志。”

“哪儿来的急件，同志？”

“从法西斯阵线后方来的，”戈麦斯说。

安德烈·马蒂伸手去拿急件和别的证件。他朝它们瞥了一眼，就放进衣袋。

“把他们两个都抓起来，”他对警卫班长说。“把他们身上搜查一下，等我吩咐，再把他们带来。”

他衣袋里装着急件，大步走进这幢石头大厦的内部。

戈麦斯和安德烈斯在外面警卫室里由一个警卫搜身。

“这个人怎么啦？”戈麦斯对其中的一个警卫说。

“神经病，”那警卫说。

“不。他是个政界的大要人，”戈麦斯说。“是国际纵队的第一政委。”

“尽管这样，他还是有神经病嘛，”警卫班长说。“你们在法西斯阵线后方是干什么的？”

“这位同志是那儿的游击队员，”戈麦斯对他说，这时那警卫正在搜他的身。“他给戈尔兹将军带来一份急件。要保管好我的证件啊。别弄丢了这些钱和这颗串在带子上的子弹。这是我在瓜达拉马第一次挂彩时从伤口中取出来的。”

“别担心，”那班长说。“每件东西都会放在这抽斗里。你干吗不

① 这是西班牙东北端加泰罗尼亚地区的语言。法国南部沿地中海和西班牙接壤的东比利牛斯省居民也讲这种语言，而马蒂的家乡正是该省省城佩皮尼昂。

问我戈尔兹在哪儿?”

“我们原想问的。我问了警卫，他把你叫来了。”

“可是接着来了这个疯子，而你问他了。不管是什么事情，谁都不该问他。他疯了。你要找的戈尔兹在从这公路上过去三公里的地方，在右边树林中的山岩间。”

“你不能就放我们到他那儿去吗?”

“不行。这等于要我的脑袋。我只能把你们带到疯子那儿去。再说，你的急件在他手里。”

“你不能跟别人说说吗?”

“行，”班长说。“我一看到负责的领导就对他说好了。大家都知道他疯了。”

“我一直以为他是个大人物呢，”戈麦斯说。“以为他是值得法国夸耀的人物之一。”

“也许是个值得夸耀的人物什么的，”班长说着，伸出一手放在安德烈斯肩上。“可是他疯狂透顶。他成了枪毙狂。”

“真的枪毙人吗?”

“一点不错，”班长说。“这老家伙杀的人比鼠疫瘟的还多。但是他不像我们那样的杀法西斯。不是说笑话。他杀不平常的家伙。托洛茨基分子、异己分子。各种各样不平常的畜生。”

这些话安德烈斯一点也听不懂。

“我们在埃斯科里亚尔的时候，不知道为他杀了多少人，”班长说。“我们老是派行刑队。国际纵队队员不愿枪毙自己人。尤其是法国人。为了避免麻烦，总是由我们来执行。我们枪毙法国人。我们枪毙过比利时人。我们枪毙过其他各种国籍的人。各种各样的人。他成了枪毙狂。都是出于政治原因。他疯了。他清洗起来比六〇六杀梅毒菌还凶。”

“可是你能把急件这事跟谁说说吗?”

“能，伙计。当然。这两旅人我个个认得。人人都要通过这儿。我甚至还认得俄国人，还可以通过他们搞关系，虽说只有少数人会讲西班牙语。我们不能让这疯子枪毙西班牙人了。”

“但是那份急件呢。”

“急件也是问题。别担心，同志。我们知道怎样对付这个疯子。他对他自己的部下才有危险性。我们现在了解这家伙了。”

“把两个俘虏带进来，”安德烈·马蒂的声音传来了。

“要喝口酒吗?”班长问。

“干吗不?”

班长从食柜里拿出一瓶茴香酒，戈麦斯和安德烈斯二人都喝了。班长也喝了。他用手抹抹嘴。

“我们走吧，”他说。

他们呷下了火辣辣的茴香酒，嘴里、肚子里和心房里都热乎乎的，走出警卫室，顺着过道走去，进入马蒂的房间，只见他坐在一只长桌子后面，面前摊着一张地图，手里握着一支红蓝铅笔，做出一副将军级长官的样子。对安德烈斯说来，只是多了个麻烦罢了。今天晚上的麻烦可不少。麻烦总是多得很。只要你的证件没问题，心脏好好的，你就不会遇到危险。他们最终会放你过关，你就走你的路。但是英国人说过要抓紧时间。他现在明白自己决不可能回去炸桥了，但是他们的这份急件得送到，而桌边的这个老家伙却把它装在他的衣袋里。

“在那儿站着，”马蒂头也不抬地说。

“听着，马蒂同志，”戈麦斯发作了，茴香酒加强了他的气愤。“今天晚上我们被无政府主义者的无知阻挠了一次。接着被一名法西斯官僚的怠惰所阻挠。现在又被一个共产党员的过分怀疑所阻挠。”

“住口，”马蒂头也不抬地说。“现在不是在开会。”

“马蒂同志，这是件极其紧急的事，”戈麦斯说。“头等重要的事啊。”

押他们来的班长和士兵对此大感兴趣，好像在看一出已看过多遍的戏，但戏中的精彩瞬间他们总是感到趣味无穷。

“每件事情都紧急，”马蒂说。“所有的事情都重要。”他握着铅笔，这时才抬起头来望他们。“你怎么知道戈尔兹在这儿？进攻前来找单独一位将军，这有多严重，你懂吗？你怎么知道有这样一位将军会在这儿?”

“你对他说吧，”戈麦斯对安德烈斯说。

“将军同志，”安德烈斯开口说——他弄错了头衔，安德烈·马蒂没有纠正他——“我是在火线另一边接到这个信件的——”

“在火线另一边?”马蒂说。“不错，我听他说了，你是从法西斯阵线那边来的。”

“给我信件的人，将军同志，是个叫罗伯托的英国人，他以爆破手的身份到我们那儿去干这桩炸桥的事。明白了吧?”

“把你的故事讲下去，”马蒂对安德烈斯说；他使用“故事”这个词，就像你会说撒谎、胡诌或捏造这些词儿一样。

“好吧，将军同志，英国人叫我尽快把信送到戈尔兹将军那儿。就在今天，他准备在这一带山区发动一场攻势，我们现在要求的只是马上把信件送给他，要是你将军同志同意的话。”

马蒂又摇摇头。他正望着安德烈斯，但是视而不见。

戈尔兹啊，他想，心里又惊又喜，就像一个人听到自己事业上的敌手在一次极惨的车祸中毙命，或某一个你所憎恶但对他的正直品德从没怀疑过的人犯了挪用公款罪时所感到的一样。敢情戈尔兹也是这样的一个人。戈尔兹竟然会和法西斯分子这样明目张胆地勾勾搭搭。这个他认识了差不多有二十年的戈尔兹。这个那年冬天曾和卢卡契一起在西伯利亚拦劫那列运黄金的火车的戈尔兹。这个曾和高尔察克作战、在波兰作战过的戈尔兹。还在高加索。在中国，自从去年十月以来，又在这儿作战。但是，他曾接近图哈切夫斯基。对，也接近伏罗希洛夫。但主要接近图哈切夫斯基。[1]另外还有谁呢？在这儿当然接近卡可夫啰。还有卢卡契。可是匈牙利人一向全是阴谋家。他过去恨高尔。戈尔兹过去恨高尔。记住这一点。把这个记下来。戈尔兹一贯恨高尔。但是他偏爱普茨。记住这一点。而杜瓦尔是他的参谋长。瞧瞧这产生了什么后果。你听他说过考匹克是个笨蛋。那是确实无疑的。那是事实。而现在这份急件来自法西斯阵线那边。只有剪除这些腐朽的树枝，树木才能保持健康并成长起来。必须使枯枝烂叶清楚地暴露，才能加以消灭。但是怎么竟会是戈尔兹呢。戈尔兹怎么会成为叛徒中的一员呢。他知道，没一个人可以信得过。一个也不行。永远不行。即使是你妻子。即使是你兄弟。即使是你最熟的同志。一个也不行呀。永远不行。

“把他们带走，”他对警卫们说。“小心看管着。”班长望望那士兵。就马蒂的一贯表现来说，这一次是着实温和的。

“马蒂同志，”戈麦斯说。“别发疯啦。听我说，我是个忠心耿耿的军官和同志。这是份非送到不可的急件。这位同志越过了法西斯阵线，把这份急件带来，要交给戈尔兹将军同志。”

“把他们带走，”马蒂这时亲切地对那警卫说。作为人，假如非消灭他们不可，他可怜他们。但是使他感到压抑的是戈尔兹的悲剧。竟是戈尔兹，他想。他要立刻将这个勾结法西斯的情况向伐洛夫报告。不，还不如把这急件交给戈尔兹本人，看他收到时如何反应。他打算就这么干。如果戈尔兹是其中的一分子，他怎能信得过伐洛夫呢？不行。这是件必须郑重处理的事情。

安德烈斯转身对戈麦斯说，“你是说他不打算送急件吗?”他问，简

---

① 这里提到的一些国际纵队的领导人，都是西欧各国的共产党人，有的在苏联建国初期曾和红军一起向高尔察克等匪帮作过战。伏罗希洛夫当时为军长，以保卫察里津著名。图哈切夫斯基为旧俄军人，第一次世界大战中曾被德军俘虏。1917 年投身革命，入了党，先后在高加索及西线任红军指挥员。后来担任伏龙芝军事学院院长，1936 年得元帅衔。

直不相信有这种事。

“你没看到吗?”戈麦斯说。

“老婊子养的!”安德烈斯说。“他疯了。”

“对,”戈麦斯说。“他疯了。你疯了!听着!疯了!”他冲着拿着红蓝铅笔、这时又俯身在看地图的马蒂叫道。“你这发疯的凶手，听到了吗?”

“把他们带走，”马蒂对那警卫说。“他们犯了大罪，精神失常了。”

班长熟悉这句话。他以前听到过。

“你这发疯的凶手!”戈麦斯叫道。

“老婊子养的，”安德烈斯对他说。“疯了。”

这个人的愚蠢激怒了他。如果他是个疯子，就该把他当疯子撵走。该把急件从他口袋里掏出来。这该死的疯子见鬼去吧。他一贯沉着、脾气好，但他那西班牙人的烈性子这时上来了。不一会儿，这情绪就会使他失去理智。

马蒂望着地图，当警卫们把戈麦斯和安德烈斯带出去时，他悲伤地摇摇头。这两个警卫听他挨了骂，很快活，但是总的说来，对这次演出感到失望。他们见过比这精彩得多的场面。安德烈·马蒂不在乎那两人骂他。弄到最后，骂他的人可真不少。他们作为人，总是得到他的真心怜悯。他总是跟自己这样说，他心中尚存的真实想法已经所剩无几，这乃是其中之一。

他坐在那里，八字须和两眼的焦点集中在地图上，集中在这张他从未真正看懂的地图上，集中在那些精心勾画的像蜘蛛网般由中央向四周展开的棕色等高线上。他能根据等高线看出高地和山谷，但从没真正弄懂为什么该挑中这个高地，为什么该挑中这个山谷。但是由于有了政治委员制度，他可以以国际纵队政治首脑的身份介入总参谋部，可以指点着地图上编有号码的、围有棕色细线的某某地方，那里四周有一片代表着树林的绿色，上面画着一条条和那始终朝着特定方向蜿蜒流去的河流平行的公路，他可以说，“这儿。这儿是防线的弱点。”

高尔和考匹克是有野心的搞政治的人，他们会同意，而后来呢，那些离开基地并在指定地点挖掘壕沟之前从没看到过这张地图、而仅仅听说过这山地的编号的士兵会沿着山坡向上爬去自取灭亡，或者被架在橄榄树丛中的机枪挡住，根本就上不去。或者在别的阵地上，他们也许可以容易地攀上山头，而处境并不会比先前好些。但是，当马蒂在戈尔兹的总部里一指点着地图的时候，这个头上有伤疤的白脸将军会绷紧了牙床肌肉，心里会想，“不等你把你那灰色的烂手指点在我的等高线地图上，我先要枪毙你，安德烈·马蒂。你干预你一无所知的事情，害死了多少人，为了所有的这些死者，给我见你的鬼去。当初人家拿你的名字给拖拉机厂、村庄和生产合作社命名，你就此成了我碰不得的象征，真是活见鬼。你到别的地方去怀疑、告诫、干涉、指责、屠杀吧，别来干预我的总部。”

然而戈尔兹并没有说这些话，却仅仅朝后靠在椅背上，不去理会这弯着腰的大胖子，离开那指指戳戳的手指、那双水汪汪的灰眼睛、那撮灰白的八字须和那口臭的嘴远一点，说，“是，马蒂同志，我明白你的观点了。可是不能很好地叫人接受，而且我不同意。你可以想法越过我上告，要是你高兴的话。对。你可以像你所说的那样，把它看作党内问题来处理。但是我不同意。”

就这样，安德烈·马蒂这时坐在一张空桌子边研究他的地图，没有灯罩的电灯泡那刺眼的光线射在他的头上，过分宽大的贝雷帽给拉到前额上，遮着眼睛，正参照着那份油印的进攻命令，在地图上慢慢地、仔细地、费神地比划着，就像参谋学院的一名青年军官在解题。他在从事战争呀。他心里正在指挥军队；他有权干涉，他相信这使他也有权指挥。所以他就坐在那里，衣袋里装着罗伯特·乔丹给戈尔兹的急件，而戈麦斯和安德烈斯正在警卫室等待，罗伯特·乔丹正伏在桥那边高处的树林里。

如果安德烈斯和戈麦斯不受安德烈·马蒂的干扰而获准继续前进的话，安德烈斯这使命的结果是否会有所不同，也是可怀疑的。在前线，谁也没有足够的权威能取消这次进攻。机器开动得太久了，现在没法使它突然停下。所有的军事行动，不论规模大小，都有很大的惯性。可是，一旦克服了这惯性，行动开始了，再要加以阻止，差不多就像使之启动一样困难。

但是这天晚上这个把贝雷帽拉到前额上的老人仍坐在桌边看地图，这时门开了，俄国记者卡可夫带着另外两个身穿便服和皮外套、头戴便帽的俄国人走进来。警卫班长在他们身后老大不愿地关上了门。卡可夫是他好歹能联系上的第一个负责人。

“马蒂同志，”卡可夫用他那有礼貌而却轻蔑的、口齿不清的声音说，脸上堆着笑，露出一口坏牙。

马蒂站起来。他不喜欢卡可夫，但卡可夫是《真理报》派来的，直接和斯大林保持着联系，是当时西班牙三大要人之一。

“卡可夫同志，”他说。

“你在布置进攻吧?”卡可夫傲慢地说，朝地图点点头。

“我正在研究，”马蒂回答。

“是你领导进攻？还是戈尔兹?”卡可夫圆滑地说。

“我不过是个政委罢了，你知道的，”马蒂对他说。

“不，”卡可夫说。“你谦虚啦。你实际上是位将军。你有你的地图和你的军用望远镜。而你不是曾经当过海军上将吗，马蒂同志?”

“我是二炮手，”马蒂说。这是撒谎。在起义的时候，他实际上是个文书军士。但是他现在总是认为自己曾是二炮手。

“啊。我原以为你是一等文书军士呢，”卡可夫说。“我总是把事实搞错。这是记者的特点。”

其他两个俄国人没有参加谈话。他们正从马蒂的肩膀边望着地图，不时用本国话彼此讲上一句。马蒂和卡可夫在开头寒暄之后用法语交谈。

“最好别在《真理报》上把事实搞错，”马蒂说。他说话粗声粗气，使自己再鼓起勇气来。卡可夫总是使他泄气。法语“泄气”为dégonfler，因此马蒂被他搞得心烦意乱、谨小慎微。卡可夫一说话，安德烈·马蒂就难以记住他自己是来自法国共产党中央委员会而处于举足轻重的地位。也很难记住他自己是碰不得的。卡可夫似乎总是要随心所欲地微微“碰”他一下子。他这时说，“我向《真理报》发稿前，通常把事实核实。我在《真理报》上的报道相当准确。请问，马蒂同志，你可曾听说我们有一支向塞哥维亚那边开展活动的游击队给戈尔兹捎来了信？那边有一位姓乔丹的美国同志，我们应该得到他的消息了。听说法西斯阵线后方发生了战斗。他应该已经打发人送一份情报来给戈尔兹。”

“一个美国人?”马蒂问。安德烈斯说的是英国人。原来是这么一回事。敢情他搞错了。这两个傻瓜到底为什么找他谈呀?

“对，”卡可夫轻蔑地望着他，“一个年轻的美国人，政治觉悟不高，可是很善于跟西班牙人打交道，有一段不错的打游击的经历。就把那件急件给我吧，马蒂同志。已经耽搁得很久啦。”

“什么急件?”马蒂问。他明知道这话说得十分愚蠢。但是他不能一下子就承认自己犯了错误，反正这样问无非是为了推迟丢脸的时刻。

“就是你口袋里那份年轻的乔丹给戈尔兹的急件，”卡可夫说，声音从坏牙齿缝中发出来。

安德烈·马蒂把手伸进口袋，掏出急件放在桌上。他直勾勾地望着卡可夫的眼睛。好吧。他错了，现下对这件事毫无办法，但不愿就受到羞辱。“还有那张通行证，”卡可夫低声说。

马蒂把通行证放在急件旁边。

“班长同志，”卡可夫用西班牙语喊了一声。

班长开了门，走到屋内。他马上望着安德烈·马蒂，马蒂呢，像头被猎狗围困住的老野猪般愣愣地回了他一眼。马蒂脸上没有惧色，也没有屈辱相。他只感到愤怒，而且仅仅暂时陷入了困境而已。他知道这帮狐群狗党决不能制服他。

“把这些交给警卫室里的两位同志，指引他们到戈尔兹将军的司令部去，”卡可夫说。“已经耽搁得太久啦。”

班长走了出去，马蒂目送着他，然后望着卡可夫。

“马蒂同志，”卡可夫说，“我倒要看看你到底怎样碰不得。”

马蒂直勾勾地望着他，一言不发。

“也别打算找那班长的麻烦，”卡可夫接着说。“这跟班长不相干。我在警卫室见到了这两个人，他们对我说了。”（这是撒谎。）“我希望所有的人都常来找我谈。”（这倒是真话，尽管刚才谈起这两个人的是班长。）然而卡可夫相信自己平易近人会有好处，好心干预别人的事能给人富有人情味的印象。这是一件他决不加以嘲讽的事情。

“你知道，我在苏联时，阿塞拜疆的城镇发生了不公正的行为，人们就向《真理报》给我写信。你知道这个吗？他们说，‘卡可夫将帮助我们。’”

安德烈·马蒂望着他，脸上只有愤怒和厌恶的表情。这时他心里只有一个想法，那就是卡可夫出了他的洋相。好吧，卡可夫，随你权力多大，你该多加小心。

“这是另一回事，”卡可夫接着说，“但原则是同样的。我倒要看看你到底怎样碰不得，马蒂同志。我很想知道，那家拖拉机厂的厂名是否不可能更改。”

安德烈·马蒂把目光从他身上移开，回头去看地图。

“那年轻的乔丹写了些什么？”卡可夫问他。

“我没看，”安德烈·马蒂说。“现在别打扰我了，卡可夫同志。”

“好，”卡可夫说。“就让你搞你的军事工作吧。”

他走出房间，朝警卫室走去。安德烈斯和戈麦斯已经走了，他就在门口站了一会儿，望着高处的公路那边，望着这时显现在灰色晨曦中的群山的顶峰。我们必须赶到山上去，他想。现在时间快到了。

安德烈斯和戈麦斯乘了摩托车又驶上了公路，这时天在亮了。安德烈斯这时又抓住了他面前的座位后部，摩托车在笼罩在山口最高处的灰色薄雾中弯弯曲曲地驶上山去，他感到身下的摩托车在加快速度，接着车子一打滑停下了，他们就在一段漫长的下坡路上站在车旁，左边树林里，有几辆盖着松枝的坦克。这一带树林里到处是部队。安德烈斯看到有的人扛着抬杆很长的担架。公路右边树下停着三辆参谋部用车，车身两边覆着树枝，车顶上也盖着松枝。

戈麦斯把摩托车推向其中的一辆。他把车停靠在一棵松树上，跟背靠在树上、坐在汽车旁的司机说话。

“我来把你们带到他那儿去，”司机说。“把你们的摩托车隐蔽起来，用这些东西盖好。”他指指一堆砍下的树枝。

阳光正开始射进松林的高高的枝头，戈麦斯和安德烈斯跟着这个名叫维森特的司机跨过公路，在松林中登上山坡，向一个地下掩体的入口处走去，有些电话线从掩体顶上通向这树木丛生的山坡上方。司机到里面去了，他们俩站在外面，安德烈斯很钦佩这掩体的构造，它在山坡上只露出一个洞口，四周没有松散的泥土，但是他从这入口处能看出，它是深而又深，人在里面能行动自如，在那用粗大的木料构成的洞顶下走动不必低着头。

司机维森特出来了。

“他在山上，他们正在那儿部署进攻的事，”他说。“我把急件交给了他的参谋长。他签收了。给。”

他把签收过的信封递给戈麦斯。戈麦斯把它给了安德烈斯，安德烈斯看了一眼，就把它放在衬衣里面。

“签收的人叫什么?”他问。

“杜瓦尔，”维森特说。

“好，”安德烈斯说。“我可以交急件的人有三个，他是其中的一个。”

“我们要等回音吗?”戈麦斯问安德烈斯。

“最好是这样。不过炸桥以后，我们到哪儿去找英国人他们一伙，连天主也不知道。”

“跟我一起等吧，”维森特说，“等将军回来。我给你们拿咖啡来。你们一定饿了。”

“还有这些坦克，”戈麦斯对他说。

他们走过一辆辆由树枝遮盖的、涂成泥土色的坦克，每一辆都在松针地上留下了两行深深的车辙，显示出这些坦克是从公路上什么地方拐弯倒车过来的。坦克上 45 毫米口径的炮筒在树枝下打横戳了出来，身穿皮外套，头戴有棱的头盔的驾驶员们和炮手们背靠在树上坐着，或躺在地上睡觉。

“这些是后备的，”维森特说。“这些部队也是后备军。那些打头阵的在上面。”

“人可不少啊，”安德烈斯说。

“是呀，”维森特说。“整整有一师人呢。”

掩体里，杜瓦尔左手拿着展开了的罗伯特 · 乔丹的急件，望了望同一只手上的手表，第四次看这份急件，每次都觉得胳肢窝里渗出汗水，顺着身子两侧淌下，他对着话筒说，“那就给我接塞哥维亚阵地。他走了? 给我接阿维拉阵地。①”

他不停地打电话。一点用处也没有。他跟两个旅部都通了话。戈尔

① 这是指两个不同的出击点，以瓜达拉马山脉后的两大敌占省会塞哥维亚和阿维拉为目标。

兹到山上检查了进攻部署后，正在去一个观察哨的路上。他给观察哨打电话，可戈尔兹不在那里。

“给我接第一机队，”杜瓦尔说，突然负起了全部责任。他要负起责任来停止这次进攻。还是停止的好。敌人已经做好了准备，你不该打发他们去来次突袭。你不能这么干。这简直是谋杀。不能。千万不能。无论如何也不能。他们要枪毙他，那可以。他可要直接打电话给飞机场，取消轰炸。可是，如果这不过是一次牵制攻势呢？如果不过是要我们撤走所有这些装备和部队呢？如果就是出于这样的动机呢？当你执行的时候，他们是决不会告诉你这是牵制攻势的。

“别接第一机队了，”他对接线员说。“给我接第六十九旅观察哨。”

他还在那里打电话，这时听到了第一阵飞机声。

刚好在这时，他接通了观察哨。

“是的，”戈尔兹冷静地说。

他背靠在沙袋上坐着，两脚抵在一块岩石上，下嘴唇上叼着烟卷，一边说话，一边侧着头仰望。他打量着那些越来越大的三三编队的楔形机群，在天空中银光闪闪，狂叫怒吼，正从远处阳光初照的山脊上空飞来。他望着飞机飞来，在阳光中明亮、美丽。他看到它们飞来时阳光照射在螺旋桨上形成的两个光轮。

“是的，”他对着话筒说，说的是法语，因为打电话来的是杜瓦尔。“我们完了。对。跟以往一样。对。太遗憾了。对。情报到得太迟了，真不像话。”

他望着飞机正在飞来，眼神非常自豪。他这时看到了机翼上的红星标志，注视着它们持续地、堂堂皇皇地、隆隆地向前飞。事情就是可以这样发生的。这些是我们的飞机。它们给装入板条箱，由船只从黑海穿过马尔马拉海峡，穿过达达尼尔海峡，穿过地中海，运到这里，爱护备至地在阿利坎特[1]卸下，装配合格，经过试飞，证明完美无比，这时正在锤击般的砰砰声中，美观而精确地飞着，V字队形紧凑而完美，这时在晨曦中高高飞来，银光闪闪，去轰炸对面的那些山脊，把它们炸得隆隆作响地飞入高空，让我们能够通过去。

戈尔兹知道，一旦飞机在上空飞过，飞往前方，炸弹就会像在空中翻腾的海豚那样落下来。接着，山脊顶部会轰隆隆地迸裂，尘土飞扬，消失在一大片爆炸的烟雾中。接着坦克会轧辘辘地奋力爬上那两面山坡，跟上去的是他的两个旅。如果是奇袭，他们可以在坦克的帮助下继续不断上山下坡地向前推进，停下来肃清残敌，靠坦克的往返行驶，开火掩护，大干一场，机智地大干一场，同时由其他坦克把进攻部队带上来，顺利地继续不断地向前推进，越过山脊朝下冲去。要是没有人变节通敌，要是大家尽自己的本分，情况应该是这样。

有两道山脊，有坦克打头阵，有他的两个良好的旅准备从树林里出发，这时还飞来了飞机。他必须做的每件事都已按照计划做了。

但是，当他瞭望着这时差不多飞到他头顶上的飞机时，他觉得难受得反胃，因为他从电话中传来的乔丹的急件中得悉，那两道山脊上不会有人了。他们会后撤一段路，在下面狭窄的壕沟里躲避弹片，或者躲藏在树林里，等轰炸机一飞过，就带着机枪、自动武器和乔丹提到的从公路上运来的反坦克炮回到山脊上，于是结果又将是一次大大的一团糟。但这时飞机按照计划震耳欲聋地飞来了，戈尔兹抬头瞭望着，对着电话筒用法语说，“不。没有办法了。毫无办法。不能考虑了。只有这样啦。”

戈尔兹用他那严峻而自豪的目光注视着飞机，知道原来有可能发生什么情况，而现在相反将发生什么情况，他为原来有可能发生的情况感到自豪，相信原来是能够实现的，即使实际上是绝对办不到的，他用法

---

① 阿利坎特为西班牙东南部滨地中海一良港，在瓦伦西亚南。

语说，“好。我们好歹尽力而为吧，”就挂断了电话。

但杜瓦尔没听到他的话。他拿着电话筒坐在桌边，听到的只是飞机的隆隆声，这时想，听这些轰炸机飞来的声音，也许这一次，也许能把他们全都炸光，也许我们能取得突破，也许他将得到他所要的后备军，也许这次机会来了，也许这次能成功。干下去吧。来吧。干下去吧。隆隆声大得使他没法注意自己正在考虑的问题了。

第四十三章

罗伯特·乔丹在公路和桥上方的山坡上，伏在一棵松树树身后面，看着天色亮起来。他一向喜欢一天中的这个时刻，如今仔细看着天色，觉得心里也亮堂起来，仿佛自己就是太阳升起前天色渐明的一部分；这时白天来临了，有形的实体色泽加深，空间变得明朗起来，在夜里照耀着的灯光变成黄色，接着消失。他下面的一棵棵松树这时显得明确而清晰，树干坚实，呈黄褐色，公路上蒙着一层薄雾，泛着白光。露水弄得他身上湿漉漉的，林中地面软绵绵，他感到掉在地上的褐色松针在胳膊肘的压力下往下陷。他透过溪床上升起的轻雾，看到下面那笔直坚挺的钢铁桥梁架在峡谷上，两端各有一座木制岗亭。但在他看来，看到笼罩在小河上的迷雾中，那座桥的结构依然显得像蜘蛛网那样细巧。

他这时看到那哨兵正站在岗亭里，弯下腰来，双手就着用打了洞的火油桶做成的火盆取暖，露出了披着毯子式披风的背部，头上戴着钢盔。罗伯特·乔丹听到下面深深的山岩间的流水声，还看到岗亭里升起一缕淡淡的轻烟。

他望望手表，心想不知道安德烈斯是否越过防线到了戈尔兹那儿？如果我们要动手炸桥，我要十分缓慢地呼吸，让时间过得慢些，好好儿体味体味。你看他，安德烈斯，送到了吗？如果他送到了，他们会取消进攻吗？他们来得及取消吗？这是什么话。别发愁啦。他们会取消，也可能不会取消。再没有别的结论，你很快就会知道的。让进攻成功吧。戈尔兹说能。说有这种可能。我们有坦克顺着那条公路开去，部队从右翼突破，下山直冲过拉格兰哈，而山上的整个左翼转入进攻。为什么你竟不想想怎样去打胜仗呢？你处于防御地位太久，所以想不到这个了。没错。但那是所有的那些武器装备都开上这条公路之前的情形。所有的那些飞机都飞来之前的情形。别那么天真啦。但是要记住这一点，只要我们能把他们牵制在这里，就能困住这些法西斯。在他们了结和我们之间的战争之前，不可能进攻别的地方，而他们永远不能了结和我们之间的战争。要是法国人肯帮点忙，要是他们不封锁国境，并且我们能得到美国的飞机的话，他们就永远不能了结和我们之间的战争。要是我们能得到一点支援的话，就永远不能。这些人如果好好地武装起来，将永远战斗下去。

不，你千万别指望在这里打胜仗，也许在几年之内指望不到。这不过是一次牵制性进攻。你现在不能对此抱幻想。要是今天我们能突破敌人的防线呢？这是我们的第一次大规模攻势。要清醒地看到力量对比。不过如果我们打胜了又怎么样呢？别激动，他对自己说。别忘了公路上运过什么武器装备。关于这个情报，你已尽力而为。然而我们应该有手提式短波通信设备。到时候我们会有的。但我们现在还没有。现在你只能观察，做你应该做的事情。

今天只不过是今后所有日子中的一天。但是在未来所有的日子中会发生什么事，能取决于你今天的作为。今年开始以来一直是这样。已经有不知多少次是这样了。这次战争开始以来一直是这样。你在这清晨变得多浮夸啊，他对自己说。瞧那儿有什么人来了。

他看到两个身穿毯子式披风、头戴钢盔的哨兵在公路上拐了个弯，朝桥头走来，肩上挎着步枪。一个在桥的那一端停下来，走进岗亭不见了。另一个踏着缓慢而沉重的步子跨过桥来。他在桥面上停了停，向河谷里唾了一口，然后慢吞吞地走到桥的这一端，这边的哨兵跟他说了些话，就返身从桥上走回去。这个下岗的哨兵走得比另一个快(因为他要去喝咖啡，罗伯特·乔丹想)，可是他也朝河谷里唾了一口。

我不知道这是不是一种迷信行为？罗伯特·乔丹想。我也得朝河谷里唾一口啊。要是等会儿我唾得出口水的话。不。这不可能是什么灵丹妙药。这起不了作用。我走上桥面之前，必须证明这是起不了作用的。

刚上岗的哨兵走进岗亭坐下了。他的上了刺刀的步枪斜靠在墙上。罗伯特·乔丹从衬衣口袋掏出望远镜，把目镜旋转到桥的一端显得轮廓分明，漆成灰色的铁桥清清楚楚。他接着把望远镜对准了岗亭。

哨兵背靠墙坐着。他的头盔挂在一只木钉上，脸庞清晰可辨。罗伯特·乔丹看出这人就是两天前的那个下午他来侦察时的那个值班的。他还是戴着那顶圆锥形绒线帽。而且他没有刮过脸。他两颊凹陷，颧骨突出。他长着毛茸茸的眉毛，眉宇间连在一起。他显得很困乏，罗伯特·乔丹打量着他，看到他在打呵欠。他随即掏出烟荷包和一盒卷烟纸，卷了一支。他试着用打火机打了几下，没打上，结果把它放进衣袋，走到火盆边，弯下腰，伸手从火盆里取出一块木炭，一手把它颠呀颠的，往上面吹着气，接着点燃了烟卷，把木炭扔回到火盆里。

罗伯特·乔丹透过蔡斯8倍望远镜观察这人靠在岗亭墙上抽烟时的脸。接着他放下望远镜，合拢在一起，放进口袋。

我不想再看他了，他对自己说。

他伏在那里望着公路，什么也不想考虑。一只松鼠在他下面一棵松树上吱吱地叫，罗伯特·乔丹看它顺着树干往下爬，半路上停了一下，扭头朝有人在张望着的地方看看。他看到松鼠的眼睛又小又亮，注意到它那尾巴激动地抖动着。接着这松鼠用小小的爪子和过大的尾巴在地上一大跳一大跳地跳上另一棵树。它在树干上回头望望罗伯特·乔丹，然后在树干上绕了一圈，就消失了。罗伯特·乔丹接着听到这松鼠在松树的一根高枝上吱吱地叫，看见它在那里平伏在树枝上，尾巴抖动着。

罗伯特·乔丹透过棵棵松树又向下面的岗亭望去。他很想把这只松鼠放在衣袋里随身带着。他很想有件什么东西可以触摸一下。他用胳膊肘擦擦松针地，但那是另一回事。谁也不知道在干这种事时你会有多孤独。我，然而我知道。但愿我的兔子能顺利摆脱这个处境。现在别想这个啦。对，当然如此。但是我可以抱这个希望，我确实也这样希望。希望我能好好地把桥炸掉，希望她安全脱身。好。当然。但愿如此。这是我现在的唯一要求。

他这时伏在那里，不再望公路和岗亭，转而望着对面的远山。你就什么也别想啦，他对自己说。他静静地伏在那里，注视着早晨来临。这是个晴朗的初夏早晨，这时是五月底，早晨是来得很快的。有一次，有个身穿皮外衣、头戴皮头盔的司机，左腿边枪套里插着自动步枪，驾着摩托车驶过那座桥，顺着公路朝上驶去了。有一次，有辆救护车驶过了桥，在他下面经过，顺着公路朝上驶去。可是情况就这些。他闻到了松树的香味，听到水流的声响，这时桥在晨曦中显得清楚而美丽。他伏在一棵松树后面，手提机枪横放在左前臂上，不再对那岗亭望了，以为这次攻势决不会发生了，在这么一个可爱的五月底的早晨不可能出事，直到过了很久，才听到突如其来的密集的炸弹的砰砰声。

罗伯特·乔丹一听到炸弹声，那第一阵砰砰的爆炸声，不等山间传来隆隆的回声，就深长地吸了口气，就地提起手提机枪。他的手臂由于机枪的重压而觉得僵硬，手指沉重得不肯听使唤了。

岗亭里的哨兵听到炸弹声就站起身来。罗伯特·乔丹看到他伸手去拿了步枪，从岗亭里走出来倾听。他站在公路上，阳光照在他身上。他头上斜戴着绒线帽，他抬头朝天空中飞机正在投弹的方向望着，阳光正好照射在他那没刮过的脸上。

公路上这时没有雾，罗伯特·乔丹清楚而鲜明地看到那人站在公路上仰望着天空。阳光透过树林明亮地照在他身上。

罗伯特·乔丹这时觉得自己呼吸紧迫，仿佛有一圈铁丝捆住了他的胸脯，他稳住了胳膊肘，觉得有槽纹的前枪把紧顶着他的手指，就把这时已落入表尺缺口内的长方形准星对准那哨兵的胸膛中央，轻轻一扣扳机。

他感到枪托迅速、滑溜、痉挛地撞在自己的肩上，公路上那哨兵显得吃惊而痛苦，双膝一软，身子向前溜，前额弯向路面。他的步枪掉在他身旁，搁在那里，一只手指还扭曲着勾在扳机护圈里，手腕向前曲着。步枪掉在公路上，刺刀指向公路前方。罗伯特·乔丹的目光从这弯着头躺在公路上的哨兵身上转向桥和另一端的岗亭。他看不到另外的那个哨兵，就顺着右下方的山坡望去，知道奥古斯丁就埋伏在那里。接着他听到安塞尔莫开枪了，枪声砰地一响，在河谷里激起回声。接着他听到安塞尔莫又开了一枪。

随着第二声枪响，桥下另一端公路拐角处传来了砰砰的手榴弹爆炸声。接着这边公路左方远处传来手榴弹爆炸声。接着他听到这边公路上的步枪声，而下边公路上传来巴勃罗那支骑兵用的自动步枪的枪声，哒哒哒哒，穿插在手榴弹的爆炸声中。他看到安塞尔莫正顺着陡峭的通道爬下，朝桥的那一端冲来，就把手提机枪挎上肩，提起松树树干后面的那两只沉重的背包，一手提一只，背包把他的双臂牵勒得使他觉得肩膀上的肌腱都要被拉出来了，他顺着陡峭的山坡摇摇晃晃地奔上公路。

他一边奔跑，一边听到安塞尔莫在叫喊，“干得好，英国人。干得好啊！”而他想，“干得好，亏你说的，干得好，”正在这时，他听到安塞尔莫在桥的另一端开了一枪，枪声在钢梁之间当当地响着。他越过躺在地上的哨兵，晃着背包奔上桥面。

老头儿一手提着卡宾枪，向他跑来。“平安无事，”他喊道。“没出差错。我不得不补了一枪。必须结果他啊。”

罗伯特·乔丹在桥中央跪着，打开背包，取出他的器材，看到泪水在安塞尔莫脸颊上的花白胡子茬上淌下来。

“我也杀了一个，”他对安塞尔莫说，朝弓身伏在桥这头公路上的哨兵甩了一下头。

“是啊，老弟，是啊，”安塞尔莫说。“我们非杀他们不可，所以就杀了。”

罗伯特·乔丹快要爬进桥面下的梁柱架了。他握住的钢梁上有露水，又冷又湿，他小心地爬着，感到阳光照在背上，他在一根桥桁上稳住了身子，听到下面滚滚流水的声音，听到枪声，听到公路上段的哨所那边枪声大作。这时他大汗淋漓，但桥下很阴凉。他一条臂上挽着一圈电线，手腕上绕着的一根皮带上挂着一把老虎钳。

“把炸药包一个个往下递给我，老头子，”他向上面的安塞尔莫喊道。老头儿在桥边探出半个身子，往下递长方形的炸药包，罗伯特·乔丹伸手接住，用力塞在桥梁下他要安放的地方，一包包紧紧排好，塞紧，“楔子，老头子！给我楔子！”他把一只只楔子轻轻敲进去，使炸药包牢固地嵌在主梁之间，闻到了新削的木楔的新鲜木头香。

他忙着安放炸药，塞紧，加楔，用铜丝绑牢，一心只想着炸桥，迅速而熟练地干着，仿佛在做外科手术，这时听到下段公路上响起一阵达达的枪声。接着是一枚手榴弹的爆炸声。接着又是一枚，在急急的流水发出的声响中轰的一响。然后那方向寂静无声了。

真该死，他想。不知道他们挨到了什么打击？

公路上段的哨所那边仍在打枪。真该死，打枪打得那么欢，而他正在把两枚手榴弹并排扎在塞紧的炸药包的顶上，把铜丝绕住手榴弹上的凹纹，这样可以使它们又紧又牢地被铜丝扎紧；最后用老虎钳把铜丝拧紧。他摸摸这整整一捆东西，为了更牢固起见，在这些手榴弹上面轻轻敲进一个木楔，使整个炸药包抵紧钢梁。

“现在到另一边去，老头子，”他向桥面上的安塞尔莫喊道，就穿过桥架爬到桥的另一边，好像那天杀的泰山①在钢打铁铸的林子里啦，

---

① 美国作家埃德加·赖斯·伯勒斯(1875—1950)所著《人猿泰山》系列小说中的主人公，从小被非洲丛林中的人猿抚养，成人后成为百兽之王。

他想，随后从桥下的阴影里探出身子，下面是滚滚流水，他伸手去接从上面递给他的炸药包时抬头一望，看到安塞尔莫的脸。多善良的脸啊，他想。现在不在哭。这样才多好啊。而且桥的一边已经安放好了。现在把这一边搞好我们就完事了。这样能把桥炸得稀巴烂。得了。别激动。干吧。干得干净利落，就像那边一样。别毛手毛脚。慢慢儿来。别勉强地干得太快。现在你不会失败了。现在谁也阻挡不了你把桥的一边炸掉啦。你正干得像你应该干的那样。这是个阴凉的地方。天啊，阴凉得像个酒窖，而且没有脏东西。通常在石桥下面干时，总要碰到不少脏东西。这是一座理想的桥。一座顶刮刮的理想的桥。处境危险的倒是在桥面上的老头子。别勉强地干得太快。但愿公路上段打枪就结束。“给我些木楔，老头子。”我还是觉得那样打枪不对头。比拉尔在那里碰到麻烦了。刚才哨所里肯定有些人在外面。在后面，或者在锯木厂后面吧。他们仍在打枪。这就意味着锯木厂里有什么人。所有那些该死的锯屑。那大堆大堆的锯屑。锯屑，时间一长结成了块，是样好东西，可以躲在后面打枪。他们一定还有好几个人。巴勃罗在公路下段倒一无动静。真不知道第二回突然打枪是怎么回事。准是开来了一辆汽车或摩托车。上帝保佑，人家别派装甲车或坦克来啊。继续干吧。就尽快安上炸药吧，插紧木楔，好好绑紧。你在发抖，像个该死的女人。你到底怎么啦？你想仓促了事。我敢打赌，在公路上段的那该死的女人不在发抖。那个比拉尔。也许她也在发抖。听那枪声，她似乎碰到了不少麻烦。如果挨够了，她也会发抖的。真该死，人人都一样嘛。

他探身到外面，挺身露在阳光中，举起一手去接安塞尔莫递给他的东西，他的头这时离下面下泻的流水的声音远了一点，公路上段的枪声急剧增大了，接着又响起手榴弹的爆炸声。接着又是一阵阵手榴弹的爆炸声。

“这样看来，他们袭击了锯木厂。”

幸亏我们弄到的炸药是成块包扎的，他想。不是条状的。那又怎么样呢。只不过匀整些罢了。然而满满一帆布袋的胶冻状炸药作用要快些。两袋。不。这样的一袋就够了。再说，只要我们有雷管和那旧的引爆器就好了。那狗娘养的把我的引爆器扔到了河里。那只旧盒子曾到过多少地方啊。他把它就扔在这条河里。巴勃罗这杂种。他刚才在下边狠狠地打击敌人呢。“把那东西再给我一些，老头子。”

老头子干得很不错。他在上面的处境可不妙。他不乐意枪击那个哨兵。我也不乐意，但我当时没有考虑这问题。现在也不考虑。你不得不那样干。但当时安塞尔莫把一个哨兵打残了。我知道被打残的人的情形。我想用自动武器杀人要容易些。我是指对开枪的人来说。那可不一样。一扣扳机就行了，人是枪杀的。不是你杀的。把这个问题留到别的时候去想吧。你和你的脑袋啊。你有一颗很会思想的脑袋，好乔丹啊。冲啊，乔丹，冲啊！① 以前打橄榄球，你抱着球飞奔的时候，他们老是这么叫喊。你知道吗，那条该死的约旦河实际上并不比下面那条小河大多少。你是指约旦河发源的地方吧。任何事物的起源都是这样。这块地方就在这座桥下。是个远离家乡的家。得了，乔丹，振作起来吧。这是严肃的事儿，乔丹。你不明白吗？严肃的。从来就没有这样严肃过。瞧瞧河对面吧。干吗呀？现在无论这桥怎么样，我都没问题。就像缅因州怎么样，全国也就怎么样。②约旦河怎么样，该死的以色列人也就怎么样。我指的是桥啊。那么乔丹怎么样，这该死的桥也就怎么样，其实应该倒过来说。

“把那东西再给我一些，安塞尔莫老伙计，”他说。老头儿点点

---

① 此处原文为 Roll，Jordan，Roll！——是一支黑人灵歌的名字，意为“奔流啊，约旦河，奔流啊！”乔丹的姓和约旦河名在英语中为同一个词，所以同学们借用这歌名来为他助威。美国南部种植园里的黑奴，一代代受到基督教的影响，在他们抒发心中悲愤的灵歌中，往往采用《圣经》中的典故。由于上帝许给犹太人的福地就在约旦河边，故灵歌中常引用它来象征苦难中的黑人所憧憬的自由土地。

② 这是 1888 年左右美国政界流行的一句箴言，意为在总统竞选时缅因州居于举足轻重的地位。

头。“差不多搞好了，”罗伯特·乔丹说。老头儿又点点头。

他在桥下面快要扎好手榴弹的时候，不再听到公路上段的枪声了。他干着干着，忽然只听到小河的流水声了。他低头望去，看到下面的河水流过漂石之间，激起白色的湍流，然后泻入水底布满小石子的一泓清水，他刚才掉落的一个木楔就在这水流中打转。他正望着，有条鳟鱼浮上水面来捕捉一只虫子，在紧靠木楔打转的地方游了一圈。他用钳子绞紧妥帖地扎住那两枚手榴弹的铜丝时，从铁桥的钢梁之间看到那绿茵茵的山坡上的阳光。三天之前那里还是褐色的呢，他想。

他从桥下阴凉的暗处探身到明亮的阳光中，冲着安塞尔莫低着头的脸叫道，“把那一大卷电线给我。”

老头儿把它递了下去。

看在上帝面上，眼前千万不能松开这卷电线啊。它能用来拉响手榴弹。但愿你能把手榴弹串住。但有了你正在用的那段电线就行了，罗伯特·乔丹一边摸着手榴弹上卡住能使弹簧杆反弹出来的拉环的开尾销，一边想。他仔细看看侧绑着的那两枚手榴弹边是否留有足够的空隙，以便在拉出开尾销时弹簧杆能弹起来(绑手榴弹的铜丝是从弹簧杆下面绕过去的)，接着他把一段铜丝系在一只拉环上，把另一端系在通外侧那枚手榴弹的拉环的电线上，从大卷上放出一段电线，把这大卷绕过一根钢桥桁，朝上递给安塞尔莫。“小心拿着，”他说。

他爬上桥面，从老头儿手里接过电线卷，身子探出在桥的一边，一边放线，一边尽快倒退着走向那哨兵倒毙的地方，线卷随着他一边走一边放出去。

“把背包拿来，”他倒退着走，对安塞尔莫大声说。他一路上弯身捡起那挺手提机枪，重新挎在肩上。

就在他放线的时候，他一抬头，远远见到有几个人从高处的哨所那里在公路上往回走。

他看到他们一起四个，这时不得不盯住了电线，使它脱离桥边上的钢架，一点也不被缠住。埃拉迪奥没有跟他们一起回来。

罗伯特·乔丹放线走过桥头，在最后一根桥柱上绕了一圈，然后顺着公路奔到一块石路标边才停下。他割断电线，把一端递给安塞尔莫。

“握住了，老头子，”他说。“快跟我走回桥去。边走边把它带上桥。不。我来带吧。”

一到桥头，他把电线从绕住桥柱的地方拉出来，这样它就一直通到手榴弹的拉环上，一点也没被缠住，然后他把电线的一端递给安塞尔莫，这电线沿着桥边毫无牵挂地通去。

“拿着这个回到那高高的石路标去，”他说。“轻轻拿住它，可是要抓紧。别在上面使劲。只要狠狠地、狠狠地一拉，桥就会爆炸。明白吗?”

“是。”

“轻轻地对付它，可别让电线荡下，免得给缠住。轻巧地拿稳了，不到时候别拉。明白吗?”

“是。”

“要拉就实实在在地拉。别抖动。”

罗伯特·乔丹一边说话，一边望着公路上段比拉尔一伙里剩下的人。他们这时已经走近，他看到普里米蒂伏和拉斐尔正扶着费尔南多。他看来腹股沟被子弹打穿了，因为他双手按在上面，那汉子和小伙子一边一个架着他。他们扶着他走，他的右腿拖在地上，一边鞋帮在路面上刮着。比拉尔拿着三支步枪，正在爬上山坡，进入路边的树林。罗伯特·乔丹看不到她的脸，但她正抬着头，尽快地爬着。

“情况怎么样?”普里米蒂伏大声说。

“好。我们差不多完成啦，”罗伯特·乔丹大声回答。

没必要问他们的情况怎么样了。他扭头望着别处，那三人来到了公路边，企图把费尔南多扶上坡来，可是他在摇头。

“这儿，给我支步枪吧，”罗伯特·乔丹听到他哽塞着声音说。

“不，伙计。我们要把你扶到马儿那儿去。”

“我要马儿有什么用?”费尔南多说。“我在这儿很好嘛。”

罗伯特·乔丹没听到其余的话，因为他正在对安塞尔莫说话。

“坦克来了就炸桥，”他说。“但只有等到它们开到了桥面上才炸。装甲车来了也炸桥。要等它们开到桥面上。别的人马车辆巴勃罗会阻止的。”

“你在桥下我不炸。”

“别考虑我。有必要炸就炸。我缚好另一条电线就回来。那时我们可以一起炸桥。”

他拔脚朝桥的中部奔去。

安塞尔莫看到罗伯特·乔丹奔上桥面，手臂上挽着电线卷，一只手腕上挂着钳子，背上挎着手提机枪。他看到他从桥栏杆边爬下去，不见了。安塞尔莫用手，他的右手握着电线，蹲伏在石路标后面，顺着公路朝桥望去，望到桥对面。在他和桥之间的半道上躺着那个哨兵，这时哨兵的身子更紧密地贴在公路上，阳光有力地照射在他背上，似乎压得这尸体更紧贴在平滑的路面上了。他的步枪掉在公路上，插在枪上的刺刀直指着安塞尔莫。老头儿的目光越过哨兵，顺着那笼罩在桥栏杆的条条阴影中的桥面，望到公路沿着河谷向左拐弯，然后消失在岩壁后面的地方。他望着那一端的岗亭上照耀着阳光，接着想到手里拿着电线，就转过头来，望着费尔南多正在跟普里米蒂伏和吉卜赛人说话的地方。

“让我留在这儿吧，”费尔南多说。“伤口痛得厉害，里面在大出血。我一动就觉得里面有问题。”

“让我们把你抬上山去，”普里米蒂伏说。“把两臂挽住我们的肩，我们来抱住你的腿。”

“这没有用，”费尔南多说。“把我扶到一块岩石后面去吧。我在这儿跟在上面一样可以干。”

“可我们走了以后呢，”普里米蒂伏说。

“让我留在这儿吧，”费尔南多说。“伤成这样，根本不可能跟你们一起上路了。这样可以多出一匹马来。我在这儿很好。敌人一定马上就来。”

“我们能把你带上山去，”吉卜赛人说。“很容易。”

他自然迫不及待地想马上离去，普里米蒂伏也是这样。然而他们已经把他扶到了这儿。

“不，”费尔南多说。“我在这儿很好。埃拉迪奥怎么样了?”

吉卜赛人用一指指着脑袋，表示那儿中弹了。

“打在这儿，”他说。“在你挂彩之后。在我们冲锋的时候。”

“别管我啦，”费尔南多说。安塞尔莫看得出他正痛苦得很。他这时两手按着小肚子，脑袋往后靠在山坡上，两腿直挺挺伸在身前。他脸色灰白，在冒汗。

“帮个忙吧，现在请别管我啦，”他说。他痛得闭上了眼睛，嘴唇四周在抽搐。“我觉得在这儿很好。”

“步枪和子弹在这儿，”普里米蒂伏说。

“是我的吗?”费尔南多闭着眼睛问。

“不，你的比拉尔拿着，”普里米蒂伏说。“这是我的。”

“我宁愿要自己的，”费尔南多说。“自己的使起来顺手些。”

“我去把它拿给你，”吉卜赛人哄他说。“拿来之前先用这支。”

“我在这儿位置很好，”费尔南多说。“从公路上来，从桥上来，都能对付。”他睁开眼睛，掉头望着桥对面，接着一阵疼痛，又闭上了眼睛。

吉卜赛人轻轻拍拍他的头，用大拇指跟普里米蒂伏做了个手势，表示他们可以走了。

“我们过后再下来接你，”普里米蒂伏说着，就跟在吉卜赛人后面开始爬坡，吉卜赛人正迅速往上爬。

费尔南多仰靠在山坡上。他身前是一块刷白的标志公路边缘的界石。他的头在阴影中，但阳光直照在他那塞了纱布并包扎好的伤口上，照在他弓起了捂住伤口的双手上。他的腿和脚也在阳光下。那支步枪就横在他身边，枪边有三个子弹夹，在阳光中闪闪发亮。一只苍蝇在他双手上爬动，但是在剧痛中他并不觉得这微微的瘙痒。

“费尔南多!”安塞尔莫握着电线，从自己蹲着的地方对他喊了一声。他已把电线梢绕了一个圈，扭紧了，可以握在手心里。

“费尔南多!”他又喊了一声。

费尔南多睁开眼睛，对他望着。

“情况怎么样?”费尔南多问。

“很好，”安塞尔莫说。“我们一会儿就要炸桥了。”

“我很高兴。有事用得着我，叫我得啦，”费尔南多说着又闭上了眼睛，疼痛感在身子里蠢动起来。

安塞尔莫不再看他了，转而向桥面上望去。

他等待着能看到英国人先把电线卷递上桥面，然后从桥边撑着身子爬上来，他那晒黑的脸和脑袋会接着出现。同时，他还留意着桥对面公路拐角处会有什么动静。他这时一点也不觉得害怕，而且整天来也没有害怕过。情况发展得那么快，又那么正常，他想。我真不愿枪杀那个哨兵，这叫我很难受，但现在没什么了。英国人怎么能说枪杀人和枪杀野兽差不多?打猎的时候我总是兴高采烈，不觉得有什么不对头。可是开枪杀人使我觉得好像是在长大成人之后枪打自己的兄弟。为了杀死他，还得打上几枪呢。不，别想这个了。这叫人太难受啦，你刚才从桥上奔过来，哭哭啼啼的像个婆娘呢。

这件事已经过去了，他对自己说，你可以设法赎这个罪，就像为杀死其他人赎罪一样。但是你现在得到昨天夜晚翻山回来时所希望的了。你在参加战斗，没有什么问题可考虑了。即使今天早晨我就死去，也没有关系。

然后他望着靠山坡躺着的费尔南多，只见他两手弓起，捂住了腹股沟，嘴唇发青，两眼紧闭，呼吸深重缓慢，但安塞尔莫想，我要是死的话，但愿快快死去。不，我说过，如果今天我能得到我所需要的东西，我就不要求别的了。所以我不提其他要求了。懂了吗？我不要什么。什么都不要求。满足了我提出过的要求，其他我就都听其自然了。

他听着远处山口传来的枪炮声，就对自己说，今天真是个了不起的日子啊。我应该认识到，应该明白今天是个什么样的日子。

但是他心里并不感到振奋或激动。这种情绪已完全消失，只有一片宁静。他这时蹲在那石路标后面，手握绕成一个小圈的电线梢，手腕上也挽着一圈，双膝跪在路边的砂砾上，他并不感到寂寞，一点也不感到孤单。他和他手里的电线成为一体，和桥成为一体，和英国人安放的炸药包成为一体了。他和那个仍在桥下干着的英国人成为一体，和整个战斗以及共和国成为一体了。

但是他并不感到激动。这时风息全无，他蹲着，太阳炽烈地晒在他的脖子和双肩上，他抬眼望去，看到高高的晴空和河对面隆起的山坡，他感到不愉快，然而既不寂寞，也不害怕。

山坡上边，比拉尔伏在一棵树后面，注视着从山口通下的公路。她身边放着三支子弹上了膛的步枪，普里米蒂伏在她身边蹲了下来，她就递了一支给他。

“在那儿蹲下，”她说。“那棵树后面。你，吉卜赛人，到那边去，”她指指下面另一棵树说。“他死了？”

“不。还没有，”普里米蒂伏说。

“真倒霉，”比拉尔说。“如果我们多两个人，就不会出这种事啦。他本该爬着绕到锯屑堆后面去才对。现在他待的地方行吗？”

普里米蒂伏摇摇头。

“等英国人炸桥的时候，碎片能炸得这么远吗？”吉卜赛人从他那棵树后面问。

“不知道，”比拉尔说。“不过掌机枪的奥古斯丁比你靠得更近。

如果靠得太近的话，英国人是不会把他安排在那儿的。”

“可是我记得，炸火车的时候，火车头上的灯从我头上飞过去，碎铁片像燕子般乱飞。”

“你的回忆富有诗意，”比拉尔说。“像燕子。去你的！像洗衣的煮衣锅吧。听着，吉卜赛人，今天你表现不错。现在别让恐惧缠住了你。”

“嗐，我只不过问问会不会飞得这么远，可以让我在树干后好好躲起来，”吉卜赛人说。

“就这样躲着吧，”比拉尔对他说。“我们杀了多少人?”

“我们干掉了五个。这儿干掉了两个。你不见远远那头有一个？朝桥那边望望。见到岗亭吗？瞧！见到了吗?”他指了指。“还有，巴勃罗在下面收拾那八个。我替英国人守望过那个哨所。”

比拉尔哼了一声。接着她恶狠狠地说，而且大发脾气，“这英国人怎么啦？他在桥下干什么鸟事啊？那么磨磨蹭蹭的！他是在造桥还是炸桥啊?”

她探出脑袋，向蹲在下面石路标后面的安塞尔莫望去。

“嗨，老头子!”她喊道。“你那奶奶的英国人怎么啦?”

“耐心些，婆娘，”安塞尔莫对上面大声说，轻巧而稳稳地握着电线。“他就要干完啦。”

“他花那么多时间，婊子养的到底在玩什么把戏?”

“这是细活!”安塞尔莫大声说。“这是有学问的活。”

“我操他奶奶的学问，”比拉尔对吉卜赛人大发脾气说。“叫这个一脸脏相的他奶奶的小子赶紧把桥炸了算啦。玛丽亚!”她拉开了低沉的嗓门向山上大喊。“你的英国佬——”她对想象中乔丹在桥下的活动滔滔不绝地骂了一通脏话。

“冷静一下，婆娘，”安塞尔莫从公路那边大声说。“他干的活可不同一般。他就要完事啦。”

“真是活见鬼，”比拉尔大发脾气说。“关键在快。”

正在这时，他们大家听到公路另一端响起了枪声，巴勃罗正在那里坚守着已拿下的哨所。比拉尔停止了谩骂，倾听着。“哟，”她说。“啊哟哟。真的来啦。”

罗伯特·乔丹把电线卷一手甩上桥面时也听到了枪声，随后即撑起身子爬上来。他双膝抵在铁桥的边缘上、两手搭在桥面上时，听到下面拐弯处响起了机枪声。这和巴勃罗的自动步枪的声音不一样。他站起来，探出身去，把电线卷完全绕了过去，开始侧着身子沿桥倒退着走，一边放线。

他听到了枪声，边走边觉得这声音直穿心窝，仿佛就在自己的横膈膜上回响着。这时他走着走着，枪声也越来越近了，他回头望望公路拐弯的地方。但仍然看不到任何汽车、坦克或人。他朝桥头走到半路，仍然不见动静。他走了四分之三的路程，电线放得很顺利，没有被什么东西缠住，但仍然不见动静，他就把拉着电线的手伸出桥外，不让它勾住铁桥架，爬着绕过岗亭的后面，公路上仍然不见动静。然后他走上公路，但公路下段仍然不见动静，接着他顺着公路外侧山洪冲成的小沟迅速地倒退着走，就像棒球外野手倒退着接高飞球一样，始终绷紧着电线，这时差不多到了安塞尔莫躲着的石路标对面，但桥对面仍然不见动静。

他接着听到公路上段开来一辆卡车，回头看到它刚开上上桥的长长的坡面，就把电线在手腕上挽了一圈，对安塞尔莫大喝一声，“炸桥！”他站稳脚跟，身体使劲往后仰，猛拉绕在手腕上的绷紧的电线，而后面正传来卡车开来的声音，前面是躺着那死哨兵的公路、长长的桥和对岸那段仍旧空荡荡的公路，接着轰隆一响，桥的中段蓦地飞入空中，犹如浪花飞溅，他一头扑倒在布满卵石的小沟里，双手紧紧护着头，感到爆炸的气浪朝他扑来。炸飞的桥段落下来，落在原来的地方，他的脸紧贴在卵石地上，一片带着熟悉的辛辣味的黄色烟雾向他滚滚而来，钢铁碎片开始像雨点般落下。

钢铁碎片落定之后，他还活着，就抬起头来望对面的桥。桥的中段不见了。桥面上散布着边缘参差不齐的钢铁碎片，新炸裂的断面缺口亮闪闪的，公路上也遍地都是。那辆卡车停在离桥一百码左右的公路上。司机和同车的两人正向一个涵洞奔去。

费尔南多仍然背靠山坡躺着，他还在呼吸。他的两臂直挺挺地伸在身子两侧，两手松开。

安塞尔莫扑倒在白色的石路标后面。他的左臂曲在脑袋下面，右臂向前直伸着。那圈电线仍然套在他紧握的右手上。罗伯特·乔丹站起身来，跨过公路，在他身旁跪下，确信他已死去。他没有翻过尸体来看铁片击中了什么地方。他死了，就这么回事。

他死了，个子显得真小啊，罗伯特·乔丹想。他个子显得很小，头发花白，罗伯特·乔丹不禁想，如果他的个子真是这副模样，真不明白他怎么背得动那么大的背包。他接着看到安塞尔莫身上灰色紧身牧人裤里的大腿和小腿肚的轮廓以及脚上绳底鞋上的破鞋底，就捡起安塞尔莫的卡宾枪和那两只实际上已空无一物的背包，走过去捡起搁在费尔南多身旁的步枪。他一脚踢开路面上一块钢铁碎片。接着他握住了这两支枪的枪筒，把枪身甩上肩头，开始登上山坡，进入树林。他没有回头看，甚至也没有向桥对面的公路望一望。那边公路拐弯处还在打枪，但他这时一点也不理会这个了。

他被梯恩梯炸药的烟雾呛得喀喀地咳着，并觉得浑身麻木。

他把一支步枪放在伏在一棵树后面的比拉尔身边。她望了望，看到这一来她又有三支步枪了。

“你待在这儿太高，”他说。“公路那头有辆卡车，你就看不到。他们以为是飞机炸的。你不如躲得低一点。我要跟奥古斯丁下去掩护巴勃罗了。”

“老头子呢？”她望着他的脸问。

“死了。”

他很难受地又咳了，朝地上吐了一口。

“你的桥炸掉了，英国人，”比拉尔望着他说。“别忘掉这个。”

“我什么都不会忘掉，”他说。“你的嗓子不小，”他对比拉尔说。“我听到你刚才在吼。大声对上面的玛丽亚说一声我没问题吧。”

“我们在锯木厂牺牲了两个，”比拉尔说，想使他明白过来。

“这我看到了，”罗伯特·乔丹说。“你干下了蠢事吗?”

“操你自己去吧，英国人，”比拉尔说。“费尔南多和埃拉迪奥也都是好汉啊。”

“你为什么不上去看管那些马儿?”罗伯特·乔丹说。“我在这儿掩护比你强。”

“你该掩护巴勃罗去嘛。”

“巴勃罗见鬼去吧。让他用大粪去掩护自己吧。”

“不，英国人。他回来啦。他在下面打得很猛。你没注意听吗？现在他正在战斗。碰上了糟糕的情况啦。你没听到声音吗?”

“我要去掩护他。可你们全是混账东西。你和巴勃罗全是。”

“英国人，”比拉尔说。“你平静些。我一直比谁都更支持你炸桥。巴勃罗干了对不起你的事，可是他回来啦。”

“如果我有引爆器的话，老头子就不会送命。我满可以在这儿引爆。”

“如果，如果，如果——”比拉尔说。

当他在卧倒的地方抬起头、蹲伏着看到安塞尔莫死了的时候，他心里充满了随着炸桥之后的松劲而来的愤怒、空虚和憎恨，这时这些感情仍然贯串着他全身。他心里还有一股由悲痛产生的绝望情绪，军人为了可以继续当军人，把这份悲痛转化为憎恨。如今大功告成，他却感到孤独、冷漠而消沉，并且憎恨他所见到的每个人。

“如果当初不下雪的话——”比拉尔说。这时，他不是突然地像肉体上的解脱那样(比如说，如果这女人用臂膀搂着他)，而是慢慢地从头脑里开始接受这个现实，并让憎恨发泄出来。无疑是由于这场雪啊。就是雪闯下的祸。这场雪啊。就是雪使别人遭了殃。你再次看到它像以往那样地害人，你曾一度把自己置之度外，在战争中总是不得不把自己置之度外啊。战争中不可能有自己。在战争中只能把自己遗忘。这时，在这种忘我之中，他听到比拉尔说，“聋子——”

“什么?”他说。

“聋子——”

“说得对，”罗伯特·乔丹说。他对她露齿一笑，一个咧着嘴巴的、生硬的、脸部肌肉绷得过分紧的苦笑。“别提它啦。我错了。对不起，大嫂。我们大家一起来好好干吧。桥已经炸掉了，你说得好。”

“就是。你得设身处地为他们想想。”

“那我现在到奥古斯丁那儿去。叫吉卜赛人守在远远的下坡，好让他看到公路上段的动静。把这几支枪给普里米蒂伏，你拿着这机枪。我来教你。”

“机枪你留着吧，”比拉尔说。“我们随时会离开这儿。巴勃罗现在该来了，我们就要撤离啦。”

“拉斐尔，”罗伯特·乔丹说，“跟我一起到这儿来。这儿。好。注意着那些从涵洞里出来的人。看到那边卡车的上方吗?看到朝卡车跑来了吗?给我把他们打掉一个。坐下。别着慌。”

吉卜赛人仔细瞄准，打了一枪，在猛地拉回枪栓、排出弹壳时，罗伯特·乔丹说，“打高了。你打中了上面的岩石。见到飞起的碎石吗?要打低些，低两英尺。好，小心。他们在跑。好。继续射击。”

“打中一个啦，”吉卜赛人说。那人倒在涵洞和卡车之间的半路上。另外两个没有停下来把他拉走。他们向涵洞奔去，一弯腰躲了进去。

“别瞄着他这个人打枪，”罗伯特·乔丹说。“要打卡车前轮胎的上部。这样，即使打不中，也会打在引擎上。好。”他用望远镜望着。“要打得稍低点儿。好。你的枪法真神。棒极了！棒极了！给我打散热器的上部。只要打在散热器上，哪儿都行。你是第一流的枪手。瞧。别让任何人和车通过那个地点。懂吗？”

“瞧我来打碎那卡车上的挡风玻璃，”吉卜赛人乐呵呵地说。

“不用。卡车已经不中用了，”罗伯特·乔丹说。“等公路上有什么车辆开来了再打枪。等它开到了涵洞对面才开始打。要想法打中司机。这也是你们大家的目标，”他对刚才跟普里米蒂伏一起下到山坡上更远去一点地方的比拉尔说。“你待在这儿的位置好极了。瞧那峭壁掩护了你的侧面，有多好？”

“跟奥古斯丁一起去干你的事吧，”比拉尔说。“别发表演讲啦。我年轻的时候，就懂得地形。”

“让普里米蒂伏的位置再往那儿挪上一点儿，”罗伯特·乔丹说。“就在那儿。懂吗，伙计？山坡陡的这一边。”

“别管我了，”比拉尔说。“走吧，英国人。去你的和你那面面俱到。这儿没问题。”

正在这时，他们听到了飞机声。

玛丽亚跟几匹马儿一起待了好久，可是它们并不能使她感到宽慰。她也不能使马儿感到宽慰。她从树林里待着的地方望不到公路，也望不到桥，当枪声响起时，她一臂搂住了那匹白脸枣红大种马的脖子，那几匹马儿原来圈在营地下面的树林里时，她常常去喂东西给它吃，使它听话。但她神经紧张，使这匹大种马也紧张起来，因此一听到枪响和手雷的爆炸声就猛地把头一甩，鼻孔张大。玛丽亚没法镇静下来，就来回走动着，轻轻拍着马儿，使它们听话，但却使它们更加紧张激动。

她试图设想正在进行的射击也许不尽是一件可怕的事，认为只是巴勃罗和那些新来的人在下面，比拉尔和其他人在上面开枪的缘故，她不用担心，也不必惊慌失措，而必须信赖罗伯托。但她做不到这一点，所有桥上方和桥下方的枪声，以及像远处暴风雨声那样从遥远的山口传来的战斗声，中间夹杂着阵阵干巴巴的砰砰声和时起时伏的手雷的轰击声，都简直可怕得使她差一点喘不过气来。

后来，她听到下面远远的山坡上传来比拉尔的大嗓门，朝她骂了几句粗话，她听不懂，就想，唉，天主啊，别，别。他在危急之中，别这样骂他呀。别得罪任何人，别无谓的冒险呀。别惹人恼火呀。

接着她不由自主地为罗伯托急速地祷告起来，就像在学校里那样，尽量快地念祷文，用左手手指记着数，把那两段祷文反复地各念了好几十遍。接着桥爆炸了，有匹马儿一听到这轰隆一声，就竖起身来，脑袋猛地一扭，啪的挣断了缰绳，跑进了树林。玛丽亚最后抓住了它，把它牵回来，它哆嗦着，战栗着，胸脯被汗水弄得黑黑的，马鞍耷拉着，她从树林里回来时听到下面在打枪，就想，这情形我再也受不了啦。我不明真相，就再也活不下去啦。我喘不过气来，嘴里干得要命。我还害怕，我一无办法，还把马儿吓了，只因为这一匹在树上把鞍子撞了下来，脚钩住了马镫，我才侥幸地抓住了它，现在我把鞍子放上，唉，天主啊，我不明真相。我受不了啦。唉，我一心一意只求他平安无事，我的整个身心都在桥上。共和国是一回事，而我们必须打胜仗又是一回事。但是，亲爱的圣母啊，只要您使他从桥上回到我身边，您吩咐我干什么都行。因为我的心不在这儿。我根本不独立存在。我的心只跟他在一起。求求您为了我保佑他，这样我才能独立存在，今后事事侍奉您，而他是不会在乎的。这样做也并不违背共和国。啊，请宽恕我吧，因为我心乱如麻。现在我的心太乱了。但是如果您保佑他，我一定事事行善。他怎么吩咐，您怎么吩咐，我都照办。有了你们两位，我什么都干。可现在这样不明真相，我受不了。

接着重新拴住了马儿，她这时已安上马鞍，捋平马毯，正在收紧马肚带，听到了下面树林里传来低沉的大声叫喊，“玛丽亚！玛丽亚！你的英国人平安无事。听到了吗？平安无事。平安无事！”

玛丽亚双手抓住马鞍，把短发的头紧贴在上面，哭了。她听到那低沉的嗓音又喊了一声，就从马鞍上转过头来，哽咽着叫喊，“听到了！谢谢你！”接着又哽咽着说，“谢谢你！真谢谢你啦！”

一听到飞机声，他们都抬眼望去，而飞机正从塞哥维亚方向的很高的天空中飞来，在高空中银光闪闪，隆隆声盖过了所有其他的声响。

“这些飞机呀！”比拉尔说。“就缺少这些飞机来干掉我们啦！”

罗伯特·乔丹注视着飞机，伸出一条手臂放在她背上。“不，大嫂，”他说。“这些飞机不是冲我们来的。它们没时间来对付我们。你平静些。”

“我恨这些飞机。”

“我也是。可现在我得到奥古斯丁那儿去了。”

他穿过山坡上的松林，绕着圈子走，这时飞机震颤的隆隆声始终响个不停，而在下边断桥对面的公路上，公路拐弯处那一带，响着一挺重机枪断断续续的砰砰声。

罗伯特·乔丹来到下面奥古斯丁身边，他正伏在一丛小松树中，面前架着自动步枪，飞机还在始终不断地飞来。

“下面情况怎么样？”奥古斯丁说。“巴勃罗在干什么？难道他不知道桥已经炸掉了？”

“也许他没法脱身了。”

“那我们就撤走吧。让他见鬼去。”

“他能来的话，现在该来了，”罗伯特·乔丹说。“我们现在该见到他了。”

“我没听到他的动静，”奥古斯丁说。“有五分钟没听到了。不。在那儿！听！他就在那儿。正是他。”

这时突然响起那支骑兵用的自动步枪啪啪啪的一阵枪声，接着又是一阵，接着又是一阵。

“正是那杂种，”罗伯特·乔丹说。

他注视着那蔚蓝无云的高空，看到还有飞机在飞来，还注视着奥古斯丁仰望着的脸。接着他低头望望那断桥，再望望对面那段仍然空无一人的公路。他咳了一声，唾了一口，倾听着那重机枪又在公路拐弯处的下面砰砰地响。枪声听来仍在原来的地方。

“这是什么枪声?”奥古斯丁问。“这是什么莫名其妙的枪声?”

“我还没炸桥，这枪声就一直在响，”罗伯特·乔丹说。他这时低头望着那座桥，看见流水穿过炸裂的桥段所造成的缺口，桥的中段掉在那里，耷拉着像条给扭弯的钢铁围裙。他听到飞过去的第一批飞机这时在山口上空投弹了，而还有飞机在飞来。飞机的马达声响彻高空，他抬头一望，看到敌方一架极小极微的驱逐机高高地在其他飞机的上空盘旋，打转。

“我看前天早晨那些飞机并没有越过火线去，”普里米蒂伏说。“它们准是向西拐去了然后飞回来的。要是他们当时见到了这些飞机，就不会发动进攻了。”

“这些飞机大多是新的，”罗伯特·乔丹说。

他有这样一种感觉，情况开始是正常的，尔后却带来了巨大的、大得不相称的特大反应。就像你扔了块石子，激起一片涟漪，这涟漪像浪涛般咆哮着，排山倒海似的反冲回来。或者像你大喊了一声，引来了阵阵雷鸣般的回声，震耳欲聋。又好像你打了一个人，他倒下了，而你只见漫山遍野的其他的人站起来了，全副武装，浑身盔甲披挂。他高兴的是并不和戈尔兹一起在上面的山口。

他伏在奥古斯丁身边，注视着飞机飞过，倾听身后有没有响起枪声，注视着面前的公路，他知道公路那儿会出现一些动静，但不知道会是什么，这时仍然为自己没在桥边被炸死而惊讶得目瞪口呆。他原来深信必然会被炸死，所以现在这一切显得不真实了。去掉这种想法吧，他对自己说。摆脱这种想法吧。今天要干的事情很多很多很多。然而这想法还是缠住了他，因此他清楚地感到这一切变得如同梦境。

“你吸进的硝烟太多了，”他对自己说。但是他知道原因不在这里。他能十十足足地感到在这绝对的现实环境中一切是多么不真实，于是他低头望望那座桥，接着回过头来望望躺在公路上的那个哨兵，望望安塞尔莫躺着的地方，望望靠在山坡上的费尔南多，再回头顺着这平坦的褐色公路望去，直望到那辆开不动的卡车，可是这一切仍然显得不真实。

“你还是马上甩掉这一套想法吧，”他对自己说。“你像只斗鸡场的公鸡，谁也没看出你已受了伤，外表上一点看不出，但是伤势重得它已快要死去。”

“别扯淡啦，”他对自己说。“一句话，你有点儿头脑发晕，一句话，完成了任务，你松劲了。宽心些吧。”

这时奥古斯丁一把抓住他的臂膀，伸出一指，因此他向河谷望去，看到了巴勃罗。

他们看到他正绕过公路拐角奔来。他们看到他在那堵把公路下段遮住的陡峭的石壁旁站住了，身子靠着石壁向身后的公路方向打枪。罗伯特·乔丹看到矮胖粗壮的巴勃罗，帽子丢了，身子靠着石壁打着那支骑兵用的短短的自动步枪，还能看到像喷泉似的跳出的铜弹壳，在阳光的照耀下闪着亮。他们看到巴勃罗蹲下身来又打了一梭子。这个罗圈腿的矮个子接着头也不回就拔脚飞跑，低着头直奔桥头而来。

罗伯特·乔丹已把奥古斯丁推到一边，把大自动步枪的枪托抵在肩上，正瞄着公路的拐角。他自己的手提机枪搁在他左手边。距离那样远，用它是瞄不准的。

巴勃罗一路向他们奔来，罗伯特·乔丹瞄着公路的拐角，但是没有动静。巴勃罗跑到桥头，回头望了一下，向桥上瞥了一眼，就向左拐弯，朝下跑进了河谷，消失了。罗伯特·乔丹仍然注视着那拐角，但不见有一点动静。奥古斯丁爬起身，一腿跪着。他看到巴勃罗像只山羊似的爬下河谷。他们一开头见到巴勃罗以来，下面一直没有枪声。

“你看到上面有动静吗？上面的山岩上?”罗伯特·乔丹问。

“没有。”

罗伯特·乔丹注视着公路的拐角。他知道就在下面的这堵石壁是陡得谁也没法爬上的，但再下面地势较平坦，也许有人曾迂回爬上来过。

如果刚才一切显得不真实的话，这时突然变得够真实了。这就像反光镜头照相机一下子对准了焦距。就在这时，他看到一辆车身低矮的坦克的斜形的车头和撅出着一挺机枪的绿、灰、棕三色斑斑驳驳的回转炮塔一拐弯出现在明亮的阳光下。他朝它开火，听见子弹当当地直打在钢板上。这辆小小的轻型坦克慌忙缩回到岩壁后去。罗伯特·乔丹注视着那拐角，看见车头正好又露出来，接着是那炮塔的边缘，这炮塔一转身，炮口指向了公路。

“那模样正像老鼠出洞，”奥古斯丁说，“瞧，英国人。”

“这家伙没多大信心，”罗伯特·乔丹说。

“巴勃罗打的原来是这只大甲虫，”奥古斯丁说。“再打它，英国人。”

“不。我伤不了它。可不想让它发现我们的位置。”

坦克向公路的一头射击起来。子弹打在路面上，吱吱地弹开去，接着乒乒乓乓地在桥上的铁栏钢梁上响着。他们刚才听到在下面打枪的就是这挺机枪。

“王八蛋!”奥古斯丁说。“这就是那些了不起的坦克吗，英国人?”

“这是小型的。”

“王八蛋。我要是有只小型的瓶装满了汽油，就要爬上那儿去放它一把火。这家伙打算干什么，英国人?”

“等会儿这家伙还会探头探脑的。”

“叫人害怕的就是这些家伙，”奥古斯丁说。“瞧，英国人！他朝那些死哨兵身上打枪了。”

“因为他没别的目标可打，”罗伯特·乔丹说。“别责怪他。”

但是他在想，当然啦，要取笑他。然而假使你自己回到了遥远的本国，人家用炮火把你拦阻在大路上呢。跟着一座桥给炸了。你难道不会以为前面埋着地雷或设着埋伏？你当然会这样想。这坦克手干得蛮不错。他在等待援军开上来。他正在和敌人交锋。只不过是我们这几个人罢了。但是他哪里知道这情况啊。瞧这小杂种。

小坦克在拐角上又稍稍露出了一点儿。

正在这时，奥古斯丁看到巴勃罗用双手双膝从河谷边爬上来，胡子拉碴的脸上淌着汗。

“这狗娘养的来了，”他说。

“谁?”

“巴勃罗。”

罗伯特·乔丹一望，看见了巴勃罗，接着就开始朝坦克上涂着伪装色的回转炮塔射击，他知道瞄准的地方就是机枪上方的那道隙缝。小坦克呼呼地缩了回去，逃得无影无踪，罗伯特·乔丹就提起自动步枪，把三脚架折起，贴在枪筒上，就把枪口还很烫的枪甩上肩头。枪口烫得他肩头火辣辣的，他用手托起枪托，把枪口远远地朝后推。

“把那袋子弹盘和我那挺小机枪拿了，”他大声说。“跑着跟上。”

罗伯特·乔丹穿过松林向山上奔去。奥古斯丁紧跟在他身后，再后面跟着巴勃罗。

“比拉尔!”罗伯特·乔丹朝山坡对面叫喊。“来啊，大嫂!”

他们三人尽快地爬上陡峭的山坡。他们没法再奔跑，因为坡度太陡，巴勃罗呢，身上只挎着一支骑兵用的手提机枪，没带其他东西，紧紧跟着其他二人。

“你那伙人呢?”奥古斯丁嘴里发干，对巴勃罗说。

“全死了，”巴勃罗说。他几乎喘不过气来。奥古斯丁转过头来望着他。

“我们现在有不少马儿啦，英国人，”巴勃罗上气不接下气地说。

“好，”罗伯特·乔丹说。你这杀人成性的杂种啊，他想。“你碰上什么了?”

“什么都碰上了，”巴勃罗说。他呼哧呼哧地喘着气。“比拉尔怎么样?”

“她失去了费尔南多和那两兄弟中的一个——”

“埃拉迪奥，”奥古斯丁说。

“你呢?”巴勃罗问。

“我失去了安塞尔莫。”

“马儿很多了，”巴勃罗说。“连驮行李也够了。”

奥古斯丁咬咬嘴唇，望着罗伯特·乔丹，摇摇头。他们听到那辆坦克在下面树林中隐蔽的地方又向路面和桥扫射了。

罗伯特·乔丹把头猛地一甩。“那是怎么回事?”他对巴勃罗说。他不愿意望巴勃罗，或闻到他的气息，但要听他说说。

“那辆坦克在那儿，我脱不了身，”巴勃罗说。“我们在下面那哨所的拐角上被挡住了去路。末了坦克回去补给什么了，我就来啦。”

“你在拐角上开枪打谁呀?”奥古斯丁率直地问。

巴勃罗望着他，露齿要笑，想想不行，结果没说什么。

“你把他们全枪杀了?”奥古斯丁问。罗伯特·乔丹在想，你别开口。眼下这事与你不相干。你所能指望的事，他们全干成了，而且不止如此。这是帮派内部之争。别用道德观点来判断。你对一名凶手能指望什么呢? 你正在和一名凶手合作啊。你别开口。你本来就对他够了解的。这不是新鲜事儿。可是你这杂种啊，他想。你这卑鄙堕落的杂种啊。

他的胸脯由于爬了山而正在作痛，仿佛在奔跑之后要裂开似的，这时他看到了前面树林里的马群。

“说呀，”奥古斯丁在说。“你干吗不说你毙了他们?”

“闭嘴，”巴勃罗说。“今天我大干了一场，干得不赖。问英国人吧。”

“那么现在把我们带出去吧，”罗伯特·乔丹说。“因为这个主意是你想出来的。”

“我有个好主意，”巴勃罗说。“只消有一点儿运气，我们就没问题。”

他开始呼吸得较正常了。

“你不打算干掉我们中间的什么人，对吧?”奥古斯丁说。“因为我现在要干掉你了。”

“闭嘴，”巴勃罗说。“我不得不顾到你的利益和我们这一伙的利益。这是打仗啊。一个人不能想要干什么就干什么。”

“王八蛋，”奥古斯丁说。“你捞到了所有的好处。”

“告诉我你在下面碰上些什么，”罗伯特·乔丹对巴勃罗说。

“什么都碰上了，”巴勃罗又说了一遍。他还是气喘得胸脯要裂开似的，但这时能从容地说话了，他脸上和头上在淌汗，肩膀和胸膛全湿透了。他警惕地望着罗伯特·乔丹，想知道他是不是真怀着善意，然后露齿笑笑。“什么都碰上了，”他又说。“我们先占领了哨所。接着来了个摩托兵。接着又来了一个。接着是辆救护车。接着是辆军用卡车。接着是那辆坦克。就在你炸桥之前。”

“后来——”

“坦克伤不了我们，可它控制了公路，我们没法脱身。后来它开走了，我就来啦。”

“那么你那伙人呢?”奥古斯丁插嘴说，还在找碴儿。

“闭嘴，”巴勃罗直盯着他，看脸上的神气，像是个不等出现不利情况就打了个漂亮仗的人。“他们不是我们一伙的嘛。”

这时他们能看到拴在树上的那些马儿了，阳光透过松树的枝头投射在它们身上，它们摆着头，踢着脚，驱赶马蝇，罗伯特·乔丹呢，看到了玛丽亚，接着就紧紧地、紧紧地抱着她，自动步枪移到了身子的一侧，锥形枪口抵着他的肋骨，听玛丽亚在说，“你啊，罗伯托。啊，你啊。”

“是我，兔子。我的好之又好的兔子。我们马上走。”

“你真的在我身边吗?”

“对。对。真的。啊，是你!”

他决没有想到，在打仗的时候能体会到有个女人在身边；也没想到你身体的任何部分竟能体会到这一点，并对此作出反应；也没想到如果有个女的，她的乳房竟是小小的、圆圆的，隔着一层衬衣紧贴着你；也没想到它们，那对乳房，会理解他们俩是在战火中。可这是真的，他就想，好。这很好。我原来可不会相信这个的，于是他紧紧地、紧紧地搂了她一下，但并不对她看，就在她身上他从没拍过的地方拍了一下，说，“上马。上马。跨上马鞍吧，美人儿。”

这时他们在解着马笼头，罗伯特·乔丹已把自动步枪交还给奥古斯丁，把自己的手提机枪挎在背上，这时正在掏出衣袋里的手雷，装进马褡子，还把一只空背包塞进了另一只背包，一起缚在他的马鞍后面。这时比拉尔来了，爬了坡累得喘不过气来，话都说不出，只做了个手势。

这时巴勃罗把拿在手里的三根拴马脚的绳索塞进马褡子，直起腰来说，“怎么样，太太?”她只点了点头，于是大家都上马了。

罗伯特·乔丹骑着上一天早晨他在雪地里第一次看到的那匹大灰马，他两腿一夹，双手一按，觉得这匹马真不赖。他这时穿的是绳底鞋，马镫的皮带短了一点；他肩上挎着手提机枪，衣袋里装满了子弹夹，他正坐在马上，一肋夹紧缰绳，在一只空子弹夹里重新装上子弹，看着比拉尔跨上一只怪座位，那是绑在那匹鹿皮色马马鞍上的行李袋。

“看在天主分上把那玩意儿解下吧，”普里米蒂伏说。“你会摔下来的，马儿也受不了这个啊。”

“住口，”比拉尔说。“我们走了得靠它来活命呢。”

“能这样骑马吗，太太?”巴勃罗坐在枣红大种马马背上民防军的马鞍上问她。

“就像哪个叫卖牛奶的那样嘛，”比拉尔对他说。“你看怎么走法，老伴?”

“一直下山。跨过公路。爬上那远远的山坡，到上面较狭窄的地方进树林。”

“要跨过公路?”奥古斯丁用帆布鞋的软鞋跟踢了踢那硬邦邦的、没有反应的马肚子，在他身旁拨转马头，这匹马是巴勃罗上一晚搞来的那一批中间的。

“不错，老弟。只有这条路，”巴勃罗说。他递给他一根牵马绳。普里米蒂伏和那吉卜赛人拿了其余的那两根。

“你愿意的话，可以骑在最后面，英国人，”巴勃罗说。“我们在地势够高的地方跨过公路，来躲开那机枪的射程。可我们得分头走，赶好多路，然后在坡上狭窄的地方会合。”

“好，”罗伯特·乔丹说。

他们在树林中下坡，向公路的边沿骑去。罗伯特·乔丹就骑在玛丽亚后面。他没法在密林中和她并肩而行。他有一次用大腿肌肉在灰马身上爱抚地擦擦，然后把稳马头，跟大家一起朝山下奔驰，悄悄地穿过松林，一路下山，用大腿的动作给灰马作暗示，就像在平地上用马刺来暗示它那样。

“你啊，”他对玛丽亚说，“大家过公路的时候第二个走。第一个走看来危险，其实并不怎么样。第二个走来得安全。敌人总是密切注视着后面的人。”

“可是你——”

“我会出其不意地冲过去。不会出什么问题。危险的是顺次排队居于中间的人。”

他望着巴勃罗拍马驰去，毛茸茸的圆脑袋缩在双肩上，肩上挎着自动步枪。他望着比拉尔，她光着头，肩膀宽宽的，两脚钩住了行李，双膝拱起得比大腿还高。她有一次回头望了他一眼，摇摇头。

“你赶到了比拉尔的前面再跨公路，”罗伯特·乔丹对玛丽亚说。

这时他透过越来越稀疏的林子望去，见到下面黑黑的柏油路和路对面山腰间的一片绿坡地。我们到了涵洞的上方，他明白，刚好在那高地的下方，公路从那里陡的朝下拐，拐了一个大弯直通桥头。我们正处在桥的上方八百码左右。如果那小坦克开到了桥头，我们仍没逃出它那菲亚特机枪的射程。

“玛丽亚，”他说。“在我们到了公路骑马登上那一长段坡地之前，先赶到比拉尔前面去。”

她回头望着他，但没说什么。他望了她一眼，只是想弄明白她是否会意。

“明白了吗?”他问她。

她点点头。

“赶到前面去，”他说。

她摇摇头。

“赶到前面去!”

“不，”她转过身来摇摇头，对他说。“我按照规定的次序走。”

正在这时，巴勃罗一蹬脚，把两只马刺扎了一下枣红大马，顺着最后那段满地松针的山坡朝下冲去，跨过公路，马蹄铁砰砰作声，火星四迸。其他的人跟在他后面，罗伯特·乔丹看到他们跨过公路，蹄声哒哒，登上那绿色山坡，听到桥那头机枪的频频射击声。接着他听到传来一声嗖—轰隆—砰！这一巨响十分刺耳，引起了更大的回响，他看见山坡上迸起一小股泥土，伴着一阵灰色烟雾。嗖—轰隆—砰！又是一声，那嗖嗖声像发射火箭的声音，接着山坡上又迸起一股泥土和硝烟，比第一次远些。

吉卜赛人在他前面被阻在公路边，隐蔽在最后一片树林中。他望望前面的山坡，然后回头来望罗伯特·乔丹。

“往前冲呀，拉斐尔，”罗伯特·乔丹说。“快跑，伙计！”

吉卜赛人抓着牵马绳，那匹驮马在他背后用脖子把绳子绷得紧紧的。

“放开驮马，快跑！”罗伯特·乔丹说。

他看到吉卜赛人抓着牵马绳的一手伸在身后，越伸越高，似乎永远也不肯松手似的，同时用脚跟朝他坐骑肚子上一扎，那绳子一绷紧，就掉下了，他就跨过了公路，而罗伯特·乔丹用膝盖抵着那匹反身向他撞来的受惊的驮马，眼看吉卜赛人正跨过那坚硬的黑色公路，还听到他驰上山坡时马蹄得得作声。

嗖嗖嗖—轰—隆！炮弹顺着低平的弹道飞来，他看到吉卜赛人前面的地上迸起一小股灰黑色的泥土，他像头奔跑着的公猪那样躲躲闪闪。他望着吉卜赛人策马奔驰，这时正慢慢地登上那绿色的长坡，炮弹掉在他身前身后，接着他赶到一层山岩下面，和其他人会合在一起了。

我没法带上这该死的驮马啦，罗伯特·乔丹想。然而这狗娘养的能待在我的右边就好了。我要让它待在我和他们正在轰击的那门47毫米口径的小炮之间。天哪，我无论如何要把它带到那边的山坡上去。

他拍马跑到驮马跟前，一把抓住了马勒，然后拉着缰绳，在树林里向公路上段的方向赶了五十码路，驮马在他身后一路小跑。到了树林边，他顺着公路俯视那辆卡车后面的桥。他能看到敌人出现在桥上，桥后公路上看来交通堵塞了。罗伯特·乔丹朝四下里望望，终于找到了他要找的东西，就抬手从松树上折下一根枯枝。他放开马勒，把驮马慢慢地赶到朝公路下斜的山坡上，然后用这树枝狠抽马屁股。“跑呀，你这狗娘养的，”他说着就把枯枝扔向跨过公路、拔脚登上山坡的驮马。树枝打中了马儿，它本来跑着，这时疾驰而去。

罗伯特·乔丹又朝公路上段赶了三十码路；再往前去，路边的山坡太陡了。那门炮这时正在射击，发出火箭般的嗖嗖声、轰鸣声和泥土迸起的隆隆声。“跑呀，你这法西斯大灰杂种，”罗伯特·乔丹对自己的马儿说着，就逼使它从斜坡上滑着步子直冲下去。接着他来到了没遮拦的公路上，马蹄踩在非常坚硬的路面上，一阵震颤向上直传到他的肩膀、脖子和牙齿上，他骑上了平坦的坡地，马蹄踩上地面，扣击、蹬踩、伸展、腾跃、疾走，他低头瞭望山坡对面的桥，在新的角度下这时呈现出一幅他从未见过的图景。桥的侧影横跨着，这时并不因透视关系而显得缩短，中央是那个断口，背后的公路上是那辆小坦克，小坦克后面有一辆大坦克，坦克上的炮身这时像镜子般倏地闪出明亮的黄光，刺耳的炮声划破了天空，简直就像响在那伸在他面前的灰马脖子上方，随着山坡上腾起一股泥土，他就别转头去。那匹驮马在他前面，向右拐得太过分了，这时步子放慢下来，罗伯特·乔丹拍马飞跑，头微微转向那桥，看到那一列被阻在拐角后面的卡车，由于他正在向高处骑行，这列卡车这时显得清清楚楚，他看到一道耀眼的黄光，这正是紧接着要响起嗖嗖声和轰隆声的信号，炮弹没有打到他这里，但他听到了迸起泥土的地方飞出钢铁弹片的声音。

他看到他们全在前面树林边注视着他，就说，“快跑呀，马儿！”他感到这匹大马的胸脯由于山坡越来越陡而大起大伏，看到伸展着的灰脖子和前面的一对灰耳朵，就伸手拍拍那汗湿的灰脖子，然后回过头来望桥，看见公路上那辆笨重、低矮、漆成土黄色的坦克倏地发出一道亮亮的闪光，接着听到的不是嗖嗖声，而只是像锅炉炸裂似的带有辛辣火药味的砰的一声爆炸，自己就被压在灰马躯体下面了，这灰马踢着腿儿，他呢，竭力想从重压下脱出身来。

不错，他能动弹。他能向右边挪动。然而当他向右边挪动的时候，左腿却依旧完全压在马身下，动弹不得。仿佛左腿上多了一个关节；不是股关节，而是一个横向的铰链般的东西。他这才确实明白是怎么回事，但就在这时，那灰马用膝盖抵着地面站起身来了，罗伯特·乔丹就把已及时踢掉马镫的右腿从马鞍上一下子挪下，放到地上，再用双手去摸那平摊在地上的左腿上的股骨，两手都摸到了那锋利的折骨和折骨顶紧皮肉的地方。

他几乎就躺在那站着的灰马的肚子下面，能看到它的肋骨在起伏。他所在的草地绿茵茵的，地里还开着野花，他眺望着山坡下的公路、桥、河谷和对面的公路，看到了那辆坦克，等待再来一道闪光。闪光差不多立刻出现了，这次又没有嗖嗖声，就在这带着烈性炸药气味的爆炸之中，土块四溅，钢铁弹片呼呼飞射，他看到那匹大灰马悄没声儿地在他身旁坐下来，仿佛是马戏团的马儿在表演。他再望望坐在那儿的马儿，听见它正在发出的呻吟。

接着普里米蒂伏和奥古斯丁架着他的胳肢窝，在把他拖上最后一段山坡，那个新添的关节使那条腿儿随着坡地的起伏而相应地摆动。有一次，一枚炮弹紧挨着他们的头顶上方嗖地一声飞过去，他们丢下了他卧倒在地，但只有泥土撒了他们一身，钢铁弹片嘘嘘地飞到了别处，他们就又把他扶起来。于是他们把他拖上山坡，隐蔽在拴马的树林中的一条长沟里，玛丽亚、比拉尔和巴勃罗都站在他身旁，低头望着他。

玛丽亚跪在他身旁说，“罗伯托，你怎么啦?”

他大汗淋漓地说，“左腿断了，美人儿。”

“我们会把伤口包扎好的，”比拉尔说。“你可以骑那匹马儿。”她指指其中一匹驮着行李的马儿。“把行李卸下吧。”

罗伯特·乔丹看到巴勃罗在摇头，便对他点点头。

“你们走吧，”他说。接着他说，“听着，巴勃罗。你过来。”

巴勃罗弯腰把淌着一行行汗水的、胡子拉碴的脸凑近来，罗伯特·乔丹闻到了巴勃罗浑身的臭气。

“让我们单独谈谈，”他对比拉尔和玛丽亚说。“我得跟巴勃罗谈谈。”

“痛得厉害吗?”巴勃罗问。他正弯下腰来凑近罗伯特·乔丹。

“不。我看是神经给压断了。听着。你们走吧。我不行了，明白吗?我要跟姑娘谈一会儿。等我说把她带走，就把她带走。她不会愿意走的。我只要跟她谈一会儿。”

“明摆着时间不多了，”巴勃罗说。

“明摆着是这样。”

“我想你到共和国去的作用要大些，”罗伯特·乔丹说。

“不。我主张到格雷多斯去。”

“用用头脑吧。”

“马上跟她谈谈吧，”巴勃罗说。“没多少时间了。你受了伤，我很难受，英国人。”

“既然已经受了伤——”罗伯特·乔丹说，“我们就别谈这个了。可你得用用头脑。你很有头脑。用用头脑吧。”

“我哪会不用?”巴勃罗说。“现在快谈吧，英国人。没时间了。”

巴勃罗走到最近身的一棵树边，注视着山坡下面、山坡对面以及河谷对面的公路。巴勃罗正望着山坡上那匹灰马，脸上露出衷心的懊丧，罗伯特·乔丹背靠树干坐着，比拉尔和玛丽亚跟他在一起。

“把裤腿割开好吗?”他对比拉尔说。玛丽亚蹲在他身边，不说话。阳光照在她头发上，她的脸抽搐得像孩子临哭前的模样。但她没在哭。

比拉尔拿出刀来，在裤腿上从左袋下面一直划到底。罗伯特·乔丹用双手摊开划开的裤腿，望着那一截大腿。在股关节下十英寸处有一个突起的紫色肿块，像只尖顶的小篷帐，他用手指摸摸，能摸到紧顶着皮肉的大腿折骨。他的这条腿弯成一个古怪的角度。他抬头望着比拉尔。她脸上的表情和玛丽亚的一样。

“走开，”他对她说。

她垂下头走了，一句话也没说，也没回头望一眼，罗伯特·乔丹看到她的肩膀在颤动。

“美人儿，”他对玛丽亚说，握住了她的双手。“听着。我们不能到马德里去了——”

她这时哭起来了。

“不，美人儿，别哭，”他说。“听着。现在我们不能到马德里去了，可是不管你到哪儿，我总跟你在一起。明白吗?”

她一句话也没说，双臂搂着他，头挨在他脸颊上。

“好好听我说，兔子，”他说。他知道时间非常紧迫，他正大汗淋漓，然而这话必须说，让她明白。“你现在必须走啦，兔子。但这等于我和你一起走。只要我们俩有一个活着，就有我们两个。明白吗?”

“不，我和你一起留下。”

“不，兔子。我要干的事只能由我一个人来干。有你在身边，我没法干好。你走了，那么也就是我走了。你不明白这个道理吗？不管有我们中间哪一个，就等于有我们两个。”

“我要和你一起留下。”

“不，兔子。听着。这种事人们不能一起干。人人都得一个人干。可你走了，那么也就是我跟你一起走了。这样也就等于我走了。你现在愿意走了，我知道。因为你心地善良。你现在要为我们俩走。”

“可是我留在你身边要好受些，”她说。“我觉得这要好些。”

“不错。所以为了帮我一个忙就走吧。为我而走吧，因为这是你能做到的。”

“可你不明白，罗伯托。我怎么办呢？我走了，会更难受的。”

“当然，”他说。“这使你更难受。可现在我也就是你啊。”

她不说话。

他望着她，大汗淋漓，这时他说话所作的努力要比他一生中所作的任何努力都更艰苦。

“你现在要为我们俩走，”他说。“你不能自私，兔子。你现在必须尽到自己的责任。”

她摇摇头。

“你现在就等于我啊，”他说。“你当然一定感觉到了这一点，兔子。”

“兔子，听着，”他又说。“没错，这样就等于我也走了。我向你起誓。”

她不说话。

“现在你明白了，”他说。“这一点我现在看得很清楚。你现在愿意走了。好。你现在就要走了。你说过你愿意走了。”

她没有说什么。

“我现在为此感谢你。你就好好地快快走得远远的，那就等于我们俩一起走了。现在把一只手放在这儿。现在低下头来。不，把头低下。这就对了。我现在把我的手放在那儿。好。你真好。现在别再想了。你现在在做你该做的事啦。你现在听话啦。不是听我的，而是听我们俩的。听你心中的我。你现在走是为了我们俩。真的。你走，就等于我们俩一起走。这我向你保证过。你真好，愿意走，真善良。”

他向巴勃罗歪了一下头，巴勃罗正从树旁不时望望他，接着就走上前来。他用大拇指向比拉尔做了个手势。

“我们下一次到马德里去吧，兔子，”他说。“真的。快站起来走吧，这样就等于我们一起走了。站起来。明白吗?”

“不，”她说，紧紧搂着他的脖子。

他这时仍然平静地在讲道理，但口气非常霸道。

“站起来，”他说。“你现在也就是我。你是我将来的一切。站起来。”

她低着头哭着，慢慢地站起身来。接着她突然扑倒在他身边，但他说，“站起来，美人儿”，她这才慢慢地、疲乏地又站起身来。

比拉尔握住了她的一条胳臂，她站在那里。

“我们走，”比拉尔说。“你还缺什么吧，英国人?”她望着他，摇摇头。

“不缺，”他说，就继续对玛丽亚说话。

“不用说别了，美人儿，因为我们并没有分离。格雷多斯山区该是不错的。快走吧。好好走吧。不，”比拉尔扶着姑娘走去，他这时仍然平静地在讲道理。“别回头。把脚踩上马镫。对。踩上去。扶她上马吧，”他对比拉尔说。“帮她跨上马鞍。快跨上去。”

他冒着汗，转过头去俯视山坡，然后回头望着那姑娘坐在马鞍上，比拉尔在她身边，巴勃罗紧跟在后面。“快走吧，”他说。“走吧。”

她又要回过头来望。“别回头，”罗伯特·乔丹说。“走吧。”于是巴勃罗用拴马腿的皮带抽了一下马屁股，看玛丽亚那模样，似乎想从马鞍上溜下来，但比拉尔和巴勃罗紧挨着她骑着，比拉尔扶住了她，三匹马儿顺着山沟驰去了。

“罗伯托，”玛丽亚转身喊道。“让我留下！让我留下!”

“我和你在一起啊，”罗伯特·乔丹大声说。“我现在就和你在一起。我们俩一起到那儿。走啊!”接着他们在山沟里拐了弯，就不见了，而他汗水湿透全身，两眼视而不见。

奥古斯丁正站在他身旁。

“要我枪杀你吗，英国人?”他俯身凑近了问。“要吗? 这没什么。”

“用不着，”罗伯特·乔丹说。“走吧。我在这儿很好。”

“我操他奶奶的!”奥古斯丁说。他在哭，因此看不清罗伯特·乔丹的模样。“保重了，英国人。”

“保重了，老伙计，”罗伯特·乔丹说。他这时在望着山坡下面。“好好照顾那短头发姑娘，行吗?”

“没问题，”奥古斯丁说。“你需要的东西都有了吗?”

“这挺机枪的子弹不多了，我就把它留下，”罗伯特·乔丹说。

"你没法再弄到子弹了。另一支和巴勃罗的那挺，子弹能弄到。"

"我把那枪筒通清了，"奥古斯丁说。"你栽倒的时候，枪口插进了泥地。"

"那匹驮马怎么样了?"

"吉卜赛人把它逮住了。"

奥古斯丁这时上了马，但不忍离去。他在马上向罗伯特·乔丹靠着的树边低低地弯下腰来。

"走吧，老伙计，"罗伯特·乔丹对他说。"这样的事儿，战争中多得很。"

"战争真是个臭婊子，"奥古斯丁说。

"是呀，伙计，是呀。可你走吧。"

"保重了，英国人，"奥古斯丁紧握着右拳说。

"保重，"罗伯特·乔丹说。"可你走吧，伙计。"

奥古斯丁调转马头，右拳向下一挥，仿佛这一挥就是对战争的又一声诅咒，接着就拍马朝山沟另一头驰去。其他的人全都早已不见了。他赶到这林间的山沟的拐角上，回头挥挥拳头致意。罗伯特·乔丹也挥了挥手，奥古斯丁就也消失了。……罗伯特·乔丹从绿茵茵的山坡上向下望着公路和桥。我这样也不能算坏，他想。还不值得冒险翻身俯卧，弄得使伤口紧贴地面，而且现在这样可以看得清楚些。

由于这一切磨难，由于他们的离去，他感到空虚，疲惫，而且嘴里发苦。得啦，事情终于到了尽头，没有什么问题了。现在不管以往的一切怎么样，不管未来的一切会怎么样，对他来说，再也不存在什么问题了。

如今大家都已离去，他独自一人背靠着一棵树。他俯视着面前那绿茵茵的山坡，看到被奥古斯丁枪杀的那匹灰马，再顺着山坡一直望到下面的公路和路对面覆盖着树木的山野。接着他望着那座桥和桥对面的公路，注视着桥上和公路上的动静。他这时能看到那些卡车全开到了下段公路上。灰色的车身在树林中显露出来。然后他回头望着那从小山上通下来的上段公路。敌人现在就要来了，他想。

比拉尔会照顾她，不会比别人差。这个你知道。巴勃罗一定有个行得通的撤退方案，否则就不会作这样的尝试。你不必为巴勃罗担心。想念玛丽亚可没一点好处。要相信你对她所说的那一席话没错。这才是最好的办法。那么谁说这不是真话？你没说。你没说这样的话，同样你也不会说已经发生的情况根本没有发生过。还是相信你现在说的这些话没错吧。别开始冷嘲热讽。时间太短促，而你刚把她打发走。每个人都尽力而为。你不能替自己做什么了，但你也许能为别人出点力。嗯，这四天我俩真走运。还不到四天哪。我当初到这里的时候是下午，而今天可挨不到中午了。这样一共还不到三天三夜。要说确切，他想。要相当确切。

我看你还是卧倒的好，他想。你还是好歹安顿一个可以起作用的位置，而不是像个二流子似的在这棵树上靠着。你的运气着实好。比这种事更糟的多着哪。这是每个人迟早要走的路。一旦明白了这是你迟早要走的路，就不会害怕了，对不对？对，他想，一点也不错。然而还算运气好，神经被压断了。我简直感觉不到骨折地方的下面还有半截腿儿。他摸摸腿的下半截，好像它已不是他身体的一部分了。

他又望着山坡下面，思量起来。一句话，真不愿就此退出战斗。我多么不愿退出战斗，但我希望在战斗中已有过一些良好的表现。我曾用自己所具有的才干尽力而为。你是说已尽力而为。不错，已尽力而为。

我为自己信仰的事业至今已战斗了一年。我们如果在这里获胜，在每个地方就都能获胜。世界是个美好的地方，值得为之战斗，我多么不愿离开这个世界啊。但你很幸运，他对自己说，度过了这样美好的一生。你度过的一生和你祖父的一样美好，尽管时间没有他的那么长。凭着最后的这几天，你度过的一生比谁的都不差。你不必抱怨，因为你是这样的幸运。然而但愿有什么办法能把我所学到的东西传给后人。基督啊，我在这最后阶段中学得好快。我很想跟卡可夫谈谈。这是说在马德里谈谈。就在那些山头的后面，在山坡下的平原对面。从灰色的山岩间下去，穿过松林、石南和金雀花地，越过高高的黄土高原，你能望到它矗立着，洁白而美丽。这一点就像比拉尔讲的那些在屠场前喝血的老太婆一样真实。真实的事情不止一件。事情件件都是真实的。好比飞机，不论是我们的还是敌人的，模样都是美丽的。美丽，真是活见鬼，他想。

如今你宽宽心吧，他想。趁你还有时间，翻过身来吧。别慌，还有一件事。你还记得吗？比拉尔和那手相？你相信这种无稽之谈吗？不，他想。一切都应验了还不相信？对，我不相信这一套。今天清早开始炸桥之前，她流露出一番好意。她担心我也许会相信它。可是我不相信。但她相信。这种人能预见什么事。或者能有所感觉。像捕鸟的猎犬似的。这种超感知觉你怎么说？她满嘴粗话，你怎么说？他想。她刚才不愿说一声别了，他想，因为她知道如果这么说了，玛丽亚就决不肯走。这个比拉尔呀。你翻过身来吧，乔丹。但是他不愿意试一下。

那时他记起了他藏在后裤袋里的小酒瓶，就想，我来好好喝一点这种烈酒，然后再试试。但他伸手一摸，却没有摸到酒瓶。这时他觉得空前孤独，因为他知道连酒也喝不到了。看来我还指望靠酒来壮胆呢，他想。

你看是巴勃罗把它拿走了？别蠢了。一定是你在桥上弄丢的。“就算了吧，乔丹，”他想。“快翻身吧。”

于是他在背靠着的那棵树边，趁着躺下的一刻，两手抓住左腿猛拉，向右脚靠拢。然后平躺着，使劲拉那条断腿，免得折骨的一端翘起，戳穿大腿的皮肉，他让屁股支着身体，慢慢地转身，直到后脑勺朝着山下。接着他两手握住方向朝山上的断腿，把右脚底放在左脚背上，使劲抵住，同时大汗淋漓地翻过身来，使脸和胸膛朝着地面。他用胳膊肘支起上半身，靠双手拉和右脚朝一边使劲推，使左腿直朝后伸，弄得大汗淋漓，但目的达到了。他用手指摸摸左大腿，发现没有出问题。这时折骨的一端并没有戳穿皮肉，而是深深地嵌在肌肉里了。

那该死的马儿滚倒在他腿上的时候，那条大神经一定真给压断了，他想。腿上真的一点儿也不痛。除了刚才翻身挪动时才觉得痛。那是因为折骨挤压着旁边的肌肉了。你明白了吗？他说。你明白运气好在什么地方了吗？你根本不需要烈酒。

他伸手拿起手提机枪，拉出插在弹仓里的空子弹夹，从口袋里掏出一些子弹夹，扳开枪机，望望枪筒里面，咔嗒一声重新把一个子弹夹塞进弹仓的槽里，然后眺望山坡下。也许要等半小时吧，他想。现在宽宽心吧。

接着他望望山坡，望望松林，试图什么也不想。

他望望那条小河，想起了当初在桥下凉飕飕的阴影里的情景。但愿敌人就来吧，他想。我不想在敌人来到之前自已先变得神志不清。

你看哪种人对于这处境会更觉得坦然？有宗教信仰的人呢，还是正视现实的人？宗教使人们得到很大的安慰，然而我们知道，实在也没有什么可怕的。糟的只是缺乏信念罢了。只有当死亡拖延很久才来临，并且痛苦得使你丢人的时候，这才是糟的。你幸运的地方就在这里，明白吗？你根本没碰到这情况。

他们已经撤走了，真是好事。他们既然撤走了，我对眼前的情况就一点也不在乎了。我是说大致上就应该这样做。这样做实际上很对头。想想看，如果那时他们全都分散在山坡上那匹灰马附近，那情况就会大不相同。或者我们全给困在这山上等待敌人出现，也就会大不相同了。不。他们走啦。他们到别处去了。要是这次进攻成功了现在该有多好。你要什么呀？什么都要。我什么都要，给我什么都接受。要是这次进攻失利，另一次会成功的。我当时根本没注意到飞机什么时候飞回来。上帝呀，幸运的是我总算把她打发走了。

我很想跟祖父谈谈这次经历。我敢打赌他决不需要到敌人后方去找他的自己人来上演这一幕。你怎么知道呢？他也许干过五十次。不，他想。说确切些吧。这样的事谁也没干过五十次。没人干过五次。完全像这样的事也许谁都没有干过一次。当然。人家一定干过的。

但愿敌人现在就来吧，他想。但愿他们立刻就来，因为腿上现在开始作痛了。一定是肿块的关系。

我们进行得满顺手，这时却挨到了炮击，他想。不过，幸亏我在桥下的时候坦克没来。事情出了差错就势必引起不良的后果。人家给戈尔兹发出命令的时候，你就倒了霉。你知道后果会怎么样，说不定比拉尔感到的也就是这一个。不过今后我们会把这种任务安排得好得多。我们应当有手提式短波发报机。是啊，有很多东西是我们应当具备的。我还应当带一条备用的腿来。

他想到这里，汗流浃背地苦笑，因为摔倒时被压坏了大神经的腿这时痛得厉害。啊，让敌人来吧，他想。我不愿意像父亲一样自杀。我完全可以这样做，可是巴不得不必这样做。我反对这样做。别考虑这个了。什么也别想了。但愿这帮杂种就来吧，他想。我多么希望他们就来啊。

这时他的腿痛得不得了。他翻身之后，由于伤口肿大，疼痛突然开始了，他就想，也许我现在就该自杀。看来我这人实在经不起疼痛。听着，要是我现在这么干，你不会误解我的，对吗？你在跟谁说话啊？是自言自语，他想。是跟祖父吧，我猜想。不。是自言自语。啊，真该死，但愿他们就来吧。

听着，也许我非这么干不可，因为如果我昏过去什么的，就毫无办法了，而且如果他们使我苏醒过来，就会问我很多问题，而且什么事情都干得出来，那就不好了。别让他们这么干，这是上上策。那么干吗不可以马上就动手，了结这一切呢？因为，啊，听，没错，听，让他们马上就来吧。

你干这个不那么行啊，乔丹，他想。干这个不那么行啊。那么谁干这个就那么行了呢？我不知道，我现在也真不在乎。可你是不大行的。这你说对了。你根本不行。啊，根本根本不行。我想现在满可以这么干了吧？你说不是吗？

不，不是。因为你还可以有所行动。只要你知道要干的是什么，你就必须干。只要你还记得要干的是什么，就必须等着干。来吧。让他们来吧。让他们来吧。让他们来吧！

想想走掉的那些人吧，他想。想想他们穿过树林。想想他们越过小溪。想想他们骑马穿过石南地。想想他们爬上山坡。想想他们今夜平安无事。想想他们彻夜赶路。想想他们明天隐蔽起来。想想他们吧。真该死，想想他们。我能够想到他们的就只有这么多了，他想。

想想蒙大拿吧。我没法想。想想马德里吧。我没法想。想想喝一口凉水吧。这倒行。那将差不多是这回事。像喝一口凉水。你在骗自己啦。这就等于说空话。就是那么一回事。就等于空话。那就动手吧。动手吧。马上动手吧。现在确实可以动手啦。动手呀，马上动手吧。不，你得等待。等待什么？你很清楚。那就等待吧。

现在再不能等待啦，他想。要是再等待下去，我要昏过去了。我知道，因为至今我已经觉得有三次要昏过去，但我熬了过来。不错，我熬住了。但我再也没把握会发生什么情况了。我的看法是你大腿骨折的地方弄得周围在内出血。尤其是刚才转动了身体。这使伤处肿大了，使你乏力，使你开始感到昏眩。现在确实可以动手啦。真的，我跟你说，可以动手啦。

如果你等着，哪怕能顶住他们一会儿，或者只要干掉那个军官，一切就可能都不同了。一件事情干得好，会使——

好吧，他想。他十分安静地躺着，竭力坚持着，因为他觉得生命在悄悄离去，就像你留意到有时积雪从山坡上开始悄悄融化一样，这时他平静地说，那就让我坚持到他们到来吧。

罗伯特·乔丹的运气仍然很好，因为正在这时，他看到骑兵队策马跑出树林，跨过公路。他注视着他们正在登坡。他看到有个骑兵在那匹灰马旁停了下来，对朝他骑来的军官喊了一声。他注视着他们俩低头察看那匹灰马。他们当然认得这匹马。打上一天清晨以来，这匹马和它的主人就失踪了。

罗伯特·乔丹看到他们在山坡上，这时跟他离得很近，他还看到坡下的公路、桥和桥对面那几长列车辆。这时他全神贯注，对这一切望了好一会儿。他然后抬头望着天空。天上有大块大块的白云。他用手掌摸摸身边的松针地，摸摸身前那棵松树的树皮。

接着他把两只胳膊肘搁在松针地上，尽量躺得舒服一些，手提机枪的枪口架在松树树干上。

那军官这时顺着游击队留下的马蹄印策马小跑而来，要经过罗伯特·乔丹埋伏处下面二十码的地方。隔着这距离打枪，不会有什么问题。这军官正是贝仑多中尉。一接到关于下面那哨所遭袭击的消息，他就奉命从拉格兰哈赶来。他们兼程前进，然后不得不掉回头去，在上游高处跨过河谷，从树林里绕过来，因为桥梁被炸掉了。他们胯下的马儿汗淋淋的，喘着大气，他们不得不逼着马儿小跑。

贝仑多中尉注视着那道马蹄印，策马而来，瘦削的脸严肃而庄重。他左臂弯里的手提机枪横搁在马鞍上。罗伯特·乔丹伏在树后面，小心谨慎地控制着自己，免得双手发抖。他等待着这军官来到松林边第一排树木和绿茵茵的山坡接界的地方，那里照耀着阳光。他感觉到自己的心脏抵在树林里的松针地上怦怦地跳着。

译文名著精选书目

傲慢与偏见	〔英〕简·奥斯丁 著 王科一 译
简·爱	〔英〕夏洛蒂·勃朗特 著 祝庆英 译
基督山伯爵	〔法〕大仲马 著 韩沪麟 周克希 译
少年维特的烦恼	〔德〕歌德 著 侯浚吉 译
茶花女	〔法〕小仲马 著 王振孙 译
呼啸山庄	〔英〕艾米莉·勃朗特 著 方平 译
悲惨世界	〔法〕雨果 著 郑克鲁 译
堂吉诃德	〔西班牙〕塞万提斯 著 张广森 译
红与黑	〔法〕司汤达 著 郝运 译
雾都孤儿	〔英〕狄更斯 著 荣如德 译
欧叶妮·葛朗台/高老头	〔法〕巴尔扎克 著 王振孙 译
莎士比亚四大悲剧	〔英〕莎士比亚 著 孙大雨 译
泰戈尔抒情诗选	〔印〕泰戈尔 著 吴岩 译
乱世佳人	〔美〕玛格丽特·米切尔 著 陈良廷等 译
鲁滨孙历险记	〔英〕笛福 著 黄杲炘 译
安娜·卡列尼娜	〔俄〕列夫·托尔斯泰 著 高惠群等 译
十日谈	〔意〕薄伽丘 著 方平 王科一 译
福尔摩斯探案精选	〔英〕柯南·道尔 著 梅绍武 屠珍 译
老人与海	〔美〕海明威 著 吴劳等 译
漂亮朋友	〔法〕莫泊桑 著 王振孙 译
巴黎圣母院	〔法〕雨果 著 管震湖 译
双城记	〔英〕狄更斯 著 张玲 张扬 译
最后一片叶子	〔美〕欧·亨利 著 黄源深 译
瓦尔登湖	〔美〕梭罗 著 徐迟 译
一九八四	〔英〕奥威尔 著 董乐山 译
复活	〔俄〕列夫·托尔斯泰 著 安东 南风 译
三个火枪手	〔法〕大仲马 著 郝运 王振孙 译
苔丝	〔英〕哈代 著 郑大民 译
变色龙	〔俄〕契诃夫 著 汝龙 译
钢铁是怎样炼成的	〔俄〕奥斯特洛夫斯基 著 王志冲 译
浮士德	〔德〕歌德 著 钱春绮 译
太阳照常升起	〔美〕海明威 著 赵静男 译
莎士比亚喜剧五种	〔英〕莎士比亚 著 方平 译
理智与情感	〔英〕简·奥斯丁 著 武崇汉 译
罪与罚	〔俄〕陀思妥耶夫斯基 著 岳麟 译
羊脂球	〔法〕莫泊桑 著 郝运 王振孙 译
鼠疫	〔法〕加缪 著 刘方 译
青年艺术家画像	〔爱尔兰〕乔伊斯 著 朱世达 译

我是猫	〔日〕夏目漱石　著　刘振瀛　译
神曲	〔意〕但丁　著　朱维基　译
红字	〔美〕霍桑　著　苏福忠　译
到灯塔去	〔英〕弗吉尼亚·伍尔夫　著　瞿世镜　译
格列佛游记	〔英〕斯威夫特　著　孙予　译
大卫·考坡菲	〔英〕狄更斯　著　张谷若　译
道连·葛雷的画像	〔英〕王尔德　著　荣如德　译
童年／在人间／我的大学	〔俄〕高尔基　著　高惠群等　译
城堡	〔德〕卡夫卡　著　赵蓉恒　译
汤姆·索亚历险记	〔美〕马克·吐温　著　张建平　译
九三年	〔法〕雨果　著　叶尊　译
铁皮鼓	〔德〕格拉斯　著　胡其鼎　译
卡拉马佐夫兄弟	〔俄〕陀思妥耶夫斯基　著　荣如德　译
远大前程	〔英〕狄更斯　著　王科一　译
马丁·伊登	〔美〕杰克·伦敦　著　吴劳　译
名利场	〔英〕萨克雷　著　荣如德　译
嘉莉妹妹	〔美〕德莱塞　著　裘柱常　译
细雪	〔日〕谷崎润一郎　著　储元熹　译
哈克贝里·芬历险记	〔美〕马克·吐温　著　张万里　译
儿子与情人	〔英〕劳伦斯　著　张禹九　译
野性的呼唤	〔美〕杰克·伦敦　著　刘荣跃　译
牛虻	〔英〕伏尼契　著　蔡慧　译
包法利夫人	〔法〕福楼拜　著　周克希　译
达洛卫夫人	〔英〕弗吉尼亚·伍尔夫　著　孙梁　苏美　译
永别了，武器	〔美〕海明威　著　林疑今　译
喧哗与骚动	〔美〕福克纳　著　李文俊　译
猎人笔记	〔俄〕屠格涅夫　著　冯春　译
圣经故事	〔美〕阿瑟·马克斯威尔　著　杨佑方等　译
希腊神话	〔俄〕库恩　编著　朱志顺　译
格林童话	〔德〕格林兄弟　著　施种等　译
月亮和六便士	〔英〕毛姆　著　傅惟慈　译
失乐园	〔英〕弥尔顿　著　刘捷　译
海底两万里	〔法〕儒勒·凡尔纳　著　杨松河　译
丧钟为谁而鸣	〔美〕海明威　著　程中瑞　译
安徒生童话	〔丹麦〕安徒生　著　任溶溶　译
了不起的盖茨比	〔美〕菲茨杰拉德　著　巫宁坤等　译
虹	〔英〕劳伦斯　著　黄雨石　译
摩格街谋杀案	〔美〕爱伦·坡　著　张冲　张琼　译
坎特伯雷故事	〔英〕乔叟　著　黄杲炘　译
战争与和平	〔俄〕列夫·托尔斯泰　著　娄自良　译
八十天环游地球	〔法〕儒勒·凡尔纳　著　任倬群　译
人生的枷锁	〔英〕毛姆　著　张柏然　张增健　倪俊　译